Werner Filmer / Heribert Schwan

Wolfgang Schäuble

Werner Filmer / Heribert Schwan

Wolfgang Schäuble

Politik als Lebensaufgabe

C. Bertelsmann

Bildnachweis
J. H. Darchinger: 14, 15 oben u. unten, 16; *dpa:* 5 oben u. unten, 7 oben; *Michael Ebner:* 3 oben rechts und unten, 4 oben; *Wolfgang Schäuble (Privatphotos):* 1, 2, 3 oben links, oben rechts u. unten, 4 unten; *Süddeutscher Verlag:* 6 oben u. unten, 7 oben u. unten, 8 oben u. unten, 9 oben, 11 oben, unten links u. unten rechts, 12 oben links, oben rechts u. unten, 13 oben u. unten; *Ullstein Bilderdienst:* 9 unten, 10 oben u. unten.

Umwelthinweis:
Dieses Buch und der Schutzumschlag
wurden auf chlorfrei gebleichtem Papier gedruckt.
Die Einschrumpffolie (zum Schutz vor
Verschmutzung) ist aus umweltfreundlicher
und recyclingfähiger PE-Folie.

1. Auflage

Umschlaggestaltung: Evelyn Schick
Satz: Filmsatz Schröter, München
Druck und Bindung: Mohndruck, Gütersloh
ISBN 3-570-01165-8
Printed in Germany

Inhalt

Vorwort

Nichts scheint er mehr dem Zufall zu überlassen. Blickkontakt ist wichtig, »wenn der Saal unruhig wird«. Doch das ist sein geringstes Problem. Seit er im Rollstuhl sitzt, muß er sich immer wieder fragen: »Wie kriege ich das in den Griff?«

Nach dem Attentat ist Wolfgang Schäuble anders geworden: reifer, ernster, menschlicher, nachdenklicher. Früher galt er als Besserwisser, als Rechthaber. Als Chef des Kanzleramtes spielte er die erste Geige. Heute wirkt er verständnisvoller, ansprechbarer, diskussionsbereiter. Natürlich war er das auch, bevor ein Geisteskranker auf ihn schoß. Und doch war es anders, weil er anders war: ungebrochen in seinem Machtverständnis, unbeirrbar in seinen Ansichten, ungehalten, wenn seine Pläne durchkreuzt wurden. Seit er im Rollstuhl jene erlebt, die physisch anders sind – stets einen Kopf größer –, durchlebt er seinen Alltag bewußter. Aber alles in ihm drängt darauf hin, wieder der alte zu werden: ungeduldig, elitär.

Seine Wahl zum CDU/CSU-Fraktionsvorsitzenden Ende 1991 ließ ihn die eigene Herausforderung erst richtig begreifen. Kämpfen wollte er, angreifen und Angriffe parieren, seinem Kanzler den Rücken freihalten: loyal, mit Umsicht und Schärfe. Nicht als Büttel des Kanzlers und seiner Regierung, sondern als Chef eines eigenständigen Machtbereiches – die Fraktion als Korrektiv. Wolfgang Schäuble will Form und Inhalt der Regierungspolitik mitbestimmen, mittragen.

Schäuble ist vom dritten Wirbel an abwärts gelähmt. Er wird zeitlebens an den Rollstuhl gefesselt sein. Doch dieser Behinderte gibt dem Bonner Alltag eine glaubwürdige und menschliche Komponente zurück. Er läßt den kalten parlamentarischen Zynismus vergessen, hier und dort sogar die entstandenen Glaubwürdigkeitsdefizite. Mit seiner Person ist ein Signal verbunden. Vorbei die Zeit, in der Behinderte (»Krüppel«) schamhaft in unserer Gesellschaft versteckt, abgeschoben, vergessen wurden. Vorbei die Zeit, in der nur die Gesunden, die Starken, die Hochleistungssportler etwas galten.

Der gesunde Politiker Schäuble tat sich zuweilen schwer, die Herzen der Wähler zu erreichen. Stets umgab ihn die Aura beherrschter, reservierter Kühle. Der Rollstuhlfahrer berührt die Menschen, macht betroffen, wirft ein Bild auf, das den Politiker als schwachen, auch leidenden Mitmenschen zeigt. Schäuble weiß das. »Wenn ich bei Versammlungen auf die Bühne rolle, das kommt gut an.« Er kann darüber sprechen, hat gelernt, Hilfe anzunehmen, Helfer zu ertragen, um Hilfe zu bitten. Er ist auf andere angewiesen. Dieses Wissen hat sein Leben neu strukturiert. Vielleicht erzeugt das jene Sympathie, die ihm entgegengebracht wird.

Die menschliche und politische Leistung Schäubles kann nicht hoch genug eingeschätzt werden. Deshalb auch schrieben wir das Buch, trugen zusammen, was andere berichteten, was wir selbst in Erfahrung brachten. 1985 schrieben wir unsere Biographie über Helmut Kohl. Damals lernten wir auch den Politiker Schäuble als Chef des Kanzleramtes kennen, verloren ihn nicht aus den Augen. Schäuble konnte instrumentalisieren. Er verstand es, die Fäden zu knüpfen, sie in der Hand zu halten. Schäuble galt als unbestechlicher Regisseur im Zentrum deutscher Unionsmacht.

Wenn wir im fünfzigsten Lebensjahr des Badeners seinen Lebensweg beschreiben, seinen Aufstieg, seine Hoffnungen, seine Erwartungen, möchten wir mit diesem Buch auch die Leistung und den Durchhaltewillen eines Menschen würdigen, der durch sein Aufbäumen uns allen ein einzigartiges Beispiel gibt. Neben seinem Kanzler gehört der Rollstuhlfahrer Schäuble zu den herausragenden Politikern der Union. Ob er helfen kann, seine Partei zu reformieren, den deutschen Parlamentarismus, das Zusammenwachsen des ost- und mitteldeutschen Blocks mit dem westdeutschen zu einer gesamtdeutschen Volkspartei, versuchen wir herauszufinden. Groß ist die Zahl aktueller Probleme, die Kohls CDU in den neunziger Jahren zu lösen hat. Und damit auch Wolfgang Schäuble.

Die Facetten dieses Mannes, der für die politische Kultur des neuen Deutschland so wichtig geworden ist, werden in diesem Buch geschildert: seine Persönlichkeit, seine Leidenschaften, seine Ängste. Daß sich der gelähmte Schäuble zutraut, Kohls Erbe anzutreten, wissen wir. Daß viele seinen Gesundheitszustand argwöhnisch betrachten, weiß auch er nur zu gut. Schäuble fordert sich viel ab. Er gibt mehr, als andere zu leisten vermögen. Ob er sich überfordert, bleibt abzuwarten.

Auch dies wird im vorliegenden Buch untersucht. Allen, die mitgeholfen haben, sein Bild auszuleuchten, danken wir. Besonders danken wir Wolfgang Schäuble für viele ausführliche Gespräche in langen Nachtstunden.

Köln, Sommer 1992 — Werner Filmer / Heribert Schwan

Kapitel I

Das Elternhaus

Unfaßbar

Am späten Abend des 12. Oktober 1990 blieb das Fernsehgerät im Haus von Karl und Gertrud Schäuble ausgeschaltet. Auch die Radionachrichten wurden nach zweiundzwanzig Uhr nicht mehr gehört. Während im kleinen Schwarzwaldstädtchen Hornberg die Nachricht vom Anschlag auf den Bundesinnenminister wie eine Bombe einschlug, waren im Haus Markgrafenwiese 8 ausnahmsweise früh die Lichter ausgegangen. Im Gegensatz zum wöchentlich wiederkehrenden Ritual versäumten Schäubles Eltern, Karl und Gertrud Schäuble, diesmal die »Tagesthemen mit dem Bericht aus Bonn«. Von Ernst Dieter Lueg hätten sie erste Einzelheiten über das Attentat auf ihren Sohn erfahren können. Weil sie aber bereits zu Bett gegangen waren, blieben sie ahnungslos und verbrachten für lange Zeit die letzte ruhige Nacht.

Doch gegen sechs Uhr dreißig wurden sie aus dem Schlaf gerissen. Zu ungewöhnlicher Zeit klingelte das Telefon. Vater Karl Schäuble – im vierundachtzigsten Lebensjahr – drehte sich erschreckt um, schob die Bettdecke zur Seite, streifte die Pantoffeln über und ging zum Telefon. Am anderen Ende der Leitung eine belegte, aufgeregte Stimme: »Ich dachte, der will ein blödes Ding drehen«, erinnert sich Vater Schäuble. »Schließlich erkannte ich meinen Sohn Thomas, der uns über das Telefon eines Polizeieinsatzwagens die schreckliche Nachricht überbrachte.«

Gefaßt schaltete Karl Schäuble das Radio ein. In den Nachrichten um sieben Uhr erhielten er und seine Frau ausführliche Informationen über den Hergang des Attentats. Beide weinten. »Es ist unfaßbar gewesen«, sagt Wolfgang Schäubles Mutter Gertrud, als wir ein Jahr später auf das Attentat zu sprechen kommen. »Im nachhinein wundert man sich, daß es einen nicht völlig umgeworfen hat.«

Vierzehn Tage vor dem Anschlag in Oppenau hatte der Bundesinnenminister bei seinen Eltern in Hornberg noch vorbeigeschaut. Es sollte für viele Monate der letzte Besuch gewesen sein. Noch einmal hatte er die beliebten Maultaschen aus der schwäbischen Küche seiner Mutter verzehrt, und zwar in so großen Mengen, »als ob es demnächst keine mehr geben würde«. Beim Abschied drückte er die Hand seiner Mutter ungewöhnlich fest. Es schien, als ob er sich für längere Zeit verabschieden wollte. »Von dem Tag an hat mich die Angst um den Wolf nicht mehr verlassen«, sagt heute seine Mutter, die die schwere Behinderung ihres prominenten Sohnes ebensowenig verarbeitet hat wie Wolfgang Schäuble selbst.

Für Schäubles Eltern waren die darauffolgenden Tage und Wochen die schlimmsten in ihrem Leben. Als am Montag nach dem Attentat gemeldet wurde, daß der Zustand ihres Sohnes »sehr, sehr ernst« sei, hielten sie es nicht mehr aus in ihrem Haus an der Schwarzwaldbahn. Sie mußten zu ihrem Sohn, wollten ihm helfen. »Wir rechneten mit dem Allerschlimmsten und mußten bei ihm sein.«

Der Fahrer ihres lebensgefährlich verletzten Sohnes holte sie ab und brachte sie in die Freiburger Klinik. Durch einen Hintereingang gelangten sie auf die Intensivstation. Dort trafen sie ihre Schwiegertochter, die gerade das Zimmer ihres Mannes verlassen hatte und sichtlich geschockt war.

Ingeborg Schäuble riet ihren Schwiegereltern – unterstützt von den behandelnden Ärzten –, auf einen Blick in das Krankenzimmer des Schwerverletzten zu verzichten. »Auch wenn wir nicht zu ihm hineindurften, weil sich seine Lage immer mehr verschlechterte, so war ich doch froh, in seiner Nähe zu sein. Ich hätte zu Hause keine Ruhe mehr gehabt«, sagt seine Mutter heute.

Gertrud und Karl Schäuble besuchten ihren querschnittgelähmten Sohn später noch oft. Monate vergingen, bis er wieder einmal nach Hornberg kam. Vermutlich wollte er seine Eltern schonen. Sie selbst hatten lange darüber gegrübelt, wie es technisch möglich gemacht werden könnte, mit einem Rollstuhl in das Obergeschoß ihrer Wohnung zu gelangen. Nach langem Hin und Her schafften die mittlerweile geschulten Sicherheitsbeamten die schwierige Hürde.

»Es könnte noch schlimmer sein«, meint Gertrud Schäuble heute. »Wir sind dankbar, daß er seinen Kopf, seinen Geist noch hat. Wäre der Schuß ein klein wenig höher eingedrungen, hätte Wolfgang vielleicht nicht mehr sehen und denken können. Die Lage ist allerdings auch so traurig genug.« Vater Schäuble klammert sich an die Fortschritte der medizinischen Forschung. »Zwar ist das beinahe gegen alle Vernunft, doch bin ich fest davon überzeugt, daß er eines Tages wieder gesund ist. Ich glaube das! Wenn ich mir vorstelle, was Wolfgang heute wieder alles kann im Vergleich zum letzten Jahr, dann sage ich mir, warum sollte es denn unmöglich sein, daß die Lähmung zurückgeht.«

Über den Attentäter verlieren Schäubles Eltern kaum Worte. Sie verdrängen ihn. Zuweilen packt beide »kalte Wut«. »Doch es hat keinen Sinn, überhaupt keinen Sinn, über den Schützen nachzudenken«, meint Gertrud Schäuble. »Man bringt sich sonst um.«

Eine typische Schwäbin: die Mutter

Daß sie schon achtzig Jahre alt ist, sieht man Gertrud Schäuble nicht an. Sie wirkt wie eine soeben pensionierte Oberstudienrätin, die sich keineswegs aufs Altenteil zurückziehen will. Ihre resolute Art fällt auf. Sie bestimmt streckenweise den Ablauf unseres Gesprächs, entscheidet über die Länge der Mittagspause und wann es Kaffee und Kuchen gibt. Eine sympathische Frau, eine tonangebende Gattin und, wie wir erfahren haben, eine strenge Erzieherin, die die Zügel stets fest in der Hand hielt.

Gertrud Schäuble, geborene Göhring, kam am 14. April 1912 in Stuttgart-Untertürkheim zur Welt. Die Tochter eines schwäbischen Kupferschmiedemeisters hatte keine leichte Kindheit und Jugend. Der tüchtige Handwerksmeister galt als herrschsüchtig und lieblos. Er strahlte wenig Wärme aus und war offenbar ein Mensch, dem andere gerne aus dem Wege gingen. Friedrich Göhring war ein rauher, hartgesottener Mann, der zu Hause schon mal lautstark unterstrich, wer der Herr im Hause war, wenn ihm seine Kinder und Enkel auf die Nerven gingen.

»Meine eigentliche Heimat«, schwäbelt Schäuble, »ist immer Owen-Teck gewesen.« Er fühlte sich wohl in der Werkstatt des Großvaters, in der einige Gesellen und Lehrlinge arbeiteten. »Er hatte auch etwas Landwirtschaft, einige kleine Weinberge, Obstgärten und eine Schnapsbrennerei im Nebenerwerb.« Es war eine gutsituierte, anständige Handwerksfamilie. »Reich war da niemand«, lächelt versonnen der Enkel. »Großmutter war Hausfrau und stammte von der Schwäbischen Alb. Sie machte eben das, was eine schwäbische Hausfrau macht, kümmerte sich um Haus und Garten, vor allem um die drei Töchter.« Seine Mutter war die mittlere.

Der Großvater baute Kessel und Brennereianlagen. Er kümmerte sich um alles, was in diesem Gewerbe zu erledigen ist. »Bis zum Kirchturm«, lächelt Wolfgang Schäuble. »Der Hahn auf dem Kirchtum in Owen-Teck stammt auch von ihm!«

Zehn Jahre alt war Wolfgang, als seine Großmutter starb. In den Ferien kam er oft nach Owen. Nach dem Tod der Großmutter führte eine Tochter den Haushalt des Großvaters, »die Tante Else«. Sie war die Lieblingstante der Kinder. Eine Kriegerwitwe. Die Familie Schäuble besuchte den Großvater und die Tante mehrfach im Jahr. »Ostern, Pfingsten und in den Sommerferien. Für mich war das eine zweite Heimat«, erinnert sich der im Rollstuhl sitzende Fraktionschef der Unionsparteien. »Neben meiner eigentlichen Heimat in Hornberg ist das Elternhaus meiner Mutter wirklich die zweite Heimat meiner Kindheit gewesen«, wiederholt Schäuble.

Die Werkstatt des Großvaters glich einer Schmiedewerkstatt. Dort gab es für Kinder manches zu sehen und zu entdecken. Eine steile Holzstiege führte in den Keller hinab. »Dort standen große Wein- und Schnapsfässer.« Es war alles anders als in der gutbürgerlichen Atmosphäre des Elternhauses.

Dreitausend Einwohner lebten damals in Owen, in jener Stadt, in der Schäubles Großvater trotz seiner rauhbeinigen Art ein angesehener Bürger war. »Jeder in der Stadt kannte den streitbaren, nicht gerade zimperlichen Handwerksmeister.« Zeitweilig arbeitete Friedrich Göhring auch im Gemeinderat. Und zwar als Sozialdemokrat. »Aber das ist bei uns nicht durchgeschlagen«, sagt der verschmitzt über den Brillenrand blinzelnde Wolfgang Schäuble. »Darüber ist in meiner Gegenwart auch nicht sonderlich diskutiert worden.«

Gertrud Schäuble überließ das politische Engagement ihrem Vater, später ihrem Mann und den drei Söhnen. Sie selbst hält sich jedoch nicht für unpolitisch. Die konservative Schwäbin, geprägt von protestantischen Wertvorstellungen und ausgestattet mit hoher Intelligenz, hatte in ihrer Jugendzeit keine Chance, über die Volksschule hinaus mehr Schulbildung zu bekommen. »Die sollen das Haushalten lernen und tüchtig sein«, hatte ihre Mutter den drei Töchtern eingebleut. »Auch Nähen mußte ich lernen«, seufzt die Schwäbin, »obwohl ich Linkshänderin bin und dafür überhaupt kein Interesse hatte. Dagegen gefiel mir das Verkaufen. Das lag mir sehr.«

Mit vierzehn Jahren begann die hübsche Handwerksmeistertochter eine Kaufmannslehre. Eine Lehrstelle fand sie in der Textilbranche, genauer in einem großen Kaufhaus von Kirchheim/Teck. Nach Abschluß der Lehre wechselte sie in ein angesehenes Textilgeschäft nach Ravensburg. Nach der Verlobung mit Karl Schäuble gab sie ihren Beruf auf und blieb zu Hause, um im elterlichen Haushalt das zu lernen, was sie später bis zur Perfektion beherrschte: einen fünfköpfigen Haushalt führen.

Mehr sein als scheinen: der Vater

»Mein Vater kommt aus einer Arbeiterfamilie. Die christliche Gewerkschaft spielte hier eine erhebliche Rolle«, sagt Wolfgang Schäuble, der selbst gewerkschaftlich nie engagiert war. »Die Eltern meines Vaters habe ich nicht kennengelernt, weil sie sehr früh starben.«

Wenn die Rede auf seinen Vater kommt, wirkt der Fraktionsvorsitzende recht lebhaft. Der Bonner Spitzenpolitiker ist stolz auf seinen Vater. Dieser Mann, der sich vom Kaufmann zum Prokuristen und Helfer in Steuersachen hocharbeitete und später geachteter Steuerberater wurde, »verdient höchsten Respekt«.

Der sympathische kleine, drahtige Mann weiß zu überzeugen. Mit leiser Stimme vertritt er unaufdringlich seinen Standpunkt. Altersstarrsinn oder Besserwisserei sind nicht zu spüren. Karl Schäuble ist ein Herr alter Schule, der trotz seiner fünfundachtzig Jahre noch ein fotografisches Gedächtnis besitzt und scharfzüngig zu argumentieren versteht. Unsere ausführlichen Gespräche in seiner Heimatstadt Hornberg waren ein Vergnügen.

Offen und ohne Schönfärberei spricht er über sein Leben, seine Kindheit und Jugend, über Krieg und Wiederaufbau, über seine Frau und seine drei Söhne.

Karl Schäuble wurde am 20. Mai 1907 als drittes Kind eines Handwerkers in Schramberg geboren. Beide Elternteile stammten aus Wurmlingen bei Rottenburg, einem Dorf von damals knapp eintausend Einwohnern. Seine Mutter war ebenfalls eine geborene Schäuble. Nachweislich war sie aber mit den Schäubles väterlicherseits nicht verwandt. Der Stammbaum reicht bis in die ersten Jahrzehnte nach dem Dreißigjährigen Krieg zurück.

Wolfgangs Großvater väterlicherseits arbeitete als Schreiner bei der Uhrenfabrik »Junghans«, die das kleine Schwarzwaldstädtchen Schramberg so bekannt gemacht hat. Wolfgangs Großmutter väterlicherseits stammte aus einer Bauernfamilie.

Als Wolfgangs Vater 1914 eingeschult wurde, konnte er bereits gut rechnen und ordentlich schreiben. Großen Spaß machte ihm das Lesen. Gern wäre er ein Jahr früher zur Schule gegangen, doch die württembergischen Verordnungen ließen Ausnahmen nicht zu. Von Anfang an gehörte Karl zu den Besten seiner Klasse. Nach knapp dreijähriger Volksschulzeit wechselte der strebsame Schüler aus Schramberg auf die Realschule.

Das hochbegabte Arbeiterkind ging trotz herausragender Noten ein Jahr vor der Mittleren Reife ab, weil es das Angebot einer Lehrstelle bei »Junghans« nicht ausschlagen wollte. »In Zeiten der Inflation wußte man ja nicht, wie die Zukunft aussehen würde«, erläutert nüchtern Karl Schäuble heute. »Die Sorge war weit verbreitet: Bekomme ich für meinen Sohn eine Lehrstelle? Und dann hatte ich plötzlich das überraschende Angebot, als kaufmännischer Lehrling bei der Firma meines Vaters unterzukommen.«

Von Mai 1922 bis Januar 1925 lernte der ehrgeizige Karl Schäuble mit Zahlen umzugehen. Seine Ausbildungszeit fiel in die Phase der Hochinflation. »Was gestern noch gegolten hatte, war heute nicht mehr aktuell. Geldwert und Preise veränderten sich beinahe stündlich«, erzählt der immer noch rüstige Steuerberater. »Ich lernte, daß es nach den Billionen auch noch Trillionen und Quadrillionen gibt.

Zuletzt rechneten wir nur noch in Schweizer Franken. Jedenfalls gegenüber dem Kunden.«

Wer sich in der Lehre bei »Junghans« bewährte, dem wurde ein Vierteljahr der Ausbildungszeit erlassen, und der konnte »als Beamter in den Dienst der Firma« aufgenommen werden. Karl Schäuble gehörte dazu und arbeitete noch ein gutes Jahr als kaufmännischer Angestellter in der Uhrenfabrik.

Lange hielt es den gewieften Kaufmann nicht in dem Betrieb. In Schramberg wechselte er 1926 zu einer Möbelfabrik. Ein Jahr später zog Karl Schäuble nach Zuffenhausen. Dort fand er eine gute Position in einer Polsterwaren-Großhandlung. Doch auch in diesem Unternehmen wurde es ihm schnell zu eng. Er bewarb sich noch im gleichen Jahr bei einer Tübinger Frottierweberei. Er wurde angenommen und fand erstmals in seinem Berufsleben die Stelle, die er sich erhofft hatte. Von 1928 bis 1939 blieb er in Tübingen. Schnell stieg der strebsame Mann aus Schramberg zum Prokuristen auf. Mit einundzwanzig Jahren erlebte er allerdings auch die Schattenseiten des kapitalistischen Wirtschaftslebens, registrierte beinahe täglich Konkurse, Pleiten und Insolvenzen von Zuliefer- und Abnehmerfirmen. Die Jahre der Weltwirtschaftskrise, Rezession und Arbeitslosigkeit gingen nicht spurlos an der Tübinger Frottierweberei vorbei. Intelligentes Management war gefragt, weitsichtiger Kapitaleinsatz gefordert. Karl Schäuble bewährte sich als kluger Finanzmakler. »Es gab Millionen von Arbeitslosen. Ich habe es geschafft, keine Stunde arbeitslos zu sein, keine Stunde«, sagt er heute mit Stolz.

Das Unternehmen war jedoch in Besitz von zwei Inhabern, und beide hatten Söhne. Schäuble konnte sich also damals ausrechnen, daß er mit dem Eintritt der Erben in den elterlichen Betrieb nicht mehr gebraucht werden würde. Schäuble schätzte damals seine berufliche Zukunft in Tübingen eher pessimistisch ein. Er suchte den Absprung, wollte einen Wechsel. Für die damaligen Verhältnisse couragiert und weitsichtig, bewarb sich der zweiunddreißig Jahre alte Karl Schäuble auf eine Stellenanzeige im »Stuttgarter Tageblatt«. Prompt reagierte eine Firma, die einen erfahrenen Prokuristen suchte. Sie machte dem Finanzprofi ein gutes Angebot. Schweren Herzens entschloß er sich, bei seinem Tübinger Arbeitgeber zu kündigen.

Sechs Monate vor Ausbruch des Zweiten Weltkrieges, am 1. April

1939, trat Karl Schäuble als Prokurist bei der Buntweberei Hornberg ein. Inhaber des Betriebs mit einhundertdreißig Beschäftigten waren die Brüder Werner und Hans Schofer. Im Gegensatz zur Frottierweberei in Tübingen, die vor allem Handtücher produzierte, wurden in der Hornberger Buntweberei einfache Baumwollwaren hergestellt wie karierte Schürzen und Bettwäsche.

Karl Schäuble leitete das gesamte Rechnungswesen. Während des Krieges war er unabkömmlich, weil das Unternehmen auf Rüstungsfertigung umgestellt wurde. 1954 verließ er die Firma, in der er sich bis zum stellvertretenden Chef hochgearbeitet hatte, um sich selbständig zu machen.

Liebe, Hochzeit, Kindersegen

Niemals wären sich Karl Schäuble und Gertrud Göhring über den Weg gelaufen, wenn es in Owen nicht einen Vetter von Karl Schäuble gegeben hätte, den man oft besuchte. Gleich beim ersten Treffen sprang der Funke über, und am 22. April 1933 heiratete die gerade zwanzigjährige Gertrud Göhring den fünf Jahre älteren kaufmännischen Angestellten aus Schramberg.

Die jungen Leute ließen sich evangelisch trauen. Sie war Protestantin, er Katholik. Das bedeutete für den katholisch getauften Ehemann die sofortige Exkommunikation, also Ausschluß vom Empfang der Sakramente. Die Mischehe sollte später noch häufig anderen ein Dorn im Auge sein und sich zum Teil negativ auf Karl Schäubles politische Karriere auswirken. »Für meine Eltern war es furchtbar«, erinnert sich der Fünfundachtzigjährige heute.

Am 25. August 1937 kam in Tübingen ihr erstes Kind zur Welt. Es war ein Junge. Er wurde evangelisch getauft auf den Namen Frieder. Von nun an war die Arbeitsteilung eindeutig. Im Hause Schäuble kümmerte sich die Mutter um Kind und Küche. Der Vater ging ganz in seinem Beruf auf und sorgte für ein gediegenes finanzielles Auskommen.

Mit dem Umzug nach Hornberg 1939 verbesserte sich ihre Wohnsituation. In der kleinen Stadt am Fuße der Schwarzwaldeisenbahn fanden die Schäubles eine geräumige Mietwohnung in der damaligen Paul-Billet-Straße.

Es dauerte über fünf Jahre, bis das zweite Kind geboren wurde. Es tobte gerade die Schlacht um Stalingrad, als Sohn Wolfgang am 18. September 1942 in einem Freiburger Krankenhaus zur Welt kam. Fast sechs Jahre später wurde das dritte Kind geboren: am 23. Juli 1948 Sohn Thomas in Hornberg.

Der Kindersegen fiel recht einseitig aus. Drei Buben und kein Mädchen. Vor allem Thomas hätte noch gern Geschwister gehabt. Am liebsten eine Schwester. Doch auch mit drei Kindern hatte Gertrud Schäuble »genug am Hals«. Vor allem während des Krieges war sie oft mit ihren zwei kleinen Kindern allein gewesen. Die Bombenangriffe der Alliierten kann sie bis heute nicht vergessen.

Dennoch hatten die Schäubles Glück. Der Vater brauchte nicht in den Krieg zu ziehen, leistete nicht einmal Wehrdienst. Niemand aus der Familie zählte zu den zivilen Opfern.

National, nicht nationalistisch

Karl Schäuble war mehr als nur politisch interessiert. Zwar gehörte er weder der Partei noch einer anderen Organisation der Nationalsozialisten an, jedoch er war auch kein Widerständler, protestierte nicht gegen die Machtergreifung der Nazis, gegen den Überfall auf Polen, gegen den Angriffskrieg im Westen. Karl Schäuble gehörte zu den Schweigsamen, die nicht mitmachten, sondern sich abwartend-passiv verhielten. Mit der Ideologie der Nationalsozialisten wollte er nichts zu tun haben. Doch er hatte auch Freunde, die Mitglieder der SA waren. Seine Mischung aus schweigender Ablehnung und demonstrierter Gleichgültigkeit ließ ihn die Jahre des Nationalsozialismus in Deutschland ohne nennenswerte Probleme überstehen.

Mit der Hornberger Buntweberei, die seit Kriegsausbruch ein sogenannter W-Betrieb war, ein wehrwirtschaftlich wichtiger Betrieb, arbeitete Schäuble unmittelbar für die Kriegsproduktion. Als Vertreter des Firmeninhabers – zumindest auf dem Papier – wurde er deshalb nicht zum Kriegsdienst eingezogen.

In den letzten zwei Kriegsjahren mußte die Produktion umgestellt werden. Statt Schürzen und Bettwäsche für den Arbeitsdienst und das Militär herzustellen, hatten die über hundert Betriebsangehörigen, überwiegend Frauen und Mädchen, Zündhütchen für Granaten aller Größen mit Schwarzpulver zu füllen.

Angelegt mit den Nationalsozialisten hatte sich Karl Schäuble jedoch zu seiner Tübinger Zeit. Als Ortsvorsitzender des DHV, des Deutschen Handlungsgehilfenverbandes in Tübingen, einer Vereinigung von Kaufmannsgehilfen in Industrie und Einzelhandel, lehnte es der selbstbewußte Interessenvertreter ab, den Forderungen der Deutschen Arbeitsfront nachzukommen. Er stemmte sich gegen den Einfluß dieser Naziorganisation. Geschadet hat es ihm nicht. »Ich habe nie einen Hehl daraus gemacht, daß ich kein Nationalsozialist bin und habe auch nicht die Absicht, es je zu werden«, hatte Schäuble seinen Kritikern gesagt und sich Respekt verschafft. Seine Treue zu konservativen Wertvorstellungen ließ Schäuble nach dem Krieg zu einer wichtigen Persönlichkeit beim Aufbau demokratischer Strukturen und Parteien werden. Der ehemalige Zentrum-Sympathisant und Verehrer von Reichskanzler Heinrich Brüning gehörte zu den Mitbegründern einer konservativen Partei, der CDU in Hornberg.

Kapitel II

Kindheit und Jugend

Der Zweitgeborene

Hitler hatte den Kampf um Stalingrad soeben der 6. Armee übertragen. Die britische Luftwaffe griff die Städte Dortmund, Oberhausen, Bochum, Duisburg, Essen und Wuppertal an. Als Wolfgang Schäuble am 18. September 1942 in Freiburg geboren wurde, verzeichnet die »Chronik deutscher Zeitgeschichte« vom gleichen Tag: »Alle ›Sicherungsverwahrten‹, Juden, Zigeuner und Osteuropäer mit über dreißig Jahren Haftstrafe sowie Deutsche mit mehr als acht Jahren Haft, sollen in Konzentrationslager überführt werden.«

Der Zweite Weltkrieg forderte seine Opfer. Die Lage der Zivilbevölkerung in Deutschland wurde wegen der alliierten Bombardements täglich bedrohlicher. Gertrud Schäuble hatte sich mit einem Firmenwagen der Bundweberei nach Freiburg fahren lassen. Sie wollte ihr zweites Kind dort in der Klinik, genauer im Diakonissenhaus, zur Welt bringen. Aufregend verliefen die Tage vor der Geburt. Fliegeralarm. Entwarnung. Fliegeralarm. Stundenlanges Warten im Keller des Krankenhauses. Dann endlich eine Spritze von Professor Dr. Borrel. »Sie verursachte eine Art Dämmerschlaf, damit die Schmerzen gemildert wurden«, erinnert sich Gertrud Schäuble. Doch diesmal war die Dosis stärker als geplant. Mutter Schäuble wurde wach, als alles vorüber war. Schmerzfrei hatte sie ihr zweites Kind geboren. Mittags gegen vierzehn Uhr.

Daß Wolfgang in Freiburg das Licht der Welt erblicken würde, war lange geplant gewesen. Nicht beabsichtigt war die Taufe auf den Namen Wolfgang. Der Soldatentod eines Sohnes von engen Bekannten der Familie Schäuble, der den Namen Wolfgang trug, führte zu der schnellen Entscheidung, den Neugeborenen ebenso zu nennen.

Wie sein älterer Bruder Frieder wurde auch Wolfgang evangelisch getauft. Damit hatte der Katholik Karl Schäuble erneut gegen die herrschende Lehre der römischen Kirche verstoßen. Doch schon lange zählte er nicht mehr zu den praktizierenden Katholiken. Allerdings trat er nie aus der Kirche aus.

Wolfgang war ein schmächtiges Baby, aber kerngesund. Er bedurfte keiner besonderen Fürsorge. Sein Gewicht war normal, nur seine Körpergröße hätte etwas üppiger ausfallen können. Der quirlige Bursche hielt die Mutter auf Trab.

Dem Tod entronnen

Gegen Ende des Krieges wurde die Schwarzwaldbahn immer häufiger Ziel schwerer Bombardements. Alliierte Flugzeugverbände versuchten, die Eisenbahnbrücke in Hornberg zu zerstören. Ehe sie das Viadukt in Schutt und Asche legten, schlugen die Bomben in die Häuser am Berghang ein. Die Wohnung der Schäubles war derart beschädigt, daß eine Evakuierung unausweichlich wurde. In einem Seitental von Hornberg fanden Gertrud Schäuble und die beiden Buben Frieder und Wolfgang eine vorübergehende Bleibe auf einem kleinen Bauernhof. Während sich der Vater um die zerstörte Wohnung kümmerte und im »Volkssturm« einen ersten Kriegsdienst ableistete, wähnte sich der Rest der Familie mit dem Allernötigsten in Sicherheit. Wie befürchtet, flogen Briten und Amerikaner auch am 3. März 1945 wieder Angriffe auf Hornberg und die Strecke der Schwarzwaldbahn. Der 3. März 1945 wäre beinahe Wolfgang Schäubles Todestag geworden.

»Am Sonntagmorgen hat es einfach furchtbar gekracht«, erinnert sich Frieder Schäuble, der ältere Bruder. »Es war gegen elf Uhr, als die Bomber über den Bauernhof donnerten. Plötzlich gab es ein lang anhaltendes Knattern, und dann brannte es überall.« Eine Brandbombe hatte das Anwesen getroffen. Sofort fing das Gebäude Feuer. »Jetzt müssen wir sterben«, rief verzweifelt die Großmutter des Landwirtes. Frieder Schäuble heute: »Panik brach aus. Wenn nicht draußen jemand geschrien hätte ›Kommt heraus!‹, wären wir im

Hause verbrannt. Hals über Kopf stürzten wir über den Balkon ins Freie. Die Frauen warfen noch Kleidungsstücke und Decken aus den Fenstern, suchten vor den Flammen zu retten, was sie greifen konnten. Das Vieh konnte noch losgebunden werden, bevor das Gehöft lichterloh brannte. Wir schienen mit dem Schrecken davongekommen zu sein.«

Frieder Schäuble macht eine Pause, bevor er weiterspricht: »Ich wurde dann zum kleinen Helden. Irgend jemand hatte nämlich den zweieinhalbjährigen Wolf – wie mein Bruder genannt wurde – während des schrecklichen Durcheinanders in den nahe gelegenen Schuppen gebracht. Plötzlich schien er verschwunden zu sein. Niemand wußte wie und wo. Es herrschte Verwirrung. Etwas trieb mich, unter den qualmenden Decken nachzuschauen. Dort lag er. Wolfgang war bereits benommen. Er wäre wahrscheinlich erstickt, wenn er etwas später entdeckt worden wäre. Instinktiv hatte ich dort gesucht, wo ich ihn schließlich fand. So wurde ich zu seinem Lebensretter.«

Wenige Wochen später wurde Wolfgang auf rätselhafte Weise krank. Er bekam hohes Fieber und Schüttelfrost. Niemand konnte ihm zunächst helfen. Es gab keinen praktischen Arzt in der Nähe. Auf Umwegen gelangte Frau Schäuble an ein Rezept, mit dem sie Medikamente gegen das anhaltende Fieber besorgen konnte. Schließlich gab es noch den alten Hausarzt in Owen, der den Eltern aber wenig Hoffnung machte. »Das wird nichts mehr werden«, sagte er der bedrückten Mutter. Doch es kam anders. Das Fieber blieb zwar zunächst konstant. Nach ein paar Tagen zeigten die Medikamente jedoch ihre Wirkung. Die hohe Körpertemperatur sank allmählich.

Wolf Schäuble blieb über viele Jahre ein kränkelndes Kind. Er brauchte besondere Zuwendung. Sein labiler Gesundheitszustand war für die Schäubles die hauptsächliche Sorge nach dem Krieg.

»Er darf sich nicht aufregen«, hatte der Hausarzt den Eltern mit auf den Weg gegeben. Daran hielten sie sich. Wolf wurde kaum bestraft. Sein Bruder durfte ihn nicht verhauen, »wenn er auch noch so frech war«. Auf Wolf wurde während seiner gesamten Kindheit und Jugend Rücksicht genommen. Er hatte einen Sonderstatus innerhalb der Familie. »Das kriegte der Kleine natürlich schnell mit und nutzte es später weidlich aus«, lächelt der ältere Bruder. »Man mußte ihn immer schonen und durfte ihm nichts antun.«

Wolfgang galt als schlechter Esser, der sogar einmal wegen Unterernährung für mehrere Wochen in ein privates Kinderheim kam. »In Bad Dürrheim mußte ich so fettes Zeug essen«, erinnert sich Wolfgang Schäuble. »Ich war jedenfalls lange Zeit von einer eher nicht so robusten Gesundheit.«

Erziehung

»Ich habe eine recht konfliktfreie Erinnerung an meine Kindheit«, sagt Wolfgang Schäuble. »Mein älterer Bruder mußte mehr aushalten. Ich bin jedenfalls nicht streng erzogen worden. Mein jüngerer Bruder noch weniger. Prügel bekam ich eigentlich nie.«

Anders sieht es der ältere Bruder Frieder Schäuble: »Ich habe mindestens doppelt soviel Keile gekriegt wie meine beiden Brüder zusammen. Zumindest beim ersten Kind hingen meine Eltern einem ganz konservativen Erziehungsideal an, wonach das geliebte Kind streng auf dem Weg der Tugend gehalten wird, notfalls eben durch Dresche. Ich habe sie auf alle erdenkliche Art gekriegt: mal Ohrfeigen, mal den Hintern voll, mal per Hand, per Stock, per Teppichklopfer. Im Normalfall von der Mutter. Wenn es ganz schlimm war, wurde der Vater beauftragt, den Sohn zu verhauen. So wurde ich ein furchtbar wohlerzogenes Kind. Aber meine Eltern besaßen halt noch strenge Anforderungen, die beim Wolf schon nicht mehr vorhanden waren. Am leichtesten hatte es der jüngste Sohn Thomas. Der durfte sich alles erlauben.«

Eine Zeitlang gab es im Hause Schäuble eine Haushaltshilfe namens Elfriede. An sie gewöhnten sich die drei Jungen rasch. Wolfgang schrieb ihr sogar Karten aus den Ferien. Der älteste Sohn mußte aber oft Aufgaben übernehmen, die ihm wenig Spaß machten. »Natürlich war es lästig«, resümiert Frieder Schäuble, »auf einen drei- oder vierjährigen Bruder aufpassen zu müssen. Immerhin war ich schon acht Jahre alt, als der Wolf drei war. Und er quengelte häufig, richtete zahllose Wünsche an den älteren Bruder. Es war sehr lästig, wenn Elfriede keine Zeit für ihn hatte und ich ihn spazierenfahren mußte.«

Die Kinder erzog in den ersten Jahren ganz die Mutter. »Ihr

Lebensinhalt bestand darin, für die Ihren dazusein, also für den Mann und für die Kinder«, unterstreicht Wolfgang Schäuble. »Der Vater war zuständig für die Überwachung schulischer Leistungen. Ihm entging nichts. Die Mutter sorgte für alles andere, auch für die religiöse Erziehung. Diese war aber eher liberal, keineswegs engstirnig. Bis heute habe ich mir meinen Konfirmandenglauben bewahrt.« Als wir ihn fragen, ob er an Gott glaube, meint er: »Es wird wohl einen Gott geben. Ich mache mir zwar nicht so genaue Vorstellungen, wie er aussieht, aber im Zweifel laß ich es so sein, wie es ist.« Beten lernte er zu Hause. Wenn die Mutter ihre Kinder zu Bett brachte, wurde der Tag mit einem Abendgebet abgeschlossen. Auch vor dem Essen betete man im Hause Schäuble. Der Kirchgang fand aber nicht jeden Sonntag statt.

Seine Mutter meint rückblickend: »Von unseren drei Söhnen ist Wolf derjenige, der am meisten religiös geprägt ist. Da bin ich selbst oft überrascht. Jedes Jahr am Buß- und Bettag oder am Karfreitag geht er mit mir zum Abendmahl. Und das schon über viele Jahre.«

Sorglos war die Kindheit der drei Jungen. Trotz der schlechten Nachkriegsjahre mangelte es an nichts. Niemand mußte hungern oder frieren. Die Kriegsschäden an der Mietwohnung konnten zügig behoben werden. Vater Schäubles Buntweberei wurde wieder auf zivile Produktion umgestellt. Der Nachkriegsalltag begann.

Die Familie machte sonntags ausgiebige Waldspaziergänge. Weihnachten, Ostern und die Kindergeburtstage wurden festlich begangen. Es gab Heiligabend immer einen großen Tannenbaum – vom Boden bis zur Decke –, der aufwendig geschmückt wurde mit Glaskugeln, Kerzen und Lametta. Dazu gehörte eine Krippe, die vom ältesten Sohn gestaltet wurde. Im Haus Schäuble fehlte natürlich nicht die Märklin-Eisenbahn, eine H-Null, die zu Weihnachten ein ganzes Zimmer belegte. »Das Aufbauen war das wichtigste«, sagt Wolfgang Schäuble, »und die Eisenbahn war wesentlicher Bestandteil unserer Weihnachtsgeschenke, mal eine Lokomotive, mal ein Waggon beispielsweise. Mein Bruder Frieder ist heute noch ein Modelleisenbahn-Fan. Er bastelt wie früher daran.« Zum weihnachtlichen Ritual gehörte auch der Gang zur Christmette in der evangelischen Kirche von Hornberg. Vater Schäuble, der getaufte Katholik, begleitete seine Familie ins protestantische Gotteshaus. Am ersten Weihnachtstag gab es traditionell das schwäbische Sonntagsessen: Rinderbraten mit Nudeln, Kartoffeln und grünem Salat. »Es mußte ein Braten sein«, erläutert Wolfgang Schäuble, »weil man Sauce aus dem Fleisch gewinnt, und damit bekommt man mit weniger Fleisch mehr Leute satt.«

Wichtige Ereignisse im Jahr waren die Kindergeburtstage. Dazu wurden die Freunde eingeladen. Es gab selbstgebackenen Kuchen. Mutter Schäuble verwöhnte ihre Kleinen. Backen tut sie auch heute noch gern.

Wohl jeder von uns erinnert sich an ein Kleidungsstück, das er nicht tragen mochte. Der CDU-Politiker: »Damals gab es lange braune Strümpfe. Diese scheußlichen Dinger mit den Strumpfbändern mußte auch ich anziehen. Da habe ich mich stets geniert. Es war furchtbar. Die langen Strümpfe waren eine rechte Strafe.«

Sexualaufklärung fand bei Schäubles nicht statt. Die Eltern überließen sie den Lehrern und Pfarrern. »Ich hielt das immer für einen Krampf«, sagt der fünfundachtzigjährige Vater heute. »Das war doch gar nicht notwendig. Die Kinder erfuhren zu gegebener Zeit, was sie wissen mußten. Es hat ihnen nicht geschadet, erst im Religions- oder Biologieunterricht aufgeklärt worden zu sein. Wir haben nur das getan, was wir glaubten, tun zu müssen. Unsere Kinder wurden nicht dressiert. Wir haben nicht gesagt, du mußt unbedingt das oder jenes machen. Ich habe ihnen aber stets klargemacht, daß es keinen besseren Freund gibt als den Vater. Niemand kann es besser mit Kindern meinen als Vater und Mutter. Das haben alle drei begriffen. Deshalb haben wir ein ausgezeichnetes Verhältnis zu unseren Söhnen gehabt. Und so ist es auch heute noch.«

Früh wurden die drei Söhne zu Ehrlichkeit, Ordnung, Sauberkeit und Pünktlichkeit erzogen. Zu den Erziehungsmaximen im Hause Schäuble gehörten auch Fleiß, Leistungsbereitschaft und soziales Engagement. Der Leistungsdruck der Eltern machte sich vor allem im Gymnasium bemerkbar.

Wolf und Walter

In Wolfgang Schäubles Verwandtschaft gibt es eine Reihe bedeutender Segelflieger. Er selbst weigerte sich immer, »in die Lüfte zu steigen«. Lange Zeit hatte er große Angst vorm Fliegen. Das hat sich mittlerweile gelegt. Was ihn aber noch quält und ihm unangenehm in Erinnerung blieb, ist seine Höhenangst. »Das Hauptproblem meiner Kindheit, an das ich mich erinnern kann und das bis heute besteht: Ich bin nicht schwindelfrei«, sagt Schäuble nachdenklich. »Es war für mich furchtbar, auf einen Aussichtsturm zu steigen, auch wenn er nur zwanzig Meter hoch war. Das Bergwandern – für meine Frau eine Leidenschaft – war für mich eine Katastrophe.«

Nicht schwindelfrei zu sein, war vermutlich nicht die einzige Furcht, die seine Kindheit mitbestimmte, auch wenn er als Schüler scheinbar kaum Ängste durchgemacht hatte und seine harmlosen Bubenstreiche nie zu schlimmen Konsequenzen führten. Im Spätsommer 1948 begann der Ernst des Lebens mit der Aufnahme in die Volksschule Hornberg als Jüngster seiner Klasse. Es folgte gleich ein Kurzschuljahr, weil der Schuljahrsbeginn auf Ostern vorverlegt worden war. Während der dreieinhalbjährigen Grundschulzeit bestach der Hornberger Prokuristensohn durch Ehrgeiz, Fleiß und Können. Seine mathematische Begabung wurde schon früh von seinem Lehrer Ernst Seeber erkannt und gefördert, der ihn zu seinen besten Schülern zählte. Im Haus Schäuble unterlagen die schulischen Leistungen einer permanenten strengen Kontrolle von seiten des Vaters.

Das älteste Schriftstück von Wolfgang Schäuble, das im Hornberger Elternhaus aufbewahrt wird, ist ein Brief an seinen Bruder Frieder vom 12. August 1949. Darin berichtet Wolf, daß er eifrig dabei sei, eine Höhle auszuschachten. Detailliert berichtet er über den Fortgang der schwierigen »Ausgrabungen«. Die Höhle baute der Siebenjährige zusammen mit seinem damaligen besten Freund, dem vier Jahre älteren Nachbarsjungen Walter (Walle) Heinzmann. Am bewaldeten Berghang unterhalb der Schwarzwaldbahn versuchten beide in wochenlanger Kleinarbeit, einige Kubikmeter Steine und Sand wegzuräumen. Kompliziert gestalteten sich die »Bauarbeiten« wegen schwerer Steinbrocken, die mühsam beiseite geschafft wurden. Walle mußte sich gefallen lassen, schriftliche Anweisungen entgegenzunehmen. Wolf hielt sich während der Augustferien bei seiner Lieblingstante auf. Also schickte er an seinen Freund eine Postkarte mit klaren Anweisungen, wie er sich beim weiteren Ausbau verhalten solle. Immerhin schafften es Wolf und Walle, ein Versteck zu errichten, das nach Fertigstellung immerhin die Größe von über einem Meter Höhe und etwa zwei Meter Tiefe hatte. »Es war ein Versteck für uns beide. Wir hatten Wege und Irrwege gebaut, damit nicht jeder hineinkommen konnte«, sagt Walter Heinzmann, der sich vom Betriebsschlosser über die Meisterprüfung zum Fertigungsleiter in einem kunststoffverarbeitenden Betrieb hochgearbeitet hat.

Wolfgang Schäuble erinnert sich noch gut daran, als er zusammen mit seinem Hornberger Freund Walle unterhalb der Schwarzwaldbahn während der Sommerferien zelten wollte. Beide besaßen eine alte Wehrmachtszeltplane und Wolldecken. Dabei passierte ein gefährliches Mißgeschick. Beim Wasserkochen blies starker Wind Funken ins Gebüsch. In Sekundenschnelle breitete sich ein Feuer am Bahndamm aus. Wolfgang raste los, um Hilfe zu holen. Walter Heinzmann: »Der Berg brannte mittlerweile lichterloh. Später kam die Hornberger Feuerwehr, und die Bahn schickte eine Lok zum Löschen. Sie hatten den Brand rasch unter Kontrolle.«

Wolf und Walle galten bei der Hornberger Ortspolizei offenbar als begeisterte »Campingfreunde«. Jedenfalls waren sie so bekannt, daß der Polizeiwachtmeister noch am gleichen Tag bei den Schäubles ein Protokoll aufnahm. Die Schuldfrage war bald geklärt. Schäuble heute: »Als die Polizei uns vernahm, gab es kein böses Wort meines Vaters. Ich habe wahrscheinlich furchtbar geheult und gedacht, jetzt komme ich ins Gefängnis. Mein Vater sagte später, es sei ja sein Fehler gewesen. Er hätte uns nicht erlauben dürfen, Feuer zu machen. Und wenn er es erlaubt habe, sei das nun seine Sache. Da gab es kein böses Wort. Ich fand das ganz erstaunlich.«

»Räuber und Gendarm« wurde auch in Hornberg gespielt. »Reifen bowlen« gehörte zu den Lieblingsbeschäftigungen der Schäuble-Kinder und ihrer Freunde. Schon früh besaß Wolf ein eigenes Jugendrad der Marke »Adler«. Die Bewunderung derer blieb nicht aus, die sich mit alten und zusammengeflickten Fahrrädern begnügen mußten. Fußballspielen war auch für Wolfgang Schäuble die schönste und intensivste Freizeitbeschäftigung.

Die Schäubles galten bei den Nachbarn immer als gutsituiert. »Finanziell waren sie besser dran als alle anderen in unserer Straße«, erinnert sich Walter Heinzmann.

Wolf besaß schon früh einen Lederfußball. »So etwas war damals absolute Mangelware«, berichtet sein Bruder Frieder. »Wir Älteren hatten natürlich keinen so schönen Ball aus Leder und zum Aufpumpen. Und wenn wir mit diesem tollen Ball spielen wollten, mußten wir immer seinen Besitzer in das Spiel einbeziehen. Der war aber erst sechs oder sieben Jahre alt, viel jünger als wir. Wolf nutzte seine Monopolstellung als Besitzer des Fußballs weidlich aus. Er versuchte zu bestimmen, auf welcher Position er spielte. Wir wollten ihn auf Linksaußen abschieben. Das gab Ärger über Ärger. Mit seinem Fußball tyrannisierte er die ganze Meute. Wir stritten furchtbar.«

Der kleine Fußballkönig von Hornberg brachte mit seinem Eigentum, dem Lederfußball, seinen Bruder oft in Weißglut. Wenn auf dem Platz vor der evangelischen Kirche wieder einmal »kräftig gebolzt« wurde und Wolfs Mannschaft zu verlieren drohte, brach dieser das Spiel einfach ab, klemmte sich seinen Ball unter den Arm und rannte weg. Damit fand das Match ein jähes Ende, und eine sichere Niederlage war verhindert worden. Der junge, ehrgeizige Kicker strebte auch im Sport die Gewinnerseite an.

Schwarzwaldschule Triberg

»Er war ein ungemein kluges Kind, ein wirklich schrecklich gescheiter Bursche. Sein Großvater stellte ihn schon mit vier Jahren Freunden und Bekannten als das Rechengenie vor«, lächelt Frieder Schäuble, der ältere Bruder. »Wolf ist nie zu Hause getrimmt worden. Als Vierjähriger löste er aber schon Rechenaufgaben, die normalerweise nicht einmal Achtjährige im Kopf rechnen können. Das große Einmaleins und Bruchrechnen beherrschte er wie ein Erwachsener.«

Im Frühjahr 1952 wechselte Wolfgang Schäuble auf die Schwarzwaldschule in Triberg, ein privates neusprachliches Gymnasium mit Internat. Zu den Externen gehörte auch sein älterer Bruder. Das war auch der Hauptgrund, warum Wolf nicht auf das neugegründete staatliche Gymnasium nach Hausach ging. Die Brüder fuhren gemeinsam zur Schule, der ältere paßte auf den jüngeren auf.

In der Sexta wurde mit Französisch begonnen, weil das kleine Schwarzwaldstädtchen Triberg im Gebiet der französischen Besatzungsmacht lag. Ab der dritten Klasse konnte Wolfgang Schäuble zwischen Latein und Englisch wählen. Er entschied sich für die lateinische Sprache.

Fünf Jahre lang fuhr er mit dem Omnibus nach Triberg in die Schwarzwaldschule. Als sein Bruder Frieder 1956 das Abitur machte, wechselte Wolfgang auf das staatliche neusprachliche Gymnasium nach Hausach.

Die ungleichen Brüder Frieder und Wolf standen jahrelang in einem konfliktträchtigen Konkurrenzverhältnis. Der Zweitgeborene versuchte seit Kindesbeinen, dem Erstgeborenen ebenbürtig zu sein. Obwohl noch ein Knirps, strebte Wolfgang Gleichberechtigung an. Er wollte so sportlich, so stark wie sein Bruder sein; er beanspruchte die gleichen Rechte. Dieser Konkurrenzkampf weitete sich mit zunehmendem Alter aus. Für die Eltern war es ein unlösbares Problem, für Frieder eine oft unerträgliche Last. Nachdem die gesundheitliche Schonzeit vorüber war, wurde der »kleine Giftzwerg« oft vom älteren Bruder verdroschen. Verbissene Auseinandersetzungen – vor allem beim Tischtennis – ließen erst nach, als Frieder sechzehn Jahre alt war.

»Ich war der Ältere«, bilanziert Frieder heute. »Ich war stärker und größer und hatte auch mehr Rechte. Ich durfte Dinge, die er nicht durfte. Das akzeptierte Wolf nicht. Er wollte so lange aufbleiben wie ich, wollte mitgehen, wohin ich ging. Es war schwer, ihm klarzumachen, daß er das noch nicht durfte. Mein Argument, er sei fünf Jahre jünger als ich, wollte er irgendwann überhaupt nicht mehr hören. Er war nicht gewillt hinzunehmen, daß es einen älteren Bruder gab, der mehr und anderes durfte als er. Dagegen zog er mächtig zu Felde. Im wesentlichen verbal. Das Hauptproblem seiner Kindheit und Jugendzeit war die Existenz des älteren Bruders.«

Und dem wollte er sogar im Sport überlegen sein. Beinahe täglich lieferten sich die beiden harte Auseinandersetzungen. Auf dem Nachhauseweg rannten sie um die Wette. Es gab einen erbitterten Streit um die Frage, wer vom Fabriktor an als erster die Haustür der elterlichen Wohnung erreichte. »Nun war ich ja schneller als Wolf, weil fünf Jahre älter«, erzählt Frieder. »Aber der Wolf war schon clever. Er verstand es, sich durch das Tor zu winden und es hinter sich zuzuknallen, daß es krachte. Wer hier zuerst durchkam, war bereits uneinholbar. Nicht selten verschaffte sich Wolf eine bessere Startposition und stürzte als erster auf die Haustür. Alle Versuche, mit ihm ein ›Gentleman's agreement‹ zu treffen, das verrückte Laufen ganz zu lassen, funktionierten höchstens einen Tag. Danach rannte er wieder mit solcher Häme als erster zur Haustür und kündigte damit die Abmachung vom Vortag. Sehr zum Ärger unserer Mutter, die uns den Wettlauf streng verboten hatte.«

Wolfgang Schäuble war ein schmächtiger Junge. Auch auf dem Gymnasium in Triberg gehörte er zu den Jüngsten seiner Klasse. Körperlich »eher schwach«, aber nicht energielos, wagte der intelligente Bursche »immer eine große Klappe«. Er warf Mitschülern, die meist älter und körperlich überlegen waren, »Frechheiten an den Kopf« und nutzte die Schwächen der anderen, um anzudeuten, »wie beschränkt und dumm sie seien«. Sein Bruder meint schmunzelnd: »Das konnte er deswegen exzessiv betreiben, weil er während der Busfahrt nach Triberg und zurück immer einen großen Bruder in der Nähe wußte. Deshalb passierte ihm nicht viel, wenn er sich mit Stärkeren anlegte. Schließlich stand ich ihm im Ernstfall zur Seite.«

Der Pennäler Wolfgang Schäuble verhielt sich aggressiv, neigte zu verbalen Attacken, galt als zänkisch und überheblich. Er zeigte besonders älteren Schülern seine geistige Überlegenheit und ließ andere spüren, daß er mehr wußte, kurz, daß er der Bessere war.

Gymnasium Hausach

1957 trat in der Bundesrepublik Deutschland das neue Rentenrecht in Kraft, das als wichtigste Sozialreform seit der Bismarck-Ära gilt: die dynamische, bruttolohnbezogene Rente, die auf dem Prinzip des Generationenvertrages beruht. Danach finanzieren die im Berufsleben stehenden Versicherten die Renten der Elterngeneration. In der DDR beschloß die Volkskammer die schrittweise Einführung der 45-

Stunden-Woche, und die Freie Deutsche Jugend (FDJ) wurde zur offiziellen sozialistischen Jugendorganisation erklärt. In Rom unterzeichneten die Außenminister der Staaten der Montanunion (Bundesrepublik Deutschland, Frankreich, Italien und Beneluxstaaten) die Verträge über die Europäische Wirtschaftsgemeinschaft (EWG) und Europäische Atomgemeinschaft (Euratom). Die Römischen Verträge sind bis heute die Grundlage der ökonomischen und politischen Integration Westeuropas.

In dieser Zeit, im Frühjahr 1957, Wolfgang Schäuble hatte gerade die Obertertia hinter sich gebracht, verließ er die Schwarzwaldschule in Triberg. Ein Jahr vor der Mittleren Reife hielt ihn nichts mehr auf der staatlich anerkannten Privatschule. Ärger mit einigen Lehrern und der Abiturabschluß seines Bruders Frieder waren äußere Anlässe für den Wechsel auf das Gymnasium in Hausach.

Die Schwarzwaldschule in Triberg hatten einige Lehrer verlassen, um ihren Dienst am Gymnasium Hausach anzutreten. Den permanenten Lehrerwechsel waren vor allem die Eltern leid. Außerdem entwickelte sich das Anfang der fünfziger Jahre neugegründete Gymnasium in Hausach immer deutlicher zu einer angesehenen »Penne«, während das Ansehen der Triberger Schule erheblich zurückging. Schließlich war die räumliche Entfernung von Hornberg nach Hausach geringer als von Hornberg nach Triberg. Für die Schäubles ein weiteres wichtiges Argument für den Wechsel.

Als Wolfgang am 30. April 1957 in die Untersekunda kam, gab es in Hausach 293 Schüler, die in 11 Klassen von 21 Lehrerinnen und Lehrern unterrichtet wurden. Der Übergang verlief fast problemlos. Wegen der zu geringen Schülerzahl hatte der Lateinunterricht in Triberg ein Jahr später angefangen, als vorgeschrieben war. Somit fehlte dem Hornberger in Hausach ein Jahr Unterricht, den er durch Nachhilfestunden aufholen mußte. Ansonsten brachte der Wechsel keine Schwierigkeiten. Unauffällig fügte sich Wolfgang Schäuble zunächst in den Klassenverband ein. Ihm eilte das Image eines guten und ehrgeizigen Schülers voraus, das auch schnell bestätigt wurde. Ein Mitschüler meint: »Mir fiel damals auf, daß Schäuble ein leichtes Schwäbisch sprach, was bei uns verpönt war. Das kam von seinen Eltern, die aus Württemberg stammten. Er hatte ihre Sprache voll übernommen. Das war sehr ungewöhnlich, weil wir alle betont

Badisch sprachen. Diesen schwäbischen Tonfall legte er nie ab – auch nicht das sanfte Lispeln.«

Eine Mitschülerin erinnert sich: »Er war klein und zierlich und sehr diskutierwütig. Er verstand es, Lehrer in Debatten zu verwickeln, nicht immer wortgewaltig, aber anspruchsvoll. Unterschwellig demonstrierte er Überlegenheit, wenn er Lehrer herausforderte und meist recht behielt. Er konnte gut schwätzen und unpopuläre Dinge an den Mann bringen. Für ihn war es auch eine Art Selbstdarstellung, ein Anflug von intellektueller Arroganz, die er unter Beweis stellte.«

»Auffällig war schon sein ausgeprägter Ehrgeiz«, resümiert ein anderer Klassenkamerad. »Alles, was er in der Schule machte, sollte herausragen. In allen Fächern wollte er der Beste, der Erste sein. Auch bei sportlichen Aktivitäten schonte er sich nicht. Er holte aus seinem Körper heraus, was möglich war. Immer mit fairen Mitteln, nie falsch oder feige. Trotz größter Anstrengungen schaffte er es aber nicht, Klassenprimus zu werden.«

Klassenerster war Gerhard Heinzmann, Sohn eines Schustermeisters aus Gutach. Hochbegabt und eloquent, mit enormem Sprachtalent ausgestattet, blieben er und Wolfgang Schäuble über vier Jahre lang Konkurrenten. Der Hornberger war in Mathematik unschlagbar, überlegen auch in naturwissenschaftlichen Fächern. Dagegen glänzte Heinzmann in Deutsch und anderen Sprachen. Er bekam 1961 den Scheffel-Preis. Dieser Preis ging an den besten Abiturienten im Fach Deutsch aller Gymnasien in Baden. Dem ehrgeizigen Prokuristensohn aus Hornberg blieb diese Auszeichnung versagt. Immerhin erhielt er zusammen mit Gerhard Heinzmann den zweiten Preis beim Aufsatzwettbewerb des Landtages Baden-Württemberg. Eine großartige Leistung, wenn man die Schar der Konkurrenten berücksichtigt.

Enttäuschend für Wolfgang Schäuble muß die Entscheidung des Klassenlehrers Dr. Reck gewesen sein, daß nicht er, sondern Heinzmann die Abiturrede halten durfte.

Auffallendes Interesse zeigte Schäuble für das Fach Geschichte. Für die Note »Sehr gut« erhielt er einmal einen Spezialpreis: ein Buch. Ihn bewegte vor allem das Thema »Nationalsozialismus«. Im übrigen konzentrierte sich der Unterricht auf die Geschichte der Neuzeit, vom Dreißigjährigen Krieg bis zur Entwicklung der Demokratie in England.

Die beiden Asse Heinzmann und Schäuble wechselten häufig im Amt des Klassensprechers. Der Rückblick eines neidlosen Klassenkameraden: »Wolfgang konnte sich ausdrücken. Er wußte, was er wollte oder was die Klasse wollte, und konnte es bei den Lehrern anbringen. Er hatte einfach einen guten Draht zu den Paukern. Deshalb wurde er auch immer wieder zum Klassensprecher gewählt. Er diente sich den Lehrern nie an, war kritisch und kooperativ zugleich.«

Und ein anderer meint: »Es war überhaupt das Hervorstechende, daß ihm nichts leichtfiel. Nichts fiel ihm zu. Mit festem Willen, differenzierter Überlegung und außergewöhnlichem Verstand ging er an die Probleme heran. Ihm fehlte vielleicht etwas die Eleganz, aber er war in der Klasse von Gewicht.«

Wolfgang Schäuble setzte sich für seine achtzehn Klassenkameraden wirkungsvoll ein. Er organisierte Klassenfeste, Fußball- und Handballveranstaltungen. Tatkräftig arbeitete er auch in der Schülermitverwaltung. Er gehörte zu den Gründern der Schülerzeitschrift »Tintenfaß« und war lange Zeit ihr Chefredakteur. »Er verstand es, sich selbst zu profilieren, aber gleichzeitig auch für andere zu wirken.« So faßt eine Mitschülerin Schäubles rege Aktivitäten zusammen.

Vorbild Vater

Ein Glück, daß alle drei Söhne »einigermaßen intelligent« waren, sonst hätten sie den enormen Leistungsdruck ihrer Eltern nicht ohne Schaden überstanden. »Vom Durchschnitt haben wir genug!« Dieser Schlüsselsatz des Vaters beschreibt ein wichtiges Erziehungsprinzip. Karl Schäuble legte größten Wert auf gute schulische Leistungen.

»Ich mußte ein guter bis sehr guter Schüler sein, möglichst der beste«, sagt Frieder Schäuble. »Wenn ich aus der Schule nach Hause kam, mußte ich erst einmal essen und dann Schularbeiten machen. Ich durfte nicht fort, bevor diese nicht gemacht waren. Lange, lange Jahre. Es waren extreme Ausnahmen, wenn das mal anders gehandhabt wurde. Am Abend kontrollierte dann mein Vater alles, jedenfalls in den ersten Jahren, solange er mithalten konnte. Gleiches galt für Wolfgang. Bei dem hörten die Kontrollen ein bißchen früher auf als bei mir. Später wollten meine Eltern nur noch die Noten wissen, wollten erfahren, wenn gravierende Veränderungen in schulischen Leistungen eintraten.«

Was der Vater seinen Söhnen abverlangte, war aus seiner Sicht nichts Ungewöhnliches. Als Finanzfachmann bei der Hornberger Buntweberei leistete er täglich ein überdurchschnittliches Pensum. Ohne das hätte er es niemals zum Prokuristen gebracht. Neben seinem Hauptberuf betätigte er sich nach dem Krieg nebenamtlich politisch zeitweise so intensiv, daß er für die Familie kaum noch Zeit fand.

Karl Schäuble gehörte nach dem Krieg zu den wenigen unbelasteten Männern seiner Generation. In den ersten Monaten nach der deutschen Kapitulation dachte er: »Einfach nichts zu machen geht eigentlich nicht.« Viele Männer hatten im Krieg ihr Leben verloren, und viele von denen, die überlebten, waren zum Teil schwer belastet und für den demokratischen Aufbau ungeeignet. »Du kannst nicht immer bloß zusehen und sagen: Macht doch, was ihr wollt.«

Mitte 1946 traf Karl Schäuble eine wichtige Entscheidung. Die neugegründete Hornberger Gruppe der Badischen Christlich-Sozialen Volkspartei (Vorläuferin der CDU bis 1947) führte ein »eifriger Kolpingsohn«, der nach Erkenntnissen der SPD auf Anraten der Kolpingvereinsleitung SA-Mitglied geworden war. Dies wurde dem jungen Christsozialen zum Verhängnis. Er mußte »sein Amt wegen besonderer Umstände« niederlegen, »was allgemein bedauert wurde«. Die Mitglieder der Hornberger BCSV-Ortsgruppe suchten einen neuen Vorsitzenden. Sie fragten auch den parteilosen Karl Schäuble, ob er nicht Mitglied werden und den »Verein« gleichzeitig übernehmen wolle.

Schäuble ließ sich überreden und trat der BCSV bei. In der ersten Versammlung am 17. August 1946, die er als frischgebackenes Parteimitglied besuchte, wurde er sofort zum Vorsitzenden gewählt. Dieses Amt übernahm er für siebenundzwanzig Jahre; 1973 gab er es ab, um sich auf den Ehrenvorsitz der Hornberger CDU zu beschränken.

Unter Karl Schäubles Vorsitz erreichten die Hornberger Christ-Sozialen bei der ersten Gemeinderatswahl nach dem Krieg ein für Hornberg ansehnliches Ergebnis. Auch die Wahlen zu den Kreisversammlungen fielen zufriedenstellend aus. Schäuble hatte bei der Gemeinderatswahl nicht kandidiert. Vor der Kreistagswahl 1947 konnte er sich nicht mehr drücken und wurde prompt gewählt. Die politische Karriere des Karl Schäuble war noch nicht zu Ende. Als »wirtschaftspolitischer Beirat« nahm er an der Landestagung seiner Partei im April 1947 in Freiburg teil. In einer Kreisdelegiertenversammlung wurde er zum Landtagskandidaten für den Wahlkreis 10 (Wolfach/Villingen) nominiert. Bei der Wahl zum badischen Landtag errang seine Partei sechzig Prozent der Stimmen. Karl Schäuble, Vorsitzender der Hornberger BCSV, wurde gewählt. Er gehörte dem Landtag bis zu dessen Ende 1952 an und war hauptsächlich im Sozial- und Finanzausschuß tätig.

Fünf Jahre lang Abgeordneter des badischen Landtages und gleichzeitig Prokurist eines mittelständischen Unternehmens, einer der wichtigsten Männer nach dem Besitzer der Firma. Zunächst war dieser Karrieresprung im Betrieb lebhaft begrüßt worden. Später fiel es dem Unternehmen schwer, alle vierzehn Tage während der Landtagssitzungen auf den Finanzfachmann zu verzichten. Schäuble holte an Wochenenden nach, was in der Firma wegen seiner politischen Aktivitäten liegengeblieben war. Nachgearbeitet wurde auch abends, oft sogar nachts. »Ich hätte auch nicht gerne einen Angestellten gehabt, der im Landtag sitzt«, bemerkt Karl Schäuble heute und zeigt Verständnis für die zunehmenden Vorbehalte seines damaligen Chefs.

Nach Gründung des Südweststaates gab es Neuwahlen. Doch in der badischen CDU hatte Schäuble keine Chancen mehr. Zwar wollte er wegen der beruflichen Nachteile ohnehin auf eine erneute Kandidatur verzichten, doch hätte er eine zweite Wahlperiode ernsthaft angestrebt, wäre er gescheitert. Mittlerweile waren nämlich ehemalige Zentrumsabgeordnete aus der Kriegsgefangenschaft zurückgekehrt. Sie beanspruchten Mandate. Entscheidender jedoch war: Weite Kreise der badischen Union wollten Schäuble unter keinen Umständen mehr für den neuen Landtag nominieren. Es hatte sich herumgesprochen, daß er in einer Mischehe lebte und als Katholik seine Kinder evangelisch hatte taufen lassen. Was das »ziemlich räudige schwarze Schaf« damals nicht mitbekam, war eine Intervention von katholischer Seite in Villingen bei der Landesleitung der BCSV noch vor der Wahl von

1947. Seinerzeit vergebens. Fünf Jahre später jedoch hätte der katholische Klerus im Wahlkreis 10 seine Wiederwahl bestimmt verhindert.

Vergleichbares geschah bei der Nominierung für die Bürgermeisterwahl in der Stadt Haslach 1949. Die dortigen Parteifreunde suchten einen unbelasteten Spitzenkandidaten und fanden ihn im benachbarten Hornberg. Schweren Herzens und nach langwierigen Überlegungen entschied sich Karl Schäuble für eine Kandidatur. Politik schien fast sein Beruf zu werden. Der Vertreter der französischen Besatzungsmacht hatte bereits seine Einwilligung für Schäubles Aufstellung gegeben. Doch die Rechnung war ohne den katholischen Pfarrer von Haslach gemacht worden. Er und seine klerikale Lobby schafften es, »ausgerechnet einen abgestandenen Katholiken als Bürgermeister zu nominieren«. Wieder machte seine Mischehe eine politische Karriere zunichte. Schäuble trotzig: »Der BCSV-Kandidat fiel mit Pauken und Trompeten durch. Haslach bekam einen evangelischen Bürgermeister, der kirchlich absolut ungebunden war.«

Karl Schäuble zog sich trotz übler Anfeindungen nicht völlig aus der Politik zurück. Bei den Gemeinderatswahlen im November 1953 ließ er sich in der Hoffnung aufstellen, nicht gewählt zu werden; seine Kandidatur für die CDU war jedoch erfolgreich. Bis 1974 blieb er Mitglied im Stadtrat, schwierige einundzwanzig Jahre lang.

Nach dem Krieg ging es auch in Hornberg um den Wiederaufbau. Über fünfzig Prozent der Wohnungen waren zerstört. Jahrelang beschäftigte den Gemeinderat der Bau eines Krankenhauses. Es fehlten Sporthalle und Schwimmbad. Karl Schäuble kümmerte sich im wesentlichen um die Finanzen der Gemeinde. Er kannte sich aus in der Steuerpolitik, mußte den ahnungslosen Bürgern nicht selten »den Unterschied zwischen Gewerbesteuer-Meßbetrag und dem Gewerbesteuer-Hebesatz erklären«.

Im »roten Hornberg« hatte Schäubles CDU wenig Chancen. »Bei diesem roten Filz waren CDU-Mehrheiten unmöglich«, erläutert Schäuble. »Ursprünglich lag die CDU bei nur dreißig Prozent. Im Laufe der Zeit brachten wir es dann auf etwa vierzig Prozent. Und die Wahlbeteiligung lag nicht selten bei fast neunzig Prozent.«

Die Söhne erlebten schon früh das parteipolitische Engagement des Vaters. Sie wurden an Wahltagen mitgenommen, halfen später mit, Plakate zu kleben, und durften bei Großveranstaltungen der CDU dabeisein. Gleichwohl wurden die Kinder nie in eine parteipolitische Richtung gedrängt oder gar aufgefordert, in die Jugendorganisation der CDU, die Junge Union, einzutreten. Natürlich lebten sie in einer ausgeprägt politischen Familie. Politische Diskussionen fanden beinahe täglich am Mittagstisch statt. Ob es sich um Fragen der Gemeindepolitik oder um die innen- wie außenpolitischen Themen Bonner Politik handelte: Der Vater hielt sich mit Ansichten und Wertungen nicht zurück. Er erklärte die aktuelle Lage, kommentierte Radio- und Zeitungsberichte. Kritisch begleitete der Hornberger CDU-Vorsitzende die Bundes- und Landespolitik. Seine Söhne schnappten auf, was sie begreifen konnten, interessierten sich mit zunehmendem Alter immer stärker für politische Fragen.

Im Hause Schäuble war vieles selbstverständlich, selten verlor man große Worte. So reibungslos, wie die Söhne zu Ordnung, Sauberkeit, Pünktlichkeit, Fleiß und Leistung erzogen wurden, so wuchsen sie als Jugendliche fast automatisch in die Familie der CDU-Anhänger hinein.

Als Elfjähriger schrieb Wolfgang dem damaligen Kindermädchen Elfriede einen zweiseitigen Brief zu ihrem einundzwanzigsten Geburtstag. Detailliert schildert er darin seinen Alltag, berichtet ausführlich über die vielen Geschenke zu seinem Geburtstag. Einige Sätze verblüffen: »Nun bist Du schon volljährig. Im November wirst Du dann die CDU wählen, aber ich will hier keine Wahlpropaganda treiben. Vielen Dank für . . .«

Gemeint war die Bundestagswahl im November 1953.

Die politische Einstellung der Söhne wurde von Vater Schäuble über viele Jahre geprägt. Aber auch seine berufliche Entwicklung bewunderten die Kinder voller Stolz. Der Vater war in jeder Hinsicht ihr Vorbild.

Der erfolgreiche Prokurist der Hornberger Buntweberei, der ehemalige Landtagsabgeordnete und CDU-Funktionsträger war gerade sechsundvierzig Jahre alt, als er sich entschloß, noch einmal umzusatteln. Die Spannungen im Betrieb wegen seines politischen Engagements – wenn auch nicht mehr in der Landespolitik – hielten an. Die berufliche Abhängigkeit vom Inhaber eines Unternehmens bereitete ihm immer größere Sorgen.

Seine Entscheidung, sich zum Helfer in Steuersachen ausbilden zu lassen, fiel im Sommer 1953. Im Herbst des gleichen Jahres begannen die Vorbereitungskurse in Freiburg. Von da an nahm Karl Schäuble wöchentlich an einem ganztägigen Ausbildungsseminar teil, das von der Oberfinanzdirektion und der Steuerbevollmächtigtenkammer veranstaltet wurde. Mitte des Jahres 1954 absolvierte er die schriftliche Abschlußprüfung. Dann nahm er noch die Hürde der mündlichen Prüfung und bekam endlich die begehrte Bestallung.

Nun war Karl Schäuble selbständig. Er mietete sich in Hornberg zwei Büroräume und eröffnete eine Steuerberaterpraxis, die er bis vor wenigen Jahren unterhielt. Seine Kunden, die schnell Vertrauen zu ihm fanden, waren ausschließlich Geschäftsleute: Besitzer mittelständischer Handels-, Handwerks- und Industriebetriebe. Sein politisches Engagement hatte Schäuble über die Grenzen der Stadt hinaus bekannt gemacht. Das zahlte sich jetzt aus.

Rasender Reporter

In den fünfziger Jahren kam es nicht selten vor, daß der CDU-Ortsvorsitzende persönlich über wichtige Entscheidungen des Gemeinderates in der Regionalzeitung berichtete. Das wußten die wenigsten Leser des »Schwarzwälder Boten«. Bei der peniblen Berichterstattung des Hornberger »Korrespondenten« fiel Eingeweihten auf, daß »die CDU immer relativ ordentlich wegkam«.

Im Sommer 1953 war Frieder Schäuble für einen Sportreporter des »Schwarzwälder Boten« eingesprungen, der Hornberg wegen seines Studiums verlassen hatte. Der älteste Schäuble-Sohn mußte anfangs vor allem über Ringerwettkämpfe berichten. Hornberg galt damals als eine Hochburg des Ringersports. Es blieb allerdings nicht bei Sportreportagen. Frieder schrieb Artikel über Vereinsjubiläen, über Geburtstage betagter Bürger, über Veranstaltungen des Tierzuchtvereins und über viele andere lokale Ereignisse. Bei seinen Berichten über Gemeinderatssitzungen half ihm der Vater tatkräftig. »Ich war die Presse«, lächelt Frieder verschmitzt. »Ich habe mir die Nächte in Wirtschaften um die Ohren geschlagen und dann bis tief in die Nacht geschrieben. Für eine Zeile gab es sechs Pfennige. Wenn es normal lief, habe ich etwa einhundertachtzig Mark im Monat verdient. Unter meinen Schulkameraden war ich ein Krösus.«

Das gleiche galt später für Wolfgang Schäuble. Nachdem sein Bruder Abitur gemacht und Hornberg verlassen hatte, wurde er, nach dem kurzen Zwischenspiel eines anderen Berichterstatters, Lokalreporter. Von 1957 bis 1961 berichtete Wolfgang Schäuble für den »Schwarzwälder Boten« aus Hornberg. Unter dem Kürzel »sch« verfaßte der sprachlich begabte Pennäler Berichte und Reportagen über wichtige Ereignisse in seiner Heimatstadt. Dazu gehörten vor allem die Gemeinderatssitzungen. Einen ausführlichen Raum nahmen auch Veranstaltungen der Parteien ein.

Wolfgang Schäuble war ehrgeizig und fleißig. Für die Zeile gab es mittlerweile acht Pfennige. Im Durchschnitt schaffte er monatlich zweieinhalbtausend Zeilen. Die brachten ihm rund zweihundert Mark ein.

Dieses Geld wurde hart verdient. Es ging nicht immer so leicht wie bei Sportvorschauen, die er nur von den Vereinsinformationen abzuschreiben brauchte. Schwieriger und zeitlich aufwendiger waren Rezensionen über Konzert- und Theaterabende. Nicht immer ging es ohne Ärger ab. Nach einem Bericht über eine Aufführung der Freilichtbühne zum Hornberger Schießen erteilte ihm der Historische Verein Hausverbot. Der junge Reporter hatte angeblich eine »nestbeschmutzende Kritik« verfaßt, die den Vereinsmeiern nicht paßte.

Jäh endete seine Ära als Hornberger Zeitungsreporter 1961. Nach einem kritischen Kommentar über ein mittelmäßiges Orgelkonzert beschwerte sich der schlecht weggekommene Kantor wütend bei der Chefredaktion des »Schwarzwälder Boten«. Einen Tag später druckten die Oberndorfer Blattmacher eine Art Entschuldigung ab, die Wolfgang Schäuble die Zornesröte ins Gesicht trieb. »Von journalistischer Freiheit konnte keine Rede mehr sein«, echauffiert sich Wolfgang Schäuble heute noch. »Ich habe damals gesagt, wenn die Redaktion mir so in den Rücken fällt, mache ich nicht mehr mit, und habe meinen Job von einem auf den anderen Tag aufgegeben. Ich stand kurz vor dem Abitur. Insofern paßte es gerade auch zeitlich.«

Fußball, Tennis, Politik

Der größte Teil seiner Freizeit war für die Reportertätigkeit draufgegangen. Wolfgang schrieb seine Artikel nachts, in den Unterrichtspausen, in der Eisenbahn, im Bus. Abgeliefert wurden seine Beiträge in ordentlicher Maschinenschrift. Das Schreibmaschineschreiben lernte er fast bis zur Perfektion.

Den anderen Teil seiner Freizeit verbrachte er auf Fußball- und Tennisplätzen.

Beim Fußballverein Hornberg hatte er mit neun Jahren angefangen, in der Mannschaft der D-Jugend zu spielen. Anfangs trainierte er einmal, später zweimal pro Woche, unabhängig vom täglichen »Bolzen« mit den Nachbarskindern. Mit zehn Jahren besuchte er zweimal in der Woche den Geigenunterricht einer Musiklehrerin in Hornberg. Bis zum Abitur zählte er zu den Stützen des Schülerorchesters. Auch im städtischen Streichorchester von Hornberg wirkte Wolfgang Schäuble mit, ebenso bei festlichen Gottesdiensten beider Konfessionen.

Schon früh versuchte Vater Schäuble, seine Söhne vom Fußball wegzulotsen, um den zahlreichen Sportverletzungen ein Ende zu setzen. Als Ersatz bot er ihnen das Tennisspiel an. Er sorgte für die Aufnahme im angesehenen Tennisklub »Grün-Weiß-Hornberg«. Trainerstunden gab es nicht. Die Jungen brachten sich die Spieltechnik selbst bei. Mit der Zeit entwickelten sich alle drei Söhne zu guten Spielern. Wieder trieben sie sich hierbei zu Spitzenleistungen an. Bis zum Attentat 1990 spielte Wolfgang Schäuble regelmäßig Tennis. In Bonn gehörte der jetzige Außenminister Klaus Kinkel zu seinen härtesten Gegnern.

Wolfgang Schäuble erhielt eines der besten Abiturzeugnisse, die 1961 am Hausacher Gymnasium vergeben wurden. Er bekam nicht nur in Mathematik, sondern auch in Geschichte eine Eins. In fast allen anderen Fächern kassierte er eine Zwei.

Den Geschichtsunterricht gestaltete einige Jahre lang ein sozialdemokratisch orientierter Lehrer, mit dem der Sohn des Hornberger CDU-Vorsitzenden gut auskam. Wolfgang war im Klassenverband als Christdemokrat abgestempelt. Außerdem gab es noch einen »SPD-Mann« und einen Schüler, der sich für die FDP engagierte. »Ich war der CDU-Mann«, sagt Schäuble selbstbewußt. Dabei interessierte er sich kaum für die Arbeit in der Jungen Union. Keinen Hehl machte er allerdings aus seiner konservativ-christlich-demokratisch orientierten politischen Einstellung. »Ich war ein streitbarer Mensch, mit der Neigung zu spotten wie mein Vater. Ich bin damals rechthaberisch gewesen, hatte eine freche Klappe. Wenn ich von einer Sache überzeugt bin, ist es furchtbar schwer, mich davon abzubringen. Das war in der Schule auch schon so.«

Ein Mitschüler meint heute: »Er vertrat als Schüler nicht immer rigoros die Adenauerpolitik. Es ging stets kontrovers zu, aber nicht gehässig oder bösartig. Meistens freundschaftlich. Politisch war er außerordentlich wach und kämpfte für seine Überzeugung.« Ein anderer Klassenkamerad sagt kritisch: »Er ging mir oft auf die Nerven, weil er dezidiert die Politik Adenauers und der CDU vertrat. Schäuble plapperte alles nach, was Adenauer im Radio sagte. Ob es nun um Deutschlandpolitik oder die Wiederbewaffnung ging. Er war immer ganz auf der Linie von Adenauer, was mir nicht gepaßt hat. Selbstkritisch konnte er nicht sein. Er übernahm die Ansichten seines Vaters, so wie er sie zu Hause gehört hatte. Außerdem wollte er alles besser wissen. Allerdings verhielt er sich nie fies oder hinterrücks. Alles wurde offen ausgetragen. Man konnte ihm keine Vorwürfe machen. Sein Ehrgeiz lag auch auf sportlichem Gebiet. Dort wollte er einer der Ersten sein. Er holte alles aus sich heraus. Ich sehe ihn noch, wie er Fußball spielte. Mit eisernem Willen hielt er auch die zweite Halbzeit durch, holte alles aus seinem Körper heraus, damit die Klassenmannschaft gewann.«

Student der Jurisprudenz

»Mein Vater hätte am liebsten gesehen, wenn ich Steuerberater geworden wäre und seine Kanzlei übernommen hätte«, sagt Wolfgang Schäuble nachdenklich. »Ich nehme an, daß er lange darauf gehofft hat. Es wäre ja auch kein Widerspruch zum Jurastudium gewesen. Aber sicher war ihm auch klar, daß seine Söhne kaum faszinierende Entwicklungsperspektiven in Hornberg entdeckten.«

Gern wäre Vater Schäuble Rechtsanwalt geworden. Gern hätte er studiert wie seine Söhne. Nun strebte Wolfgang Schäuble jenem Ziel zu, das dem Vater aus vielerlei Gründen versagt geblieben war. Wie der ältere Bruder Frieder hatte sich auch Wolfgang schon recht früh für ein Jurastudium entschieden. Weder Berufsberatungen noch elterliche Wünsche hatten ihn dazu gedrängt. »Mein Vater übte keinen unmittelbaren Einfluß auf meine Fächerwahl aus«, beschreibt Schäuble die damalige Situation. »Ich wollte Anwalt oder Richter werden, eher Anwalt. Ich glaube, die Juristerei entspricht meinem Wesen. Das logische Denken in der Mathematik ist auch für die Jurisprudenz nicht schlecht. Ich gehöre zu den wenigen, die mit Zahlen umgehen können. Auch mein Interesse an Geschichten, an öffentlichen Angelegenheiten und an Latein kam dem entgegen. Und mit der deutschen Sprache sollte ein Jurist ebenfalls umgehen können.«

Die Entscheidung für den Studienort Freiburg fiel aus recht pragmatischen Gründen. Es war die Universitätsstadt, die Hornberg am nächsten lag. Außerdem studierte Bruder Frieder dort, und die juristische Fakultät hatte einen guten Ruf. Tübingen oder Heidelberg reizten ihn nicht.

Die beiden ersten Semester verbrachte Schäuble in einer bescheidenen Bude gegenüber der Freiburger Stadthalle. Sein Bett war eine Wohnzimmercouch. Der dazugehörige Tisch diente als Schreibunterlage. Das Waschbecken befand sich in der danebenliegenden Küche. Kein Bad, die Toilette auf der gleichen Ebene. Vermieterin war eine Witwe mit zwei kleinen Kindern und ihrer Mutter. Aus Geldmangel mußte sie ihr Wohnzimmer als Studentenbude hergeben.

Im dritten und vierten Semester studierte Wolfgang Schäuble in Hamburg. Ab dem fünften Semester – wieder zurück in Freiburg – übernahm er das Zimmer eines Kommilitonen, der sein Examen gemacht hatte. Diesmal wohnte er unter gleichen Bedingungen bei einer älteren Dame. Er konnte Küche und Bad mitbenutzen und blieb dort, bis er 1969 heiratete. Dieses Zimmer hatte den Vorteil, mitten in Freiburg, nahe der Universität, zu liegen: fünfzig Meter von der Mensa und einhundert Meter von der Bibliothek entfernt. Und das alles für eine Monatsmiete von achtzig Mark. Von seinen Eltern bekam er monatlich dreihundert Mark, einschließlich der Miete.

»Das war für die damaligen Verhältnisse nicht schlecht. Ich habe davon leben können«, resümiert Wolfgang Schäuble.

In den ersten Semestern hörte Schäuble Vorlesungen in Zivilrecht, Staatsrecht und Strafrecht. Später kamen öffentliches Recht und Verwaltungsrecht hinzu. Dann die lästigen Klausuren, die er alle mit Bravour hinter sich brachte. In Hamburg kümmerte er sich etwas mehr um Volkswirtschaft. Während der Semesterferien ließ er sich bei seinem Vater anstellen. Schäuble meint rückblickend: »Wahrscheinlich habe ich sogar eine Lohnsteuerkarte gehabt, und er hat mich bestimmt auch bei der Versicherung angemeldet. Mein Vater war da immer ganz korrekt. Schon bald habe ich in seiner Steuerberaterkanzlei eigene Abschlüsse gemacht. Es brachte mir immer großen Spaß, und mein Vater hat mich auch ordentlich bezahlt.«

Beim ersten juristischen Staatsexamen 1966 mußten Schäuble und seine Kommilitonen acht vierstündige Klausuren innerhalb von zwei Wochen schreiben. Eine Hausarbeit gab es nicht. Zusammen mit der mündlichen Prüfung kam der Hornberger Examenskandidat auf neun Punkte und erreichte ein »Voll befriedigend«.

»Ich habe mich nicht zu den Stars gezählt. In dieser Zeit habe ich mich stark im Ring Christlich-Demokratischer Studenten (RCDS) engagiert und einen nicht unerheblichen Teil meiner Freizeit in politische Arbeit investiert.«

Kapitel III

Politik an der Basis

Erste politische Schritte

In seiner Heimatstadt Hornberg gab es keine funktionierende Ortsgruppe der Jungen Union. Der Schüler und Student Schäuble hatte CDU-Plakate in den Wahlkämpfen geklebt, hatte Wahlveranstaltungen der Konkurrenzparteien gestört, vor allem der SPD.

Gleich zu Beginn seines Studiums ging er in den Freiburger RCDS und »mischte kräftig mit«. Sein Bruder Frieder war bereits aktiv und hatte ihn dort eingeführt. Wolfgang interessierte sich kaum für hochschulpolitische Fragen. Er organisierte Diskussionsveranstaltungen zur Innen- und Außenpolitik der Bundesrepublik Deutschland. Im Mittelpunkt standen aktuelle Themen der Deutschland- und Ostpolitik. Die Berliner Mauer war gerade errichtet worden, der Kalte Krieg erlebte seinen Höhepunkt. Damals ging es um die Verjährung von Naziverbrechen, um den Eichmann-Prozeß und die besonderen Beziehungen zu Israel. Die deutsch-französische Nachbarschaft erhielt durch den Freundschaftsvertrag eine neue Qualität. Es krachte zwischen Atlantikern und Gaullisten. Das Ende der Ära Adenauer war abzusehen, und es begann die Kanzlerschaft Erhard. Kennedy wurde ermordet und Willy Brandt zum neuen SPD-Vorsitzenden gewählt. Der Frankfurter Auschwitz-Prozeß endete mit lebenslänglichen Urteilen, und in Bonn stürzte die FDP die Regierungskoalition in eine schwere Krise, an deren Ende eine Große Koalition von Unionsparteien und Sozialdemokraten stand.

Die Freiburger Hochschulgruppe des RCDS veranstaltete damals auch Kulturprogramme mit Dichterlesungen. Die jungen Leute galten innerhalb der Bundesorganisation als extrem links. Nicht allein deshalb, weil sie zum Beispiel Kontakte zu osteuropäischen Diözesen aufnehmen wollten. Der Freiburger RCDS strebte sogar Beziehungen zur Freien Deutschen Jugend (FDJ) der DDR an. Dahinter stand die Idee, die Entspannung zwischen Ost und West voranzutreiben. Auf dem Bundesdelegiertenkongreß des RCDS gab es dann großen Ärger, den Schäuble und seine Mitstreiter unerschrocken ertrugen.

Die Freiburger Hochschulgruppe unterhielt zur CDU kaum intensive Kontakte. Das Verhältnis zur Mutterpartei war jedoch spannungsfrei.

»Wer sich damals im RCDS engagierte, war auch bald im Vorstand«, berichtet ein früherer Freiburger Kommilitone. Wolfgang Schäuble war ein Semester lang in Freiburg RCDS-Vorsitzender, ebenso in Hamburg. Ansonsten gehörte er während des gesamten Studiums zu dem relativ kleinen Kreis derer, »die halt mitmischten und mitmauschelten«.

Ein anderer Weggefährte aus dem RCDS beschreibt ihn so: »Wolfgang war zielorientiert. Er wollte bestimmte Dinge so haben, wie er sich das vorstellte. Keineswegs immer besserwisserisch oder rechthaberisch. Er war kooperationsbereit und ein offener, umgänglicher Typ. Wenn er sich etwas vorgenommen hatte, wollte er es auch erreichen. Das schaffte er auch meistens. Er wirkte immer etwas angestrengt, kämpferisch. Diese Art, etwas durchsetzen oder voranbringen zu wollen, war typisch für Wolfgang. Natürlich war er von sich fest überzeugt. Ihm ging jegliche Spontaneität ab. Er war jemand, der sein Umfeld, seine Umwelt berechenbar unter Kontrolle haben wollte. Unvorhergesehenes, Ereignisse, die ihn aus dem Lot bringen konnten, schätzte er nicht. Er war nicht für Überraschungen gut, aber streitlustig war er immer. Auch heftig werden konnte er, aber nie so, daß man nicht mehr miteinander weiterkonnte.«

Freiburger Filz

Wolfgang Schäuble verfügt über ein sehr gutes Gedächtnis. Er vermag methodisch und systematisch zu denken und kann seine Ideen sprachlich umsetzen, zu Papier bringen oder mündlich vortragen. Er besitzt eine eingeschliffene Neigung, in abwägender Form den Zuhörer zu überzeugen. Ausgeprägt ist eine Lust an differenzierter Analyse und treffender Argumentation. Er gibt sich selten Blößen. Dem Gegenüber vermittelt er mit ruhiger Stimme schlüssige Argumente. Mal dafür, mal dagegen. Er beweist in der Regel, daß er sich äußerst sachkundig vorbereitet hat und nicht so leicht aus dem Sattel zu heben ist.

Ein besonderes Merkmal des jungen Politikers Schäuble war neben seiner Zielstrebigkeit die erkennbare Bereitschaft, sich ein- und unterzuordnen. Allerdings bemühte er sich immer, die »Zügel der Führung zu ergreifen«. Seine Fähigkeit zu echter Loyalität machte ihn sympathisch. Nie enttäuschte er seine Freiburger Mitstreiter. Schäuble gehörte nie zu den Intriganten. Schon in Freiburg machte er jedermann deutlich, wie er politische Probleme anzupacken gedenkt.

Nach dem ersten juristischen Staatsexamen blieb er in Freiburg und trat seine Referendarzeit an. Er wurde eine graue Eminenz im RCDS und konzentrierte sich mit seinen engsten politischen Freunden auf die Freiburger CDU und die Junge Union.

In der Jungen Union hatte die Gruppe um Wolfgang Schäuble »schnell das Sagen«. Schäuble wurde JU-Kreisvorsitzender. Die meist jungen qualifizierten Juristen standen am Anfang ihrer politischen wie beruflichen Karriere. Sie wetterten gegen den schwarzen Filz und forderten Reformen. Bei der Nominierung von Bundes- und Landtagskandidaten spielten sie eine wichtige Rolle. Mit der Wahl des reformfreudigen Freiburger Stadtkämmerers Dr. Hans Evers zum neuen Bundestagskandidaten 1969 hatten Schäuble und seine Freunde einen ersten sichtbaren Erfolg. Der Freiburger Filz konnte aufgebrochen werden. Der eloquente Rechtsreferendar aus Hornberg mußte jedoch in dieser Zeit seine erste politische Niederlage hinnehmen. Er kandidierte für das Amt des stellvertretenden Kreisvorsitzenden der CDU und fiel durch.

Schäuble lernte die Höhen und Tiefen, die verschlungenen Pfade der Parteipolitik kennen. Er machte erste bittere Erfahrungen mit charakterlosen Parteifreunden, stieß auf eigennützige Verhaltensweisen von Politikern, erlebte die ganze Palette politischer Auseinandersetzung zwischen Treue und Treulosigkeit. Er lernte den Umgang mit Mächtigen und scheinbar Mächtigen. Schäubles Fazit: »Wir haben uns über jeden Krach mit der CDU gefreut. Wir wußten auch, daß man mit Kritik und Auseinandersetzung eher in die Zeitung kommt. Wir haben uns nie entschuldigt und nie ein schlechtes Gewissen gehabt. Wir waren damals härter als die jungen Leute heute, auch mutiger und viel weniger einzuschüchtern.«

Vom Referendar zum Regierungsrat

Ein halbes Jahr vor Studienabschluß bekam Schäuble das Angebot, eine Tutorenstelle beim Colloquium Politicum zu übernehmen. Der Hornberger zögerte keinen Augenblick und nahm den gutdotierten Job an. Für achthundert Mark im Monat inklusive Nutzungsrecht eines Büros mit Sekretärin beschäftigte er sich mit der politischen Bildung der Studenten. Dank guter RCDS-Beziehungen hatte er den begehrten Tutorenplatz bekommen. Jetzt verschob er zunächst einmal seinen Referendardienst. Zusätzlich hatte er noch eine Hilfsassistentenstelle bei seinem Doktorvater, Professor Rittner, angenommen. »Auf diese Weise bin ich an mein erstes Auto gekommen, weil ich ja nun hinreichend Geld verdiente«, sagt Schäuble heute. Immerhin zahlte die Universität den damaligen »Hilfsbremsern« vierhundert Mark. Für eintausend Mark hatte er seinem Vater einen VW-Käfer mit schwarzem Schiebedach abgekauft. »Das war ein Vorzugspreis, aber durchaus angemessen.«

Tutor im Colloquium Politicum, also Beauftragter des Rektors für politische Bildung, Hilfsassistent, Doktorand, RCDS-Aktivist und strategischer Kopf der Jungen Union in Freiburg. Schon immer hatte Wolfgang Schäuble »viel am Hals«. Als Gymnasiast war er ständig ausgebucht, nicht zuletzt durch seine lukrative Nebentätigkeit als Lokalreporter. Jetzt schien er sich übernommen zu haben. Denn auch auf sportliche Aktivitäten wie Tennisspiel mochte er nicht verzichten. Der kluge Planer ging mit seiner Zeit geschickt um. Nach anderthalb Jahren meldete er sich zum Referendardienst. »Furchtbar gescheit war es nicht«, meint er rückschauend. »Immerhin hat es zur Folge gehabt, daß ich mit meiner Promotion rechtzeitig vor dem zweiten Staatsexamen fertig wurde und die Zeit wieder aufgeholt habe.«

Neben den Verpflichtungen an der Universität begann Schäuble

1968 mit dem Gerichtsreferendariat. Stationen waren Amtsgericht, Landgericht, und statt des Verwaltungsgerichts folgte das Finanzgericht. Dank seines Prädikatsexamens konnte er seine gesamte Ausbildung in Freiburg absolvieren. Das schaffte natürlich Vorteile für die »wirklich umfangreiche politische Tätigkeit«.

Parallel zu seinen vielfältigen Aktivitäten arbeitete er unverdrossen an seiner Dissertation. Sein Doktorvater, Professor Rittner, angesehener Lehrstuhlinhaber für Handels- und Wirtschaftsrecht und gleichzeitig Leiter des Akademischen Auslandsamtes, galt als ein äußerst solider und konservativer Jurist. Der Experte für Wirtschafts-, Kartell- und Gesellschaftsrecht gab dem ehrgeizigen Referendar ein schwieriges Promotionsthema. Es war eine Untersuchung über die »Berufsrechtliche Stellung von Wirtschaftsprüfern in Wirtschaftsprüfungsgesellschaften«.

Mit zehn Punkten, einem glatten »Gut«, was bei Juristen nicht gerade häufig vorkommt, legte Schäuble Ende 1970 sein zweites Staatsexamen ab. Damit waren ihm alle beruflichen Wege geöffnet.

Wenige Tage später dann die letzte Prüfung. Im Rigorosum, der mündlichen Doktorprüfung, schaffte Schäuble ein hervorragendes Ergebnis und erreichte die Gesamtnote »magna cum laude«.

Der stolze Doktor der Jurisprudenz wußte auch gleich, wie es beruflich weitergehen sollte. Im Januar 1971 trat er als frischgebackener Assessor in die Finanzverwaltung ein. Die längste Zeit verbrachte er beim Finanzamt Freiburg I. Weitere Stationen waren die Oberfinanzdirektion und das Finanzgericht. Die Regelbeförderung griff auch bei ihm: Zunächst wurde er Regierungsassessor, zuletzt Regierungsrat und damit Beamter auf Lebenszeit. Noch heute darf er sich »Beamter der Steuerverwaltung des Landes Baden-Württemberg, Regierungsrat a. D.« nennen, allerdings von Rechten und Pflichten entbunden.

Treibende Kraft

Meinhard Ade

Das, was ich zur Bedeutung von Wolfgang Schäuble für den RCDS und die Freiburger CDU, mehr eigentlich für die Junge Union, sagen kann, beginnt im Frühjahr 1964. Wir waren zu der Zeit beide bei »Bürger im Staat« engagiert, so hieß damals die Landeszentrale für politische Bildung. Wir hielten gelegentlich Referate im Rahmen von Seminaren der politischen Bildung. Unsere Zuhörer waren vorwiegend Schüler.

Eines Tages lud Wolfgang Schäuble mich auf seine Studentenbude ein, nahe dem Martinstor in der Freiburger Altstadt. Auf sein Anliegen kam er schnell zu sprechen: Ich sollte dem örtlichen RCDS beitreten, dessen Vorsitzender er gerade war. Dagegen sträubte ich mich mit vielen Argumenten. Vom Studium wollte ich mich nicht ablenken lassen, überhaupt mich politisch nicht binden. Er meinte wohl, das Angebot zu erhöhen, indem er mir gleich den Vorsitz der Gruppe anbot. Da hielt ich gar nichts mehr von dem Verein. Der Whisky war zunächst fehlinvestiert.

Ein Semester später wiederholte er seine Frage bei einer zufälligen Begegnung im Juristischen Seminar. Diesmal sagte ich zu. Vor einem Gegenkandidaten brauchte ich mich nicht zu fürchten. Die einzige Sorge war, ob die Versammlung nach Vereinsrecht überhaupt beschlußfähig sein würde. Das war damals eines der Hauptprobleme nichtlinker studentischer Politik.

Es folgten Jahre intensiver politischer Zusammenarbeit, bis ich 1973 nach Bonn zog. Zu diesem Zeitpunkt hatte Wolfgang Schäuble seine Ämter in der Jungen Union bereits abgegeben, war Mitglied im südbadischen Bezirksvorstand der CDU und seit einem Jahr Abgeordneter des Deutschen Bundestages für den mittelbadischen Ortenaukreis. Mit dreißig Jahren war er also Berufspolitiker geworden.

Die Sprossenleiter der Parteiämter, die er bis dahin erklommen hatte, erweckt den Anschein, als habe er dies von Anfang an angestrebt. Doch das trifft nicht zu. So intensiv das politische Engagement auch war, Vorrang hatte die juristische Ausbildung. Ob er Politiker werden wollte, war ihm bis unmittelbar vor seiner überraschenden Nominierung für den Bundestag, in erfolgreicher Konkurrenz zu einem örtlichen Lokalmatador und zu dem damaligen Bundesgeschäftsführer der Wirtschaftsvereinigung der CDU, höchst fraglich. Sicher dagegen war, daß er ein exzellenter Jurist werden wollte, und das gelang ihm auch. Diesen Anspruch übertrug er auf andere. Wer im politischen Freundeskreis das Studium schleifen ließ, bekam seine Mißbilligung zu spüren. Er absolvierte das Studium und die Referendarzeit nicht wie die mehr lockeren Etappen einer Ausbildung, sondern so ernsthaft und planmäßig wie einen Beruf. Nur wer dabei erfolgreich war, besaß aus seiner Sicht die Legitimation für politische Ämter.

Als Teil der außerparlamentarischen Opposition, als Ausläufer der APO in der CDU verstand er sich nie. Unvorstellbar, daß neomarxistische Systemkritik ihn hätte infizieren können. Theorien um der reinen Erkenntnis willen waren für ihn genausowenig attraktiv wie revolutionäre Stimmungen. Angezogen fühlte er sich von Problemen, denn da konnte man konkret auf Veränderung hinarbeiten. Sie lohnten die eingesetzte Energie und boten genügend intellektuelle Herausforderungen. Sein Denktempo war rasant, und die Erfahrung, dabei schneller und effizienter als andere zu sein, wurde genußvoll ausgekostet.

Programmatische Phantasie hätte er nicht als seine besondere Stärke genannt. Er interessierte sich für wissenschaftliche und politische Theorien. Er sah aber in ihnen eher Werkzeuge, von denen man jeweils das der Situation angemessene zur Hand nimmt. Das hat sehr viel mit einer Auffassung von Rechtswissenschaft zu tun, die hinsichtlich der Methodik offen, gewissermaßen pluralistisch ist, weil die Normen sich in der Lebenswirklichkeit bewähren müssen.

Das besondere Interesse von Wolfgang Schäuble galt dem Wirtschaftsrecht.

Wenn ich mir ihn anders als Politiker vorstelle, dann sehe ich ihn als Wirtschaftsanwalt mit der besonderen Leidenschaft, ins Schlingern geratene Unternehmen zu stabilisieren.

Als die außerparlamentarische Opposition und die Unruhen an den Universitäten ihrem Höhepunkt zustrebten, hatte Wolfgang Schäuble 1966 bereits das erste juristische Staatsexamen abgelegt. In den Universitäten zählen Semester wie Generationen, und so gesehen war er für die heißen Auseinandersetzungen in der Zeit der Studentenrevolte zu alt. Aber auch unabhängig davon wären die Diskussionsschlachten im Auditorium maximum, die Kämpfe im Studentenparlament, dem er nie angehört hat, wohl nicht die Arena gewesen, in der er sich wohl gefühlt hätte. Innerhalb des RCDS dagegen blieb er bis zum Ende des Studiums in der Freiburger Gruppe wie auch auf Landes- und Bundesebene präsent und aktiv. Als Südbadener war man auf den Bundesdelegiertentagungen des RCDS eher Außenseiter, aber er wußte schon, sich Respekt zu verschaffen. Zimperlich war er bereits damals nicht. Er war als ein Debattenredner gefürchtet, der die Haken und Ösen zu handhaben weiß, aber offen und ohne verdeckte Fouls.

Für die Freiburger Gruppe war Wolfgang Schäuble ein Mentor über das Studium hinaus. Als er mit seinem hochschulpolitischen Engagement begann, konnte von einer kontinuierlichen Arbeit des RCDS nicht gesprochen werden. Als er die Universität verließ, nach Assistentenzeit, Tätigkeit als Beauftragter des Rektors für politische Bildung und Promotion 1970, war der RCDS die führende Kraft einer gemäßigten Koalition, die sich eine Mehrheit für die studentische Selbstverwaltung erkämpft hatte.

Auch Freiburg war von der studentischen Protestwelle erfaßt worden. Die Auseinandersetzungen verliefen hier jedoch weniger polarisiert, weniger verletzend und ohne Gewalttätigkeiten. Eine neue Grundordnung für die Universität gelang, die allerdings niemanden zu Begeisterungsstürmen hinriß. Die Proteste hinterließen aber nicht nur Verbitterte, wie dies bei anderen Hochschulen der Fall zu sein schien. Das war unter anderem auf die ebenso feste wie liberale Amtsführung von Rektoren schweizerischer Herkunft zurückzuführen, die zum Feindbild nicht taugten. Beigetragen hat aber auch, daß es einen RCDS gab, der sich den Diskussionen der Zeit gewachsen zeigte und über all die Jahre der außerparlamentarischen Opposition präsent war. Hinter diesem Durchhaltevermögen über längere Distanz stand vor allem Schäuble.

Die Jugendrevolte der späten sechziger Jahre hat dennoch uns alle beeinflußt, die wir politisch »bürgerlich« waren. Es ging ja nicht nur um Neomarxismus in der Gesellschaft und um studentische Macht in der Universität. Das Nachholen der Diskussion um die nationalsozialistische Vergangenheit, das moralische Dilemma des Vietnamkrieges, die ganz unbestreitbare Chancenungleichheit in den Bildungsmöglichkeiten – von meinem Altersjahrgang erreichten nur etwas über drei Prozent das Abitur – bewegten die Jugend quer durch das politische Spektrum. Dazu kam das allgemeine Gefühl, in einer Gesellschaft zu leben, in der noch viel vom 19. Jahrhundert steckte. Der Wunsch nach Aufbruch und Mitsprache in einer lebendigeren, ungezwungeneren und demokratischeren Gesellschaft bildete eine Grundströmung, die in der APO nur am eklatantesten in Erscheinung trat.

Wer um diese Zeit an den Universitäten politisch aktiv wurde und in RCDS, Junge Union und CDU eintrat, stand oft ziemlich zwischen den Fronten. Vom studentischen politischen Gegner wurde man für alles verantwortlich gemacht, was man selbst auch als reformbedürftig ansah. Viele der Älteren in der eigenen Partei dagegen hätten ihre Parteijugend nur zu gern als angepaßte Kampftruppe gegen eine APO gesehen, die in ihrer Gefährlichkeit doch reichlich überschätzt wurde.

So unbequem diese Lage oft erschien, so groß war doch ihr Erziehungswert. Es war eine hohe Schule für das Sichbehaupten in einer Minderheitenposition, für das Entwickeln klarer Standpunkte, für das Erlernen eines argumentativen Politikverständnisses. Die Toleranz und Fähigkeit zum Kompromiß, die Wolfgang Schäuble auch heute ungeachtet seines Repertoires an scharfen Gegenschlägen zugesprochen werden, sieht man gerne als Ausdruck traditioneller badischer Liberalität. Dazu haben nach meinem Eindruck die politischen Lehrjahre in und um die Freiburger Universität viel beigetragen.

So leicht es gewesen war, in den RCDS einzutreten, so schwierig wurde dies bei der Jungen Union, Kreisverband Freiburg, wohin er sich von seinem Heimatort aus überschreiben lassen wollte. Die Beitrittsanträge verschwanden; der Weg vom Kreisverband zum Bezirksvorstand und zurück dauerte Monate, obgleich sich beide Geschäftsstellen in den Räumen des südbadischen Bezirksverbandes der CDU befanden.

Das zähe Hinhalten hatte Gründe. Der Eintritt einer Gruppe universitär geprägter Geister mußte die hergebrachte Struktur der Freiburger Jungen Union in Frage stellen. Diese entsprach der CDU der fünfziger und sechziger Jahre. Man bezeichnet das gern als Honoratiorenpartei, und solche Züge trug auch die Junge Union. Im mehrheitlich katholischen südbadischen Freiburg bedeutete dies, daß die

Junge Union und auch die CDU noch stark der verlängerte politische Arm kirchlicher Laienorganisationen waren. Dementsprechend kam der parteipolitische Nachwuchs vorwiegend aus der Kolpingbewegung, der katholischen Jugend, der Pfadfinderschaft. Hier lag der Schwerpunkt des Selbstverständnisses, nur dort suchte man wiederum den Nachwuchs. Als Wolfgang Schäuble mit seinem Anhang Aufnahme in die Junge Union begehrte, muß es den dort vorhandenen Mitgliedern vorgekommen sein, als stehe nun auch in der CDU ein Marsch durch die Institutionen bevor. Von der Gefahr eines Marsches der Parteien durch die Gesellschaft war damals nur schwer etwas zu ahnen.

Der große Kampf blieb aber aus, die drohende Konfrontation endete versöhnlich. Die Mitgliedsausweise für Wolfgang Schäuble und Freunde wurden ausgestellt, die neuen Mitglieder bei Vorstandswahlen berücksichtigt, besonders arbeitsintensive Aufgaben, wie Organisation, Pressearbeit, Kassenwesen, an sie abgegeben. Umgekehrt erwies sich Wolfgang Schäuble als Meister des Ausgleichs. Da keine ideologischen Gräben trennten und im übrigen die Herkunft sowohl der studentischen wie der nichtstudentischen Mitglieder der Jungen Union meist die gleiche war – die Professorensöhne waren bei den Jusos, die Aufsteiger bei der Jungen Union –, entwickelten sich Zusammenarbeit und Vertrauen. Vor allem verband das gemeinsame Anliegen, die Alten aufzuscheuchen. Was nicht in Frage kam, war, den Schneid aufzugeben, um Protektion von oben zu erhalten.

Wolfgang Schäubles politische Karriere machte auch ohne Anpassung atemberaubende Fortschritte. Sicher, es waren alles kleine, ehrenamtliche Funktionen. Das Tempo aber, in dem er sie durchlief, war rasant. Vom Vorsitzenden einer Gruppe des RCDS, Mitglied im Vorstand der Freiburger CDU bis zum Bezirksvorsitzenden der Jungen Union Südbaden ist es vom Start her gesehen sehr, sehr weit.

Etwas hatten Wolfgang Schäuble und seine Mitstreiter aus der Universität den anderen jedoch voraus: eine Überlegenheit in der Konzentration der Kräfte auf ein angepeiltes Ziel. Man muß das ganz praktisch sehen. Die Ungebundenheit in der Arbeitszeit und der räumliche Zusammenhalt der Freundesgruppe in der Universität boten erhebliche strategische Vorteile. Über Jahre hinweg trafen wir uns beinahe täglich mittags in der Mensa. Dort und bei der anschließenden Pause im Stehcafé wurden alle Planungen genauestens durchdacht und durchgesprochen. Man berichtete, prüfte; die Aufgaben wurden verteilt und die nächsten Ziele ins Visier genommen. So entstand Durchsetzungsfähigkeit.

Dabei entwickelte sich ebenfalls ein starker persönlicher Zusammenhalt. Politisch bewirkte er wechselseitige Loyalität bei unbestrittener Führungsrolle von Wolfgang Schäuble. Es gab Fälle, in denen sich jemand durch die Atmosphäre und Regeln der Gruppe im eigenen Anspruch beeinträchtigt fühlte und dann irgendwann wegblieb. Darunter auch solche, von denen man heute wieder hört, weil sie sich einen Namen gemacht haben. Es überwog aber Wolfgang Schäubles Anziehungskraft.

Es wäre falsch, im politischen Engagement jener Zeit nur eilige Karriereschritte zu sehen. Es wurde gearbeitet für die Ämter, die man gewonnen hatte. Wolfgang Schäuble organisierte eine breite politische Bildungs- und Programmarbeit. Südbaden wurde mit einer Flut politischer Seminare überzogen. Kommunalpolitische Programme wurden entwickelt, bildungspolitische Thesen erarbeitet, um die Ostpolitik wurde gestritten. Wolfgang Schäuble schuf ein zunächst hektographiertes, dann gedrucktes Mitteilungsblatt der Jungen Union Südbaden, das erstmals jedem Mitglied die unmittelbare Teilnahme an der politischen Diskussion des Verbandes ermöglichte und das in kaum abgewandelter Form noch heute existiert. Die ersten Gruppen einer Schülerunion wurden aufgebaut, Seminare für die Redakteure von Jugendzeitungen eingeführt. Es gab keinen Landes- und Bundesparteitag in dieser Zeit, zu dem wir nicht mit großer Ernsthaftigkeit Anträge erarbeitet hätten. Sehr früh begannen wir, uns mit Umweltfragen zu befassen. Es war die Junge Union, die hartnäckig und 1972 erfolgreich auf die Bestellung eines Staatssekretärs für Umweltfragen in der Landesregierung drängte, der heute der Ministerpräsident Baden-Württembergs ist.

Ähnliches geschah anderswo auch. Es war eine Umformung der Partei von unten, aus der Honoratioren- zur Volkspartei der siebziger Jahre. In Südbaden war Wolfgang Schäuble dabei die treibende Kraft.

Anfang der Karriereleiter

Schäuble engagierte sich ab 1961 in der Jungen Union. Seit 1965 besitzt er das Parteibuch der CDU. In Freiburg hatte er es im zweiten Anlauf zum Kreisvorsitzenden der Jungen Union gebracht. Er galt inzwischen als ein wichtiger Parteimann. Kein Wunder, daß der Landestag der Jungen Union Schäuble im Dezember 1969 in Bad Dürrheim an die Spitze des Landesverbandes der baden-württembergischen Jungen Union wählte. Bereits im Februar 1970 verzichtete er freiwillig auf diese Position, um sich im Zuge der Umorganisation des Landesverbandes mehr auf die Bezirksarbeit zu konzentrieren.

Auf dem Landestag in Karlsruhe 1970 – so verzeichnet es die Parteichronik – forderten die Delegierten die »Abschaffung aller Studien- und Prüfungsgebühren, für alle Bundesländer ein verbindliches Zentralabitur, die Abschaffung des rollierenden Systems bei den Kommunalwahlen und Aussagen zur Ost- und Deutschlandpolitik«. Als Beitrag zur Verbesserung und Sicherung der Menschenrechte »steht Gesprächen mit der DDR nichts entgegen«, heißt es in einem Antrag, der damals mit großer Mehrheit angenommen wurde. Bemerkenswert auch der beschlossene Antrag Nummer 23 vom »Antragsteller Dr. Wolfgang Schäuble und Genossen«. Die Junge Union Baden-Württemberg mißbilligte die Polemik in den Äußerungen des CSU-Vorsitzenden Franz Josef Strauß zur Ostpolitik der Bundesregierung: »Die Junge Union fordert die CDU auf, sich durch konstruktive Mitwirkung an der Diskussion um die Ostpolitik in kritischer Aufgeschlossenheit von diesem Stil des CSU-Vorsitzenden zu distanzieren. Die Junge Union bedauert die Bildung von Freundeskreisen der CSU außerhalb Bayerns. Sie ist der Meinung, daß die Diskussion über ost- und deutschlandpolitische Fragen innerhalb der CDU durchaus möglich ist.« Mit 55 Jastimmen bei 40 Gegenstimmen und 6 Enthaltungen wurde dieser Antrag nach längerer Diskussion angenommen. Für damalige politische Verhältnisse eine mutige Resolution, die Wolfgang Schäuble initiiert hatte. Aus Protest beschlossen die Delegierten des Stadtverbandes Mannheim, einen CSU-Freundeskreis zu gründen, und die Delegierten von Heilbronn gaben die Absicht bekannt, die Gründung eines Freundeskreises für die CSU zu prüfen.

Im entscheidenden Jahr der Bonner Ostpolitik – Kanzler Brandt traf sich in Erfurt und Kassel mit DDR-Regierungschef Stoph, in Moskau wurde der deutsch-sowjetische Vertrag über Gewaltverzicht und Zusammenarbeit unterzeichnet, und der Abschluß des deutsch-polnischen Vertrages stand unmittelbar bevor – fand Ende November 1970 der erste Bezirkstag des neuen Bezirksverbandes der Jungen Union Südbaden in Offenburg statt. Zum Bezirksvorsitzenden wurde Dr. Wolfgang Schäuble gewählt. Die Delegierten verabschiedeten eine neue Satzung, die das Mitgliedsalter auf 14 bis 35 Jahre eingrenzte. Hauptanliegen war die Einleitung eines dringend notwendigen Verjüngungsprozesses. In den folgenden Jahren mußten sich die Jungpolitiker auch mit Fragen der Verwaltungsreform herumschlagen, die eine Neuordnung der Wahlkreise und Bezirksverbände zur Folge hatte.

Im August 1971 kritisierte der südbadische JU-Bezirksvorsitzende Schäuble öffentlich die Zustände innerhalb des Landesverbandes. Wörtlich heißt es: »Vertrauliche Beratungen sind nicht einmal im Landesverband möglich. Eine sachliche Zusammenarbeit über die Grenzen der Bezirksverbände findet im wesentlichen nicht statt. Sachliche Diskussion wird weithin ohne Engagement bestritten, weil Hausmachtpolitik für persönliche Interessen effizienter erscheint. Wo persönliche Interessen enttäuscht werden, wird die Kooperation eingestellt.« Schäuble warf die Frage auf, ob es nicht an der Zeit sei, die Rolle der Bezirksverbände innerhalb der Jungen Union Baden-Württemberg zu überprüfen. Eine Stärkung des Landesverbandes sei dringend erforderlich. Zielscheibe seiner Kritik war die Junge Union Nordbaden.

Am 10. Juli 1971 wurde auf einer Landesausschußsitzung in Pforzheim nach zweistündiger lebhafter Diskussion den CDU-Bundesparteitagsdelegierten empfohlen, den rheinland-pfälzischen Ministerpräsidenten Helmut Kohl anstelle von Rainer Barzel zum CDU-Bundesvorsitzenden zu wählen. Mit 20 zu 15 Stimmen ging die Abstimmung zugunsten von Kohl aus. Unmittelbar danach gab die nordbadische Junge Union eine Sympathieerklärung für Barzel ab. Sie sprach sich für ihn sowohl als Parteivorsitzenden als auch als Kanzlerkandidaten aus.

Auf dem dritten Bezirkstag des Bezirksverbandes Südbaden Anfang

Februar 1973 in Singen/Hohentwiel kandidierte Schäuble nicht mehr für den Vorsitz. Im Dezember 1972 war er auf Drängen der Jungen Union bereits ins Bonner Parlament eingezogen.

Gerangel um Mandate

Unter seinen Parteifreunden wurde Wolfgang Schäuble schon lange als ein beachtliches politisches Talent gehandelt. Der nicht selten aufmüpfige und unbequeme Parteifunktionär verfügte inzwischen über gute parteiinterne Kontakte. Den CDU-Oberen in der Stuttgarter Landesregierung waren die einflußreichen Bezirksfürsten der Jungen Union wohlbekannt. Mit ihnen mußten sie rechnen. Sie wußten, wer zu »höheren Weihen« berufen schien, zu den politisch Begabtesten zählte. Den akademisch ausgebildeten, rhetorisch geschulten und dynamischen Machern der Jungen Union boten sich vielfältige berufliche Chancen.

Schäuble zum Beispiel erhielt Anfang 1972 das Angebot, persönlicher Referent und Leiter des Büros von Innenminister Schieß in Stuttgart zu werden. Der strebsame Freiburger Jurist hatte sich nach harten erfolgreichen Verhandlungen über Gehaltsforderungen gerade endgültig entschieden, als ihn eine noch attraktivere Offerte seiner südbadischen Parteifreunde erreichte. Sie boten ihm die Kandidatur zur Übernahme eines Bundestagsmandats im Wahlkreis Offenburg an.

Obwohl Schäuble seine Chancen außerordentlich gering einschätzte, von den CDU-Delegierten als Bundestagsabgeordneter gekürt zu werden, ging er auf »volles Risiko«. Trotz seines schlechten Gewissens gegenüber dem Stuttgarter Innenminister und auf die Gefahr hin, einen wichtigen Karrieresprung zu verpassen, zog er seine Bewerbung als Leiter des Ministerbüros zurück. Innenminister Schieß hatte volles Verständnis für Schäubles Absage.

Gegen einen weiteren Verbleib im Freiburger Finanzamt hatte Schäuble sich bereits im Hinblick auf die Tätigkeit in Stuttgart ausgesprochen, obwohl ihn der Amtschef dringend behalten wollte. Es war verwirrend. Doch in diesen Monaten des Jahres 1972 suchte

Schäuble die berufliche Weichenstellung, und eigentlich wollte er sich nicht sofort den unberechenbaren Voten von Delegierten ausliefern. Doch es kam anders.

In diesen Tagen erreichte ihn ebenfalls die Zusage einer Offenbacher Rechtsanwaltskanzlei, in eine interessante Wirtschaftsprüferpraxis einzusteigen, um die er sich, angeregt durch eine Anzeige in einer Fachzeitschrift, vor Monaten beworben hatte.

Jetzt blieb dem Finanzfachmann Schäuble zunächst nur eins: »Nerven behalten, gelassen abwarten!« Um nicht ganz ohne Job dazustehen, versprach er dem Leiter des Freiburger Finanzamtes I, nun doch bei ihm zu bleiben. Es vergingen drei Wochen, bis er Klarheit über seine berufliche Zukunft gewann.

Und so hatte alles angefangen: Mitten in der damaligen beruflichen Umbruchphase erreichte ihn nach Abschluß eines Lehrgangs für Finanzassessoren Freitag abends der Anruf des Offenburger Kreisvorsitzenden der Jungen Union, Hans Göppert. Seine Freunde seien auf der Suche nach einem neuen Bundestagskandidaten für den Offenburger Wahlkreis. Sie wünschten sich eine Persönlichkeit, »die echte Chancen« haben müsse, auch gewählt zu werden. Die Wahl im Kreisvorstand sei auf ihn gefallen. Dringend und herzlich bäten sie ihn, die Kandidatur anzunehmen. Göppert erläuterte, er rufe von der Mitgliederversammlung der Jungen Union an und benötige spätestens in einer Stunde eine Entscheidung.

Wolfgang Schäuble wußte, wer sich aus der CDU um dieses Bundestagsmandat bemühte. Er kannte die Schar der CDU-Größen, gegen die ein Vertreter der Jungen Union kaum eine Chance besaß. Mit seiner Frau sprach er offen über das Ansinnen der Offenburger Parteifreunde, denen er nicht zutraute, seine Kandidatur durchzusetzen. In dem Gespräch stellte sich heraus, daß Frau Schäuble, die generelle Einwände gegen Politik als Beruf hatte und gerne gesehen hätte, wenn ihr Mann in Freiburg geblieben wäre, einer Kandidatenaufstellung positiver gegenüberstand, als ihr Mann vermutete. Schließlich fiel ihr »verhängnisvoller Satz«, den Schäuble immer wieder zitiert: »Wenn du jetzt nach Stuttgart ins Innenministerium wechselst, kannst du auch gleich nach Bonn in den Bundestag gehen.«

Das war für Schäuble ein wichtiges Signal. Mit ihrem Einverständnis versuchte er das Unmögliche. »Gejuckt hat es mich einfach. Und ich habe mir gesagt, man kann es ja mal probieren. Die Chancen sind zwar gleich Null, und in drei Wochen ist alles vorbei.«

Pünktlich nach einer Stunde meldete sich der Offenburger JU-Vorsitzende erneut am Telefon und wollte Schäubles Entscheidung hören. Zufrieden nahm er die Botschaft des Regierungsrates entgegen, der seinen Hut in den Ring werfen wollte und auch bereit war, in vermeintlich aussichtsloser Position zu kandidieren.

Die große Überraschung

Schäuble zeigte seine Bereitschaft zur kämpferischen Auseinandersetzung. »Wenn man antritt, will man gewinnen. Wenn man Fußball spielt, will man nicht verlieren, sondern gewinnen«, sagt er mit hochgezogenen Augenbrauen. »Großen Wahlkampf habe ich nicht betrieben, auch keine Ortsverbände aufgesucht, sondern lediglich mit ein paar Leuten telefoniert und ihnen gesagt, mit wem sie noch reden sollten. Viel mehr blieb mir auch nicht.«

Für Schäuble ergaben sich beachtliche Probleme. Der Kreisverband Lahr mit etwa 800 Parteimitgliedern und entsprechendem Delegiertenanteil war auf den Ettenheimer Rechtsanwalt Franz Hoferer festgelegt. Der führte ein strenges Regiment, so daß sich die Jüngeren, die vielleicht einen anderen wählen wollten, bedeckt halten mußten. Der Kreisverband Renchtal mit rund 600 Mitgliedern war auf Bürgermeister Braun aus Oberkirch festgelegt. Dann gab es noch einen Kreisverband Kehl mit nur 150 Mitgliedern. Deren Delegierte waren eher für Schäuble. Aber das reichte nicht aus.

Offenburg, der größte Kreisverband mit etwa 1500 Mitgliedern, war gespalten. Die einen standen hinter Dr. Heimo George, Vorsitzender des CDU-Wirtschaftsrates, die anderen hinter dem Freiburger Juristen Dr. Wolfgang Schäuble.

Ursprünglich hatten sich sogar sechs Bewerber um die Kandidatur bemüht. Vor der entscheidenden Delegiertenversammlung zogen Oberregierungsrat Scheuermann aus Stuttgart und Sozialamtmann Viol aus Offenburg ihre Bewerbungen zurück.

Es war die Zeit, als in Bonn Wirtschafts- und Finanzminister Karl

Schiller sein Amt zur Verfügung stellte. Beide Ressorts übernahm Verteidigungsminister Helmut Schmidt, den wiederum Georg Leber beerbte. Der Monat Juli brachte auch für Schäuble eine der wichtigsten beruflichen Weichenstellungen seines Lebens.

Am 29. Juli 1972 fiel nach mehreren Wahlgängen die Entscheidung bei der Wahlkreiskonferenz im Bundestagswahlkreis Offenburg-Lahr-Kehl zugunsten von Wolfgang Schäuble. Er gewann die Stichwahl gegen Rechtsanwalt Hoferer mit 161 gegen 100 Stimmen.

Im ersten Wahlgang hatte Hoferer mit 80 Stimmen einen knappen Vorsprung vor Schäuble gehabt, der auf 72 Stimmen kam. Bürgermeister Braun erhielt 61, George 52 Stimmen.

Vor dem zweiten Wahlgang erklärte der Bonner Wirtschaftsexperte George seinen Verzicht auf die Kandidatur. Im Saal des Offenburger Altenheims »Hl. Kreuz« rief er den Delegierten zu. »Geben Sie dem Kandidaten geschlossen die Stimme, der die Chance hat, über Jahre hinweg tätig zu sein.« Wenn George auch keine Namen nannte, so war doch für alle Anwesenden klar, daß er für Schäuble plädierte.

Im zweiten Wahlgang entfielen auf Bürgermeister Braun nur noch 58 Stimmen, Hoferer konnte seine Stimmen um eine auf 81 ausbauen, während Schäuble von 72 auf 128 Stimmen kam.

Die Stichwahl zwischen Hoferer und Schäuble brachte dann die Entscheidung zugunsten des Kandidaten der Jungen Union. »Das war der Sieg für einen jungen Politiker, der als Bezirksvorsitzender der Jungen Union nicht nur einen Großteil der jungen Delegierten hinter sich wußte, sondern nahezu geschlossen die Vertreter der Kreisverbände Offenburg, Kehl und Oberkirch«, kommentierte die »Lahrer Zeitung«.

Auf seiner ersten Pressekonferenz als CDU-Spitzenkandidat bekannte sich Schäuble zu einem »möglichst großen Maß an Öffentlichkeit«. Nur so könne vermieden werden, daß die Parteien immer mehr zu abgekapselten Gebilden würden, deren Verbindung zur Öffentlichkeit immer schwächer werde. Für ihn gelte es jetzt, rasch Informationen über den Wahlkreis zu sammeln, Leute und Probleme in diesem Gebiet kennenzulernen und sich selbst vorzustellen. Er werde einen sehr harten, aber sachlichen Wahlkampf führen. Er sehe eine große Chance vor allem darin, neue Wählerschichten für sich und seine Partei zu mobilisieren. Schwerpunkt seines Wahlkampfes und seiner politischen Arbeit werde die Innenpolitik sein, vor allem Finanz- und Steuerpolitik, Wirtschaftspolitik, Bildungswesen sowie der Umweltschutz und die Landwirtschaft.

Bei der Bundestagswahl 1969 hatte Schäubles Vorgänger, Professor Furler, nahezu 56 Prozent der Stimmen geholt. Der Dreißigjährige schaffte es bei der Bundestagswahl im Dezember 1972 auf über 53 Prozent der Stimmen. Ein Ergebnis, das sich von der riesigen CDU-Wahlschlappe in der Bundesrepublik deutlich absetzte.

Und was meinte damals seine Frau zu alledem? Wolfgang Schäuble wirkt verlegen. »Ja gut«, sagt er, »sie hatte natürlich längst registriert, wie interessiert ich plötzlich doch war und wie sehr ich mich um eine erfolgreiche Kandidatur bemühte. Im Zweifel war es ihr wahrscheinlich lieber, mich als Bundestagsabgeordneten in Bonn zu sehen, als daß ich nach Stuttgart gegangen wäre, um als Bürochef des Ministers zu arbeiten. Und drittens hat sie wohl gemerkt, daß ich mein Versprechen von früher nicht einhalten würde, eine normale bürgerliche Existenz aufzubauen und ein Beamtenleben zu führen. Glücklich war sie über meinen Weg in die Politik sicherlich nicht. Sie hat sich damit auch nie richtig abfinden können. Mit Recht sagt sie oft, ich hätte sie ja nicht immer so furchtbar freundlich und fair behandelt und sie habe eigentlich mehr draufzahlen müssen als ich.«

Der Dreijährige zu Besuch beim Großvater und bei der Lieblingstante Else in Owen/Teck 1945.

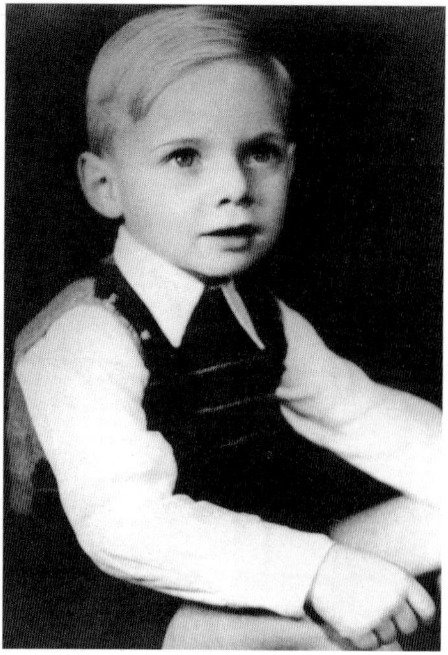

Der Fünfjährige in Hornberg. Er kann schon rechnen wie ein Oberschüler.

ie Schäuble-Brüder 1958: Frieder, Thomas und Wolfgang. Alle drei entscheiden sich für das Jura-udium und engagieren sich politisch in der CDU. Vom Elternhaus sind sie stark geprägt worden.

Am 23. Mai 1969 werden die Diplomvolkswirtin Ingeborg Hensle und der Referendar Wolfgang Schäuble in Freiburg getraut. Vier Kinder gehen aus dieser Ehe hervor.

Der angehende Jurist beim tiefschürfenden Nachdenken während seines Studiums in Freiburg.

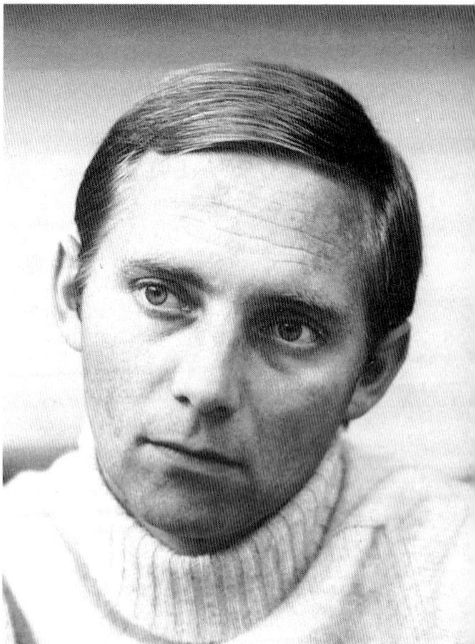

Der Jungpolitiker wird 1972 als Bundestagskandidat für den Wahlkreis Offenburg nominiert

Der begeisterte Tennisspieler vor einem Match während des Sommerurlaubs 1969 in der Türkei.

Konditionstraining auf dem Fahrrad, um auch für die nächste parlamentarische Runde fit zu sein.

ommerurlaub 1990 auf Sylt. Mit seinem Sohn Hans-Jörg nutzt der sportliche Wolfgang Schäuble jede elegenheit zum Jogging. Im Winter geht die ganze Familie zum Skilaufen.

Wolfgang Schäuble im Kreis der Familie beim beliebten Monopoly-Spiel. Der vielbeschäftigte Politiker findet meist nur in den Ferien Zeit, sich intensiv der Familie zu widmen.

Lange Spaziergänge mit der Familie an den Wochenenden sind für ihn das beste Mittel zum Ausspanne nach einer anstrengenden Woche in Bonn. Diese Aufnahme entstand kurz vor dem Attentat 1990.

Kapitel IV

Der Schäuble-Clan

Familiengründung

Schäuble galt als guter Tänzer. Solange er noch keinen Führerschein hatte, brachte ihn sein Vater häufig zu Tanzveranstaltungen seiner Schulklasse. Ob im Gymnasium, an der Universität, im RCDS oder in der Jungen Union: Immer hatte er junge, hübsche, intelligente Frauen an seiner Seite. Viele waren politisch gleichgesinnte Kämpferinnen, mit denen der angehende Jurist intensiven Meinungsaustausch pflegte. Die Beziehungen gingen über eine Interessengemeinschaft oder über Zweckbündnisse nicht hinaus.

Es muß im Frühjahr 1967 gewesen sein, als sich die angehende Diplomvolkswirtin Ingeborg Hensle mit ihrer Freundin wieder einmal in der Cafeteria der Freiburger Universität aufhielt. Sie stand unmittelbar vor dem Examen und arbeitete fieberhaft an ihrer Abschlußarbeit. Ihre Freundin war in der Cafeteria mit jemandem verabredet, der zur Gruppe um Wolfgang Schäuble gehörte. Er kam heute nicht allein, sondern brachte einen Pulk von Kollegen mit, die sich an einem Nebentisch niederließen. Der Wortführer fiel auf. Es war Wolfgang Schäuble, der wieder einmal mit handfesten politischen Argumenten zu überzeugen versuchte. Bei Ingeborg Hensle, eher unpolitisch, konservativ, auf jeden Fall parteilos, muß es »geknistert« haben. Ebenso bei Wolfgang Schäuble. Denn seit diesem Zufallstreffen sahen sie sich öfter, planten und organisierten Begegnungen nicht nur im kleinen Kreis.

Ingeborg Hensle, eine dunkelhaarige, attraktive Freiburgerin, lebte bei ihrer Mutter. Sie brachte ihre Diplomarbeit erfolgreich zu Ende und legte ein Examen ab, das sich sehen lassen konnte. Wenige Wochen danach verlobten sich die beiden.

Ingeborg Hensle fand eine erste Stelle in der pharmazeutischen Industrie. Sie begann in der Abteilung »Marktforschung« eines Freiburger Unternehmens. Die junge Diplomvolkswirtin fühlte sich in der freien Wirtschaft gut aufgehoben. Zu ihren Aufgaben gehörte auch die Zusammenarbeit mit führenden Marktforschungsinstituten. Ihr Monatsgehalt fiel zufriedenstellend aus, und ihr berufliches Engagement kannte kaum Grenzen. Die intelligente und effiziente Akademikerin genoß den Erfolg und die täglichen Herausforderungen.

Wolfgang Schäuble stand mitten in der Doktorarbeit, schuftete als Tutor und Hilfsassistent und bemühte sich, seine Referendarausbildung nicht zu vernachlässigen. Für seinen aufreibenden Einsatz kassierte er monatlich 2000 DM Gehalt. »Soviel habe ich später nicht einmal als Assessor gehabt«, witzelt der gelernte Finanzfachmann. Materiell ging es den Verlobten ausgezeichnet. Der väterliche Volkswagen stand zur Verfügung, und ein erfolgreicher Abschluß des zweiten juristischen Staatsexamens war abzusehen. Es gab gute Gründe, jetzt zu heiraten. In Freiburg fanden sie eine günstig gelegene, geräumige Wohnung zu einem annehmbaren Preis. Nichts stand einer Hochzeit mehr im Wege.

Am 23. Mai 1969 gaben sich Ingeborg Hensle und Wolfgang Schäuble das Jawort. Nach der katholischen Trauung in der Freiburger Josefskirche wurde ein großes Familienfest gefeiert, bei dem die besten Freunde und Weggefährten nicht fehlten.

Die Große Koalition in Bonn dümpelte 1969 vor sich hin. Die Notstandsgesetze waren seit Monaten verabschiedet, und die Studentenrevolte an deutschen Hochschulen war an den beiden ein wenig vorbeigegangen. Die Bundesversammlung hatte gerade Gustav Heinemann von der SPD zum neuen Bundespräsidenten gewählt, und Heinz Oskar Vetter wurde in der Nachfolge Ludwig Rosenbergs DGB-Vorsitzender. Die Wahlen zum sechsten Deutschen Bundestag standen bevor, und die Chancen für einen Sieg der Union schienen schlecht zu sein.

Wolfgang Schäuble arbeitete akribisch an seiner Dissertation, erfüllte mehr als nur pflichtgemäß seine Tutorenaufgabe und erledigte nicht ohne Lob des Doktorvaters die Anforderungen als Hilfsassistent. Auch die Referendarausbildung verlief planmäßig, und die Freiburger CDU sorgte dank Schäuble für mehr Schlagzeilen als erwünscht. Der erste gemeinsame Urlaub stand bevor, und die ersten Ehemonate verliefen weniger turbulent als erwartet. Ingeborg Schäuble ging in ihrem Beruf auf, und auch für Wolfgang Schäuble hatte der Tag nur vierundzwanzig Stunden. Neben der Belastung durch Universitätsjob, Referendarausbildung und Promotion auch parteipolitisch präsent zu sein war »ein hartes Brot«. Doch der fleißige und zielstrebige Hornberger genoß es, ein gefragter, vielbeschäftigter Mann zu sein.

Ingeborg Schäuble mußte ihren Beruf nach der Geburt ihres ersten Kindes im August 1971 aufgeben. Vergebens versuchte sie, in ihrem Betrieb später eine Halbtagsstelle zu bekommen. Schweren Herzens verabschiedete sie sich von ihrer Tätigkeit in der Marktforschung. Die junge Mutter widmete sich ganz dem Baby und konzentrierte sich auf Haushalt, Wohnung und Familie.

Ingeborg Schäuble hatte keine leichte Kindheit. Sie ist eine typische Vertreterin jener Generation, die von autoritären Eltern streng erzogen, finanziell knappgehalten und zu besonderen körperlichen und schulischen Leistungen angetrieben wurde. Am 4. November 1943 war sie als zweites von drei Kindern in Freiburg geboren worden. Ihre Mutter stammte aus einer Weinbauernfamilie, die auch einen Obst- und Weinhandel betrieb. Als Tochter eines mittelständischen Kleinunternehmers mußte Ingeborgs Mutter kräftig anpacken, genoß aber auch einige Vergünstigungen. So durfte sie schon früh den Motorradführerschein machen. Sie wird als außerordentlich couragierte junge Frau geschildert, die später gerne schnelle Autos fuhr.

Ingeborgs Vater stammte aus kleinen Verhältnissen. Der Großvater war Lokomotivführer gewesen und konnte dem Sohn nicht das gewünschte Sportstudium finanzieren. So wurde Ingeborgs Vater Lehrer. Als junger Beamter trat er schon früh der NSDAP bei und galt 1945 als belastet. Nach kurzer Zeit übernahm man ihn jedoch erneut in den Schuldienst, und er wirkte viele Jahre an einer Zwergschule im Hochschwarzwald.

Mitte der fünfziger Jahre zog die Familie wieder in seine Heimatstadt Freiburg. 1966 starb er an den Folgen einer Kriegsverletzung.

Eigentlich hatte Ingeborg Schäuble geplant, nach dem Abitur in Freiburg Medizin zu studieren. »Das haben meine Eltern nicht erlaubt«, sagt sie etwas traurig. »Ihnen dauerte dieses Studium zu lange. Sie wünschten sich, daß ihre Kinder Lehrer werden. Ich sollte Volksschullehrerin werden. Aber das habe ich nicht gewollt. Wenn man einen Lehrer als Vater gehabt hat, will man es selbst nicht werden.«

Ingeborg hatte – wie die ältere Schwester und der jüngere Bruder – den vierjährigen Unterricht bei ihrem Vater in zu schlechter Erinnerung.

Drei Töchter – ein Sohn

Am 5. August 1971 wurde Christine, das älteste Kind der Schäubles, in Freiburg geboren. Als ihr Vater 1972 das Bundestagsmandat angenommen hatte, zog die dreiköpfige Familie in seinen Wahlkreis nach Offenburg um. Hier kam am 15. Oktober 1974 das zweite Kind, Hans-Jörg, zur Welt. Am 1. März 1976 folgte Juliane und am 25. August 1981 Anna. Drei Mädchen und ein Junge. Spätestens nach dem dritten Kind wurde die Offenburger Mietwohnung zu klein. Kurz entschlossen kauften die Schäubles in Gengenbach bei Offenburg ein herrlich gelegenes Grundstück. Sie beauftragten einen Architekten mit Planung und Überwachung eines Eigenheimneubaus. Wolfgang Schäuble fand kaum Zeit, sich um den Hausbau zu kümmern. Auch diesmal trug Frau Schäuble die Hauptlast.

Der schöne Bungalow – viel Holz und Glas – ist geräumig und groß genug für eine sechsköpfige Familie. Jedes Kind besitzt ein eigenes Zimmer. Die Gemeinschaftsräume sind liebevoll eingerichtet. Überall spürt man den sicheren Geschmack der bescheiden gebliebenen Ingeborg Schäuble.

Die Erziehung der Kinder lag fast allein in ihrer Verantwortung. Nur an Wochenenden beschäftigte sich der gestreßte CDU-Mann stundenweise mit den Kleinen. Die Kinder gingen alle in die Gengenbacher Grundschule und anschließend auf das Offenburger Grimmelshausen-Gymnasium, ein traditionsreiches humanistisches Institut.

Sport und Musik spielen in der Familie Schäuble eine wichtige Rolle. Das Violinenspiel des Vaters war überdurchschnittlich und regte frühzeitig seine vielseitigen musischen Interessen an.

Die älteste Tochter lernte Klavierspielen und stieg auf Querflöte um, die sie bis zum Abitur regelmäßig spielte. Sohn Hans-Jörg bekam eine Bratsche geschenkt und tat sich mit diesem Instrument über viele Jahre recht schwer. Nicht zuletzt wegen eines längeren Amerikaaufenthaltes gab er auf und legte das schwierige Instrument zur Seite. Juliane spielt seit Jahren Klavier, und Anna, der Nachzögling und Vaters Liebling, hat sich für die Geige entschieden. »Aber es ist mühsam«, erklärt Ingeborg Schäuble. »Sie brauchen ja keine Künstler zu werden, aber den wirklichen Zugang zur Musik finden sie nur über ein Instrument.«

Beim Sport bedarf es keines Drängens. Alle Schäuble-Kinder geben eine Sportart als ihr Hobby an. Hans-Jörg spielt in der heimischen Fußball- und Tennismannschaft. Alle Kinder fahren überdurchschnittlich gut Ski. Auch die Mädchen spielen Tennis im Gengenbacher Klub »Rot-Weiß«. Juliane und Anna sind außerdem noch aktiv im Volleyball-Klub. Juliane zählt zu den bemerkenswerten Talenten und nimmt an Meisterschaften teil.

Hans-Jörg war für ein Jahr in Amerika. Auch Christine verbrachte dort sechs Monate. Die Jüngeren sollen folgen.

»Solche Auslandsaufenthalte fördern nicht nur die Sprachkenntnisse. Sie erweitern in vieler Hinsicht den Horizont der Kinder«, meint die Mutter. »Auf sich allein gestellt zu sein, kann guttun. Die vorübergehende Distanz zu den Eltern wirkt manchmal Wunder. Nachher wissen die Kinder besser, warum die Mutter es so und nicht anders will.«

Ingeborg Schäuble hat mit der Erziehung ihrer vier Kinder vermutlich mehr leisten müssen, denn als Angestellte in der pharmazeutischen Industrie. Die Belastung durch ihre Kinder in dreiundzwanzig Ehejahren war groß. Oft stand sie fünf Tage in der Woche mit den kleinen und großen Sorgen ihrer drei Töchter und dem Sohn allein. Eine Putzfrau sorgte für Sauberkeit, eine Kinderfrau gab es nur vorübergehend. Die Erfahrungen mit Praktikantinnen waren eher lästig. »Ich wollte eben lieber allein im Hause sein, als den ganzen Tag jemanden um mich herum zu haben«, resümiert Frau Schäuble.

Die Kinder der Schäubles zeigen – wie andere auch – unterschiedliche Begabungen. Alle sind von einer auffallenden Offenheit und Freundlichkeit. Hans-Jörgs Charakter und Neigungen scheinen eher der Familie der Mutter zu entsprechen. Juliane gilt als gute Mischung zwischen Vater und Mutter; Christine und Anna kommen mehr auf den Vater.

Gegensätze ziehen sich an, sagt eine alte Volksweisheit. Bei Schäubles ist dies deutlich zu spüren. »Ingeborg Schäuble besitzt eine praktische Intelligenz«, sagt einer, der sie näher kennt. »Sie ist auch viel gefühlsbetonter als ihr Mann, der nüchterner und disziplinierter reagiert und Emotionen kaum nach außen dringen läßt. Der Verstandesmensch Wolfgang Schäuble plant alles ganz genau. Auch in der Familie. Das würde seiner Frau niemals einfallen. Wenn sie drei freie Tage hat, wird kaum etwas vom Anfang bis zum Ende geplant. Sie wartet gelassen ab und überläßt manches dem Zufall. Dabei geht auch mal etwas schief. Das würde bei ihrem Mann einfach nicht passieren. Er ist da ganz anders.«

Mit dem Beruf ihres Mannes hat sich Ingeborg Schäuble immer schwergetan. Das Alleinsein machte ihr oft zu schaffen.

Ein Jahr nach der Geburt ihrer Tochter Christine zog die junge Familie von Freiburg nach Offenburg. Der Freundeskreis war damit gesprengt, die Entfernung zur Mutter groß. Von Montag bis Freitag war ihr Mann außer Haus, meistens in Bonn. »Ich saß dann mit meinem Baby allein in unserem Bungalow, in einem Neubaugebiet, ohne nennenswerte Kontakte zur Außenwelt. Ich fühlte mich isoliert.«

In dieser Zeit suchte Ingeborg Schäuble nach neuen Kontakten. Sie wollte unter Menschen sein und machte sich Gedanken über ein neues berufliches Engagement. Ein Halbtagsjob in der Industrie war nicht möglich. So kam sie auf die Idee, sich zur Berufsschullehrerin umschulen zu lassen. Ihr Mann, der immer ein schlechtes Gewissen wegen ihres Alleinseins hatte, unterstützte sie bei diesen Überlegungen.

Eine erneute Schwangerschaft machte die Pläne zunächst einmal zunichte. Als dann Hans-Jörg glücklich auf der Welt war, ging sie nicht mehr von ihrem Wunsch ab, beruflich etwas Neues zu beginnen. Eine Praktikantin wurde angeheuert. Ingeborg Schäuble fuhr ein Jahr lang zweimal wöchentlich nach Freiburg. In ihrer Heimatstadt absolvierte sie bei einem Universitätskolleg die Referendarzeit für den Lehrerberuf. Ihre Fächer waren Volks- und Betriebswirtschaft. Für die gelernte Volkswirtin gab es keine Probleme, keine Hindernisse.

Die Ausbildung war stark praxisorientiert. Das Examen machte sie dann noch schnell, ehe ihr drittes Kind auf die Welt kam. Damit war ihr neuer beruflicher Start wieder auf Eis gelegt. Mit drei Kindern bestand keine Chance, den Schuldienst abzuleisten. Sie verzichtete sogar auf ihre Verbeamtung und konzentrierte sich wieder auf den Nachwuchs, der sie ganz forderte. Im Rückblick meint sie: »Ich fand es ja gut und habe als Lehrerin auch wieder eine Menge gelernt. Eigentlich habe ich aber doch lieber mit Erwachsenen gearbeitet als mit Kindern. Im Betrieb machte es mehr Spaß als in der Schule. Das lag nicht an den Kindern, sondern an den Lehrern. Sie sind doch eigenartige Menschen. Damit meine ich nicht die jungen, begeisterten und voller Idealismus arbeitenden Lehrer. Vielleicht liegt es auch am Schulsystem, daß ich dieses Unbehagen spüre.«

Der ältere Bruder Frieder

Das kommt selbst in den besten Familien nur selten vor: drei Buben, drei Juristen, drei promovierte Akademiker, drei CDU-Mitglieder, drei musisch begabte Menschen, drei wohlgeratene Väter und Ehepartner, drei, die ihre Eltern lieben und verehren. Rein äußerlich sind sie auf den ersten Blick nicht als Brüder auszumachen.

Frieder, der ältere Bruder, der feinfühlige Denker, dem Kino und Kunst mehr bedeuten als politische Machtausübung, gehört zu den stillen, aber sehr effizienten Vertretern seiner Zunft. Er wurde am 25. August 1937 in Tübingen geboren. Er besuchte die Volksschule in Hornberg und ging mit zehn Jahren auf die Schwarzwaldschule nach Triberg. 1956 legte der Klassenprimus ein außergewöhnlich gutes Abitur ab. Mit vierzehn hatte er Pfarrer werden wollen. Als sechzehnjähriger Lokalreporter dachte er an den Beruf des Journalisten. Schließlich wählte er anders. »Ich wollte mit achtzehn Jura studieren. Es gab keine Alternative für mich. Dafür habe ich keine Begründung. Vermutlich lag es an meinem Vater, der mich aber nie überreden mußte, das zu machen, was er selbst gerne geworden wäre«, sagt Frieder Schäuble heute.

Ab 1956 studierte er in Freiburg und München. Mitte 1960 machte er das erste juristische Staatsexamen mit »Voll befriedigend«. Er betätigte sich im RCDS, wurde 1959 Freiburger Vorsitzender. Als Referendar arbeitete er in Freiburg, war Hilfs- und Hauptassistent an der Universität. Seine Dissertation schrieb er über die »Rechtsprobleme der staatlichen Kunstförderung«, war Stipendiat der VW-Stiftung. 1965 bestand er das zweite juristische Staatsexamen mit »Voll befriedigend«. Für seine Doktorarbeit erhielt er die Note »magna cum laude«.

1965 heiratete Frieder Schäuble die Gymnastiklehrerin Ellen Stolch aus Nördlingen, die später Sportunterricht in der Grundschule erteilte. Die Schäubles in Stuttgart haben zwei Töchter: Judith, 1967 geboren und Studentin der Betriebswirtschaftslehre in Berlin, und Marion, 1971 geboren. Sie studiert an der Kölner Universität Italienisch, Niederländisch und Archäologie.

Frieder Schäuble, der in seiner knappen Freizeit joggt und leidenschaftlich wandert, ist ein begeisterter Skifahrer.

Seine politische Karriere startete er in Vaters Hornberger CDU. »Ich war der älteste Sohn vom Schäuble und mußte immer Flugblätter verteilen und Plakate kleben. Nach dem Tod von Kurt Schumacher 1953 – daran kann ich mich noch gut erinnern –«, sagt Frieder Schäuble, »haben wir sogar überlegt, ob wir noch Ollenhauer-Plakate kleben sollten, weil wir dachten, das hilft der CDU.«

An der Freiburger Universität engagierte sich »Landtag« – wie Frieder Schäuble auf dem Gymnasium gerufen wurde, weil sein Vater CDU-Abgeordneter im badischen Landtag war – intensiv im Christlich-Demokratischen Hochschulbund, wie der Vorläufer des RCDS damals hieß. Frieder war einige Semester lang stellvertretender Vorsitzender, Vorsitzender und sogar einmal Landesvorsitzender des RCDS.

1965 nahm sein politisches Engagement ein rasches Ende. »Die Politik hing mir gründlich zum Hals heraus«, sagt der prominente Anwalt heute. »Die innerparteilichen Querelen, das Geschiebe und Gemauschele hatte ich satt. Wir zogen nach Stuttgart, wo ich niemanden kannte. Ich bin dann zur CDU gegangen. Meine Mitgliedschaft wurde nach Stuttgart übertragen, und ich engagierte mich im Bezirksbeirat Nord. Das war allerdings ein richtiges Kasperletheater. Nach kurzer Zeit habe ich aufgehört, mich politisch zu betätigen. Ab und zu gehe ich noch zu CDU-Veranstaltungen und streite mich mit meinen Brüdern über politische Themen.«

Seit Anfang der siebziger Jahre arbeitet Frieder Schäuble in einer renommierten Anwaltskanzlei in Stuttgart. »Mein Hauptschwerpunkt ist Gesellschafts- und Unternehmensrecht«, sagt er. »Dazu gehören die Umstrukturierung, der Erwerb, der Verkauf und die Beratung von Unternehmen. Außerdem mache ich noch strategische Beratung im Bereich des Betriebsverfassungs- und des Tarifrechts. Aus dem allgemeinen Arbeitsrecht habe ich mich etwas zurückgezogen. Im Grunde genommen leiste ich derzeit vor allem Akquisitionsarbeit für unsere Kanzlei. Unser Leipziger Büro, im Herbst 1991 eröffnet, ist wichtig geworden. In Zusammenarbeit mit einem bedeutenden amerikanischen Partner beraten wir auch direkt von Leipzig aus. Viele unserer Mandanten sind Käufer und Interessenten für Treuhand-Betriebe. Im Arbeitsrecht beraten wir im Stuttgarter Raum alles, was Rang und Namen hat.«

Frieder Schäuble ist erfolgsorientiert. Er gehört zu den angesehensten Anwälten, die sich innerhalb seiner Fachgebiete spezialisiert haben. Er ist wie Wolfgang Schäuble »ein Mensch, der siegen will und ungern verliert«. Einer, der die Brüder gut kennt, behauptet, daß Wolfgang Schäuble ein absoluter Kopf- und Verstandesmensch sei, ausgestattet mit einem Gefühl für das Empfinden anderer, das aber möglichst unter Kontrolle gehalten werde. Demgegenüber sei Frieder ein nicht so ausgeprägter Kopfmensch. Er besitze große erzählerische Phantasie, die Wolfgang weitestgehend fehle. Er habe nie wie Frieder Geschichten erfinden können. Frieder sei in vielerlei Hinsicht der lockere, geistreiche, spielerische Typ, während Wolfgang ein kluger und konsequenter Wettkämpfer sei, der alles sehr ernst nehme und immer unter Erfolgszwang stehe. Frieder könne auch als Literat sein Geld verdienen, Filme drehen, als Galerist arbeiten, vielleicht sogar Chefdirigent sein. Wolfgang könne hingegen gut verwalten und sich kampffreudig durchsetzen. »Seine Sache ist jedoch nicht die kreative Phantasie, der große Zukunftsentwurf, der Traum vom Morgen.«

Frieder Schäuble schrieb als Pennäler einen Roman, der nie veröffentlicht wurde. Er erzählte darin von einer geteilten Stadt, die West- und Osthausen heißt. Zwei Banden bekämpfen sich dort ganz erbittert, bis ein junger Mann den Mut findet, beide Seiten miteinander zu versöhnen. »Es war eine spannende Geschichte, hinter der viel Phantasie und schriftstellerische Kreativität standen«, sagt ein Freund, der das Manuskript lesen durfte.

Von allen drei Söhnen besitzt Wolfgang die auffallendste logische Begabung. Seine beiden Brüder beneiden ihn darum. Frühere Leistungen in Mathematik, verbunden mit Einsern in diesem Fach, nötigten beiden hohen Respekt ab. Demgegenüber sticht Frieders enormes Sprachtalent hervor. Frieder ist der Umgänglichere, der Diplomatischere, bewundert von Geschwistern, Freunden und Verwandten. Wolfgang fiel früher durch eine stark bevormundende Art auf. Er führte in Abwesenheit der Mutter regelmäßig den Haushalt, bestimmte, wann es was zu essen gab. Er konnte kochen wie eine Hausfrau, er vertrat die Eltern.

Der jüngere Bruder Thomas

Thomas Schäuble, der jüngste des Hornberger Steuerberaters, scheint keinem der älteren Brüder ähnlich zu sein. Von Mathematik versteht er weniger als Wolfgang, und im Umgang mit Sprachen erreicht er nicht das von Frieder vorgegebene Niveau. Und dennoch: Auch Thomas zählt zu den herausragenden Begabungen. Von Mittelmaß keine Spur. Er ist ein ausgezeichneter Jurist, dem »beträchtliche Fähigkeiten zur schnellen Analyse« nachgesagt werden.

Am 23. Juli 1948 wurde Thomas Schäuble in Hornberg geboren. Mit sechseinhalb Jahren kam er 1955 in die Volksschule. Von 1959 bis 1967 besuchte er das Gymnasium in Hausach. Dank zweier Kurzschuljahre machte er früher als andere seinen Schulabschluß. »Ich war heilfroh, als ich mein Abitur hatte«, sagt Thomas Schäuble mit einem Anflug von Lächeln. Zu seinen Lieblingsfächern zählten Deutsch und Geschichte.

Thomas ist dem älteren Bruder Frieder ähnlicher als Wolfgang. Auch Thomas betätigte sich schriftstellerisch. Als Gymnasiast verfaßte er ein Hörspiel, das er beim Baden-Badener Südwestfunk einreichte. Trotz brüsker Ablehnung durch den Rundfunkredakteur ließ er sich nicht entmutigen. Immer wieder schrieb er kurze Erzählungen für sich und seine Freunde. Vorgenommen hatte er sich, einen Kriminalroman zu schreiben. Doch es fehlten Kraft und Zeit.

In der Familie Schäuble wiederholte sich vieles. Die älteren Brüder waren in mancher Hinsicht Vorbilder. Alle drei Söhne studierten Jura. Sie arbeiteten nacheinander als Lokalreporter. Thomas Schäuble war allerdings als Sportreporter zur Konkurrenzzeitung in Hornberg, zum »Offenburger Tageblatt«, gegangen. Drei Jahre lang, bis zum Abitur 1967, hatte er diesen Wochenendjob. »Im wesentlichen schrieb ich über Fußball, aber auch über bedeutsame Ringerwettkämpfe und Tischtennismeisterschaften. Beim Tischtennis spielte ich oft selbst mit, was mich nicht hinderte, mit etwas merkwürdigen Gefühlen darüber zu berichten.«

Erfolglos versuchte Thomas Schäuble, sich vor dem Bundeswehrdienst zu drücken. Lustlose achtzehn Monate verbrachte er bei den Panzergrenadieren und in einem norddeutschen Transportbataillon. Für ihn eine Zeit, an die er sich nicht gern erinnert.

Lieber erzählt er von seinem Jurastudium in Freiburg zwischen 1969 und 1973. Auch sein »Lust-Semester« in Berlin 1970 möchte er nicht missen. Pünktlich machte Thomas Schäuble 1973 sein gutes erstes Examen. Die Note »Befriedigend« störte ihn nicht, zumal er wegen seiner politischen und sportlichen Aktivitäten für das Jurastudium »über weniger Zeit verfügt hatte als andere Streber«.

Wie seine beiden Brüder gehörte auch er zu den RCDS-Aktivisten. Schon als Kind war er mit dem Vater zu CDU-Veranstaltungen gegangen, »hatte mit Stolz seine Aktentasche getragen«. Thomas half ebenso wie seine älteren Brüder beim Verteilen der Flugblätter. »Das habe ich eigentlich nicht gern gemacht«, erinnert er sich. »Ich genierte mich immer ein bißchen. Man wurde ja auch oft blöd angesprochen. Und beim Verteilen stieß man nicht selten auf die deutliche Ablehnung politisch Andersdenkender. Das schmerzte mich als Kind.«

Im Freiburger RCDS wehte ein rauher Wind. Der politische Druck auf die jungen Christdemokraten in der Zeit der Bonner sozialliberalen Koalition blieb nicht ohne Folgen.

An der Universität Freiburg kam es zu harten politischen Auseinandersetzungen. Thomas meint rückblickend: »Ich habe damals gelernt, was mir als Kind Schwierigkeiten machte, nämlich für eine politische Sache einzustehen. Das kostete mich zunächst Überwindung. Wenn

Sie in der Öffentlichkeit ausgepfiffen werden, weil die anderen Sie für den letzten rückständigen Idioten halten, ist es nicht einfach, bei der Stange zu bleiben und sich offen zu einer konservativen Partei zu bekennen.«

Von allen Brüdern besitzt Thomas die größte sportliche Begabung. In ständiger Konkurrenz zu seinem sechs Jahre älteren Bruder Wolfgang entwickelte er sich zu einem Tischtennis- und Tennis-As. Als Schüler war er mehrfacher Schwarzwaldmeister im Tischtennis. Mit seinen Sportskameraden verbinden ihn viele Freundschaften, die bis heute bestehen.

Mit dreizehn Jahren begann er im Hornberger Tennisklub mit dem Tennisspielen. Professionelle Trainer gab es nicht. Dennoch entwikkelte sich der talentierte Schäuble-Sohn bald zu einem starken Spieler. In wenigen Jahren holte er seinen ehrgeizigen Bruder Wolfgang ein.

Gemeinsam spielten sie im Staufener Tennisklub. Wolfgang vermittelte seinem jüngeren Bruder, der bald zu den Leistungsspielern des Klubs zählte, auch eine Trainerstelle. Während seines Studiums verdiente er sich mit diesem Freizeitjob viel Geld. »Gerade wegen der Tennisspielerei habe ich eine sehr schöne Studentenzeit gehabt. Ich hatte immer Geld, es fehlte nichts.« Thomas Schäuble schaffte es bei den südbadischen Tennismeisterschaften im Junioren-Einzel sogar einmal, auf den dritten Platz zu kommen.

Zusammen mit Wolfgang spielte er im Staufener Tennisklub jahrelang erfolgreich Doppel. Das war nicht immer einfach. Bei einem Doppel muß einer der beiden Spieler führen. Normalerweise ist es der unbestrittene Könner. Bei den Schäuble-Brüdern beanspruchte der ältere die Führung. Das ging oft schief, weil der jüngere der bessere Spieler war.

So wie Frieder und Wolfgang ihre Referendarzeit in Freiburg leisteten, machte es auch Thomas. Im Herbst 1975 legte er sein zweites Examen mit der Gesamtnote »Voll befriedigend« ab.

Der »kleine Schäuble« ging als Assessor zur Landesanwaltschaft nach Karlsruhe. In dieser Zeit arbeitete er auch an seiner Promotion, die er bereits als Referendar übernommen hatte. Sein Thema: »Rechtsprobleme bei der Beseitigung industrieller Sonderabfälle«. Nach längerer Wartezeit wurde 1979 seine Arbeit mit »magna cum laude« bewertet. Zwischenzeitlich war er als Verwaltungsrichter nach

Freiburg versetzt und wenig später zum Richter auf Lebenszeit ernannt worden. Schon deutete sich ein Karrieresprung an, den er seiner Partei zu verdanken hatte, der er seit 1970 angehört.

1984 suchte die CDU in Gaggenau einen Bürgermeisterkandidaten und gewann dafür Thomas Schäuble. Der Hornberger erhielt auf Anhieb knapp sechzig Prozent der Stimmen.

Im Herbst 1987 spielte wieder der Zufall eine Rolle. Der Landtagskandidat des Wahlkreises Rastatt, der Parlamentarische Staatssekretär mit Kabinettsrang Roland Gerstner, warf aus Verärgerung über Lothar Späths Personalpolitik das Handtuch und verzichtete auf eine erneute Kandidatur für den baden-württembergischen Landtag. Wieder sah sich die CDU in Personalnot. Niemand hatte mit Gerstners Rücktritt gerechnet. Gesucht wurde ein brauchbarer Kandidat. Wieder bekam Thomas Schäuble die Chance, als Nothelfer einzuspringen. In der entscheidenden Nominierungswahl setzte sich der »kleine Schäuble« trotz vier innerparteilicher Gegenkandidaten mit überwältigender Mehrheit durch. Da der Wahlkreis »CDU-sicher« war, zog er nach der Landtagswahl 1988 in den Stuttgarter Landtag.

Thomas Schäuble blieb in erster Linie Oberbürgermeister von Gaggenau und übte sein Landtagsmandat in einer Art Nebentätigkeit aus. Als Stadtoberhaupt hinterließ er einige Spuren, die zu besichtigen sind. Es handelt sich um eine Betriebsverlagerung aus der Innenstadt an den Stadtrand, um ein geeignetes Areal für Bauplätze zu bekommen, »eine Operation, die mit einer Herztransplantation zu vergleichen ist«, meint heute noch stolz der engagierte Kommunalpolitiker. Als eine wichtige Entscheidung seiner Amtszeit betrachtet er auch die Einrichtung einer Landesakademie für Amateur- und Schultheater sowie Schulkunst, die nach der Renovierung in das Alte Schloß einziehen wird.

Nach Späths Rücktritt als baden-württembergischer Ministerpräsident gelangte Thomas Schäuble unter dem neuen Ministerpräsidenten Erwin Teufel der Sprung in die Regierungsverantwortung. Er übernahm das Verkehrsressort. In seine kurze Amtszeit fiel die schwierige Mittelbeschaffung für den Ausbau der Straßen- und Schienenwege, die der Bund wegen des »Aufbaus Ost« zunächst gestrichen hatte. Außerdem arbeitete er an der Regionalisierung des öffentlichen Nahverkehrs.

Nach dem Verlust der absoluten CDU-Mehrheit bei der Landtagswahl 1992 blieb Schäuble nach Bildung der Großen Koalition Mitglied der Landesregierung. Er wurde Justizminister.

Auch er mußte in seinem Wahlkreis schwere Verluste und einen fast zwölfprozentigen Anteil der Republikaner hinnehmen. Seine Partei fiel auf 45,7 Prozent der Stimmen zurück. Ein Ergebnis, das zu den schlechtesten in der Geschichte der baden-württembergischen Landtagswahlen zählt.

Thomas Schäuble ist seit 1974 mit der Hornbergerin Brigitte Knobel verheiratet und hat drei Kinder: Stefan (1974), Isabell (1978) und Philipp (1981). Das Erziehungsprinzip bei den Schäubles in Gaggenau scheint dem der Eltern in Hornberg zu entsprechen: »Vom Durchschnitt haben wir genug!«

Kapitel V

Politik als Beruf

Willkommen in Bonn

»Ich hatte meiner Frau versprochen, nie ein politisches Mandat anzunehmen. Sonst hätte sie mich kaum geheiratet«, sagt nachdenklich der Fraktionsvorsitzende der Unionsparteien. »Eigentlich wollte ich auch nicht Politiker werden. Es war nicht meine Lebensplanung. Eine Landtagskandidatur hatte ich bereits im Frühjahr 1972 abgelehnt. Ich suchte meine berufliche Zukunft eindeutig in der Juristerei.«

Mit dem zunächst zum aussichtslosen Spiel erklärten Kampf um die Bundestagskandidatur wurde eine wichtige Weiche für sein Leben gestellt. Das konnte Wolfgang Schäuble nicht ahnen. Damit hatte auch seine Frau nicht gerechnet. Als dann die Würfel gefallen waren, gab es kein Zurück mehr. Die Partei brauchte Schäuble. Er war auf »Gedeih und Verderb« mit ihrem Schicksal verbunden.

Bei den vorgezogenen Bundestagswahlen 1972 ging es im wesentlichen um die Deutschland- und Ostpolitik der Regierung Brandt/Scheel, um die bereits geschlossenen Verträge mit der Sowjetunion und Polen und um den bevorstehenden Abschluß des Grundlagenvertrages mit der DDR. Auch die innere Sicherheit war ein heißes Wahlkampfthema geworden, nachdem Mitglieder der palästinensischen Terrororganisation »Schwarzer September« die israelische Mannschaft bei den Olympischen Spielen in München überfallen und zwei Sportler ermordet hatten.

Schäuble hielt sich in der Außenpolitik weitgehend an die Linie der Partei. Die hatte sich bei den Abstimmungen über die Verträge im Deutschen Bundestag der Stimme enthalten.

Der junge und vor allem fremde Kandidat versuchte, sich beim

Wahlvolk bekannt zu machen. Er besuchte Betriebe und Unternehmen, stellte sich in den großen und kleinen Gemeinden vor, traf sich mit den CDU-Bürgermeistern, die ihn tatkräftig unterstützten. Der aufreibende Wahlkampf kostete ihn viel Kraft. Doch sein Einsatz sollte sich lohnen. Schäuble wurde am 19. November 1972 mit 52,7 Prozent der Zweitstimmen in seinem Wahlkreis Offenburg (Wahlkreis 188) in den Deutschen Bundestag gewählt. Bei den folgenden Bundestagswahlen schnitt er noch besser ab (1976: 59,2%; 1980: 53,8%; 1983: 57,9%; 1987: 53,25%; 1990: 54,55% Zweitstimmen). Im Jahr des Attentats 1990 bekam er sogar 64,32 Prozent der Erststimmen.

Die berühmte »Willy-Wahl« bescherte den Unionsparteien 1972 erneut eine schwere Niederlage. Sie mußten nicht nur in der Opposition ausharren, sondern verloren auch das Amt des Parlamentspräsidenten. Die Sozialdemokraten wurden stärkste Fraktion im Bonner Parlament. Die CDU/CSU war zum ersten und bislang einzigen Mal in ihrer Parlamentsgeschichte nicht mehr die stärkste Fraktion.

Zur ersten Fraktionssitzung in Bonn gab es ein Telegramm des Vorsitzenden der CDU/CSU-Bundestagsfraktion Rainer Barzel. Am Dienstag nach der Wahl kamen die alten und neuen Parlamentarier erstmals zusammen. »Wenn ich mich recht erinnere, bekommt man vor der Sitzung einen vorläufigen Abgeordnetenausweis und die Fahrkarte. Ansonsten ist man etwas allein gelassen«, sagt heute der Mann, der mit seiner gut zwanzigjährigen Parlamentserfahrung zu den alten Hasen in Bonn gehört. »Über die Landesgruppe wird der Neuling meist ein wenig an die Hand genommen.« In der Erinnerung eines Bonner Weggefährten »war er so zierlich, daß man ihn vom äußeren Erscheinungsbild her fast übersehen konnte. Trotzdem fiel er sofort auf. Er wirkte ungeheuer agil. In den ersten Besprechungen der Arbeitsgruppen ließ er gelegentlich flotte, ja kesse Bemerkungen los, die es in sich hatten.«

Damals leitete der CDU-Bundestagsabgeordnete Manfred Wörner die baden-württembergische Landesgruppe. Als stellvertretender Vorsitzender der CDU/CSU-Fraktion verfügte er über genügend Einfluß, um seine personellen Vorstellungen durchzusetzen. Er war es auch, der sich um die Jungparlamentarier kümmerte, ihnen Tips und Empfehlungen gab und dafür sorgte, daß der richtige Mann in den für ihn richtigen Bundestagsausschuß kam. »Ich wollte natürlich in den Finanzausschuß«, sagt Wolfgang Schäuble listig. »Ich kam ja schließlich aus der Steuerverwaltung und verstand etwas mehr als andere Abgeordnete vom Steuerrecht.« Doch die Sitze waren für die Oppositionsfraktion dort meistens knapp, und der Finanzausschuß galt zudem als einer der begehrtesten, weil er von größtem Einfluß ist. Berücksichtigt wurde – wie immer – auch die landsmannschaftliche Zusammensetzung. Da im Finanzausschuß des Deutschen Bundestages 1972 bereits drei prominente Vertreter Baden-Württembergs saßen, blieb für einen vierten wie Schäuble kein Platz.

Manfred Wörner, damals führender Kopf der CDU-Abgeordneten aus dem »Ländle«, gab dem Jung-Parlamentarier einen wichtigen Rat. Er empfahl ihm, in den Auswärtigen Ausschuß zu gehen. »Das hat mich natürlich sehr gereizt«, bilanziert Schäuble heute. »Aber zu bedenken war auch, daß dort viele alte mehr oder weniger große Staatsmänner saßen, die den Machtverlust der Union noch längst nicht verkraftet hatten und ständig auf die Regierungsübernahme durch die Unionsparteien warteten. Was sollte ich dort als junger Abgeordneter erreichen? Ich wußte, daß ich mich dort nicht wohl fühlen würde, und verzichtete auf das gutgemeinte Angebot Wörners.«

Was also tun, wo politisch aktiv werden, welches Feld eignet sich für die Profilierung innerhalb und außerhalb der Oppositionsfraktion? Schäuble ließ sich beraten und folgte den Argumenten seiner Mitstreiter und Freunde von der Jungen Union und der Freiburger CDU. Die Abgeordneten Anton Pfeifer und Georg Gölter gewannen ihn für den Ausschuß Bildung und Wissenschaft und sein Freiburger Kollege Hans Evers für den Sportausschuß.

Immerhin verstand er vom Sport etwas, während er zu Bildung und Wissenschaft bisher keinen besonderen Zugang gehabt hatte. Bildungspolitik war ihm eher gleichgültig gewesen. Schon an der Hochschule hatte er dieses Feld anderen überlassen. Jetzt blieb ihm kaum eine Alternative. Im kleinen Ausschuß für Bildung und Wissenschaft arbeitete er sich rasch ein. Er wurde Berichterstatter für das Hochschulrahmengesetz und beschäftigte sich mehrere Jahre lang mit dem Bildungsgesamtplan. Ohne erkennbare Begeisterung erfüllte er seine parlamentarische Pflicht.

Anders im Sportausschuß. Hier hatte der Ausschußvorsitzende, sein Freiburger Kollege Hans Evers, dem er als aufmüpfiger Mann der Jungen Union einst zum Bundestagsmandat verholfen hatte, gut vorgesorgt. Er bot ihm den Posten eines Obmanns an. Für einen Anfänger im »Bonner Raumschiff« eine seltene Chance. Schäuble stellte sich im Sportausschuß der Wahl und wurde als Neuling zum Obmann gewählt. »Immerhin«, lächelt Wolfgang Schäuble verschmitzt, »immerhin war ich als junger Hüpfer auf diese Weise – wenngleich nicht im zentralsten Bereich der Politik – ein wichtiger Sprecher der Fraktion. Als sportpolitischer Sprecher erhielt ich die Möglichkeit, mich ein wenig nach außen darzustellen.«

Nachzutragen bleibt noch, daß der junge Abgeordnete aus Offenburg immerhin stellvertretendes Mitglied im begehrten Finanzausschuß wurde. Im Verlauf der ersten Legislaturperiode spielte diese Mitgliedschaft allerdings keine Rolle. Doch der Grundstein für die nächste Wahlperiode war gelegt, ordentliches Mitglied dieses einflußreichen Gremiums zu werden.

Schäuble fand schnell seine Position in den Ausschüssen. »Er profilierte sich, entwickelte Eigeninitiative und Aktivitäten weit über das normale Maß hinaus«, sagt ein Mitstreiter aus den Anfangsjahren in Bonn. »Er war ein Mann, der stets Aufgaben an sich zog.«

Wörner hatte Schäubles Talent früh erkannt. Er handelte aber auch aus eigenem Interesse. Er war bestrebt, die jungen Abgeordneten an sich zu binden, um seine eigene Position innerhalb der Fraktion zu stärken. Der Altersunterschied war groß genug, um keine Konkurrenz entstehen zu lassen. »Das ist immer eine sehr gute Grundlage der Zusammenarbeit«, meint ein Kollege aus der damaligen Bundestagsfraktion der CDU/CSU.

Sportsprecher

Das »harte Brot der Opposition« ertrug Wolfgang Schäuble über zehn Jahre lang. Als Sportsprecher seiner Fraktion meldete er sich häufig zu Wort. Meistens bediente er sich des »Deutschland-Union-Dienstes«, der seine Reden, Berichte und Analysen publizierte. Die Bonner

Journalisten nahmen solche Veröffentlichungen jedoch nur selten zur Kenntnis.

Im November 1973 beschäftigte sich Schäuble beispielsweise mit der »Sozialen Aufgabe des Sports im Rahmen der Entwicklungshilfe«. Schäuble kritisierte, die sportliche Entwicklungshilfe sei im Rahmen der auswärtigen Kulturpolitik überhaupt nicht vorhanden. Dabei habe sich längst herausgestellt, daß »z. B. Uwe Seeler in den Ländern der Dritten Welt einen höheren Stellenwert besitze als Ludwig van Beethoven«. Der erfolgreiche Tennisspieler aus Offenburg schrieb weiter, Sport sei in den Ländern der Dritten Welt außerordentlich populär. Er sei gegenwärtig praktisch der einzige Bereich, der den afrikanischen, asiatischen und lateinamerikanischen Menschen die Möglichkeit gebe, sich den Bewohnern anderer Kontinente als gleichwertig oder gar als überlegen zu erweisen. Er steigere somit das Selbstwertgefühl dieser jungen Nationen. Spätestens seit den Olympischen Spielen 1972 habe die sportliche Entwicklungshilfe Eingang in die Überlegungen der Entwicklungshilfe-Experten gefunden. Nicht so bei der Bonner Regierung. Mit sieben Millionen DM sei der Anteil des Sports mehr als bescheiden. Und wenn man bedenke, daß nur etwa zwei Millionen DM im Etat des Entwicklungshilfe-Ministeriums für direkte Maßnahmen sportlicher Entwicklungshilfe bereitstünden, aber vier Millionen DM unter dem Titel »auswärtige Kulturpolitik« im Etat des Auswärtigen Amtes, von deren Einsatz man sich eine Vermehrung des eigenen Prestiges verspreche, so mache diese Tatsache deutlich, daß sich die Bundesregierung noch nicht über den vollen Stellenwert des Sports im Rahmen der Entwicklungshilfe bewußt geworden sei . . .

In einem Sechs-Punkte-Plan forderte der Oppositionspolitiker Schäuble konkrete Maßnahmen zur gezielteren und effektiveren Sportförderung in den Entwicklungsländern.

Schäuble kümmerte sich im Sportausschuß auch um den Breitensport in der Bundesrepublik. Im Januar 1974 geißelte er die »mangelnde Förderung des Sports durch die Bundesregierung«. In einem Beitrag für den »Deutschland-Union-Dienst« schrieb er, um »die Freiheit des Sports materiell abzusichern«, habe die CDU/CSU-Bundestagsfraktion den Antrag gestellt, einen Bundessportplan zu erstellen, der Klarheit in der finanziellen Förderung des Sports schaffen solle. Der Bundesregierung warf der junge Parlamentarier ein bewußtes Herauszögern der Entscheidung dieses Problems vor. Gleichzeitig wandte sich der agile Schwarzwälder gegen die von Herbert Wehner erhobenen Vorwürfe, die dieser in einem Interview gegen den Deutschen Sportbund geäußert hatte. Wehner meinte, daß der Deutsche Sportbund in seinem »Memorandum zur weiteren Entwicklung des Breiten-, Freizeit- und Leistungssports« gegen die parteipolitische Neutralität verstoßen habe, indem er den von der CDU/CSU geforderten »Bundessportplan« befürwortete.

Als sich der Deutsche Sportbund der Bundesrepublik Deutschland und der Deutsche Turn- und Sportbund der DDR auf die Einbeziehung Westberlins in den gesamtdeutschen Sportverkehr im März 1974 einigten, konnte sich der Sportsprecher der Oppositionsfraktion nur zu einer zurückhaltenden Reaktion durchringen. In der Sendung »Bonner Perspektiven« des ZDF sagte er: »Wir meinen, daß man die fehlende Einigung im politischen Bereich zwischen den Regierungen der beiden deutschen Staaten nicht ersetzen kann dadurch, daß man die Verantwortung auf die nichtstaatlichen Organisationen abschiebt. Insofern wird es darauf ankommen, daß in der Zukunft die Voraussetzungen für solche Vereinbarungen noch genauer auf Regierungsebene geschaffen werden, als dies bisher der Fall gewesen ist.«

Zum Thema »Leistungssport und Studium« meldete sich Wolfgang Schäuble am 5. August 1974 zu Wort. Im »Deutschland-Union-Dienst« erklärte er, daß Höchstleistungssportler künftig unter bestimmten Voraussetzungen – knappe Verfehlung des Notendurchschnitts wegen besonderer Konzentration auf den Leistungssport – im Einzelfall bei der Entscheidung zur Zulassung zum Studium in Numerus-clausus-Fächern als Härtefälle anerkannt werden sollten.

Der CDU-MdB beschäftigte sich noch im gleichen Jahr mit der steuerlichen Begünstigung der gemeinnützigen Sportvereine und forderte finanzielle Verbesserungen, »um den Sport nicht kommerziell zu vermarkten«. Der Staat müsse seiner Verpflichtung gegenüber den gesellschaftspolitischen Aufgaben des Sports durch eine »zeit- und aufgabengerechte Steuergesetzgebung« nachkommen.

Wieder ging es um Geld, als sich Schäuble mit der finanziellen Absicherung der Deutschen Sporthilfe auseinandersetzte. Er warf der Bundesregierung vor, zu wenig für die langfristige Arbeit der Sporthilfe zu tun, und legte einen »Leistungsförderungsplan« seiner Fraktion vor.

Bei seinem letzten Auftritt als Sportsprecher in der siebten Wahlperiode galt seine Kritik dem »Sportbericht der Bundesregierung 1976«.

Wann immer der Sport in Bonn diskutiert wurde, meldete sich der Abgeordnete Schäuble zu Wort. Geschickt nutzte er Ausschußsitzungen zur eigenen Profilierung. Er formulierte politische Attacken gegen die Regierung und bediente sich der Öffentlichkeitsarbeit seiner Fraktion. Er sorgte auch dafür, daß sich seine Fraktion ab und zu im »Glanze prominenter Sportler sonnen konnte«. Das kam an, mit solchen Aktionen fiel er auf. Man lernte Schäuble kennen.

Im Deutschen Bundestag gehörte Schäuble zu den eifrigsten Antragstellern seiner Fraktion. Zusammen mit seinen Ausschußkolleginnen und -kollegen formulierte er »Kleine Anfragen«, welche die Bundesregierung »in Atem halten« sollten. Im »Sprechregister« der siebten Wahlperiode sind die Aktivitäten der ambitionierten Parlamentarier festgehalten. Der erste Hinweis auf den Offenburger Abgeordneten Schäuble datiert vom 24. Mai 1973. Damals stellte er mit seinen Mitstreitern aus dem Sportausschuß einen Antrag zum »Bundessportplan«. Im Dezember wurde eine »Kleine Anfrage« zur Personalsituation im Bundesinstitut für Berufsforschung gestartet. Im gleichen Monat gehörte Schäuble zu den Antragstellern, die eine Änderung der Bundestagsgeschäftsordnung forderten.

1974 standen bildungspolitische Aktivitäten im Mittelpunkt seiner Parlamentsarbeit: Es ging um die Ausbildungsbeihilfe, die Förderung des Studiums im Ausland, die berufliche Bildung, um Finanzhilfen des Bundes zur Förderung der Orchestermusik und der Orchester sowie um den Mangel an Studienplätzen. Schäuble beteiligte sich intensiv an der Diskussion des Bildungsgesamtplans, an der Selbstverwaltung der Hochschulen. Ausbildungsordnung und Hochschulrahmengesetz spielten in der politischen Auseinandersetzung eine Rolle. Die Bundeszentrale für politische Bildung und die Förderung von überbetrieblichen Ausbildungsstätten fanden seine Aufmerksamkeit.

Sportpolitisch konzentrierten sich Schäuble und seine Verbündeten im gleichen Jahr zum Beispiel auf steuerliche Regelungen aus Anlaß der Fußballweltmeisterschaft 1974, auf Sportplan und Sportförderung.

Schäuble zählte auch zu den aktiven Parlamentariern, wenn es um die Belange seines Wahlkreises ging. Beispielsweise zählte er zu den Autoren »Kleiner Anfragen« zur strukturpolitischen Zusammenarbeit am Oberrhein, zu Energiefragen in Baden-Württemberg, zum Bau eines Kernkraftwerkes in Wyhl, zur geplanten Rheinstaustufe bei Neuburgweier.

Auch während der letzten beiden Jahre der siebten Legislaturperiode initiierte er ungebremst »Kleine Anfragen« zu Bildung und Wissenschaft und zum Sport. Die Hochschulpolitik stand im Mittelpunkt. Außerdem die Deutsche Nationalstiftung, der Berufsschulunterricht, die Musikschulen, der Bildungsurlaub, die Forschungsförderung, die Studienzulassung und die Sportwissenschaft, die Behindertenausbildung, die soziale Lage der Studenten und die Öffentlichkeitsarbeit der Bundesregierung. Im letzten Jahr »seiner« Legislaturperiode beteiligte sich Schäuble bereits an »Kleinen Anfragen« zum Einkommensteuergesetz und zum Körperschaftsteuergesetz.

Die Statistik verzeichnet auch Schäubles mündliche und schriftliche Anfragen im Deutschen Bundestag. Der bienenfleißige Offenburger trug vor allem aktuelle Probleme in das Bonner Parlament hinein, die er in seinem Wahlkreis zu spüren bekam. Zum Beispiel kümmerte er sich um die Eisenbahnschnellstrecke Karlsruhe–Straßburg, um die Besteuerungsprobleme von Obstbranntwein, um Gebühren für Landwirtschaftsbetriebe, um eine deutsch-französische Zusammenarbeit auf dem Gebiet des Verbraucherschutzes, um Vermögensbildung breiter Bevölkerungskreise und um die Einhaltung der Kennzeichnungsbestimmungen bei Obsteinfuhren.

Beschäftigen mußte sich die Bundesregierung auf Initiative Schäubles auch mit der drohenden Schließung der Stückgut-Umladestelle Offenburg, mit der Krankenversicherung für Landwirte, mit der Strukturpolitik im Grenzgebiet am Oberrhein, mit der Stillegung von Eisenbahnstrecken im Schwarzwald, mit der »Genehmigung an Privatpersonen zum Erwerb von unter das Kriegswaffenkontrollgesetz fallenden Waffen«. Außerdem spielte das Kernkraftwerk Wyhl eine herausragende Rolle, vor allem die Reaktorsicherheit.

Im Steiner/Wienand-Untersuchungsausschuß

Wolfgang Schäuble war ein halbes Jahr Abgeordneter des Deutschen Bundestages, als das Bonner Parlament einstimmig eine wichtige Entscheidung fällte: Die Einsetzung eines Untersuchungsausschusses auf Antrag der Unionsfraktion.

Vorausgegangen waren Mutmaßungen und Gerüchte über mögliche Unregelmäßigkeiten während der sechsten Wahlperiode im Zusammenhang mit den Abstimmungen über den Mißtrauensantrag gegen Bundeskanzler Brandt und über die Ostverträge sowie über den Fraktionswechsel von Abgeordneten. Im Mai 1973 meldeten verschiedene Zeitungen, zwei frühere Mitglieder der Unionsfraktion stünden unter dem Verdacht, gegen entsprechende finanzielle Zusagen dem Mißtrauensantrag am 27. April 1972 ihre Zustimmung versagt zu haben. Behauptet wurde unter anderem, der CDU-Abgeordnete Julius Steiner sei vom Parlamentarischen Geschäftsführer der SPD-Bundestagsfraktion, Karl Wienand, mit 50000 DM bestochen worden. Der Untersuchungsausschuß sollte Licht in das Dunkel dieser Schmiergeldaffäre bringen und herausfinden, wie es im April 1972 dazu gekommen war, daß Rainer Barzel nicht Kanzler wurde.

Der Ausschuß bestand aus neun Mitgliedern: vier von der SPD, vier von CDU/CSU, einer von der FDP.

Zu den Vertretern der Unionsfraktion gehörte auch Dr. Wolfgang Schäuble. Ihn damit zu beauftragen war eine ungewöhnliche Entscheidung innerhalb der Oppositionsfraktion gewesen, denn viele altgediente, prominente Abgeordnete drängten in den Ausschuß, von dem sie sich eine neue Profilierungsmöglichkeit erhofften. Mit dem Argument, Steiner stamme aus Baden-Württemberg und deswegen müsse ein CDU-Mann aus diesem Land in den Ausschuß, boxte Manfred Wörner den jungen Schäuble hinein. Der stellvertretende Fraktionsvorsitzende mußte zuvor einige Parlamentarier von ihren Bewerbungen abbringen und die Fraktionsspitze für den Offenburger gewinnen. Wörner leistete Schwerstarbeit. Er setzte seine Ellenbogen ein und kämpfte erfolgreich für den Freiburger Juristen.

Schließlich konnte sich Schäuble mit seiner Kombination aus Fleiß und Intelligenz durchsetzen. Außerdem hatte er politische Fortüne.

Vom 15. Juni 1973 bis zum 14. März 1974 saß Schäuble als ordentliches Mitglied im Steiner/Wienand-Untersuchungsausschuß. Für ihn war es ein äußerst arbeitsreiches, an die Grenzen eigener Kraft gehendes, hartes Parlamentsjahr. Für den begabten Politiker war die Arbeit in diesem Ausschuß außergewöhnlich lehrreich, zumal die politisch hochbrisante Untersuchung in die Geschichte des deutschen Parlamentarismus einging.

Vorsitzender des Ausschusses wurde der SPD-Bundestagsabgeordnete Friedrich Schäfer. Zum Stellvertreter bestimmten die Abgeordneten den CDU-MdB Friedrich Vogel. Zusammen mit dem FPD-Abgeordneten Kleinert wurde Wolfgang Schäuble Berichterstatter »für die Angelegenheit Steiner«.

Der Ausschuß trat insgesamt neunundvierzigmal zusammen. Davon dreimal am Tegernsee. Er vernahm in vierundzwanzig öffentlichen und weiteren nichtöffentlichen Sitzungen fünfzig Zeugen »in der Angelegenheit Steiner«. Die Sitzungen am Tegernsee dienten der ersten Vernehmung des ehemaligen Abgeordneten Steiner, der damals »wegen Erkrankung« nicht reisefähig war.

Am Ende der breitangelegten Untersuchung standen zwei Auffassungen: eine der Mehrheit und eine der Minderheit im Ausschuß.

Wolfgang Schäuble gehörte zu den wichtigsten Autoren des Berichts der Ausschußminderheit.

In einem Interview des Ersten Deutschen Fernsehens meinte er am 15. März 1974, daß die CDU/CSU den Bestechungsversuch im Zusammenhang mit der Abstimmung über die Ostverträge vom 17. Mai 1972 als erwiesen ansehe. Eine Fülle von Indizien würde den Verdacht der Bestechung nahelegen. Ferner unterstrich er, daß er das Ergebnis nur dann als befriedigend hätte ansehen können, wenn alle Verdächtigungen widerlegt worden wären. So aber müsse man die parlamentarische Demokratie als Verlierer betrachten.

Im Bericht der Ausschußmehrheit hieß es, daß die Verdächtigungen gegen den Parlamentarischen Geschäftsführer der SPD, Wienand, nicht bewiesen werden konnten.

Im Zusammenhang der Untersuchungen warf Schäuble dem früheren Kanzleramtschef, Horst Ehmke, falsche Aussage vor dem Ausschuß vor. Er entwickelte den Verdacht, die von Ehmke aus dem Verfügungsfonds des Bundeskanzlers abgehobenen 50000 DM seien zur Bestechung des ehemaligen CDU-Abgeordneten Steiner »eine Art

Zwischenfinanzierung« gewesen. Ehmke wies die Beschuldigungen Schäubles scharf zurück. Damals erklärte er, klare Aussagen und vorliegendes Beweismaterial würden von der CDU/CSU verdreht. Die »Beweiswürdigung« der CDU/CSU sei der Ausdruck eines parlamentarischen Stils, »den man nur als verkommen bezeichnen« könne.

Der Bericht der Ausschußminderheit war fast so umfangreich ausgefallen wie Schäubles Dissertation. Über mehrere Monate hinweg hatte der junge Parlamentarier zum Teil nächtelang daran gearbeitet. Nicht selten bis morgens früh.

Die Bundestagsdebatte über die beiden Untersuchungsberichte brachte Schäuble den ersehnten Platz an der vordersten Rednerfront. Fünfundvierzig Minuten lang konnte er im Plenum seine Erkenntnisse ausbreiten. Es war die bisher wichtigste und schwierigste Bundestagsrede, die der Badener leistete. Seine Kollegen aus der Fraktion waren stolz auf den Auftritt des Wolfgang Schäuble, der mit seinem Debattenbeitrag – auch noch live vor großem Fernsehpublikum – seine parteiinternen Kritiker überzeugte. »Die Reaktion war ungeheuerlich und ganz gewaltig«, sagt Schäuble heute. »Diese Rede erzielte große Wirkung nicht zuletzt bei den Sozialdemokraten, die sich sehr geärgert haben.« Fraktionschef Karl Carstens war derart begeistert, daß er von der Rede Schäubles eine Schallplatte pressen lassen wollte, um sie im niedersächsischen Landtagswahlkampf einzusetzen. Soweit kam es nicht. Doch der Abgeordnete Schäuble schaffte einen ersten Durchbruch im Bonner Parlament. Er galt plötzlich als ein Abgeordneter, der höchste Aufmerksamkeit verdiente. Sein Bekanntheitsgrad stieg erheblich. »Das alles hat mich schon ein Stück nach vorn gebracht.«

Aus diesen Märztagen des Jahres 1974 resultiert eine tiefsitzende Abneigung des SPD-Abgeordneten Horst Ehmke gegenüber Schäuble, der ihn öffentlich der Lüge bezichtigte.

Für Schäuble brachte der Steiner/Wienand-Untersuchungsausschuß Erfahrungen, die er als Parlamentarier nicht missen möchte. »Damals habe ich einen Großteil meiner Unschuld verloren. Ich lernte im Umfeld der Politik kennen, was so alles möglich ist, was da gelogen wird. Ich erlebte so hartgesottene Politprofis wie Herbert Wehner und Karl Wienand als Zeugen vor dem Untersuchungsausschuß. Ich habe den Respekt vor ihnen verloren. Außerdem begann ich zu lernen, wie Politik geschickt über die Medien an Menschen herangebracht werden kann. Diese Wechselbeziehungen, diese Verflechtungen zwischen Medienmachern und Politikern wurden mir erstmals richtig deutlich. Alles, was zu dieser Bonner Wirklichkeit zählt, lernte ich damals kennen und verlor meine Naivität. Dazu gehörte auch, mit den Großen öffentlich zu streiten. Ich begriff, davor keine Angst mehr zu haben.«

Der Fall Steiner/Wienand wurde dem Badener CDU-Mann zum warnenden Beispiel für eine mißglückte Auswahl von »Politikpersonal«. Schäuble heute: »Julius Steiner war über die Landesliste in den Bundestag gekommen. Für mich Anlaß, dafür zu werben, daß eigentlich niemand in den Bundestag kommen darf, der nicht in einem Wahlkreis nominiert worden ist. Steiner wäre unter normalen Verhältnissen nicht in den Bundestag gelangt. Seine gesamte Persönlichkeitsstruktur sprach nach genauerer Prüfung dagegen.«

Hier ein Auszug aus dem Protokoll der Vernehmung von Julius Steiner durch den Untersuchungsausschuß vom 8. August 1973. Damals ging es um Steiners Agentenhonorar:

SCHÄUBLE (CDU): *Ist Ihnen nicht aufgefallen, daß diese 3000 Mark (im Monat) außerordentlich hoch sind?*

STEINER: *Die werden von allen Nachrichtenfachleuten als hoch bezeichnet.*

SCHÄUBLE: *In der Tat, auch hier in diesem Ausschuß.*

STEINER: *Ich habe damals, als die Frage war, könnten wir miteinander ins Geschäft kommen, zu den Leuten drüben gesagt, zu Laube und zu Dr. Killmann, es sei natürlich so, ich wolle mich überhaupt von der Politik etwas abwenden, ich wollte in die Industrie gehen, und es war die Frage, was dann dort ungefähr bezahlt würde. Da habe ich gesagt, das sei so ungefähr zwischen 2500 und 3500, in der Mitte ungefähr könnte ich verdienen.*

SCHÄUBLE: *Das heißt also, diese 3000 Mark sind von Ihnen als Forderung genannt worden?*

STEINER: *Die sind von mir als eine Ausgangsbasis genannt worden, von der aus man reden kann.*

SCHÄUBLE: *Sie haben also eine Forderung von 3000 Mark erhoben für eine Tätigkeit, deren Wert nach den Üblichkeiten eigentlich eher geringer einzuschätzen ist.*

STEINER: *Ja.*

SCHÄUBLE: *In einem anderen Fall wollen Sie nach Ihren eigenen Aussagen eine Forderung erhoben haben, die nur ein Fünftel dessen betragen hat, was man wenig vorher als objektiven Preis für solche Dinge genannt hat. Sie wissen, was ich meine: In Schelklingen sind Summen von 250000 Mark genannt worden, und Sie wollen dann von Herrn Wienand 50000 Mark für das konstruktive Mißtrauensvotum verlangt und bekommen haben. Ist das nicht ein Widerspruch, daß Sie auf der einen Seite eine eher hohe Forderung stellen, während Sie auf der anderen Seite in einer erstaunlichen Weise nur 50000 Mark haben wollten, nachdem drei Wochen vorher 250000 Mark genannt wurden?*

STEINER: *Ja, also, eine Verbindung mit den 3000 Mark besteht ja nicht.*

SCHÄUBLE: *Sind Sie sicher?*

STEINER: *Ich verstehe ihre Frage nicht richtig.*

SCHÄUBLE: *Ich frage mich, ob Sie in Ihrem persönlichen Verhalten wirklich so sprunghaft sind, daß Sie einmal eine viel zu hohe und das nächste Mal eine viel zu niedrige Forderung stellen?*

STEINER: *Das ist eine Frage.*

Über Steiners Gründe für seine Aussagen beim SPIEGEL (8. August):

SCHÄUBLE: *Die 3000 Mark, die Sie aus Ost-Berlin bekommen haben, reichen doch aber nicht zur Deckung Ihres Lebensbedarfs bei einem Mercedes 6,3 und einer Wohnungsmiete von 620 Mark.*

STEINER: *Also, mit dem Wagen fahre ich ganz wenig, die Steuern und die Versicherung habe ich bezahlt, ich will den Wagen sowieso in absehbarer Zeit verkaufen, weil ich infolge meines Herzleidens kaum mehr fahren kann, und ich lebte zu Hause an sich sehr bescheiden.*

SCHÄUBLE: *Damit wären Sie also vorläufig ausgekommen?*

STEINER: *Damit wäre ich ausgekommen.*

SCHÄUBLE: *Und dann sind Sie zum SPIEGEL gefahren und haben in einem Gespräch an einem Nachmittag Ihre Einnahmequelle, die Ihre einzige war, kurzerhand beseitigt.*

STEINER: *Ja.*

SCHÄUBLE: *Können Sie das erklären?*

STEINER: *Das war eine Nervengeschichte, da sind mir die Nerven durchgegangen. Das ist für viele unerklärlich, ist für mich heute auch noch unerklärlich, wieso ich an dem Dienstag hergehen und zu den Herren des SPIEGEL gehen konnte und alles auffliegen ließ. Das ist für mich selbst rätselhaft, eine richtige Kurzschlußreaktion, Sie können es mir glauben oder nicht, das war so. Ein innerer Druck oder ein äußerer Druck, ich darf das als Bestätigung anführen, war ja nicht gegeben.*

Fraktionsführung und Fußtruppen

Franz Josef Strauß, der streitbare ehemalige bayerische Ministerpräsident mit Hang zur politischen Schwarzmalerei und zur sarkastischen Übertreibung, hatte in langen erfolgreichen und schmerzhaften Bonner Jahren die Bundestagsabgeordneten mehrerer Generationen erlebt, sie studiert und analysiert. Der einstige Politprofi aus München teilte die Bonner Bundestagsabgeordneten in vier Kategorien ein: Zur ersten Kategorie zählen demnach Führungspersönlichkeiten. Das sind die intelligenten und zugleich faulen Politiker, die geborenen »Heerführer«. Dazu rechnete er sich auch selbst, obwohl es nicht ganz stimmte. Denn wie man weiß, gehörte er zu den fleißigsten politischen Köpfen der Republik.

In der zweiten Kategorie folgen nach Franz Josef Strauß die intelligenten und fleißigen Abgeordneten. Das sind aus seiner Sicht die »Generalstabschefs«, die planen können, eine politische Sache wirklich voranbringen und prädestiniert sind für Spitzenpositionen.

Dann gab es für ihn die Kategorie der Dummen und Faulen. Das sind die geborenen »Fußtruppen«, jene Parlamentarier, mit denen Schlachten gewonnen werden, weil sie kritiklos Befehlen folgen, weil sie, ohne zu zögern, das tun, was ihnen gesagt wird.

Schließlich existiert nach der Analyse von Franz Josef Strauß eine vierte Gruppe von Politikern – nicht nur in Bonn. Die Dummen und Fleißigen. Für ihn waren sie die »Gefährlichsten«. Sie sollten sich aus der Politik heraushalten, weil sie in ihrem mit Dummheit gepaarten Fleiß nur Unheil anrichten.

Der Politiker Schäuble gehört nach dem Raster des früheren bayerischen Ministerpräsidenten seit Jahren zu den Politprofis der zweiten Kategorie. Doch könnte es durchaus sein, daß er sich bereits für die erste Kategorie qualifiziert hat. Jedenfalls war es längst nicht mehr der hervorstechende Ehrgeiz des jungen Badeners, der besonders ins Gewicht fiel. Begabung, Arbeitswut, Loyalität und Durchhaltevermögen zeichneten Schäuble bereits aus, als Rainer Barzel die Fraktion nach verlorener Bundestagswahl 1972 führte. Vor allem bei den jungen Abgeordneten war der Fraktionschef nicht sonderlich gut angekommen. Zwar beeindruckten sein rhetorisches Talent, seine Routine, seine Perfektion, doch sein Lavieren in der Außenpolitik, die Orientierungslosigkeit auf vielen Feldern der Innenpolitik brachten ihn immer stärker in Bedrängnis. Als er im Juni 1973 das Amt des CDU-Bundesvorsitzenden verloren hatte, waren seine Tage als Fraktionschef gezählt. Bei der Nachfolgewahl im Herbst 1973 – damals kandidierten Gerhard Schröder, Karl Carstens und Richard von Weizsäcker für das wichtige Amt des Fraktionschefs – wählte der Offenburger den Mann des CDU-Reformflügels, nämlich Richard von Weizsäcker.

»Mir fiel die Wahl deswegen schwer, weil ich eigentlich alle drei mochte«, sagt Schäuble. »Für Gerhard Schröder hatte ich ein Faible – ohne ihn näher zu kennen –, weil er sich während Adenauers Kanzlerschaft im Streit zwischen Atlantikern und Gaullisten tapfer behauptet hatte. Gegen Karl Carstens hatte ich keinerlei Bedenken. Ich fand ihn durchaus geeignet für das schwierige Amt des Fraktionsvorsitzenden. Es stand früh fest, daß Carstens gewählt würde, weil die CSU-Abgeordneten geschlossen sowohl gegen Schröder als auch gegen Weizsäcker waren. Und den Weizsäcker fand ich damals natürlich toll. Ich stimmte dann auch für ihn, weil ich dachte, er soll kein so schlechtes Ergebnis haben, wenn es nicht reichen wird.«

Bei der entscheidenden Abstimmung in der Unionsfraktion wurde der Bremer Karl Carstens mit großer Mehrheit gewählt.

Im Gegensatz zu seinem Vorgänger Barzel, dessen Art der Selbstdarstellung störte und den kaum noch jemand sympathisch oder vertrauenerweckend fand, gelang es Carstens schnell, den richtigen

Umgangston zu finden. »Seine persönliche, sympathische und gewinnende Art gefiel mir von Anfang an«, sagt Schäuble. Für den Hinterbänkler in den Ausschüssen »Bildung und Wissenschaft« und »Sport« änderte sich nach dem Wechsel in der Fraktionsspitze praktisch nichts. Das politische Leben in Bonn vollzog sich hauptsächlich in den Ausschüssen, im Plenum und beim Skatspiel in der Parlamentarischen Gesellschaft. Wichtiger als die Beziehungen des Abgeordneten Schäuble zur Führungsspitze seiner Fraktion waren seine Auftritte in der Fußballmannschaft des Deutschen Bundestages.

Carstens Führungsstil produzierte über Jahre hinweg ein gutes Arbeitsklima. Seine ungekünstelte Art, mit Menschen umzugehen, machte Eindruck. Im Laufe der Jahre spürten viele Abgeordnete jedoch immer häufiger, wie sehr der erfahrene Jurist Carstens gegen die enormen Belastungen einer großen Oppositionsfraktion ankämpfen mußte. Seine letzten Monate ähnelten jener schweren Bürde, die Alfred Dregger im letzten Drittel seiner Amtszeit zu tragen hatte.

Der Pfälzer und der Badener

An das erste Zusammentreffen mit Helmut Kohl kann sich Wolfgang Schäuble nur noch vage erinnern. Es war eine RCDS-Veranstaltung an der Freiburger Universität Ende der sechziger Jahre. Kohl als rheinland-pfälzischer CDU-Vorsitzender und frischgebackener Ministerpräsident referierte aktuelle Fragen der deutschen Innen- und Außenpolitik. 1971 dann – Schäuble war Bezirksvorsitzender der Jungen Union Südbaden – trafen sich beide auf einem Bezirkstag der baden-württembergischen CDU-Nachwuchsorganisation. Der Mainzer Ministerpräsident war in die südbadische Provinz gekommen, um sich bekannt zu machen. Er wollte Pluspunkte bei den Delegierten für den bevorstehenden Bundesparteitag sammeln.

Wolfgang Schäuble nahm als Delegierter am neunzehnten Bundesparteitag der CDU in Saarbrücken im Oktober 1971 teil – und zählte zu den Verlierern dieser parteipolitischen Heerschau. Er hatte zusammen mit seinen Freunden aus Südbaden bei der Wahl des Bundesvorsitzenden seiner Partei für den Barzel-Herausforderer Helmut Kohl gestimmt, der von den 520 gültigen Stimmen nur 174 auf sich vereinigen konnte. Schon als einflußreicher Vertreter des RCDS und der Jungen Union hatte Schäuble sich früh auf die Seite des Reformers geschlagen. Dem erfolgreichen Mainzer Ministerpräsidenten eilte damals der Ruf eines Politikers voraus, der die Union an Haupt und Gliedern umkrempeln wolle. Der Pfälzer hatte seinen rheinland-pfälzischen Landesverband bereits reformiert und gezeigt, daß die Honoratiorenpartei in der Lage war, personelle und inhaltliche Änderungen durchzusetzen.

Anderthalb Jahre später beim Bundesparteitag in Bonn wurde Helmut Kohl mit überwältigender Mehrheit zum CDU-Bundesvorsitzenden gewählt. Schäuble gehörte zu seinen eifrigsten Sympathisanten und fand sich nun auf der Gewinnerseite wieder.

Für Schäuble stand zu diesem Zeitpunkt bereits der nächste Kanzlerkandidat der Unionsparteien fest. 1976 konnte es aus seiner Sicht nur ein Duell zwischen Helmut Kohl und Helmut Schmidt geben. Der abwägende Bonner Parlamentarier Schäuble sollte recht behalten. Die Präsidien von CDU und CSU nominierten im Juni 1975 Helmut Kohl zum gemeinsamen Kanzlerkandidaten. Bei der Bundestagswahl am 3. Oktober 1976 verfehlte die Union mit 48,6 Prozent der Stimmen knapp die absolute Mehrheit. Kohl wurde zum Vorsitzenden der Unionsfraktion im Deutschen Bundestag gewählt und wechselte vom Amt des Mainzer Ministerpräsidenten in die schwierige Rolle des Bonner Oppositionsführers.

Für Wolfgang Schäuble war der Wahlausgang ein großer persönlicher Erfolg. In seinem Offenburger Wahlkreis hatte er 59,2 Prozent der Zweitstimmen geholt und zog frohen Mutes wieder in den Bonner Bundestag ein. Zum zweitenmal saß er als Parlamentarier auf den harten Bänken der Opposition. Doch es berührte ihn kaum, nicht an der Regierungsmacht beteiligt zu sein.

Unter der Fraktionsführung von Helmut Kohl erfüllte sich sein dringender Wunsch, ordentliches Mitglied in dem so wichtigen Finanzausschuß des Deutschen Bundestages zu werden. Jetzt saß er zwischen den hochkarätigen Finanzpolitikern seiner Fraktion, den Abgeordneten Häfele und Kreile, denen er eine Menge an politischer Erfahrung und finanzpolitischen Kenntnissen zu verdanken hat. Der Jurist aus der Freiburger Finanzverwaltung erhielt nicht allzuviel Zeit, die schwierigen Details aktueller Finanzgestaltung des Bundes zu lernen. Im praktischen Steuerrecht mußte er schnell aufholen. Dank seiner Förderer machte der pfiffige Badener schon zu Beginn seiner Ausschußarbeit Karriere. Die Mitglieder des Finanzausschusses wählten ihn zum stellvertretenden Obmann. Damals dachte er: »Ich werde für den Rest meines Lebens stellvertretender Obmann im Finanzausschuß sein. Es hat mir viel Spaß gemacht, ich habe viel gelernt.«

Schäuble meldete sich oft zu Wort. Er gehörte schnell zu den ernstzunehmenden Finanzexperten, die in Debattenbeiträgen zur Sache kamen und der Bundesregierung nichts schenkten. Ob es um das Steueränderungsgesetz 1977 ging oder um die Kritik an der Erhöhung des Grundfreibetrages, wie es die damalige Regierungskoalition aus SPD und FDP vorschlug. Schäuble trug die Forderungen seiner Fraktion vor. Dazu zählte unter anderem ein zehnprozentiger Steuerabschlag von der Lohn- und Einkommensteuer zum Abbau der Steuerprogression.

Schäuble bezog Stellung zu den Gutachten der Sachverständigen. Er kritisierte damals ihre skeptische Einstellung zur Wirtschaftsentwicklung der Bundesrepublik und geißelte, daß sie ihre Politik der »Täuschung und Verschleierung« fortsetzten.

Ob es um Fragen der Konjunktur- und Geldmengenpolitik ging, um Wachstum, Preise, Inflation und Arbeitslosigkeit: Der Badener mischte sich ein, gab sachkundige Antworten, glänzte in Fragen der Finanzpolitik des Bundes.

Der streitbare Schäuble lehnte eine Deckung der Steuerausfälle durch Erhöhung der Mehrwertsteuer ab und forderte eine Senkung des Staatsanteils. Immer wieder unterstrich er die Bereitschaft der Unionsfraktion, Sparmaßnahmen mitzuverantworten. Zugleich verlangte er den Abbau der Lohnsummensteuer und der Gewerbekapitalsteuer.

Als es gegen Ende der Legislaturperiode um einen Gesetzentwurf zur Änderung der Einkommensteuer ging, kämpfte Schäuble für Kinderbetreuungskosten, für eine familienfreundlichere Besteuerung.

Fast alle seine Reden, Initiativen und Forderungen drehten sich über vier Jahre lang ums liebe Geld, genauer gesagt, um den Steuergroschen des Staatsbürgers, also um die Steuerausgaben des Staates.

Wann immer er sich zu Wort meldete, erläuterte Schäuble kompetent die Position seiner Fraktion zu Fragen der Finanz-, Sozial-, Wirtschafts- und Steuerpolitik. Für Helmut Kohl zählte er seit langem zu den hellwachen und begabtesten Abgeordneten seiner Partei.

Der Fraktionsvorsitzende interessierte sich von Anfang an für jüngere Kollegen. Er suchte Talente und hielt Ausschau nach Abgeordneten »von der brauchbareren Sorte«. Philipp Jenninger, Anton Pfeifer, Elmar Pieroth, Norbert Blüm und auch Richard von Weizsäkker gehörten damals zum engeren Kreis um Kohl. Sie entdeckten die Leistungen des Badeners früher als andere. Von ihnen wurde Kohl auf den ehrgeizigen Finanzfachmann aufmerksam gemacht. Als kurz vor der Bundestagswahl 1980 der Arbeitskreis für Rechts- und Innenpolitik der Unionsfraktion neu besetzt werden mußte, war Schäuble Kandidat des Fraktionsvorsitzenden Helmut Kohl. Doch der Außenseiter auf diesem Gebiet unterlag in der Stichwahl seinem erfahrenen Kollegen Benno Erhard. Noch waren die Mehrheitsverhältnisse in der CDU/CSU-Fraktion nicht so, wie sie der Fraktionschef gern gehabt hätte. Für Kohl wie für Schäuble hinterließ die Wahlniederlage keine gravierenden Spuren, obwohl für Schäuble der negative Wahlausgang ein Makel gewesen sein muß, den er sich aber nicht anmerken ließ. Der Personalpolitiker Kohl verlor Schäuble von nun an nicht mehr aus den Augen.

Manager der Oppositionsfraktion

»Ich bin Helmut Kohl lange nicht sehr nahe gewesen. Persönliche Kontakte hatte ich anfangs nur sporadisch«, bilanziert Wolfgang Schäuble. Als Fraktionschef versuchte Kohl, den Gutwilligen in der Fraktion das Gefühl der Zusammengehörigkeit zu vermitteln. Er sorgte für eine Vielzahl von Kontaktmöglichkeiten über die formalen Gremien hinaus. Das kam an. Das hatten die Abgeordneten vermißt.

Kohls Kampf um die Einheit der Union nach dem Kreuther Trennungsbeschluß durch die CSU fand bei Schäuble positive Resonanz. Daß der Parteivorsitzende am Ende als Sieger hervorging, ohne den Sieg auszukosten, registrierte Schäuble damals äußerst aufmerksam.

Auch die Auseinandersetzungen um die Kanzlerkandidatur für die Bundestagswahl 1980 hinterließen bei dem Badener Berufspolitiker keine Narben.

Schäuble war immer der Auffassung gewesen, die Bundestagsfraktion solle den Kanzlerkandidaten wählen. Schon früh trat er dafür ein, Franz Josef Strauß habe sich der Kandidatur zu stellen, wenn er wirklich Kanzlerkandidat der Unionsparteien werden wolle. »Wird er gewählt, dann müssen wir alle hinter ihm stehen. Gibt es keine Mehrheit für ihn in der Fraktion, muß er das akzeptieren.«

Nach diesem Grundsatz versuchte Schäuble, die Meinungsbildung zu beeinflussen. Die meisten Abgeordneten aus dem engeren Kreis um Helmut Kohl meinten, der Kanzlerkandidat müsse von der CDU bestimmt werden. Schließlich gab es den Vorschlag, Ernst Albrecht zum Kanzlerkandidaten zu küren. Schäuble votierte für den Niedersachsen. Die Mehrheitsentscheidung fiel aber zugunsten von Franz Josef Strauß aus. Daß die Bundestagsfraktion den Kanzlerkandidaten bestimmt hatte, war auch eine Entscheidung gegen Kohl und seinen Führungsstil als Partei- und Fraktionschef.

Nach der verlorenen Bundestagswahl, bei der Schäuble in seinem Wahlkreis Offenburg allerdings wieder satte 53,8 Prozent der Zweitstimmen einheimste, richtete sich Kohl mit seinen Mannen gelassen auf eine neue Legislaturperiode in der Opposition ein. Er steckte alle Niederlagen weg, hielt sich selten lange mit Schuldzuweisungen auf, sondern konzentrierte sich auf die parlamentarische Arbeit. Sein Glück war, daß er sich ohne Wenn und Aber hinter die Fraktionsentscheidung stellte, sich unermüdlich im gemeinsamen Wahlkampf für Strauß eingesetzt hatte. So wurde seine Autorität als Fraktionschef kaum angekratzt.

Der selbstsichere Pfälzer gewann an Statur. Schäuble spürte, was Kohl an politischer und parlamentarischer Erfahrung zu bieten hatte. Er merkte, daß der Oggersheimer Gespür für politische Entwicklungen besaß.

Spätestens mit dem Mannheimer Bundesparteitag der CDU im März 1981, auf dem Kohl mit breiter Mehrheit im Amt des Parteivorsitzenden bestätigt wurde, entschied sich Wolfgang Schäuble für eine Unterstützung Kohls. »Ich war nun ein Anhänger Kohls, ohne genau sagen zu können, warum und wieso. Natürlich war er viel offener, viel zugänglicher, viel zupackender, viel direkter und sehr viel weniger formal als seine Vorgänger.«

Schäuble setzte auf das »richtige Pferd«. Es dauerte kaum ein halbes Jahr, bis sich eine günstige Gelegenheit für Kohl bot, den ehrgeizigen Offenburger an sich zu binden. Als die Position eines Geschäftsführers der Unionsfraktion durch den Wechsel des Stelleninhabers, Gerhard Kunz, ins Amt des Berliner Finanzsenators frei wurde, schlug Schäubles Stunde. Er war jetzt Kohls Mann. Kohl sah in dem Abgeordneten Schäuble den geeigneten Nachfolger für Kunz.

Bei seiner Wahl im Juni 1981 erzielte Schäuble ein erstaunliches Stimmenergebnis für einen Erstbewerber: 129 Jastimmen bei 14 Enthaltungen und 14 Neinstimmen.

Jetzt bereitete er in enger Abstimmung mit Helmut Kohl organisatorisch wie inhaltlich die Fraktionssitzungen vor. Schäubles Aufgabe bestand auch darin, mit den Geschäftsführern der anderen Fraktionen Bundestagssitzungen zu planen. Er traf Absprachen und legte die Abfolge der Redner fest. »Von Anfang an hatte Schäuble das besondere Vertrauen von Helmut Kohl«, umreißt ein Insider aus der damaligen Fraktion ihr Verhältnis.

Zwischen Kohl und Schäuble entwickelten sich im Laufe der Zeit besonders vertrauliche Beziehungen, die von gegenseitiger Achtung und großer Loyalität geprägt waren. Das lag einmal an der landsmannschaftlichen Nähe. Die süddeutsche Herkunft schweißte den Pfälzer und den Badener zusammen. Wichtig für Kohl waren Schäubles Begabungen, die er hoch einschätzte: seine Effizienz als politischer Manager und die Fähigkeit, neben der Suche nach pragmatischen Entscheidungen, Menschen einzubinden und zu koordinieren. Sein Talent, nach innen wie nach außen integrierend zu wirken, über Partei- und Fraktionsgrenzen hinweg, beeindruckte Kohl besonders. Schäuble bewies dabei Übersicht und Geschick, und er hatte Erfolg. Was Kohl sehr schätzte, waren Schäubles Loyalität und Solidarität. Er bewies sie gegenüber dem Partei- und Fraktionschef auch in schwierigen politischen Zeiten.

Leitender Kompaniefeldwebel

Fraktionsgeschäftsführer sind in der internen Hierarchie weit oben angesiedelt. Sie genießen hohes Ansehen und gehören zu den einflußreichsten Mitgliedern ihrer Fraktion. Sie sind bedeutender als Fraktionsstellvertreter oder Arbeitsgruppenvorsitzende. Spätestens seit 1981 gehörte Schäuble zum engsten Kreis um Helmut Kohl. Er wurde wichtiges Mitglied seines Führungszirkels. Rasch stieg er zum einflußreichen Berater Kohls in Wirtschafts-, Finanz- und Steuerfragen auf. Zu Kohls Bundestagsreden als Oppositionsführer steuerte er die wirtschafts- und finanzpolitischen Teile bei. Schäuble wurde unentbehrlich.

Nach dem Auseinanderbrechen der sozial-liberalen Koalition und dem Sturz Helmut Schmidts im September 1982 gehörte Wolfgang Schäuble zu den Vertretern der Unionsparteien bei den Koalitionsverhandlungen mit der FDP. Neben den sechs Spitzenpolitikern der künftigen Koalition – Genscher, Mischnick, Strauß, Zimmermann, Stoltenberg und Kohl – saß der Fraktionsgeschäftsführer Schäuble mit am Verhandlungstisch. Im Vorfeld der Hauptverhandlungen beauftragte Kohl ihn bereits mit vorbereitenden Gesprächen. In der letzten Phase der Koalitionsverhandlungen, als es um die künftige Wirtschafts- und Finanzpolitik einer Regierung Kohl/Genscher ging, war Schäuble die wichtigste Stütze Kohls. Schließlich brachten Wolfgang Schäuble und der damalige Büroleiter Genschers in einer Nacht den Koalitionsvertrag in seine endgültige Fassung.

Bei der Formulierung der ersten Regierungserklärung für den neuen Kanzler Helmut Kohl spielte Schäuble keine erkennbare Rolle. Auch bei der Regierungsbildung blieb er einflußlos.

Vermutlich wäre er nach der Bonner Wende Vorsitzender der CDU/CSU-Bundestagsfraktion geworden, hätte Alfred Dregger nicht die Landtagswahl in Hessen verloren. Wäre es Kohl gelungen, Dregger nach der Bundestagswahl 1983 auf den Stuhl des Bundestagspräsidenten zu hieven, wäre spätestens zu diesem Zeitpunkt Schäuble Fraktionschef der größten Regierungspartei geworden. Doch Kohls Personalpolitik wurde durchkreuzt. Dregger war nicht zu bewegen, den repräsentativen Platz des Parlamentspräsidenten einzunehmen. Er blieb Fraktionschef, und zwar fast zwei Legislaturperioden lang.

Immerhin machte der Offenburger Abgeordnete nach dem Bonner Regierungswechsel im Herbst 1982 einen kleinen Karrieresprung. Er wurde Erster Parlamentarischer Geschäftsführer der Unionsfraktion und erhielt damit den Posten von Philipp Jenninger, der einem Ruf Kohls als Staatsminister im Bundeskanzleramt nachkam. Es war ein »dringender Wunsch« des Kanzlers gewesen.

Bei der Wahl verbesserte Schäuble sogar sein blendendes Ergebnis von 1981: Es gab für ihn nur noch sechs Neinstimmen und drei Enthaltungen.

Schäuble, intimer Kenner der schwierigen Unionsfraktion, entwikkelte sich gerade in dieser Zeit für Kohl zu einem wichtigen Helfer. Der »leitende Kompaniefeldwebel«, wie Kohl den Ersten Parlamentarischen Geschäftsführer nennt, wurde zum Scharnier zwischen Bundesregierung und Bundestagsfraktion. Das Verhältnis von Regierung und Fraktion mußte sorgfältig und umsichtig ausbalanciert, die Beziehung zur FDP-Fraktion nach dreizehnjähriger erbitterter Gegnerschaft neu angebahnt werden. Oft galt es, den brüchigen Gesprächsfaden aufzunehmen und weiterzuspinnen.

Im Bonner Regierungsgeflecht galt Schäuble als unverzichtbar. Kohl sollte nicht das gleiche Schicksal erleiden wie Helmut Schmidt. Dieser war nicht zuletzt deshalb politisch gescheitert, weil ihm die SPD-Fraktion außer Kontrolle geriet. Kohl hatte aus zwei Fehlern seines Vorgängers gelernt: Er durfte niemals die Führung der Partei aus der Hand geben und mußte verhindern, daß sich die Fraktion selbständig machte. In Schäuble hatte der Kanzler einen Partner, von dem er sicher war, »sich auf ihn blind verlassen zu können«. Schäuble etablierte sich zur »zentralen Figur«, die Kohl jederzeit mit Rat und Tat zur Verfügung stand. Mit ihm konnte er stets alles für die Fraktion Wichtige abstimmen. Weil Fraktionschef Dregger seinem Geschäftsführer die gesamte Tagesarbeit überließ, wuchs Schäuble in eine Schlüsselposition hinein. Er verbuchte einen erheblichen Zuwachs an politischer Macht.

Ein Bonner Insider aus dem Kanzleramt beschreibt Schäubles Scharnierfunktion so: »Sein Einfluß begann damit, daß er über die Tagesordnung im Parlament mitbestimmte, über die Themen und deren Inhalte, über die Redner der Fraktion. Die erste Abstimmung darüber erfolgte immer zunächst zwischen Bundeskanzler und dem

Ersten Parlamentarischen Geschäftsführer. Dabei konnte der Kanzler jedesmal seine Interessen einbringen und auch letztlich uneingeschränkt durchsetzen. Das ist natürlich ein unglaublicher Einfluß, den der Kanzlervertraute in die Fraktion und in das Parlament hineintrug. Schließlich saß Schäuble im Ältestenrat des Bonner Parlaments. Dort war er der wichtigste Vertreter der größten Regierungsfraktion. Auch hier brachte er jeweils die Interessen des Kanzlers unmißverständlich ein. Und wenn es einmal nicht nach dem Willen des Kanzlers lief, konnte er sich mit ihm rückkoppeln, was auch immer geschehen ist.«

Dauertelefonate zwischen Kanzleramt und Fraktionsspitze sowie häufige Treffen zwischen Kohl und Schäuble im Kanzleramt gehörten zum Arbeitsalltag. Außerdem knüpfte der »Erste Parlamentarische« verbindliche Kontakte zu den beiden Oppositionsfraktionen. Fair ging er mit seinen Amtskollegen Linde, Porzner und Jahn von der SPD um. Schäuble war derjenige, der in diesen zwei Jahren über die verläßlichsten Drähte zur SPD verfügte. Auch mit Joschka Fischer und Christa Nickels von den Grünen pflegte er eine solide Partnerschaft.

Alfred Dregger war kein starker Fraktionsvorsitzender. Die Unionsfraktion ertrug ihn letztlich so lange Zeit, weil sie sich von Wolfgang Schäuble und seinem Nachfolger Rudolf Seiters geführt fühlte. Dregger gehörte zu den wenigen »Herren in Bonn mit einer unglaublichen Loyalität zum Kanzler«, der mit »Würde und Anstand dessen Anforderungen nachkam«. Schäuble, der als eigentlicher Fraktionschef galt, war viel zu klug, um Spannungen mit Dregger aufkommen zu lassen. Alle drei – Kohl, Dregger und Schäuble – sorgten bewußt dafür, daß das Verhältnis untereinander absolut korrekt und störungsfrei blieb. Daran hatte Schäuble großen Anteil.

Dregger interessierte sich nur für außenpolitische Fragestellungen, vor allem für Probleme der Sicherheits- und Abrüstungspolitik. Außerdem gehörte die innere Sicherheit zu seinen politischen Steckenpferden. Ansonsten überließ er das weite Feld der tagespolitischen Auseinandersetzungen den Fraktionskollegen. Schäuble konnte sich in der Haushaltspolitik profilieren, meldete sich zu Finanz-, Steuer- und rechtspolitischen Fragen zu Wort. Er wählte sich Themen, die ihm gefielen. Außerdem arbeitete er Strategien für eine Auseinandersetzung mit dem politischen Gegner aus. Schäuble verstand es, sowohl loyal zu seinem Fraktionsvorsitzenden Dregger als auch zum Bundeskanzler zu sein. »Da muß man schon über beachtliche Fähigkeiten verfügen, wenn man von beiden akzeptiert werden will«, sagt einer, der damals in der Unionsfraktion saß.

In den Jahren 1982 bis zu seinem Wechsel in das Bundeskanzleramt 1984 gehörte Schäuble zu Kohls einflußreichsten Beratern. Zwar nahm er in dieser Zeit nicht an der morgendlichen Lagebesprechung teil. Doch wann immer der Kanzler vor wichtigen Entscheidungen stand, holte er sich Schäubles Rat. Und zwar nicht allein in Form von Fraktionsmanagement.

Schäuble gehörte bald zu den Gästen der Abendsitzungen im Kanzler-Bungalow. Dazu lud Kohl seine engsten Berater ein. Außerdem in wechselnder Besetzung auch Experten außerhalb der eigenen Partei und Fraktion. Wenn es um konzeptionell-strategische Fragestellungen und um längerfristige Überlegungen ging, nahm Schäuble an der Abendrunde des Kanzlers teil. Nicht selten standen aber auch wichtige Problemlösungen zur unmittelbaren Entscheidung an, die der Kanzler in Ruhe besprechen wollte. Auch dann legte er auf Schäubles Anwesenheit und Rat größten Wert. Bei solchen Gelegenheiten fehlte der Offenburger fast nie.

Der »leitende Kompaniefeldwebel« hatte noch andere Aufgaben. Er mußte auch die Rolle des »Einpeitschers« übernehmen. Fraktionssitzungen sind vergleichbar mit größeren Landesparteitagen. Sie müssen organisatorisch wie inhaltlich vorbereitet werden. Das ist Generalstabsarbeit, die nicht zu unterschätzen ist. Hinzu kommen über zweihundert Fraktionsmitarbeiter. Insofern leitet die Fraktionsführung ein mittelständisches Unternehmen.

Dazu gehören auch bürokratische Arbeiten wie Raumverteilung für Abgeordnete, die Genehmigung ihrer Reisen, die Beschickung internationaler Delegationen. Der Erste Parlamentarische Fraktionsgeschäftsführer ist auch hauptverantwortlich für die Finanzen. Schließlich muß er offen sein für alle Anliegen der Abgeordneten, muß für das Innenleben der Fraktion Sorge tragen.

Der Geschäftsführer sitzt in mehreren Kommissionen. So zum Beispiel in der Rechtsstellungskommission. Dahinter versteckt sich die Behandlung der Parlamentarierdiäten.

»Ich habe mit Selbstbewußtsein und Machtempfinden die Position des Ersten Parlamentarischen Geschäftsführers erheblich ausgebaut«, sagt Schäuble in der Rückschau. »Ich verstand mein Amt auch so, daß ich nicht nur für die Organisation und das Management zuständig war, sondern auch auf inhaltliche Entscheidungen Einfluß nahm und ein Stück weit die politische Willensbildung in der Fraktion mitprägte. Bei der Vielzahl der Themen, die den Fraktionschef nicht interessierten oder mit denen er sich nicht identifizieren konnte oder wollte, war es wichtig, daß ich in der Öffentlichkeit neben dem Vorsitzenden für die Fraktion auftrat.

In den Koalitionsgesprächen habe ich mich genauso um Inhalte gekümmert wie bei den internen Arbeiten für die Fraktion. Ich mußte auch die Zuständigkeit für Personal und Finanzen übernehmen. Schließlich machte ich zur Regel, daß der Parlamentarische Geschäftsführer nicht nur bei Geschäftsordnungsdebatten im Bundestag die Chance erhielt zu reden. Ich habe durchgesetzt, daß die ›zentrale Rede‹ in der Haushaltsdebatte vom Ersten Parlamentarischen Geschäftsführer gehalten wurde.«

Schäuble war gerade vierzig Jahre alt, als er dieses schwierige Amt übernahm. Ihm kam zugute, daß er sich mit relativ vielen Problemen gleichzeitig beschäftigen konnte, daß er schnell begriff, auf was es ankam, und daß er mit Menschen gut umzugehen verstand. Von Vorteil war zudem seine gesunde Mischung aus Verbindlichkeit und Härte, eine unverzichtbare Charaktereigenschaft für diesen aufreibenden Job. Zugute kamen ihm auch diesmal seine Treue und Zuverlässigkeit. Im Gegensatz zu dem, was ihm manchmal unterstellt wurde, schummelte er kaum. »Der hat uns nie betrogen«, sagt einer, der eng mit Schäuble zu tun hatte. »Das hat er nie gemacht, nicht bei Kohl, nicht bei Dregger, nicht bei Strauß.«

Helmut Kohl, nach seinem möglichen Nachfolger gefragt, meint zum damaligen Fraktionsmanager: »Wolfgang Schäuble hat damals eine enorme Leistung vollbracht. Diese schwierige Fraktion mußte sich gewaltig umstellen. Sie war seit 1969 in der Opposition. Jetzt trug sie Mitverantwortung für das Gelingen der Regierungsarbeit. Eine solche Gruppe zusammenzuhalten war äußerst schwierig. Schäuble machte die Fraktion aktionsfähig, trieb sie nach vorne, führte die unterschiedlichen Interessen zusammen. Diesen Job hat er besonders gut gemacht und sich damit für höchste Ämter qualifiziert, die in unserem Staat zu vergeben sind. Er zeigte Stehvermögen, wo andere umfielen. Seine blitzschnelle Reaktion und seine messerscharfe Analyse konnten nicht immer alle ertragen. Er sagte seine Meinung, ohne zu fragen, ob die gefiel oder nicht. Das gilt übrigens auch für mich bis auf den heutigen Tag. Dieser unabhängige Kopf mit der großen Arbeitskraft ist schon ein Phänomen. Schäuble wartet nicht in einer Sitzung, bis sein Punkt drankommt, und kramt ansonsten in Akten. Dieser glänzende Jurist versteht wirklich viel von Finanz- und Wirtschaftspolitik. Und was die wenigsten wissen: Er hat ein offenes Ohr, wenn es um kulturelle Fragestellungen geht. Er ist im guten Sinne des Wortes ein Generalist. Das ist für mich – wie man weiß – kein Schimpfwort. Schäuble gehört zu denen, die geistigen Tiefgang haben, tatsächlich belesen sind, sich für Literatur interessieren und von Musik eine Menge verstehen. Auch das hat uns einander nähergebracht.«

Spuren und Flops

Selten hat ein Erster Parlamentarischer Geschäftsführer sein Amt so engagiert politisch wahrgenommen wie Wolfgang Schäuble. Das lag einerseits an Dreggers tagespolitischer Abstinenz, bis auf Fragen der Außen- und Sicherheitspolitik, andererseits fühlte sich Schäuble auf so vielen Gebieten der Innenpolitik kompetent, daß er sich häufig äußerte. »An den inhaltlichen Entscheidungen Bonns der Jahre 1982 bis 1984 habe ich einen relativ großen Anteil gehabt«, sagt Schäuble mit betonter Zurückhaltung.

In diesen Jahren kümmerte er sich im Auftrag des Bundeskanzlers auch um Spezialprobleme, die er längst nicht nur zur eigenen Zufriedenheit und der seiner Kritiker und Bewunderer löste. Immerhin gelang es ihm, das leidige Thema Diätenanpassung einvernehmlich zu regeln, so daß seit 1983 eine jährliche Anhebung unter den Parteien unstrittig ist.

Ein anderes Thema war die Parteienfinanzierung. Schäuble suchte brauchbare Vorschläge. Er wollte die Amnestie für Steuersünder. Die Koalitionsfraktionen brachten einen gemeinsamen Gesetzentwurf im Bundestag ein. Zuvor hatten beide Fraktionen bei jeweils drei Enthaltungen für die Vorlage gestimmt. In der Unionsfraktion gab es eine Gegenstimme, bei der FDP überhaupt keine. Dann erfolgte der Sinneswandel in der FDP, und das Gesetz scheiterte am Widerstand der Liberalen. »Einer meiner Flops, eine große Panne, eine Fehlleistung«, räumt Schäuble heute freimütig ein. »Es war auch damals eine Frage der politischen Akzeptanz, die ich unterschätzt habe. Gleichwohl bleibe ich dabei: Das Scheitern der Amnestie-Gesetzgebung war für mich eine der bittersten Stunden während meiner parlamentarischen Arbeit.«

»Ich war damals überzeugt und bin es im Kern heute auch noch«, sagt Schäuble, »daß es andere Wege nicht gegeben hat, um zu verhindern, daß Leute angeklagt werden, weil sie über Jahre hinweg allen Parteien durchweg in lauterer Absicht Spenden zur Verfügung gestellt haben. Heute noch schäme ich mich, weil wir Politiker, weil wir als politische Klasse den Spendern gesagt haben, helft den Parteien, helft der Demokratie mit euren Spendengeldern, und dann zulassen mußten, daß diese Spender wegen Steuerhinterziehung mit Strafprozessen überzogen wurden. Ich fand damals, daß sich die Kritik an diesem Verfahren auf die Politiker beziehen müßte und nicht auf die Spender. Die Täter waren die Spender, und die Politiker versteckten sich.«

Damals stand Schäuble im Blickpunkt der Medien. Er galt als geistiger Vater der Amnestie, die schließlich scheiterte. Er hatte die Gesetzesvorlage in den Gremien seiner Partei durchgeboxt. Dann traf ihn der Sturm der Entrüstung. Der politische Flop wurde zeitweise »an ihm festgemacht« und hinterließ Spuren. Schäuble glaubt heute noch, keine Fehler gemacht zu haben. »Wenn man in der politischen Verantwortung steht, muß man auch ein Stück weit Verantwortung auf sich laden und nicht sagen, ich will eine saubere Weste behalten und wasche meine Hände notfalls in Unschuld.«

Was er für mich bedeutete
Alfred Dregger

Meine enge politische Zusammenarbeit mit Wolfgang Schäuble begann am 4. Oktober 1982, als ich zum Fraktionsvorsitzenden und er – wie üblich auf Vorschlag des Fraktionsvorsitzenden – zum Ersten Parlamentarischen Geschäftsführer der CDU/CSU-Bundestagsfraktion gewählt wurde; sie dauerte bis zum 13. November 1984, als Wolfgang Schäuble ins Kanzleramt ging.

Viel Zeit, uns näher kennenzulernen, hatten wir beide davor nicht gehabt. Obwohl wir seit 1972 derselben Bundestagsfraktion angehörten, kannten wir einander nur wenig, da wir ganz unterschiedliche Arbeitsgebiete hatten. Mein Schwerpunkt war in dieser Zeit die Arbeit in Hessen, wo es galt, die CDU aus ihrem Minderheitsghetto von 26 Prozent herauszuführen. In meiner Bonner Parlamentsarbeit kümmerte ich mich hauptsächlich um die Grundfragen der Innenpolitik und der Verfassungspolitik. Wolfgang Schäuble – viele wissen es heute gar nicht mehr – war in dieser Phase mehr als Sportpolitiker bekannt. Von 1976 bis 1984 war er Vorsitzender des Bundesfachausschusses »Sport« der CDU und außerdem sportpolitischer Sprecher der CDU/CSU-Bundestagsfraktion.

Seit Mitte 1981 war Wolfgang Schäuble auch Parlamentarischer Geschäftsführer unter dem Fraktionsvorsitzenden Helmut Kohl. Er hatte seine Sache nach einhelligem Urteil gut gemacht und stand, als Kohl 1982 den Fraktionsvorsitz aufgab und Bundeskanzler wurde, für ein Stück Kontinuität in der Fraktionsarbeit. Es lag daher nahe, ihn nach der Wende zum Ersten Parlamentarischen Geschäftsführer zu machen – zumal Helmut Kohl die anderen drei Parlamentarischen Geschäftsführer, Philipp Jenninger, Willi Rawe und Dorothee Wilms, nebst seinen sämtlichen Mitarbeitern und Sekretärinnen mitgenommen und mir Wolfgang Schäuble als »Ersten Parlamentarischen« empfohlen hatte.

Den Ausschlag gab unser erstes Kontaktgespräch. Ich glaube, es war am 1. Oktober 1982 in einem Bonner Restaurant. Wir waren beide voll auf die vor uns liegenden schwierigen Aufgaben konzentriert. Für näheres persönliches Kennenlernen blieb da nur wenig Raum. Ich erinnere mich aber noch, wie sehr ich angetan war von seinem

Fachwissen in der Finanz- und Steuerpolitik. Wolfgang Schäuble ist Jurist, hat über ein wirtschaftsrechtliches Thema seine Doktorarbeit geschrieben und begann seine Laufbahn in der Steuerverwaltung von Baden-Württemberg. Er war daher in besonderer Weise qualifiziert, die schwierigen Probleme der Haushaltskonsolidierung und der Steuerreform lösen zu helfen. Aber auch seine ruhige – wahrscheinlich durch die juristische Vorbildung mitgeprägte – Präzision hat mir gefallen. Ich bin ein ungeduldiger Mensch und werde leider nervös, wenn meine Gesprächspartner breitangelegte und unpräzise Vorträge halten. Bei Wolfgang Schäuble war das Gegenteil der Fall, und das empfand ich als wohltuend. Allerdings hatte ich anfangs – Wolfgang Schäuble wird es mir verzeihen, darauf hoffe ich zuversichtlich – des öfteren Schwierigkeiten, sein in jenen Jahren noch stärker ausgeprägtes Alemannnisch zu verstehen.

Wolfgang Schäubles Arbeitsweise in der Folgezeit war effizient, still und präzise. In der ersten Zeit konzentrierte er sich vor allem auf die Arbeit innerhalb der Fraktion. Seinen Einfluß auf die Fraktionskollegen suchte er nicht durch Kameraderie oder Verbrüderung, sondern durch intensive Gesprächskontakte und enge Anbindung inbesondere der Arbeitsgruppenvorsitzenden. Ich glaube, daß darin bis heute auch ein Gutteil seines erfolgreichen Wirkens als Fraktionsvorsitzender begründet ist. Er war auch nicht unbedingt ein geborener Vermittler oder »Ausgleicher«. Es ging ihm darum, sachlich abgesicherte und auf Grund dessen dauerhaft wirksame Entscheidungen herbeizuführen. Ihm oblagen vor allem die tagtäglichen Aufgaben der Verklammerung zwischen Regierungs- und Parlamentsarbeit. Er blieb immer ein Stück »Kohls Mann in der Fraktion« mit den daraus folgenden Wirkungsmöglichkeiten. Mir war es recht, weil es der Fraktionsarbeit zugute kam und weil ich aus den Erfahrungen meiner »hessischen Kampfzeit« die feste Überzeugung gewonnen habe, daß ein Team zum Nutzen aller, einschließlich des Anführers, um so besser ist, je mehr Profilierungs- und Gestaltungsmöglichkeiten jeder einzelne in ihm hat.

Als Wolfgang Schäuble in der zweiten Phase unserer Zusammenarbeit – ich schätze etwa im Sommer 1983 – mehr nach Außenwirkung und Profilierung in der Öffentlichkeit strebte, habe ich dies ausdrücklich unterstützt. Ich habe ihn zum Beispiel gedrängt, in einer zentralen Parlamentssitzung bei der dritten Lesung des Bundeshaushalts 1984 eine scharfe Attacke gegen die SPD zu reiten, was ihm bundesweite Aufmerksamkeit einbrachte. Ich habe die Rede für diesen Beitrag nochmals gelesen und hatte meine Freude an ihrer Scharfzüngigkeit.

Als erkennbar wurde, daß der Bundeskanzler Wolfgang Schäuble – nach der Wahl von Philipp Jenninger zum Bundestagspräsidenten – ins Kanzleramt holen wollte, verabredeten Schäuble und ich uns zu einem Gespräch in einem italienischen Restaurant in Bad Godesberg. Wolfgang Schäuble erläuterte die beiden Alternativen, vor denen er sich sah: entweder wie Philipp Jenninger als Staatsminister im Bundeskanzleramt dem Bundeskanzler zuzuarbeiten, ohne Dienstherr des Bundeskanzleramts zu sein, oder aber als Bundesminister im Bundeskanzleramt gleichzeitig Amtschef zu werden. Letzteres hätte allerdings die Einrichtung dieser neuen Position zur Voraussetzung gehabt. Schäuble sah sich dem Bundeskanzler zu Recht stark verpflichtet und fühlte sich nach meinem Eindruck dadurch gehemmt, auf seine Zuständigkeit als Bundesminister und Amtschef zu pochen, zumal damals noch Staatssekretär Schreckenberger als Amtschef fungierte.

Ich habe Wolfgang Schäuble sehr zugesetzt, nur als Bundesminister und Amtschef ins Kanzleramt zu gehen und die Einrichtung dieser Position zur Vorbedingung seines Wechsels zu machen. Ich erinnere mich noch, daß wir das entscheidende Gespräch in dieser Sache während eines Spaziergangs im Gronaupark führten, wo ich ihm sagte, er müsse darauf bestehen, Amtschef im Kanzleramt zu werden, da er sich nur dann voll entfalten könne und die nötigen Gestaltungsspielräume habe. Die Kompetenzzuweisung müsse klar sein.

Nach langem Hin- und Herwälzen der Argumente traf ich dann meine Entscheidung und habe Wolfgang Schäuble, nach meiner Erinnerung zu dessen großer Überraschung, wissen lassen, ich sei nicht bereit, seinem Weggang aus der Fraktion zuzustimmen, wenn er im Bundeskanzleramt nicht Amtschef würde. Ich habe ihn gebeten, diese Position dem Bundeskanzler zu übermitteln, und ihm gesagt, ich würde dies gegebenenfalls dem Bundeskanzler auch selbst darlegen.

Ob meine Haltung die Entscheidung beeinflußt hat, weiß ich nicht. Daß sie richtig war, daran habe ich keinen Zweifel.

Was er mit Max Weber gemeinsam hat

Torsten Wolfgramm

Er war – und ist – für mich der Inbegriff von Disziplin und Effizienz. Einige Jahren hatten wir viel und regelmäßig miteinander zu tun. Bei der Wende im November 1982 waren wir beide bereits Erste Parlamentarische Geschäftsführer, zuständig für Strukturierung und Koordinierung der Fraktionsarbeit und vor allem das Zusammenspiel in der neugebildeten Koalition aus CDU/CSU und FDP.

In den Sitzungswochen des Bundestags trafen wir uns immer Dienstag morgens um acht Uhr zum Vorgespräch. Ich brauchte jedesmal heißen Tee, um munter zu werden. Wolfgang Schäuble hingegen hatte sich schon genügend Schwung am Rhein geholt – joggend! Da saß sie vor mir: Max Webers protestantische Leistungsethik in Person. Der gebürtige Freiburger verkörpert in meinen Augen jenen Idealtypus, den der große deutsche Sozialwissenschaftler in seiner Untersuchung über die »Protestantische Ethik und den Geist des Kapitalismus« herausgearbeitet hat.

Wolfgang Schäuble war immer freundlich, immer präzise. Ungenauigkeiten, erst recht Verschwommenheiten waren ihm ein Greuel. Das machte die Zusammenarbeit mit ihm wohltuend und ertragreich. Auf sein Wort war Verlaß. Die Erfahrung bestätigte es: Wenn Schäuble versprach, sich für eine zwischen uns abgemachte Linie oder Zielsetzung zu verwenden, dann konnte ich sicher sein, daß er im Fraktionsvorstand und vor der Gesamtfraktion mit all seiner Überzeugungskraft und intellektuellen Schärfe dafür kämpfen würde.

Nehmen wir als Beispiel die hinlänglich bekannte Aufregung über die Amnestiepläne gegenüber Verstößen bei Parteispenden. Während die Diskussion darüber im Frühjahr 1984 wogte und mit jedem zusätzlichen Argument – ob nun tatsächlich gut oder nur gut gemeint – immer lastender wurde, setzten wir uns zusammen, um den Gegenstand der Empörung aus dem Weg zu räumen. Es ging wie verabredet – und es ging sehr rasch. Der stets wache und analytisch hochbegabte Schäuble hatte mit äußerster Klarheit die drohende Labilität der Lage erkannt. Der Rest war zügiges Management.

Wer so umsichtig sein kann, ohne Grundsatzpositionen zu verschieben – in anderen Worten: flexibel, aber nicht opportunistisch –, der muß einen festen Wurzelgrund haben. Wie stabil und wie tief Wolfgang Schäuble in seinem evangelischen Glauben verankert ist, mag jeder für sich schlußfolgern, der Schäubles erstaunliche Kraft und sein Durchhaltevermögen nach dem Anschlag auf sein Leben wahrnehmen konnte. Da zeigte sich weit mehr als die so oft beschriebene Neigung zum leistungsorientierten Funktionieren. Und wer ihn genauer betrachtet hatte, konnte diese tiefere Motivation auch schon vor diesem schrecklichen Einschnitt in sein Leben erkennen oder zumindest erahnen: Schäubles rationale Lebensführung, sein Arbeitsethos, auch seine – wenn dieses Wort auf einen Politiker gemünzt werden darf, dann auf ihn – »innerweltliche Askese« kennzeichnen ihn als einen Mann der quasi fortwirkenden Reformation. Sie hat den Geist des Bewegens und Handelns hervorgebracht und der menschlichen Vernunft den Weg gebahnt.

Schäuble ist kein Mann der Redseligkeit und Selbstbespiegelung. Deshalb weiß ich von keiner ausdrücklichen Bestätigung meiner hier skizzierten Reflexionen. Dennoch bin ich sicher, daß Max Weber Freude an Wolfgang Schäuble gehabt hätte: als einem beispielhaften Vertreter für den Zusammenhang von Protestantismus und ökonomisch wirkungsvoller Entfaltung.

Nach der gemeinsamen Zeit als Parlamentarische Geschäftsführer begannen sich unsere Wege zu trennen. Wir blieben Freunde.

Kapitel VI

Bundesminister und Chef des Bundeskanzleramtes

Nothelfer

Da saßen sie in der Runde und dachten wieder einmal über Krisenmanagement nach. Was passiert, wenn der amtierende Präsident des Deutschen Bundestages, Dr. Rainer Barzel, im zweithöchsten Amt des Staates nicht mehr zu halten ist, wenn er das Handtuch freiwillig wirft, weil er dem öffentlichen Druck nicht mehr standhalten kann?

Die Landesgruppenvorsitzenden der CDU/CSU brüteten im Kanzleramt mit Helmut Kohl über die Frage, wer Barzels Nachfolger für den Fall seines Rücktritts werden könnte.

Mit dabei war auch die Fraktionsführung, einschließlich des Ersten Parlamentarischen Geschäftsführers. Nicht fehlen durfte der Staatsminister im Bundeskanzleramt, Philipp Jenninger.

Eine wirklich gute Idee für die eventuelle Neubesetzung des Präsidentenamtes fiel keinem der Anwesenden ein. Der Kanzler, der sich meistens in Personalfragen bedeckt hält, lauschte kommentarlos den Vorschlägen der Parlamentarier. Der Name von Lilo Berger fiel, jener Berliner Abgeordneten, die sich im Petitionsausschuß einen Namen gemacht hatte. Keine Reaktion, Schweigen, Nachdenken. »Wir fanden einfach keine gescheite Lösung. Die Bedenkenträger diskutierten endlos, nannten aber keine personellen Alternativen zur Berliner ›Vorzeigefrau‹«, erinnert sich Wolfgang Schäuble.

Irgendwann meldete sich der rheinland-pfälzische Landesgruppenchef zu Wort. Der Mainzer Abgeordnete Johannes Gerster schlug Philipp Jenninger vor. »Wenn der Kanzler ihn freigeben würde, wäre er der richtige Nachfolger für Rainer Barzel«, meinte der Mainzer.

Kohl nahm seine Brille in die linke Hand, schaute leicht verdutzt in die Runde und fragte »Don Philippo«, wie er seinen Staatsminister etwas spöttisch nannte: »Wollen Sie das machen?« Und zur großen Runde gewandt: »Ist das auch eure Meinung?«

Alle schauten auf Philipp Jenninger, der weder ja noch nein sagte, sondern um Bedenkzeit bat.

Jenninger hatte 1982 das Angebot abgelehnt, Fraktionschef zu werden. Damals war sein großer Wunsch in Erfüllung gegangen, als Staatsminister im Kanzleramt der Bundesregierung anzugehören. Allerdings hatte er gleichzeitig den Fehler gemacht, nicht Chef des Kanzleramtes zu werden, sondern »nur« als Staatsminister zu fungieren. Kanzleramtschef wurde ein beamteter Staatssekretär. Unterdessen hatte sich sein einst gutes Verhältnis zum Kanzler verschlechtert, und seine Verbitterung über Kohls Arbeitsstil war immer stärker geworden. Jenninger spürte Kohls Nähe zu Schäuble, die ihn beunruhigte. Als Jenningers Frau ihren Zuschlag zur Kandidatur gab, war die Sache perfekt.

Schäuble ahnte damals sofort, daß die Übernahme des Kanzleramtes auf ihn zukommen würde. Jetzt mußte er als Nothelfer einspringen. Kohl versicherte sich ausdrücklich Schäubles Unterstützung für den Personalvorschlag Jenninger und sagte eher beiläufig zu ihm: »Wir müssen noch miteinander reden.«

Den Personalwechsel ausgelöst hatte die Flick-Affäre. Fest stand schnell, daß Flick der Frankfurter Anwaltskanzlei Paul von 1973 bis 1979 rund 1,7 Millionen DM an Honoraren überwiesen hatte. Mit dieser Kanzlei war Rainer Barzel durch einen Beratervertrag verbunden. Offen blieb, welche Ziele damit verfolgt werden sollten. Der Bundestagspräsident wehrte sich gegen eine Verbindung von Honoraren und politischen Entscheidungen. Barzel bestritt auch jeden Zusammenhang mit der Steuerbefreiung des Flick-Konzerns. Immerhin hatte er aber in den Jahren 1,6 Millionen DM kassiert. Er mußte zurücktreten.

Am 5. November 1984 wurde Philipp Jenninger zum neuen Präsidenten des Deutschen Bundestages gewählt.

Zuvor schon war Wolfgang Schäuble von Parteifreunden gedrängt worden, das Kanzleramt zu übernehmen. Zuweilen hatte er sogar Gefallen daran gefunden. Vor allem in jenen Phasen, die für ihn außerordentlich belastend waren. Dann nämlich, wenn die ewige Diskussion »hochkochte«, er sei der eigentliche Vorsitzende der Unionsfraktion. Die Loyalitätskonflikte zwischen ihm und Dregger hatten zugenommen. Und Schäuble war es auch allmählich leid, sich ständig gegen Unterstellungen wehren zu müssen. So kam das Angebot des Kanzlers zur rechten Zeit. Schäuble nahm es allerdings nur unter bestimmten Voraussetzungen an.

Wieder einmal drängten die Termine, und der Kanzler bat seinen Vertrauten aus der Fraktion, ihn auf seinem Weg zu einer unaufschiebbaren Veranstaltung nach Hamburg zu begleiten. Auf dem Flug in die Hansestadt bat ihn der Bundeskanzler offiziell, Jenningers Nachfolger zu werden. Schäuble – mittlerweile gut präpariert und vertraut mit den Problemen in der Regierungszentrale – stellte eine Forderung: »Ich mache es nur, wenn ich Chef des Bundeskanzleramtes werde und Bundesminister für Besondere Aufgaben.«

Helmut Kohl willigte vorbehaltlos ein. Jetzt mußte nur noch für den Parlamentarischen Staatssekretär Waldemar Schreckenberger als bisheriger Kanzleramtschef eine »saubere Lösung« gefunden werden. Neben Barzel war er der Verlierer.

Am 15. November 1984 leistete Schäuble seinen Eid und zog als Bundesminister für Besondere Aufgaben im Bundeskanzleramt in die Schaltzentrale der Bonner Regierung.

Der neue Besen

Als ordentliches Kabinettsmitglied hatte Schäuble innerhalb des Bundeskanzleramtes besonderes Gewicht. Das war ein qualitativer Unterschied zu seinem Vorgänger. Der Offenburger trat mit einer neuen Amtsautorität auf. Das setzte sich in den Köpfen der Mitarbeiter fest, und zwar nicht nur innerhalb des Hauses. Auch außerhalb der »Machtzentrale Kanzleramt« – beispielsweise in den Ministerien – spürte man sofort den »neuen Besen«.

Die schwierigste Operation war zunächst die »kalte Entmachtung« Schreckenbergers. Schäuble übernahm Weisungsbefugnis nach innen und nach außen. Schreckenberger erhielt Sonderaufträge des Kanzlers. Er kümmerte sich um Medienpolitik und koordinierte die Geheimdienste. »Im Prinzip spielte er keine Rolle mehr«, meint ein damaliger Mitarbeiter. »Er hat das alles schwer verkraftet. Wenn ich an seiner Stelle gewesen wäre, hätte ich meinen Hut genommen. Das hätte ich mir nicht bieten lassen. Aber jeder macht, was er für richtig hält.«

Schreckenberger fehlte das Verständnis für den tatsächlichen Ablauf politischer Prozesse. Er besaß kein Gespür für die eigentlichen Interessenlagen der Abgeordneten und deren Denkkategorien. Der kluge und belesene Einserjurist entschied zu häufig sachbezogen und formaljuristisch. Die Entscheidungen verliefen zu langwierig. Bis sich Schreckenberger zu einer Position durchringen konnte, verging zuviel Zeit. Für politische Profilierungsfragen zeigte er kaum Verständnis. Politisches Taktieren war ihm fremd.

Vorlagen an den Kanzler blieben wochenlang unbearbeitet, verschwanden in »Schreckis Bermuda-Dreieck«. Der Spitzenjurist redigierte so lange Texte, bis sie unkenntlich waren. Ohne Rücksprache mit dem Autor.

Schreckenberger vollzog die »Wahnsinnsübung«, jede Akte durchzulesen. Er unterschied zu selten, was unverzichtbare oder verzichtbare Lektüre war. Er lebte in dem Wahn, alles bearbeiten, überprüfen und verändern zu müssen. »Oft bedeutete das Verschlimmbessern«, seufzt ein Kenner. Der Amtschef bewältigte seine Arbeit nicht, obwohl er sechzehn Stunden am Tag arbeitete. »Alles blieb bei ihm liegen. Oft schrie der Kanzler nach dringenden Unterlagen, die Schreckenberger einfach nicht weitergegeben hatte.«

Wolfgang Schäuble, der »neue Besen«, baute das Kanzleramt zu einem Führungsinstrument der Bundesregierung aus. Das begann mit einfachen organisatorischen Veränderungen. Regelmäßige Abteilungsleiterkonferenzen wurden eingeführt, Protokolle von Besprechungen angefertigt, Arbeitsergebnisse mußten aufgeschrieben, die Ergebnisse von Koalitionsverhandlungen und -gesprächen schriftlich festgehalten werden. Es gab zeitliche Vorgaben für die politische Planung. Und was besonders wichtig war: Schäuble machte sich den hohen Sachverstand des Kanzleramtes zunutze. Er baute Frustrationen leitender Mitarbeiter ab, band sie stärker ein und motivierte sie. »Ich wollte auch das schlechte Ansehen beseitigen«, sagt Schäuble, »und den Apparat für die Regierungsarbeit stärker nutzen.«

Bevor der Offenburger ins Kanzleramt kam, gab es weder vor noch nach wichtigen Koalitionsgesprächen schriftliche Unterlagen. Es existierte keine Tagesordnung, Ergebnisse wurden nirgends festgehalten und Mitarbeiter nicht unterrichtet. »Der Kanzler wollte das nicht, weil er immer die Indiskretion fürchtete.« Schäuble ließ sich die geschickt formulierten Ergebnisvermerke vom Kanzler widerwillig abzeichnen. Wenn es Auseinandersetzungen darüber gab, was in Koalitionsverhandlungen tatsächlich vereinbart worden war, griff Schäuble auf seine Vermerke zurück, und der Streit war rasch beigelegt.

Der Chef des Kanzleramtes ist auch Vorsitzender der Staatssekretärsrunde. Dieses Steuerungs- und Koordinierungsinstrument der beamteten Staatssekretäre ölt den Regierungsapparat. In dieser wöchentlichen Runde wird die Regierungsarbeit koordiniert, werden Kabinettssitzungen vorbereitet, sämtliche Fachausschüsse beauftragt, Fachgremien zusammengestellt. Alles, was die Regierung betrifft und beschäftigt, wird in dieser Schaltstelle der Bundesregierung besprochen und bearbeitet. »Die beamteten Staatssekretäre schuften ruhig und brav im Hintergrund. Aber sie spielen stark die Musik«, sagt ein Bonner Insider. »Dieses Gremium ist äußerst wichtig für die Kabinettsentscheidungen. Der Kanzleramtschef legt mit den Staatssekretären fest, was entschieden werden muß. Dabei besitzt er eine absolute Schlüsselstellung. Die Position des Kanzleramtschefs ist die schwierigste, aber gleichzeitig auch die einflußreichste in Bonn«, unterstreicht ein Staatssekretär. »Schäubles Umgangsstil war sehr kollegial. Er war fix, zupackend, manchmal ausgesprochen scharf, konnte Schärfe allerdings auch zurücknehmen. Psychisch und physisch war er immer ungemein belastbar.«

Als Kanzleramtschef wirkte Schäuble auch weiter in die Unionsfraktion hinein. Dieses Doppelspiel begriff er wie kein anderer vor ihm. Seine Beziehungen nutzte er für eine reibungslose Organisation. Er koordinierte, stimmte sich mit Parlamentariern ab, nahm Anregungen auf und transportierte sie bis ins Ohr des Kanzlers. Seine analytische Begabung und sein auffallendes Verwaltungstalent machten sich im Kanzleramt besonders bemerkbar. Sein Verhältnis zum Kanzler war sowohl eng als auch von Distanz geprägt. Schäuble legte Wert auf Abstand und paßte auf, sich nicht vom Kanzler vereinnahmen zu lassen. Er diente ihm in unverbrüchlicher Loyalität, behielt aber stets seinen eigenen Kopf, »seinen badischen Dickkopf«. Der auf Effizienz Wert legende Amtschef pflegte gute Kontakte zum Koalitionspartner FDP, band die Liberalen rechtzeitig in Entscheidungsprozesse ein und sorgte dafür, daß das Grummeln und Knirschen im Regierungsapparat verstummte.

Chefberater

»Man kann nicht Chef des Kanzleramtes sein, ohne in engem Kontakt zum Kanzler zu stehen, ohne zu wissen, was er will, oder auch Einfluß darauf zu nehmen, was er will«, sagt Schäuble.

Der Offenburger beeinflußte damals wie heute zweifellos den Kanzler. Doch Kohl ist nicht steuerbar. Auch nicht von Schäuble. Der Pfälzer achtete immer darauf, daß er nicht in unmittelbare Abhängigkeit eines Menschen geriet. Er stützte sich stets auf mehrere Leute. Niemand konnte ihm sein Mißtrauen nehmen. Immer noch beobachtet er sehr genau, wer sich in seinem Umfeld wie bewegt, ob die Eigenständigkeit eines möglichen Konkurrenten nicht zu groß wird. Deshalb war auch das Verhältnis zwischen Kohl und Schäuble nicht krisenfrei.

Der »gnadenlose Profi« Schäuble besaß schon früh viel Selbstbewußtsein und erkannte zeitig, daß er Kohl eigentlich mit allem konfrontieren konnte. Auch gegensätzliche politische Positionen »verkraftet der Kanzler besser, als manche Kritiker meinen«. Schäuble weiß, daß bei Kohl nur eines wirklich zählt: die absolute Loyalität zur Person. Dabei kann jedermann in Einzelfragen unterschiedliche Einstellungen haben. Wenn aber irgendwann gemeinsame Entscheidungen gefallen sind, müssen sie gemeinsam getragen werden, vorbehaltlos und mit Überzeugungskraft. Das ist für Kohl und Schäuble die Basis ihrer Zusammenarbeit. »Der Kohl weiß, daß ich ihn nicht bescheiße.« Dieser derbe Satz beschreibt den Kern des langjährigen Vertrauens. Immer konnte Schäuble heftig widersprechen. Neuen Argumenten blieb Kohl durchaus aufgeschlossen.

Schäuble hat nie wie etwa Biedenkopf den Eindruck erweckt, er sei eigentlich der bessere Kanzler. Daß er vielleicht auch Kohl-Nachfolger werden könnte, war im Kanzleramt gelegentlich erkennbar. Kohl hatte damit keine Probleme. Er kannte Schäubles Verläßlichkeit und besaß die Gewißheit, daß das, was verabredet war, auch kompetent aus- und durchgeführt wurde, ohne daß Schaden entstand. Neben Schäubles Loyalität schätzte Kohl seine hohe Sachkompetenz, die ihn so einflußreich machte.

Noch ein Aspekt ist wichtig: Im Gegensatz zu allen anderen engen Beratern in der täglichen Morgenlage war Schäuble auch ein Parlamentarier, ein vom Volk gewählter Abgeordneter. Das war für Kohl eine völlig andere Dimension. Das war die politische Ebene. Außerdem gehörte der Offenburger dem CDU-Landesverband an, saß in den Beschlußgremien der Bundespartei und wirkte führend mit bei Koalitionsabsprachen und -entscheidungen. »Schäuble hatte mehr Berührungspunkte mit Kohl als sehr einflußreiche Leute wie Eduard Ackermann, Horst Teltschik, Wolfgang Bergsdorf und Juliane Weber«, sagt ein Mitarbeiter aus dem Kanzleramt. »Diese vier waren regelrechte Einrichtungsgegenstände. Schäuble gehörte nie zu denen. Das lag unter anderem an der politischen, der gleichberechtigten Ebene mit Kohl.«

Kohl unterschied fein säuberlich. Er behandelte den Kanzleramtschef anders als die anderen Vertreter seines »Küchenkabinetts«. Weniger kumpelhaft. Schäubles Wort hatte deshalb auch größeres Gewicht.

Jeden Morgen traf sich der Kanzler zunächst mit Schäuble unter vier Augen. Etwa eine halbe Stunde dauerte das Gespräch vor der üblichen Lage mit den bekannten Beratern. Das war Zeit genug, um Einfluß auszuüben. Schäuble hatte auch alleinigen und ständigen Zugang zum Kanzler, wann immer er es für notwendig hielt. In der Regel traf der Kanzler keine wichtige Entscheidung ohne den Rat Schäubles. Natürlich setzte er sich hin und wieder über Schäuble hinweg. Schäuble, der Bundesminister für Besondere Aufgaben und Chef des Bundeskanzleramtes, war »die absolute Nummer eins«. Kohl und Schäuble bildeten das eigentliche Machtzentrum der Regierung. Andererseits sicherte sich Schäuble durch vorhergehende Absprachen mit Kohl immer ab. »Schäuble hat nichts ohne Kohl entschieden. Er kämpfte zwar für seine Überzeugung und war auch deswegen alles andere als bequem, doch bei aller Souveränität respektierte er den Kanzler«, berichtet ein ehemaliger Mitarbeiter.

Der Chef des Kanzleramtes nimmt neben dem Bundeskanzler die einflußreichste Position in der Regierung ein, weil er die gesamte Koordination in der Hand hält, die Staatssekretärsrunde, die Abstimmung mit den Ministerien. Als gleichberechtigter Bundesminister besaß Schäuble zu den Ministerkollegen einen direkten Draht. Er konnte sie jederzeit zu Gesprächen bitten. Schäuble oblag auch die Abstimmung mit den Bundesländern. Er pflegte enge Beziehungen zu den Staatskanzleien und verfügte über beste Kontakte.

Der Kanzleramtschef kann in der Regierung jeden in Anspruch nehmen, den er braucht. Damit verfügt er über unbeschränkte sachliche und personelle Kompetenz. Außerdem steht ihm der fast fünfhundert Mitarbeiter starke Apparat des Bundeskanzleramtes zur Verfügung. Damit befindet er sich in einer Schlüsselstellung.

»Ich kenne keine vergleichbare Position in der Welt«, sagt ein Insider. »Der Stabschef im Weißen Haus ist nicht vergleichbar, auch nicht der Generalsekretär im Pariser Elysee. Der Chef des Kanzleramtes kann – wenn er will – Politik wie kein anderer mitgestalten. Er kann politische Inhalte für den Kanzler aufbereiten, ihm ständig Initiativen auf den Tisch legen. Er kann alles beeinflussen.« Das hat Schäuble auch gemacht. In tagespolitischen Fragen war seine Kreativität nicht zu überbieten. Was häufig fehlte, waren konkrete Vorschläge für weiterführende politische Perspektiven.

»Wenn Sie sich die Einflußsphären der Menschen um den Kanzler anschauen, dann hat Schäuble den intellektuell stärksten Einfluß«, bilanziert ein anderer. »Wenn Schäuble in einer wichtigen strategischen Frage sagt: ›Herr Bundeskanzler, das würde ich nicht tun‹, dann tut er es nicht!« Kohl schätzt an Schäuble eine Reihe von Gaben, die ihn für die Politik prädestinieren: der Blick für das Wesentliche, der Blick für das Machbare, seine Integrationsfähigkeit, die gekoppelt ist mit Angriffsbereitschaft und Angriffsmut, aber auch mit der Fähigkeit, Härte zurückzunehmen. Kohl duldet oft Schäubles rechthaberische Art, die sich allerdings meist als die richtige Einschätzung erweist. Er rühmt seine politische Begabung, seine Willensstärke und Durchsetzungsfähigkeit. Kohl schätzt seinen Sarkasmus, akzeptiert den intellektuellen Hochmut. Er weiß, daß Schäubles Wort gilt.

Umgang und Anspruch

Was Schäuble sich abfordert, erwartet er auch von anderen. Seine Arbeitswut, sein Tatendrang und seine Umsicht versucht er auf die Mitarbeiter zu übertragen.

Schäuble schätzt am meisten Sachkompetenz. Ein ausgesprochener Teamworker ist er nicht. Er bedient sich fast eines nachrichtendienstlichen Grundprinzips: Er beauftragt verschiedene Mitarbeiter mit der gleichen Problemstellung, ohne daß sie untereinander davon Kenntnis haben. In gewisser Weise schottet er sie voneinander ab. »Jeder braucht nur soviel zu wissen, wie er unbedingt für seinen Bereich benötigt«, verrät ein früherer Mitarbeiter. »Die Arbeitsergebnisse ruft er persönlich ab. So laufen alle Informationen bei Schäuble zusammen. Er nutzt somit breitesten Sachverstand, ist sehr darauf bedacht, Teams zu verhindern, in die er sich eingebunden fühlt. Er schätzt die Unabhängigkeit von Mitarbeitern, ihre Distanz. So läuft praktisch alles auf ihn zu. Er besitzt das Herrschaftswissen. Das hält er für besonders effizient. Schäuble ist überzeugt, daß niemand besser ist als er, daß alle anderen um mehrere Klassen hinter ihm liegen. Außerdem hat er eine ungeheure Scheu, sich in Abhängigkeit zu einzelnen Personen zu begeben.«

Ein anderer Mitarbeiter erinnert sich: »Wenn er jemanden fand, mit dem er bei bestimmten Projekten erfolgreich zusammengearbeitet hatte, wurde der beim nächsten vergleichbaren Auftrag mit Gewißheit nicht wieder eingesetzt. Das heißt, Schäuble entschied sich immer gegen die übliche Praxis, wenn einer brilliert, ihn mit neuen Herausforderungen zu beauftragen. Er probierte andere Mitarbeiter aus, zog oft weitere Leute an sich.«

Schäuble ist ein Einzelkämpfer; er gilt als Einzelgänger.

Es entspricht seinem Naturell, bilateral zu arbeiten. Das liegt an seiner Persönlichkeitsstruktur, am Mißtrauen, an seiner Art, sich in Sachfragen nicht zu früh festlegen zu wollen. Enge Vertraute hatte er nie. Eine Mannschaft – so wie bei Kohl – kennt Schäuble nicht. Er bevorzugt »Partnerschaft auf Zeit«. Er brachte keine Mitarbeiter aus der Fraktion mit ins Kanzleramt. Kaum einen nahm er mit ins Innenministerium. Bis auf seine Chefsekretärin holte er sich immer wieder neue Leute in seine Nähe.

»Wer bei ihm einen kapitalen Fehler macht, wird abserviert. Wer ihn einmal hintergeht und mauschelt, wird gnadenlos niedergemacht«, sagt ein Vertrauter. »Kohl würde fachliche Fehler verzeihen, Schäuble nicht.«

Kritiker werfen Schäuble vor, daß er nicht offen, nicht frei ist im Umgang mit Menschen. Er wirkt häufig gehemmt, überspielt Unsicherheit durch Süffisanz, auch durch ein sarkastisches, manchmal hintergründiges Lächeln. Dabei ist er in der Sache stets gut vorbereitet, und er kann offensiv werden. Sein Ehrgeiz stand auch vor dem Anschlag nicht in Relation zur körperlichen Größe. Schäuble konnte zu Mitarbeitern »unheimlich ruppig« sein, konnte sie »kalt auflaufen lassen«.

Seine Rolle im Kanzleramt war von hoher Effizienz geprägt. Was ihm als Schwäche ausgelegt wurde: Nie spielte er gegenüber dem Kanzler die Rolle des Liberos.

Darunter verstehen seine Kritiker, daß er sich in den meisten Konfliktsituationen keineswegs verantwortlich fühlte: bei den Auseinandersetzungen innerhalb der Koalition, bei den Problemen in der Unionsfraktion, bei den Verwerfungen zwischen CDU und CSU, beim Streit zwischen Bund und Ländern, bei den harten Attacken der Opposition. Vieles hätte – meinen Kritiker – der Kanzleramtschef »ausputzen« müssen, auf sich ziehen sollen, um den Kanzler aus den Alltagsquerelen herauszuhalten. »Das vermied Schäuble fein säuberlich«, sagt ein Kanzlervertrauter. »Bei allen nachhaltigen Konflikten blieb er einfach draußen. Auf diese Weise ist kaum Kritik am Chef des Kanzleramtes haftengeblieben. Die kriegte im Zweifelsfall immer der Kanzler ab. Der bekam ständig Prügel. Schäuble hielt selten den Kopf hin, wurde nie verprügelt. Nicht, daß er das vorsätzlich wollte. Es war die Wirkung seines jahrzehntelangen Verhaltens, und das habe ich immer für falsch gehalten. Wenn politische Unwetter aufkamen, duckte sich Schäuble einfach. Das Unwetter zog über ihn hinweg und erreichte den Kanzler voll.«

Schäuble gilt als pragmatischer Macher, der seine Aktivität im Rahmen von aktuellen Problemen entfaltet. Im Kanzleramt fehlte ihm die politisch-konzeptionelle Komponente, auf mittel- oder langfristige Entwicklungen stärker einzugehen. In schwierigen Situationen gab es keine außerordentlichen Runden, die gemeinsam versuchten, Problemlösungen zu erarbeiten und vorzulegen. Strategien fehlten, um aus politischen Turbulenzen schneller herauszukommen. Der Einzelkämpfer Schäuble managte allein.

Der Amtschef wechselte während seiner Zeit Personal so gut wie nie aus. Nicht einmal Abteilungsleiter, von denen er objektiv wußte, daß sie den Anforderungen nicht gerecht wurden. Er übernahm den gesamten Beamtenapparat, obwohl einige reif zur Ablösung waren. Er stellte selbst ihre Unfähigkeit fest und unternahm dennoch nichts.

Schäuble unterliefen natürlich auch im Kanzleramt Fehler. Nicht immer schätzte er die politische Lage richtig ein. Auf Zusagen der FDP vertraute er zu oft. Schäuble bemühte sich, politische Konflikte so klein wie möglich zu halten, sie zu minimieren. Selten trug er Konflikte bis zum Ende aus, was aus Gründen eigener parteipolitischer Profilierung durchaus angebracht gewesen wäre. Auch innerhalb der Regierungskoalition versuchte er stets, Geschlossenheit zu demonstrieren. Ihm kam es darauf an, gemeinsame Ergebnisse zu erreichen. Das führte nach Auffassung seiner Kritiker zur Verflachung des Profils der Unionsparteien.

Schäuble ging betont auf Gegenkurs zur Konfliktstrategie von Heiner Geißler. Der CDU-Generalsekretär suchte die parteipolitische Profilierung auf allen Gebieten, während der Kanzleramtschef die Handlungsfähigkeit der Regierungskoalition in den Mittelpunkt seiner Arbeit stellte.

»Wenn die Regierung nicht handlungsfähig ist, nutzt eine parteipolitische Profilierung überhaupt nichts. Wenn wir uns nur noch profilieren wollen, können wir keine politischen Lösungen anbieten.« Das war Schäubles Credo. Damit formulierte er auch den Kanzlerkurs gegenüber Geißler und dessen Anhängern im CDU-Lager.

Kritiker forderten Schäuble auf, durch konsequentes Austragen von Konflikten politische Lösungsmodelle anzustreben. Auch der Koalitionspartner müsse in Zwangslagen gebracht werden, um eigene Ausgangspositionen für günstigere Kompromisse zu verbessern.

Nachgesagt wird Schäuble, daß er manchmal den Kompromiß zu früh suchte. »Er möchte halt immer Ergebnisse sehen!« Politik ist für ihn eine Möglichkeit, Handlungsfähigkeit vorzuweisen, und eben nicht, politische Profilierung zu betreiben. Es liegt in seinem Naturell und ist seine konstante Linie, weniger schöne Schlagzeilen zu produzieren, dafür aber nach harten Verhandlungen politische Ergebnisse zu präsentieren.

Scharnier der Koalition

Schäuble leistet sich selten den Luxus emotionaler Stimmungen. Gefühle von Sympathie oder Antipathie zeigt er kaum. Er ist auch kein Ideologe, jedenfalls nicht abhängig von ideologischen Fixierungen. Der Offenburger gilt als konservativ. Aus seinen Grundüberzeugungen macht er kein Hehl. Mit den Sozialausschüssen, mit dem Geißler-Süssmuth-Flügel, überhaupt mit Sozialpolitik im weitesten Sinne »hat er nichts am Hut«. Ihn leitet Pragmatismus.

Als Kanzleramtschef suchte er auch Kontakte zu Franz Josef Strauß. Pragmatisch betrieb er die Absicherung der Bonner Politik, vor allem der Deutschlandpolitik. Schäuble erwies dem bayerischen Löwen seine Referenz, setzte ihn frühzeitig über wichtige politische Vorhaben in Kenntnis, stimmte sich mit ihm auch oft telefonisch ab, nicht selten über dessen politischen Ziehsohn Edmund Stoiber. Schäuble holte Stimmungen und Einschätzungen ein und übermittelte sie dem Kanzler. Schäuble verstand es gut, mit Strauß umzugehen. Er stellte ihm Fragen und ertrug seine Vorträge. Schäuble band ihn in Entscheidungsprozesse ein. Strauß fühlte sich durch den Kanzleramtschef »auf dem laufenden«. Schäuble erwies ihm den nötigen Respekt, redete hinter seinem Rücken nie schlecht über Strauß. In Hintergrundgesprächen hat Schäuble übrigens nie über andere »dahergeschwätzt«.

Der Chef des Bundeskanzleramtes – und daß er das war, hatten die Mitarbeiter schnell begriffen – galt nie als konfliktscheu. Bei notwendigen politischen Auseinandersetzungen konnte er »ganz knallhart sein«. Wer ihn »innerlich abgeschrieben« hatte, dem zeigte er, daß er nachtragend und verletzend sein konnte. Wagte er den offenen Konflikt, mußte er allerdings kalkulierbar sein. Wußte er, daß es für ihn keine nennenswerten Folgen haben würde, verhielt er sich in manchen Auseinandersetzungen brutal. Wenn es politisch problematisch wurde, brach er seine Konfliktstrategie sofort ab. Taktisches Können gehört bekanntlich zum politischen Geschäft.

Gegenüber dem Koalitionspartner FDP gab er sich meistens zurückhaltend. Als Scharnier der Bundesregierung pflegte er vielschichtige Beziehungen zu den Entscheidungsträgern der Partei und kam mit den wichtigsten Liberalen gut aus, auch wenn echte Zuneigung selten vorhanden war. Selbst bei gesteigerter Wut gegen Burkhard Hirsch, Gerhart Baum oder Liselotte Funke – manchmal hätte er vor Zorn in den Tisch beißen mögen – zerschnitt er nie »das Tuch«, um auf Konfrontationskurs zu gehen. Der Zusammenhalt der Koalition war ihm immer das höhere Gut als der Ärger mit manchen Persönlichkeiten. Schäuble kann sich beherrschen, kann seinen Grimm, den er empfindet, ohne weiteres überwinden.

Schäuble war auch weitsichtig genug, mit Hans-Dietrich Genscher gute Beziehungen zu pflegen. Er wußte, daß dieser für den Bestand der Koalition gebraucht wurde. Die Vernunftehe mit den Liberalen bedurfte der soliden Pflege.

Schäuble weiß, was getan werden muß, um Macht zu erhalten; er weiß, wann Konzessionen wichtig sind und wann es der politischen Anpassung bedarf. »Das handhabt er unheimlich souverän«, sagt ein Mitarbeiter Kohls. »Das ist einer der Geschicktesten in Bonn. Der weiß genau, wie weit er gehen kann und wie weit nicht. Und das setzt er optimal ein. Manchmal agiert Schäuble zu geschickt, gibt zu früh nach. Aber vielleicht geht das auch nicht anders in einer Koalition. Zum Beispiel Genscher gegenüber verhielt er sich wie die meisten Bonner Politiker. Sie respektierten seine Routine und seine Kompetenz, mochten ihn aber nicht. Das aber ließ man nur begrenzt erkennen, weil man wußte, ohne ihn geht es nicht. Und Genscher war eine Schlüsselfigur in der Regierung. So einfach ist das. Schäuble ist der Mann, der mit diesen Leuten umzugehen weiß, mit ihnen erfolgreich zusammenarbeiten konnte.«

Den Umgang mit den elektronischen wie Printmedien beherrscht Schäuble wie kaum ein anderer in Bonn. Und wenn er eine konservative Rede hält, trägt er sie so vor, daß selbst linke Politiker durchaus beeindruckt sein können, weil er voller Überzeugungskraft spricht. Schäuble gehört zu den politisch begabtesten Politikern seiner Generation.

Kapitel VII

Die deutsch-deutschen Beziehungen

Unerfahren, aber neugierig

»Erstens mußten Sie sich als anständiger CDU/CSU-Politiker, der lange dabei ist, immer auch um die deutsche Einheit und um die Probleme der deutschen Teilung kümmern«, sagt Wolfgang Schäuble zum Vorwurf, keine Ahnung von der Deutschlandpolitik gehabt zu haben, als er am 15. November 1984 Chef des Bundeskanzleramtes wurde. »Zweitens hatte ich als Parlamentarischer Geschäftsführer an den abendlichen Besprechungen im Kanzler-Bungalow teilgenommen. Die Deutschlandpolitik spielte dabei oft eine zentrale Rolle. Außerdem verband mich mit Philipp Jenninger, der vor mir die Deutschlandpolitik im Kanzleramt gestaltete, ein herzliches Vertrauensverhältnis. Schließlich brauchten Sie in den deutsch-deutschen Beziehungen kaum Detailkenntnisse. Dafür hatten Sie ausgezeichnete Mitarbeiter.«

Unerfahren, aber neugierig mußte Schäuble sich 1984 die wichtigsten Problembereiche und Fragestellungen erst erschließen, sie durchdenken und analysieren. Er brachte einen unbefangenen Blick für die verschlungenen Pfade der deutsch-deutschen Beziehungen mit. Kanzleramtsmitarbeiter lieferten ihm Argumente und erläuterten Sachzusammenhänge, die er sorgfältig prüfte. »Das konnte er besser als ein alter Hase auf diesem Gebiet«, erinnert sich ein ehemaliger Mitarbeiter aus dem Kanzleramt. »Ich habe versucht, ihm den Befund der deutsch-deutschen Beziehungen zu vermitteln und meine Vorstellungen zu entwickeln, wie sich das Verhältnis zwischen beiden deutschen Staaten weiter entfalten könnte und welchen Zielen diese Politik dienen sollte. Entscheiden mußte er selbst.«

Der unerfahrene Deutschlandpolitiker Schäuble fand im Bundeskanzleramt einen Beraterstab vor, auf den er sich verlassen konnte. Unter dem früheren Bundeskanzler Helmut Schmidt hatte Kanzleramtschef Schüler einen »Arbeitsstab Deutschlandpolitik« eingerichtet. Seit 1977 existierte dieses etwa fünfzehnköpfige Beamtengremium, das zum Teil vom Auswärtigen Amt an das Bundeskanzleramt »ausgeliehen« war. Vor allem ging es um die Koordination der Deutschland- und Berlinpolitik mit den drei Westalliierten. Diese waren nach dem Grundlagenvertrag »in allen Berlin und Deutschland als Ganzes angehenden Fragen« zu konsultieren. Im Bundeskanzleramt lag auch die Zuständigkeit für die Ständige Vertretung der Bundesrepublik Deutschland in Ostberlin, die wegen des besonderen Verhältnisses zwischen beiden deutschen Staaten nicht dem Auswärtigen Amt zugeordnet war.

Die »Beziehungen besonderer Art« wurden »arbeitsteilig« zwischen Bundeskanzleramt und Innerdeutschem Ministerium behandelt. Die Ausarbeitung der Deutschlandpolitik oblag im Detail dem Ministerium, das auch den Ministerialapparat besaß. Die Konzeption dieser Politik ging aber vom Bundeskanzleramt aus. Es gab häufig Besprechungen mit Vertretern des Innerdeutschen Ministeriums, des Auswärtigen Amtes und des Bundeskanzleramtes. Der Arbeitskreisleiter koordinierte, führte zusammen, ließ gemeinsame Vorschläge erarbeiten. »Es gab natürlich Bestrebungen von seiten des Innerdeutschen Ministers, den ›Arbeitsstab Deutschlandpolitik‹ abzuschaffen, um dem Ministerium mehr Gestaltungsmöglichkeiten zu geben«, bilanziert ein Mitarbeiter Schäubles. »Daß dies nicht geschah, verdankten die Deutschlandexperten im Kanzleramt nicht zuletzt der Tatsache, daß die DDR das Innerdeutsche Ministerium nicht akzeptierte.«

Der ursprüngliche Gedanke, das Bundeskanzleramt solle nur Durchlaufstelle sein und das Innerdeutsche Ministerium entwerfe politische Initiativen und Konzepte, die lediglich mit dem Briefkopf des Bundeskanzleramtes versehen werden müßten, wurde bald fallengelassen. Kanzleramtschef Schäuble gelang es meist in »sehr netter Weise«, den Innerdeutschen Minister einzubinden. Dessen Einfluß blieb bis zuletzt jedoch unbedeutend.

Das Innerdeutsche Ministerium war zwar sachlich zuständig, zeigte aber keine »operative Tätigkeit« mit Ausnahme der Bemühungen um

Häftlingsfreikauf und Familienzusammenführung. Das Ministerium konnte gegenüber der DDR nichts umsetzen.

Das Kanzleramt sorgte für umfassende Information, beteiligte das Ministerium an vorbereitenden Gesprächen, bediente sich seines Sachverstandes, überließ ihm aber nur die Lösung humanitärer Fragen.

Als Schäuble Ende 1984 ins Bundeskanzleramt kam, leitete Dr. Hermann Freiherr von Richthofen den »Arbeitsstab Deutschlandpolitik«. Der Berufsdiplomat hatte einige Jahre in der Ständigen Vertretung in Ostberlin gearbeitet. Er gehörte zu den westdeutschen Vertretern bei den Viermächteverhandlungen von 1969 bis 1971. Der parteilose Beamte des Auswärtigen Amtes, dem gute Kontakte zur SPD nachgesagt wurden, erwarb schnell das Vertrauen Schäubles. Ebenso Hans Otto Bräutigam, Leiter der Ständigen Vertretung Bonns in Ostberlin. Mit diesen beiden Beamten verstand sich Schäuble außerordentlich gut. Sie wurden seine wichtigsten Berater auf dem Gebiet der Deutschlandpolitik.

1986 ging von Richthofen zurück ins Auswärtige Amt. Sein Nachfolger wurde der Jurist Dr. Claus Duisberg. Er war zuvor vier Jahre lang in Ostberlin tätig gewesen, nachdem er Stationen in Washington, Neu-Delhi und Bonn absolviert hatte. Duisberg, der ein Jahr lang das Büro des ehemaligen Bundesaußenministers Gerhard Schröder leitete, galt als erste Wahl Schäubles. Der parteilose Jurist stand den Unionsparteien politisch nahe. Für Schäuble war er bis zu seinem Ausscheiden aus dem Kanzleramt 1989 ein einflußreicher Helfer in allen Fragen der Deutschlandpolitik. Der Fraktionsvorsitzende der CDU/CSU schwärmt noch heute von seinen damaligen Bonner Spitzenbeamten im Kanzleramt, denen er eine Menge abverlangte. Das gleiche galt für den Leiter der Ständigen Vertretung Bonns in Ostberlin. »Alle drei waren fachlich kompetent, absolut zuverlässig und diskret. Das war keine parteipolitisch motivierte Crew«, konstatiert Schäuble heute, »weder Richthofen, Duisberg noch Bräutigam, der jetzige Justizminister von Brandenburg, waren Mitglieder der CDU. Das hat mich nicht gestört. Sie waren Profis, hervorragende Leute, auf die ich mich verlassen konnte.«

Grundlage der Bonner Deutschlandpolitik war während Schäubles

Amtszeit die »Ausfüllung des Grundlagenvertrages und des Viermächteabkommens«. Dazu wurde eine Politik betrieben, die »menschliche Erleichterungen« in den Vordergrund stellte.

Zu den wichtigsten Aufgaben des »Arbeitsstabes Deutschlandpolitik« gehörte es, die Richtlinienkompetenz des Bundeskanzlers auf dem Gebiet der Deutschland- und Berlinpolitik auch in den Bonner Ministerien umzusetzen. Diese Scharnierfunktion hatte der Arbeitsstab zu leisten. Außerdem galt es bei den vielfältigen Verhandlungen mit der DDR, eine enge Koordinierung über das Auswärtige Amt zu den drei Westmächten herzustellen. »Wir haben alle Verhandlungen, zum Beispiel über Autobahnen, Wasserstraßen und die Eisenbahn, praktisch doppelt geführt«, erinnert sich ein ehemaliger Mitarbeiter. »Auf der einen Seite war die DDR unser Gesprächspartner, auf der andern Seite die Alliierten.« Schließlich koordinierte der Arbeitsstab im Kanzleramt, der Schäuble direkt unterstand, den sogenannten »Fünferkreis«. Das war eine Staatssekretärsrunde aus Bonner Ministerien, der auch der Bundessenator von Berlin angehörte. In diesem Kreis wurden regelmäßig alle wesentlichen Fragen der Deutschland- und Ostpolitik erörtert. Dabei ging es oft um Finanzfragen, zu denen der Finanzstaatssekretär gehört werden mußte. Handelte es sich um Verkehrsprobleme, wurde der dafür verantwortliche Staatssekretär eingeladen.

In der Deutschlandpolitik wurde nach dem Regierungswechsel 1982 Kontinuität gewahrt – weil es keine Alternative gab. Auch unter Kanzleramtschef Schäuble änderte sich ab 1984 auf den ersten Blick wenig. Es wurde nicht umgeschaltet auf eine Isolierungstaktik gegenüber der DDR. Niemand stellte Verträge in Frage; auf Häftlingsfreikauf wollte keiner verzichten, obwohl es Vorbehalte gab. Fortgesetzt wurde die Politik, durch Verhandlungen menschliche Erleichterungen zu erreichen. Vor allem die Reisemöglichkeiten versuchte man zu erweitern.

In der praktischen Deutschlandpolitik setzte sich also die sozialliberale Linie fort. Die deutschlandpolitischen Zielsetzungen wurden unter Bundeskanzler Helmut Kohl allerdings stärker akzentuiert. Eindeutiger als unter Brandt und Schmidt wurden unter Kohl Freiheit, Einheit und Selbstbestimmung postuliert. Die Ostpolitik der sozialliberalen Koalition war von der Prämisse ausgegangen: Wir können die Teilung nicht überwinden. Wir müssen mit der DDR auf eine absehbare Zeit leben.

Die unionsgeführte Bundesregierung vertrat die Auffassung, daß die Substanz einer Nation erhalten bleiben müsse, um später vielleicht doch zur Einheit zu gelangen – falls es die Gunst der Stunde möglich mache. Teile der SPD konstatierten zur gleichen Zeit, die Teilung Deutschlands sei nicht nur etwas, mit dem man leben müsse, sondern mit dem man auch leben wolle.

Die Regierung Kohl/Genscher hielt stets an der Einheit der Nation fest. Oft in aggressiven Sonntagsreden. Sie bewahrte Distanz zur DDR, hielt an einer einzigen Staatsangehörigkeit fest und lehnte die Geraer Forderungen Honeckers strikt ab.

Dazu zählte unter anderem die Schließung der zentralen Erfassungsstelle von Verbrechen im SED-Staat in Salzgitter.

Wolfgang Schäuble betonte als Kanzleramtschef in seinen seltenen Grundsatzreferaten zur Deutschlandpolitik immer wieder, »daß wir mit der Realität zweier deutscher Staaten zwar leben müssen, aber diese Situation nicht als endgültig akzeptieren werden«.

Der »Gesprächspartner«

Niemand in Bonn konnte sich die Gesprächspartner in Ostberlin auswählen. Wolfgang Schäuble verhandelte zwischen 1984 und 1989 über alle entscheidenden Fragen der deutsch-deutschen Beziehungen mit dem Staatssekretär im Ministerium für Außenhandel der DDR, Dr. Alexander Schalck-Golodkowski.

Bevor sich beide im Dezember 1985 erstmals trafen, hatte Schalck-Golodkowski, der »Offizier im besonderen Einsatz« der DDR-Staatssicherheit, seit Mitte 1975 mit Vertretern der Bundesregierung, genauer mit hohen Beamten aus dem Bundeskanzleramt, gesprochen. Als informeller Verhandlungsführer der DDR stützte er sich jahrelang auf besondere Ermächtigungen durch die Spitze der Partei- und Staatsführung der DDR. Auf Bundesebene begannen die Kontakte mit ihm Mitte der siebziger Jahre. Bis zum Zusammenbruch der DDR gab es ingesamt einhundertsiebzehn Gespräche.

In der zweiten Hälfte des Jahres 1975 traf sich der Ministerialdirektor im Kanzleramt, Carl-Werner Sanne, siebenmal mit Schalck-Golodkowski. Von November 1975 bis Oktober 1980 verhandelte Staatssekretär Günter Gaus siebenundfünfzigmal mit ihm. Als Klaus Bölling, Leiter der Ständigen Vertretung Bonns in Ostberlin, Günter Gaus ablöste, sprach er siebzehnmal mit Schalck-Golodkowski, und zwar in der Zeit vom Februar 1981 bis April 1982. Davon zweimal telefonisch. Auf Bölling folgte Staatssekretär Hans Otto Bräutigam. Als Verhandlungspartner von Schalck-Golodkowski im Auftrag des Bundeskanzleramtes traf er fünfzehnmal zwischen Juni 1982 und September 1983 zu Gesprächen unter vier Augen mit ihm zusammen.

Danach begannen die Gespräche zwischen dem Staatsminister im Bundeskanzleramt, Philipp Jenninger, und Schalck-Golodkowski. Diese Treffen wurden im Kanzleramt nicht durch Vermerke Jenningers dokumentiert. In dieser Zeit pflegte der bayerische Ministerpräsident Franz Josef Strauß enge Kontakte zu Schalck-Golodkowski, die der Straußvertraute Josef März, ein Fleischhändler, hergestellt hatte. Strauß und Schalck handelten die Modalitäten eines Milliardenkredits Bonns an die DDR aus. Zwischen beiden Vollblutpolitikern entstand eine enge Gesprächsverbindung, die mit dem Tod von Strauß 1988 endete.

Zur Erinnerung: Ende Juni 1983 übernahm die Bundesregierung die Bürgschaft für einen Bankkredit an die DDR über eine Milliarde DM, an dessen Zustandekommen der bayerische Ministerpräsident maßgeblich beteiligt war.

Kreditgeber war ein Konsortium westdeutscher Banken, zu denen auch die Hessische Landesbank, die Rheinland-Pfälzische Landesbank sowie als Konsortialführer die Bayerische Landesbank gehörten.

Die Bundesregierung hatte für ihre Bürgschaft von der DDR Sicherheiten bekommen, die den kreditierten Betrag voll abdeckten. Bonner Haushaltsmittel wurden in diesem Zusammenhang nicht in Anspruch genommen. Die Kreditvergabe durch die Banken erfolgte zu den üblichen Geschäftsbedingungen.

Das erste Treffen zwischen Schäuble und Schalck-Golodkowski fand am 5. Dezember 1984 in Ostberlin statt und die letzte Begegnung, drei Tage vor dem Fall der Mauer, am 6. November 1989. Insgesamt gab es einundzwanzig Begegnungen. Schließlich traf sich

Schäubles Nachfolger Rudolf Seiters 1989 viermal mit Alexander Schalck-Golodkowski.

Was vor der Wende kaum jemand in der Bundesrepublik wußte, wurde Ende 1991 durch die Arbeit des Bonner Untersuchungsausschusses bekannt: Schalck-Golodkowski war mit der DDR-Staatssicherheit enger verbunden als angenommen.

Mit achtundzwanzig Jahren wurde Schalck-Golodkowski IM (Inoffizieller Mitarbeiter) der Stasi. Von 1962 bis 1966 leistete er als Erster Parteisekretär im Rahmen des Außenhandels wertvolle Dienste für die »Hauptverwaltung Aufklärung« (HVA), den Auslandsnachrichtendienst des Ministeriums für Staatssicherheit. 1966 gründete Schalck-Golodkowski im Auftrag der Stasi den Bereich »Kommerzielle Koordinierung« im Außenhandelsministerium der DDR. Im gleichen Jahr wurde er zum »Offizier im besonderen Einsatz« ernannt. Damit war er auch gegenüber Stasi-Chef Mielke weisungsgebunden. 1969 Beförderung zum Oberstleutnant und 1975 zum Oberst des Ministeriums für Staatssicherheit. Eine Ernennung zum Generalmajor wurde wegen seiner »besonderen Tätigkeit« nicht vollzogen.

Im Februar 1984 schrieb Stasi-Chef Erich Mielke an den »lieben Genossen Oberst Alexander Schalck-Golodkowski«: »Aus Anlaß des 34. Jahrestages der Bildung des Ministeriums für Staatssicherheit übermittle ich Ihnen herzliche tschekistische Kampfesgrüße. Ich spreche Ihnen persönlich Dank und Anerkennung für Ihren überaus bedeutsamen Beitrag, Ihre aufopferungsvolle Einsatzbereitschaft, getragen von politischer Klugheit, zur weiteren erfolgreichen politischen und ökonomischen Entwicklung und Stärkung der Deutschen Demokratischen Republik sowie zur Hebung und Festigung ihres internationalen Ansehens aus. Gleichzeitig bitte ich Sie, dem von Ihnen umsichtig geleiteten Kollektiv, welches in vorbildlicher Weise unser Ministerium bei der Lösung der vielschichtigen und komplizierten Kampfaufgaben unterstützt hat, Glückwünsche und Dank zu übermitteln.«

Diese Chronologie aktiver Stasi-Mitarbeit in höchsten Funktionen zeigt die enge Verzahnung seiner »Vermittlungstätigkeit« als DDR-Verhandlungsführer mit dem Ministerium für Staatssicherheit.

Das haben die Verantwortlichen im Bonner Kanzleramt nicht gewußt, nicht einmal geahnt. Es hätte ihnen auch wenig gebracht.

Denn Ostberlin bestimmte allein, wer mit wem auf westdeutscher Seite verhandelte. »Wir haben uns unsere Gesprächs- und Verhandlungspartner nicht ausgesucht, sondern wir haben mit denen Gespräche und Verhandlungen geführt, die uns dafür von der DDR-Regierung benannt worden sind«, sagt Wolfgang Schäuble. »Bedingung der DDR war bei den meisten Gesprächen immer die absolute Vertraulichkeit. Ohne die Zusage und die Einhaltung absoluter Vertraulichkeit wären solche Gespräche niemals möglich gewesen.«

Schäuble war jedoch bekannt, daß Schalck-Golodkowski in den Apparat der DDR-Staatssicherheit eingebunden war. »Er hat mir das gesagt«, unterstreicht Schäuble. »Er versicherte mir auch, daß er bei seiner Zuständigkeit für die DDR-Außenhandelsbeziehungen nicht irgendeine Tätigkeit in der Bundesrepublik ausüben werde, die ihn mit den Gesetzen in Konflikt bringen werde.« Und Schäuble fügt hinzu: »Schalck-Golodkowski war ein präziser und verläßlicher Gesprächs- und Verhandlungspartner. Absprachen, die mit ihm getroffen wurden, sind eingehalten worden. Das war deshalb besonders wichtig, weil wir über manche Verhandlungen keine schriftlichen Vereinbarungen schließen konnten.«

»Wie hätte sich die Lage entwickelt in Deutschland, wenn diese Gespräche nicht geführt worden wären?« fragte kürzlich Schalck-Golodkowski. Er habe sich als verantwortlicher Funktionär in der damaligen DDR bemüht, seine Verhandlungen mit den Bonner Vertretern zum Nutzen der DDR zu führen. Er sei jahrelang davon überzeugt gewesen, daß die Verhandlungen aber auch dazu beitragen würden, die Annäherung der beiden deutschen Staaten zu unterstützen. Seine Verhandlungspartner hätten ohne Ausnahme die Präambel des Grundgesetzes der Bundesrepublik Deutschland zum Ausgangspunkt ihrer Verhandlungsposition gemacht. Dies zu bemerken sei er seinen Gesprächspartnern schuldig. Kein Bonner Politiker habe es abgelehnt, mit ihm zu verhandeln, weil er einen Unrechtsstaat vertreten habe. Eigentlich seien alle froh gewesen, daß er als Verhandlungspartner zur Verfügung stand.

Wolfgang Schäuble entwickelte mit Schalck-Golodkowski zu keiner Zeit eine »persönliche Vertraulichkeit«. Das habe er bei vielen anderen Gesprächspartnern ähnlich gehalten, mit denen er sich um seriöse, verläßliche Beziehungen bemühte. Schäuble verlor aber auch nicht den Respekt vor seinem früheren Gesprächspartner. Schalck-Golodkowski sei nicht nur kompetent, sondern auch verläßlich gewesen. Man habe mit ihm in einer sehr direkten Art schwierige Probleme erörtern können.

Alexander Schalck-Golodkowski wurde im Bundeskanzleramt jahrelang »Gesprächspartner« genannt und unter dieser Bezeichnung in den schriftlichen Unterlagen geführt. Sein wirklicher Name taucht erst ab 1986 in den unter Verschluß gehaltenen Akten auf. Die besondere Vertraulichkeit der Verhandlungen und Gespräche verlangte von den protokollierenden Beamten des Kanzleramtes ein derartiges Vorgehen.

In seiner viereinhalbjährigen Amtszeit war Schäubles offizieller Gesprächspartner DDR-Außenminister Fischer. Mit ihm wären die meisten Themen nicht verhandlungsfähig gewesen, die mit Schalck-Golodkowski besprochen werden konnten.

Wolfgang Schäuble hat sich mit dem Ostberliner Unterhändler bis 1986 immer im Ostteil Berlins getroffen. In der Regel flog er nach Berlin-Tegel und wurde dort »wahrscheinlich von einem Wagen der Staatssicherheit« abgeholt. Meistens traf sich der Bonner Kanzleramtschef mit Schalck-Golodkowski in dessen Ostberliner Privatwohnung. Hin und wieder auch in seinem Büro. Anfang 1987 unterbreitete Schäuble seinem Gastgeber den Vorschlag, sich künftig in Bonn zu treffen. »Ich habe mich damals gefragt, warum ich eigentlich immer diesen Aufwand auf mich nehmen müsse«, erzählt Schäuble. »Ich habe ihm gesagt, daß ich mehr zu tun habe als er. Deshalb könnte er auch mal nach Bonn kommen.« Obwohl Schalck-Golodkowski Bedenken hatte, die Vertraulichkeit könne in Bonn nicht gewährleistet sein, stimmte er zu. Vom Frühjahr 1987 bis zum Ende der DDR wurden alle streng vertraulichen Gespräche in Schäubles Arbeitszimmer im Bundeskanzleramt geführt. Schalck-Golodkowski benutzte in der Regel eine Maschine der »British Airways« von Tegel nach Bonn und zurück. Ein Fahrer des Kanzleramtes holte ihn in Begleitung eines Beamten der Protokollabteilung am Flughafen ab und brachte ihn auch wieder zurück.

Absolute Vertraulichkeit

Wolfgang Schäuble wußte um die guten Beziehungen zwischen Strauß und Schalck-Golodkowski. Er kannte Einzelheiten der vertraulichen Kontakte zwischen dem Berliner und dem Münchner. Bevor er zu seinem ersten Besuch bei Erich Honecker nach Ostberlin aufbrach, flog er zunächst nach München. Ende November 1984 stimmte sich der frischgebackene Kanzleramtschef mit dem bayerischen Ministerpräsidenten ab. Diesmal ging es fast ausschließlich um Deutschlandpolitik, um brennende Fragen des deutsch-deutschen Nebeneinanders.

Strauß brauchte Schäuble keinen Schnellkurs im Umgang mit den Ostberliner Machthabern zu verabreichen. Was er aber anbot, nahm Schäuble dankbar entgegen: Strauß zeichnete ein einfühlsames Psychogramm des DDR-Unterhändlers Alexander Schalck-Golodkowski. Außerdem besprach er mit dem neuen Bonner Deutschlandpolitiker eine Reihe schwieriger Fälle von Familienzusammenführung und geplanter Häftlingsfreikäufe. Die Gespräche drehten sich auch um Finanzfragen, die von der DDR-Seite angesprochen worden waren. Schließlich kamen beide überein, daß Strauß ein erstes Treffen des neuen Kanzleramtschefs mit Schalck-Golodkowski arrangieren solle.

Einen Tag später hatte der Ostberliner SED-Spitzenfunktionär eine telefonische Botschaft von Strauß erhalten. Der CSU-Chef teilte dem »lieben Gesprächspartner« mit, daß Schäuble den Wunsch geäußert habe, mit Schalck-Golodkowski persönlich bekannt zu werden. Strauß empfahl ihm nun ganz unmißverständlich, sich mit Schäuble zu treffen, um die anstehenden Probleme zu besprechen. »Sie werden in ihm einen intelligenten und einsichtigen Gesprächspartner finden«, meinte Franz Josef Strauß.

Ohne Einwilligung des SED-Generalsekretärs Honecker und des DDR-Wirtschaftsministers Mittag war ein Treffen mit Schäuble nicht möglich. Ihre Zustimmung konnte auch »auf die Schnelle« nicht erreicht werden. Schalck-Golodkowski hielt dies in der gegenwärtigen Situation nicht einmal für zweckmäßig, »da ja sofort die Frage aufkommen könnte, was da besprochen werden solle«. Im Schreiben an den »lieben Genossen Minister« schlägt er Honeckers Vertrauensmann als Kontaktperson vor: »Denkbar halte ich, daß Schäuble zu

Wolfgang Vogel ins Büro geht und ich ›zufällig‹ dazukomme, wenn Schäuble garantiert, daß dieses ›zufällige‹ Zusammentreffen bei Wolfgang Vogel nicht bekannt wird. Dies würde jegliche informelle Kontakte von meiner Seite auf dieser Ebene unmöglich machen.«

Wie auch immer Stasi-Chef Mielke auf diesen Vorschlag seines »Offiziers im besonderen Einsatz« reagierte, es kam zum Treffen in Vogels Anwaltskanzlei.

Unterdessen hatte sich parallel zur Gesprächsvermittlung durch Strauß der Leiter der Ständigen Vertretung Bonns in Ostberlin, Staatssekretär Hans Otto Bräutigam, um einen Termin bei Schalck-Golodkowski bemüht.

Am Abend vor seinem offiziellen Treffen mit DDR-Außenminister Fischer in Ostberlin traf Schäuble mit Schalck-Golodkowski in der Anwaltspraxis des DDR-Unterhändlers für humanitäre Fragen, Professor Dr. Wolfgang Vogel, zusammen. Es war der 5. Dezember 1984, und die Zusammenkunft fand in Berlin-Friedrichsfelde statt.

Als erstes wurde vereinbart, »die Anwesenheit des Genossen Dr. Schalck als streng geheim zu behandeln und nicht in irgendeiner Weise gegenüber Dritten bekanntzugeben«. In seinem Gedächtnisprotokoll notierte Schalck-Golodkowski am anderen Tag: »Schäuble war offensichtlich durch sein Gespräch mit Strauß und Jenninger gut auf die anstehenden Probleme vorbereitet und hinterließ den Eindruck eines ehrgeizigen und unter Erfolgszwang stehenden pragmatischen Politikers, der das volle Vertrauen des Bundeskanzlers genießt und selbst in seiner letzten und neuen Funktion neben der persönlichen Freundschaft zu Jenninger über direkte und nach seinen Aussagen sehr konstruktive Verbindungen zu Genscher und anderen wichtigen Politikern der BRD verfügt. Er hat die Fähigkeit, ein aufmerksamer Zuhörer zu sein, und war an Hand der behandelten Fragen bemüht, daß beide Seiten tragbare Lösungen finden.«

Im Mittelpunkt des Dreiergesprächs standen »Fragen auf humanitärem Gebiet«. Es ging um die immer wieder abgelehnte Haftentlassung von Karin Schumann, der Lebensgefährtin eines enttarnten BND-Agenten. Besprochen wurde auch eine lange Liste von Häftlingen, die noch vor Weihnachten in die Bundesrepublik entlassen werden sollten.

»Eine besondere Rolle in seinem Auftreten spielte die Problematik der sogenannten Botschaftsfälle und dabei die Botschaft der BRD in Prag«, notierte Schalck-Golodkowski weiter. In der deutschen Botschaft in Prag waren im Dezember 1984 vierzig der dort auf ihre Ausreise wartenden DDR-Flüchtlinge in den Hungerstreik getreten. »Er [Schäuble] war sich um die komplizierte Lage und Problematik recht klar, machte aber im Verlaufe des Gespräches mich und Rechtsanwalt Dr. Vogel mehrmals darauf aufmerksam, daß auch unter dem Eindruck des Weihnachtsfestes mit einer außerordentlich negativen Presse zu rechnen ist, wenn sich dort nicht etwas bewege.«

Schäuble regte einen gemeinsamen Besuch von Rechtsanwalt Vogel und dem Bonner Staatssekretär Rehlinger in Prag an, »um den in der deutschen Botschaft befindlichen DDR-Bürgern einvernehmlich klar zu machen, daß ihnen Straffreiheit zugesagt wird, wenn sie unverzüglich an ihre Wohnorte in der DDR zurückkehren und dort ihre Anträge zur Ausreise aus der DDR beantwortet werden«. In Schalck-Golodkowskis Protokollnotiz heißt es abschließend: »Das ist und bleibt das maximale Angebot der DDR.«

Der »Offizier im besonderen Einsatz« vermerkte für seine Oberen in der SED-Spitze: »Es ist zu erwarten, daß Schäuble heute in seinen offiziellen Gesprächen mit Genossen Fischer das Vorkommnis an der Staatsgrenze der DDR ansprechen wird. Ich habe ihm – obwohl ich in dieser Frage keine Zuständigkeit und Vollmacht habe – empfohlen, insbesondere bei seiner Vorstellung in der DDR – daß er das Thema, wenn er es überhaupt anschneiden muß, nicht in den Vordergrund stellen sollte; das würde atmosphärisch sicherlich nicht gut sein.«

Schalck-Golodkowski teilte weiter mit, Schäuble werde offensichtlich Fragen zur Sprache bringen, die Berlin berühren, und darüber hinaus vorschlagen, über die Grunderneuerung von Teilen der Transitstrecken in Verhandlungen einzutreten.

Als Schäuble am 6. Dezember 1984 seine ersten Gespräche mit DDR-Spitzenpolitikern führte, wußten sie dank Schalck-Golodkowskis Aufzeichnungen bereits, um welche Themen es sich handeln könnte. Damit hatte der neue Kanzleramtsminister gerechnet. Ihm war bewußt, daß die Inhalte aller Gespräche mit Vertretern des SED-Regimes an interessierte Stellen der DDR-Regierung weitergeleitet wurden. Zuweilen machte er sich dieses Vorgehen der anderen Seite zunutze.

Nach den Treffen mit Außenminister Oskar Fischer und SED-Politbüromitglied Herbert Häber sagte Schäuble, es habe teilweise Übereinstimmung in politischen Positionen gegeben, aber auch Meinungsverschiedenheiten. Schäuble verurteilte gegenüber seinen Gesprächspartnern den jüngsten tödlichen Zwischenfall an der Berliner Mauer. Dies sei »zur Kenntnis genommen« worden, ohne daß es eine deutlichere Reaktion gegeben habe. Als Dissenspunkte nannte Schäuble damals die Fragen einer einheitlichen deutschen Staatsbürgerschaft und die Umwandlung der Ständigen Vertretungen beider Staaten in Bonn beziehungsweise Ostberlin in formelle Botschaften nach internationalem Recht. Schäuble beharrte auf dem Standpunkt, daß die deutsche Frage offen sei, und wandte sich gegen die in der DDR geführte »Revanchismus-Kampagne«. Schäuble sprach auch humanitäre Fragen an, darunter die Lage in den bundesdeutschen Botschaften in verschiedenen Hauptstädten des Ostblocks, in denen zahlreiche DDR-Bürger die Ausreise in die DDR erwirken wollten. Weitere Themen waren der Reiseverkehr und der Jugend- und Sportaustausch. Er bekundete die Bereitschaft der Bundesregierung, sich finanziell am Ausbau der südlichen Transitautobahn zu beteiligen.

Heute wissen wir, daß es sich bei dem »Vorkommnis an der Staatsgrenze« um die Erschießung des neunzehnjährigen Zimmermanns Michael Schmidt aus dem Kreis Bernau handelte. Er wurde am 1. Dezember 1985, wenige Tage vor Schäubles Besuch in Ostberlin, nahe der Pankower Wollankstraße von den beiden Grenzsoldaten Udo Walter und Uwe Hapke mit mehreren gezielten Schüssen getötet. Die Todesschützen mußten sich bereits für ihre Tat vor Gericht verantworten. Sie wurden für schuldig befunden und zu Freiheitsstrafen auf Bewährung verurteilt. Der Tod von Michael Schmidt gehört zu den über fünfzig Fällen, die Erich Honecker in der Anklage der Berliner Staatsanwaltschaft angelastet werden.

Noch bevor Schäuble seinen offiziellen Besuch in Ostberlin angetreten hatte, lag auf dem Schreibtisch von Franz Josef Strauß in München bereits eine aktuelle »Mitteilung an Gesprächspartner«. In der Rückmeldung vom abendlichen Zusammentreffen in der Kanzlei von Rechtsanwalt Vogel hieß es unter anderem, das Gespräch habe in konstruktiver Atmosphäre stattgefunden, die Geheimhaltung sei zugesichert worden.

Einen Tag später wußte Schalck-Golodkowski, daß Schäuble »mit sehr guten Eindrücken und einem sehr guten Bericht zurückgekehrt« sei. Strauß hatte diese Mitteilung seinem »lieben Gesprächspartner« neben Informationen über einen langen Gedankenaustausch mit dem Bundeskanzler zukommen lassen.

»Wir führten ja mit Schalck-Golodkowski nicht regelmäßige Gespräche um der Gespräche willen«, unterstreicht Wolfgang Schäuble noch einmal. »Wenn etwas zu besprechen oder zu verhandeln anlag, nahmen wir Kontakt mit ihm auf. Voraussetzung war immer strenge Vertraulichkeit. Wollte man mit ihm über ein konkretes Thema verhandeln, mußte er sich erst einmal beim SED-Generalsekretär um eine Vollmacht bemühen. Er hat sich jeweils auf eine von Honecker erteilte präzise Einzelvollmacht beschränkt.« Schäuble meint, Schalck-Golodkowski habe keinen allgemeinen Auftrag gehabt, über die politischen Beziehungen zwischen beiden deutschen Staaten insgesamt zu verhandeln, sondern nur im Rahmen vorgegebener Themen operieren können. Nicht selten habe er mitgeteilt, daß er für das eine oder andere Thema keine Vollmacht besitze. Deshalb könne darüber auch nicht verhandelt werden. »Herr Schalck-Golodkowski war kein Bote, sondern ein Bevollmächtigter der DDR-Regierung mit einem begrenzten Handlungsspielraum. Wir beide haben versucht, über Dinge zu reden, von denen die DDR öffentlich und offiziell gesagt hat, daß sie darüber mit keinem Vertreter Bonns sprechen werde. Deshalb auch immer wieder der Hinweis auf absolute Vertraulichkeit.«

Einen Tag nach Schäubles Besuch in Ostberlin vereinbarten beide telefonisch ein erstes Gespräch unter vier Augen für den 14. Januar 1985. Schalck-Golodkowski hatte von Generalsekretär Erich Honecker die Vollmacht, zwei Fragen anzusprechen:

»– Abschluß der langfristigen Vereinbarung über den Swing 1986–1990
– Gewährleistung, daß die Botschaften und Missionen der BRD so abgesichert werden, daß in Zukunft keine spektakulären Botschaftsfälle mehr entstehen können.
– Es kann zugesichert werden, daß bei Übergabe entsprechender Listen eine zügige Bearbeitung gewährleistet wird.«

Gespräche unter vier Augen

In der ersten Januarwoche 1985 übermittelte Erich Honecker, Generalsekretär des Zentralkomitees der SED, über den Minister für Staatssicherheit, Erich Mielke, an Alexander Schalck-Golodkowski eine schriftliche »Festlegung« für Gespräche mit Schäuble.

Darin wird »Genosse Schalck« bevollmächtigt, »inoffiziell und streng vertraulich Kontakte zu Minister Schäuble, BKA [Bundeskanzleramt], zu unterhalten«. Weiter heißt es: »Voraussetzung ist, daß dieser Kontakt nicht publiziert wird, dann hat er seinen Wert verloren.«

Im einzelnen beauftragte Honecker seinen Unterhändler, »zum frühesten Termin Schäuble aufzufordern«, die neue Swing-Vereinbarung mit einem Volumen von 900 Millionen Verrechnungseinheiten zu veranlassen.

Außerdem erwähnte Honecker das Thema »Botschaftsfälle«. Damit müsse man Schluß machen. Die Bundesregierung solle Voraussetzungen schaffen, daß die jetzige Praxis eingestellt werde. Wenn ihr solche Fälle vorlägen, solle sie Namenslisten übergeben, und dann könne man auf legalem Wege die Ausreise vorbereiten und durchführen.

Auf eigenen Wunsch traf Schäuble am 14. Januar 1985 mit Staatssekretär Schalck-Golodkowski in Berlin zusammen. Zunächst machte der Ostberliner Unterhändler nochmals besonders darauf aufmerksam, »daß dieser Kontakt inoffiziell und streng vertraulich und für die Fortsetzung dieser Gesprächsebene die unbedingte Wahrung strengster Vertraulichkeit Bedingung ist«.

Schäuble versicherte, daß seine Seite ebenfalls davon ausgehe. Der Bonner Kanzleramtschef antwortete, daß der Wunsch zu diesem Gespräch aus der Tatsache resultiere, daß der Bundeskanzler und er selbst großen Wert darauf legten, über diese vertrauliche und informelle Gesprächsebene einen engen Kontakt zu einem Beauftragten des Generalsekretärs des ZK der SED und Vorsitzenden des Staatsrates der DDR, Erich Honecker, zu haben, um auf diesem Wege aktuelle Fragen, die von beiden Seiten aufgeworfen werden, zu beraten und einer Lösung zuzuführen.

Im Verlauf des Gesprächs – dies bestätigen die geheimen Protokolle – beschwerte sich Schäuble über den bevorzugten Empfang hochrangiger SPD-Politiker durch Honecker und meinte, damit entstehe der Eindruck, als ob die SPD für die Regierung in der Bundesrepublik verantwortlich sei. »Es wäre sicherlich gut, wenn in der nächsten Zeit hochrangige Mitglieder der Regierung und Vorsitzende von Parteien der Regierungskoalition vom Generalsekretär... Honecker zu Gesprächen... empfangen würden... Verantwortlich für die Politik in der Bundesrepublik sei die gewählte Regierung. An ihr vorbei könne man keine erfolgreiche Politik machen.«

Schalck-Golodkowski notierte in seinem Gedächtnisprotokoll: »Ich möchte dazu persönlich sagen, daß Schäuble diese Ausführungen mit großer Sachlichkeit, ohne Emotionen und ohne Zuspitzung vorgetragen hat, aber für mich deutlich spürbar war, daß das der eigentliche Grund seines Kommens war.«

Der Bevollmächtigte der DDR sprach dann die von Honecker vorgegebenen Themen an: die Swing-Verhandlungen und die Botschaftsflüchtlinge. Fast wörtlich entnahm er seine Argumente der »Festlegung« des SED-Generalsekretärs.

Im Laufe der lebhaften Diskussion schnitt Schäuble das westdeutsche Interesse an einer substantiellen Verbesserung der Gesamtbeziehungen an und meinte, darunter seien nicht nur Fragen des Reise- und Besucherverkehrs und des humanitären Bereichs zu verstehen. Aus Bonner Sicht gehöre dazu auch das Thema Umweltschutz.

Außerdem unterstrich Schäuble das besondere Interesse der Bundesregierung an einem Abschluß des Kulturabkommens mit der DDR. Maximalforderungen auf beiden Seiten müßten ausgeklammert werden.

Dann erörterte er das brisante Thema Asylanten. Schäuble unterbreitete Schalck-Golodkowski eine Bitte des CSU-Vorsitzenden und bayerischen Ministerpräsidenten Franz Josef Strauß an den Generalsekretär des ZK der SED und Vorsitzenden des Staatsrates der DDR, Erich Honecker: Die DDR möge Maßnahmen ergreifen, um den Zustrom von Asylbewerbern über die DDR nach Westberlin, der zu einem großen Teil nach Bayern weitergeleitet würde, stark einzuschränken. Schäuble appellierte an »den guten Willen der DDR«, geeignete Schritte einzuleiten, die der Bitte entgegenkommen würden.

Abschließend bedankte sich Schäuble auch im Namen des Kanzlers für die Möglichkeit, auf dieser Gesprächsebene informell und vertraulich Kontakt zu halten. Er gehe davon aus, daß es dadurch möglich werde, anstehende Fragen bereits im Vorfeld offener anzusprechen, als dies bei offiziellen Verhandlungen in dieser Deutlichkeit erfolge. Die DDR könne sich darauf verlassen, daß diese Gespräche »auch in schlimmen Zeiten« streng vertraulich behandelt würden. Über das »heutige Gespräch« sei lediglich der CSU-Vorsitzende und bayerische Ministerpräsident Franz Josef Strauß informiert.

Am Rande der Trauerfeierlichkeiten für den verstorbenen sowjetischen Generalsekretär Tschernenko trafen sich Erich Honecker und Helmut Kohl in Moskau am 12. März 1985. Bei diesem Meinungsaustausch wurden aktuelle Fragen der deutsch-deutschen Beziehungen angesprochen und Vorschläge zur weiteren Entwicklung ausgetauscht.

Bevor sich Schalck-Golodkowski und Schäuble erneut zu vertraulichen Gesprächen trafen, vergingen mehrere Wochen. Ende Mai 1985 unterbreitete DDR-Wirtschaftsminister Günter Mittag, der unmittelbare Vorgesetzte von Schalck-Golodkowski, dem »Genossen Honecker« eine Direktive für das vorgesehene informelle Treffen mit Kanzleramtschef Wolfgang Schäuble. Zwei Tage später lag die Bestätigung des SED-Generalsekretärs vor. Die Begegnung mit Schäuble fand am 3. Juni 1985 in Berlin statt.

Aus den Protokollnotizen des Ostberliner Bevollmächtigten Alexander Schalck-Golodkowski geht hervor, daß sich Schäuble erneut über die Bevorzugung der SPD-Opposition durch die DDR beklagte. Die Kontakte zu den offiziellen Vertretern der Bundesregierung seien an die zweite Stelle gerückt. Vor Erörterung der Sachfragen machte Schäuble die generelle Bemerkung, daß es auf beiden Seiten »bekannte Rechtspositionen« gäbe, bei denen gegenwärtig keine Möglichkeit bestehe, sie zu verändern. Das betreffe zum Beispiel den Status von Westberlin sowie das Grundgesetz. Überall dort, wo in der Vergangenheit in Verhandlungen versucht wurde, solche Rechtspositionen zu verändern, konnten keine praktischen Ergebnisse erzielt werden. Schäuble meinte: »Beide Seiten sollten deshalb versuchen, praktikable Lösungen anzustreben, ohne daß grundsätzliche Rechtspositionen beeinträchtigt werden.«

In den Sachfragen orientierte sich Schalck-Golodkowski an der von Honecker genehmigten Direktive. Beim Thema Grenzverlauf auf der Elbe bestand er auf der Regelung »Mitte Strom« beziehungsweise »Mitte Talweg«. Schäuble nahm diesen bekannten Rechtsstandpunkt der DDR zur Kenntnis und sprach erneut das Problem der Einreise von Asylsuchenden über den Ostberliner Flughafen Schönefeld und den S-Bahnhof Friedrichstraße nach Westberlin an. Diese Frage habe für die Bundesregierung eine außerordentlich große Bedeutung und Tragweite.

Schalck-Golodkowski notierte in seinen Gesprächsaufzeichnungen: »Er äußerte intern als seine persönliche Auffassung (die er bittet, nicht offiziell zu verwenden und die er in der Öffentlichkeit dementieren müßte), daß eine befriedigende Lösung des sogenannten Asylantenproblems Möglichkeiten für eine einvernehmliche Regelung des Grenzverlaufs auf der Elbe schaffen beziehungsweise erleichtern könnte. Die DDR möchte bitte an dieser Darstellung erkennen, für wie wichtig und brennend die Regierung der BRD Schritte zur Lösung des Asylantenproblems ansieht.«

Schalck-Golodkowski zitierte sodann aus der Direktive Honeckers und teilte mit, daß die Praxis der DDR von völkerrechtlichen und nicht von ökonomischen Aspekten bestimmt werde. Das Problem solle keinesfalls mit anderen Sachfragen verbunden werden, weil das eine weitere sachliche Prüfung der Fragen völlig ausschließen werde.

Schäubles Vorschläge waren damit zunächst abgelehnt, seine Verhandlungstaktik gescheitert. Auch beim Thema »Swing«, dem zinslosen Überziehungsdarlehen, mußte sich der Bonner Kanzleramtschef sagen lassen, daß diese Vereinbarung nicht mit anderen Fragen außerhalb des Handels- und Zahlungsverkehrs gekoppelt werden könne. Die DDR sei nicht bereit, Zugeständnisse auf anderen Gebieten zu erwägen.

Bei seinen Verhandlungen mit der DDR versuchte Schäuble immer wieder, politische oder finanzielle Zusagen mit Erleichterungen in humanitären oder sozialen Bereichen zu koppeln. Sein Ostberliner Gesprächspartner, aber auch Honecker, Mielke und Mittag, versuchten, diese Strategie zu durchkreuzen. Doch es gelang ihnen immer seltener.

Bevor Schäuble erneut mit Schalck-Golodkowski zusammentraf,

kam es zu einem Gespräch zwischen Strauß und dem Ostberliner Unterhändler am 10. Juni 1985.

Der bayerische Ministerpräsident war über die Bonner Standpunkte zu einer Reihe von aktuellen Fragen in den Beziehungen der beiden deutschen Staaten von Schäuble ausführlich informiert worden. Im vertraulichen Gespräch mit Schalck-Golodkowski verdeutlichte er seine Haltung, die sich mit der Bonner Linie deckte. Einen breiten Raum nahm die Diskussion um die Asylantenfrage ein. Strauß äußerte die persönliche Bitte an die DDR-Seite, zu prüfen, ob nicht wenigstens Möglichkeiten bestehen würden, für bestimmte Bevölkerungsgruppen die Einreise nach Westberlin über die DDR zu erschweren. Schalck-Golodkowski erläuterte nochmals den bekannten Standpunkt der DDR und verwies auf die »widerrechtliche Einbeziehung von Westberlin als Land der BRD« hin.

Was dann Strauß streng geheim und ganz vertraulich in den Notizblock des SED-Spitzenfunktionärs Schalck-Golodkowski notierte, muß im nachhinein für Helmut Kohl und seinen Vertrauten Wolfgang Schäuble ein Schlag unter die Gürtellinie sein: Zur innenpolitischen Lage in der Bundesrepublik nach der Landtagswahl in Nordrhein-Westfalen, bei der die SPD erneut die absolute Mehrheit errang, meinte der CSU-Chef, seine bereits vor einem Jahr getroffene Feststellung, daß Kohl ernste Führungsschwächen als Bundeskanzler zeige, habe sich in zunehmendem Maße bestätigt. Dabei zeige sich insbesondere, daß Kohl einen oberflächlichen Arbeitsstil habe, die Probleme nicht gründlich durchdenke, allen recht gebe und keine Entscheidungen treffe. Ein Beispiel sei die mehrmalige Diskussion zur beschlossenen Steuersenkung. Eine solche Arbeitsweise ziehe sich wie ein roter Faden durch seine Arbeit als Bundeskanzler.

Hätte sich Schäuble noch ein einziges Mal mit Strauß an einen Tisch gesetzt, wenn er diese Sätze gelesen hätte? Vermutlich nicht. Gegenüber Schalck-Golodkowski polterte der unbeherrschte Bayer weiter: »Wenn der Bundeskanzler nicht in kürzester Zeit – und es verbleiben ihm nur noch wenige Wochen – eine prinzipielle Wende in seinem Arbeitsstil, insbesondere in der ernsthaften Durcharbeitung von Problemen mit den sich daraus ergebenden Konsequenzen für die Arbeit der Bundesregierung, durchsetzt, wird die Fraktion nicht mehr folgen.«

Am Ende erklärte der Ministerpräsident von Bayern, daß er sich zur Zeit mit Lothar Späth einig sei. Wenn Ernst Albrecht merke, daß für ihn Gefahr in der kommenden Landtagswahl bestehe, werde auch er die noch mühsam aufrechterhaltene Gefolgschaft für Kohl aufgeben müssen: »Das wäre das Ende des Bundeskanzlers. Es steht schon einer mit dem Dolch im Gewande – und das ist Lothar Späth.« Lothar Späth, der auch sein Freund sei, habe das politische Gespür, daß diese Entwicklung, wenn sie so weiterlaufe, das schier Unmögliche doch noch auf die Tagesordnung setzen könne. Gemeint war der Sturz Kohls.

Wie sehr sich beide Politiker täuschten, bedarf keiner weiteren Erklärung. Daß Strauß den Bonner Kanzler in dieser ausfälligen Weise kritisierte, verrät seinen Charakter, den Helmut Kohl meist richtig einschätzte.

Nach ausführlicher Beschreibung seiner Haltung zum amerikanischen SDI-Programm kam Strauß erneut auf die deutsche Frage zurück. Er zeigte sich überzeugt, daß weder er noch seine Kinder und Enkelkinder eine Veränderung der jetzigen politischen Grenzen in Europa erleben würden. Das treffe auch für die Existenz der DDR und der Bundesrepublik zu. Eine Wiedervereinigung sei nur denkbar, wenn sich in ganz Europa eine neue Situation herausgebildet habe.

Am Schluß setzte Strauß noch eins drauf und stellte fest:

»Eigentlich darf ich Ihnen das gar nicht sagen, Herr Schalck, aber nehmen Sie das mal mit: Ich und meine politischen Freunde sind froh darüber, daß Erich Honecker als Staatsratsvorsitzender und Generalsekretär der Partei die Geschicke der DDR leitet. Wir hoffen, daß das noch viele Jahre der Fall ist.«

Solche Sätze hätte in jener Zeit auch der saarländische Ministerpräsident Oskar Lafontaine formulieren können. Daß sie von Franz Josef Strauß stammen, enttäuscht nicht nur seine Verehrer in München. Für Kohl und Schäuble sind es unverzeihliche Ausbrüche des unberechenbaren Bayern, der damit einmal mehr bewies, mit wie vielen Zungen er zu sprechen vermochte.

Als ob es die verbalen Attacken gegen Kohl aus dem Munde von Franz Josef Strauß nie gegeben hätte, verhandelten der Bonner Kanzleramtschef und der Ostberliner Bevollmächtigte am 20. Juni 1985 erneut miteinander. Im Mittelpunkt des Treffens stand die zunehmende Zahl von Asylbewerbern, die über Ostberlin in die Bundesrepublik gelangten. Schäuble beschwor seinen Gesprächspartner, entsprechende Maßnahmen zu unternehmen, um den Asylantenstrom vor allem aus Sri Lanka – gemeint waren die Tamilen – und Ghana einzuschränken. Schäuble unterstrich, daß einseitige Maßnahmen der DDR zur Reduzierung illegaler Einreisen bei künftigen Gesprächen zwischen beiden deutschen Staaten atmosphärisch von Vorteil seien.

Der Bonner Kanzleramtschef zog alle Register seiner Verhandlungskunst und übte sanften Druck auf seinen »Gesprächspartner« aus. Er machte konkrete Vorschläge, wie das Loch in der Berliner Mauer für Asylsuchende gestopft werden könne, und bat um ernsthafte Prüfung. Er stellte die Bereitschaft Bonns in Aussicht, einen Swing für den Zeitraum von 1986 bis 1990 baldmöglichst zu vereinbaren. Auch für andere strittige Themen ließ er Lösungsmöglichkeiten erkennen. Schäuble wollte in der Ostberliner Asylantenfrage den Durchbruch, suchte den Erfolg für sich und seine Regierung.

Der ehrgeizige Badener ließ nicht locker. Drei Tage später telefonierte er mehrmals mit Schalck-Golodkowski und verlangte von ihm fast ultimativ, noch vor Unterzeichnung der neuen Swing-Vereinbarung in der »Asylantenfrage« von Ostberlin etwas zu hören. Schäuble gab unmißverständlich zu verstehen, daß er sich in einer schwierigen Lage befände, wenn die Swing-Vereinbarungen perfekt seien, in der Asylantenfrage aber lediglich Prüfung des Anliegens zugesagt werde. In einem dramatischen Telefonat warf ihm Schalck-Golodkowski vor, ein Junktim herbeiführen zu wollen, das er nicht akzeptieren könne. Schäuble verneinte die Existenz eines solchen Junktims und bat um neuerliche Prüfung seines dringenden Anliegens.

Einen Tag vor der geplanten Unterzeichnung der Swing-Vereinbarung kam es erneut zu einem telefonischen Kontakt zwischen Schäuble und Schalck-Golodkowski. Der »Gesprächspartner« aus Ostberlin rief am 4. Juli 1985 kurz vor neun Uhr an und teilte mit, die DDR werde ihren Auslandsvertretungen und den in Betracht kommenden Luftverkehrsgesellschaften mitteilen, daß Flugpassagiere aus Sri Lanka – gemeint waren wieder die Tamilen – vom 15. Juli 1985 an ein Transitvisum der DDR zur Weiterreise in andere Gebiete nur noch dann erhalten, wenn sie einen Einreisesichtvermerk des Zielgebietes besitzen.

Schalck-Golodkowski bat den Kanzleramtschef, von dieser Mitteilung, die von den Luftverkehrsgesellschaften der Sowjetunion, Rumäniens, Österreichs und der DDR in Kürze bekanntgemacht werden würde, keinen Gebrauch zu machen.

Mit Nachdruck wiederholte er seine Bitte, keinen Zusammenhang herzustellen zwischen dem Stopp der unkontrollierten Einreise von Tamilen und dem Abschluß der Swing-Regelung und der Vereinbarung über die Grunderneuerung von Abschnitten der Autobahn Berlin–Hof.

Am 5. Juli 1985 wurde die Vereinbarung zur Weiterführung des Swing – wieder auf 850 Millionen Verrechnungseinheiten – unterzeichnet. Schäuble war damit 50 Millionen unterhalb der Forderungen seines Verhandlungspartners geblieben. Zehn Tage später schloß sich für Tamilen das Schlupfloch Schönefeld endgültig. Schalck-Golodkowski hatte Wort gehalten.

Schäuble konnte seinen Verhandlungserfolg nicht auskosten. In der Öffentlichkeit entstand der Eindruck, die Bundesrepublik werde durch die Swing-Regelung erneut zur Kasse gebeten und sie stabilisiere dadurch auch noch das SED-Regime. Nur wenige politische Profis in Bonn erkannten, welchen wichtigen Etappensieg Schäuble errungen hatte, wie effizient und hartnäckig von ihm verhandelt worden war. Die Verbindung von westlichen Verrechnungseinheiten oder auch harter D-Mark mit politischen Zugeständnissen an Bonn, das war Schäubles Verhandlungsmaxime, die sich in den nächsten Jahren bis zum Ende der DDR als erfolgreich für die Bundesregierung erweisen sollte. Der Kanzler konnte mit seinem »Hausmeier« zufrieden sein.

Der streng geheime Gesprächsfaden zwischen Bonn und Ostberlin riß zwar nicht ab, wurde jedoch in der zweiten Hälfte des Jahres 1985 kaum weitergesponnen. Ende Januar 1986 ergriff Schäuble erneut die Initiative und ließ in Ostberlin anrufen. Er gab Schalck-Golodkowski zu verstehen, daß es in Verhandlungen und in der Presse eine Reihe von Signalen gegeben habe, und er fände es nützlich, über den »Gesamtzusammenhang« der deutsch-deutschen Beziehungen zu sprechen, »damit wir diese richtig verstehen«.

Schalck-Golodkowski übermittelte Schäuble ein Angebot: »Stehe Ihnen zu einem Gespräch . . . zur Verfügung und bin bevollmächtigt, auf informellem Weg entsprechend unserer bisherigen Praxis Ihre

Vorstellungen und Gedanken entgegenzunehmen.« DDR-Wirtschaftsminister Günter Mittag hatte die neuerliche Initiative genehmigt, ebenso SED-Generalsekretär Erich Honecker.

Am 4. Februar 1986 kam es zu einem neuen Treffen der beiden Verhandlungspartner in Ostberlin. Das dreieinhalbstündige Gespräch wurde in der Privatwohnung des Bevollmächtigten der DDR-Regierung geführt. Anlaß der Zusammenkunft war für Schäuble eine wichtige Information des berlin-brandenburgischen Konsistorialpräsidenten Manfred Stolpe über Bischof Binder in Bonn, nach der das Reisealter in der DDR gesenkt werde und Westreisen bei dringenden Familienangelegenheiten in erweitertem Maß genehmigt werden sollten.

Spontan dementierte der Vertrauensmann Honeckers und begab sich in einen Nebenraum, um zu telefonieren. Als Ergebnis seines Telefonats – vermutlich mit einem Regierungsmitglied – verkündete er, seit dem 1. Februar 1986 sei die DDR in der Tat dabei, Reisen in dringenden Familienangelegenheiten »sehr großzügig zu erweitern«. Im Einzelfall könne bei Genehmigungen auch auf die familiäre Bindung verzichtet werden.

Schäuble beklagte erneut das Verhalten der DDR in der Asylantenproblematik. Ohne Einbeziehung Berlins sei jede Regelung schädlich.

Schließlich bemerkte Schäuble, er verrate kein Geheimnis, wenn er mitteile, daß von seiten der CDU/CSU das Problem des geltenden Asylrechts zum Wahlkampfthema gegenüber der SPD gemacht werde. Wenn es dadurch und vielleicht mit Unterstützung der DDR gelingen würde, die SPD für eine entsprechende Änderung des Grundgesetzes zu gewinnen, so könne durch diese Veränderung des Asylrechts in der Bundesrepublik das Problem gelöst werden.

Schließlich wurde Honeckers Interview in der Hamburger Wochenzeitung »Die Zeit« angesprochen. Schäuble legte die Position Bonns in der Frage einer DDR-Staatsbürgerschaft dar und betonte zum Schluß, wie notwendig die Erhaltung dieses vertraulichen Kanals sei. Er deutete dabei auf die Unergiebigkeit der Gespräche mit dem Leiter der Ständigen Vertretung Ostberlins in Bonn, Ewald Moldt, hin.

Ende Juli 1986 bemühte sich Schäuble erneut um einen Kontakt zu Schalck-Golodkowski, der wegen dessen Urlaub nicht zustande kam. In den folgenden Monaten ließ der anstrengende Bundestagswahlkampf kaum Zeit für neue Initiativen in den deutsch-deutschen Beziehungen.

Hauptproblem blieb der Zustrom von Asylbewerbern über den Ostberliner Flughafen Schönefeld. Am 14. Januar 1986 hatte das Politbüro des ZK der SED – wie wir heute wissen – beschlossen, Transitvisa für Personen aus dreizehn Ländern von Äthiopien bis Tunesien nur noch dann zu erteilen, wenn Sichtvermerke der Bundesrepublik vorgewiesen werden konnten. Dieses Verfahren wurde aber nicht auf Westberlin angewendet, weil Bonn aus DDR-Sicht »keine Rechte und Zuständigkeiten für Berlin« hatte.

Schäuble wollte keine Chance ungenutzt lassen und reiste Mitte September 1986 zu der »Nummer eins« nach Ostberlin. In geheimer Mission traf er mit Erich Honecker zusammen. Einziges Thema: der Stopp der Einreise von Asylanten über Ostberlin. Der SED-Generalsekretär machte dem Kanzleramtschef keine Zusagen zur Eindämmung des Stroms der Menschen aus der Dritten Welt. Schäuble wiederum verwies auf die weitere Entwicklung der Asylantenzahlen.

Ende September 1986 – der Bundestagswahlkampf war in vollem Gange – verkündete der SPD-Kanzlerkandidat Johannes Rau das Ergebnis der Bonner Bemühungen. Auf einer Pressekonferenz teilte er mit, daß die DDR ihm die Zusage gegeben habe, Schönefeld für den Asylantenzustrom »dichtzumachen«. Über Egon Bahr hatte die DDR-Regierung diese Entscheidung dem Kanzlerkandidaten zukommen lassen. Hätten die Sozialdemokraten die Bundestagswahl im Januar 1987 gewonnen, wäre die Wahlkampfhilfe der SED sicherlich erneut zur Sprache gekommen.

Die DDR hatte die Berliner Mauer für Asylsuchende aus der Dritten Welt endgültig geschlossen. Auch für DDR-Bürger blieb die Grenze dicht. Schüsse auf DDR-Bewohner, die von Ost- nach Westberlin flüchten wollten, sorgten nicht gerade für Entspannung im deutsch-deutschen Nebeneinander. Am 21. November 1986 erschossen Soldaten der DDR-Grenztruppen die beiden Ostberliner Flüchtlinge Rene Groß und Manfred Mäder. Vergeblich hatten die beiden versucht, mit einem Lastkraftwagen die Grenzanlagen an der Mauer zu durchbrechen. Drei Tage später verlor der fünfundzwanzigjährige Ostberliner Maurer Michael Bittner sein Leben, als er versuchte, die Mauer zu überwinden.

Anläufe

Bei der Bundestagswahl 1987 bestätigte die Mehrheit der Wähler die Politik Kohls und seiner Regierung. Nun konnten auch in der Deutschlandpolitik neue Anläufe unternommen werden. Nach Koalitionsverhandlungen und neuer Regierungsbildung setzte Schäuble politische Prioritäten. In der Deutschlandpolitik wollte er Erfolge erzielen. Er wünschte den überfälligen Besuch Honeckers in Bonn, um endlich den »politischen Hindernislauf« zu beenden.

Als Bundeskanzler Helmut Schmidt im Dezember 1981 zum ersten Mal offiziell in der DDR bei Honecker zu Gast war, lud er den SED-Chef zu einem Gegenbesuch in die Bundesrepublik ein. Fünfeinhalb Jahre vergingen, bis er verwirklicht wurde. Das lag allerdings nicht an der Bonner Wende des Jahres 1982. Schmidts Nachfolger Helmut Kohl erneuerte Anfang 1983 die Einladung. Es gab auch eine Reihe positiver Signale aus Ostberlin, die vermuten ließen, daß Honecker geneigt war, einer unionsgeführten Bundesregierung die Reverenz seines Besuches zu erweisen. Doch im April 1983 starb ein Transitreisender am DDR-Grenzübergang Drewitz an Herzversagen. Jetzt bestimmten Sinn und Unsinn eines Honecker-Besuches die aktuelle Diskussion. Schließlich sagte der SED-Chef seine Reise schriftlich ab.

Inzwischen hatte Franz Josef Strauß mit der »Einfädelung« eines Milliardenkredits an die DDR für ein besseres politisches Klima in den deutsch-deutschen Beziehungen gesorgt. Am Rande der Trauerfeierlichkeiten für den verstorbenen Sowjetführer Jurij Andropow im Februar 1984 kamen Kohl und Honecker zusammen. »Ein Gespräch von Mensch zu Mensch«, wie es später hieß. Der Weg für einen Besuch Honeckers am Rhein schien frei zu sein. Ein Termin zeichnete sich ab, und es wurden Pläne für den komplizierten Besuchsablauf erstellt. Kohl sollte den ersten Mann der DDR auf dem Frankfurter Flughafen begrüßen und mit ihm zu politischen Gesprächen nach Bad Kreuznach fahren. Weil die Villa Hammerschmidt gerade renoviert wurde – was damals als glückliche Fügung betrachtet wurde –, sollte der Bundespräsident den Gast aus Ostberlin im Jagdschloß Falkenlust bei Brühl empfangen. Damit hätte das Bonner Protokoll den Eindruck eines Staatsbesuchs vermieden. Der »besondere Charakter« der innerdeutschen Beziehungen wäre nicht unterlaufen worden.

Als der CDU/CSU-Fraktionsvorsitzende Alfred Dregger in einem Zeitungsinterview meinte, unsere Zukunft hänge nicht davon ab, ob Herr Honecker uns die Ehre seines Besuches erweise, platzte die Bombe. Im September 1984 sagte Honecker zum zweiten Mal ab. Die »Kreml-Astrologen« meinten, es habe weniger an Dreggers polemischer Äußerung gelegen, als vielmehr an Moskau. Erich Honecker bestätigt diese Annahme in seinem soeben erschienenen Buch. Er schreibt, daß seine geplante Reise 1984 bei einem Treffen führender deutscher und sowjetischer Parteimitglieder mit Staats- und Parteichef Tschernenko in Moskau gegen seinen Willen vereitelt worden sei.

Im März 1985 trafen sich Kohl und Honecker wieder in der sowjetischen Hauptstadt. Am Rande der Trauerfeierlichkeiten für Konstantin Tschernenko sprachen sie ausführlich über die Verbesserung der Beziehungen zwischen beiden deutschen Staaten. Dabei war auch Wolfgang Schäuble. »Von deutschem Boden darf nie wieder Krieg, von deutschem Boden muß Frieden ausgehen.« Das war die gemeinsame Botschaft nach ihren Gesprächen. Erneut trafen sich Kohl und Honecker im März 1986 nach der Trauerfeier für den ermordeten schwedischen Ministerpräsidenten Olof Palme. Danach schien klar zu sein, daß der SED-Chef kommen würde. Die Frage war nur: wann?

Die Bonner Ostexperten vermuteten, daß sich Moskau immer noch gegen eine deutsch-deutsche Annäherung stellte. Denn auch in der ersten Hälfte des Jahres 1986 kam die Visite Honeckers nicht zustande, wie es Kanzleramtsminister Schäuble nach dem Besuch des Politbüromitglieds Horst Sindermann vermutet hatte. Schließlich verloren die Bonner die Lust an der Planung eines politisch so komplizierten Politikerempfanges, denn der Bundestagswahlkampf warf seine Schatten voraus. Jetzt konnte der Besuch Honeckers nur noch auf das Jahr nach der Bundestagswahl verschoben werden.

Am 27. März 1987 kam es nach kurzer Vorbereitung zu einem zweistündigen Gespräch zwischen Schäuble und Honecker. Das Gesprächsklima sei sehr gut und von großer Offenheit gewesen, sagte hinterher der Bonner Amtschef und versicherte, daß ein Besuch Honeckers in der Bundesrepublik beiderseits erwünscht sei.

Schäuble hatte mit Honecker auch schon über mögliche Termine verhandelt. Schließlich überbrachte Günter Mittag, Mitglied des SED-Politbüros, bei seinem Besuch in Bonn am 1. April 1987 Helmut Kohl den konkreten Vorschlag: zweite Septemberwoche. Der Kanzler stimmte zu.

Endspurt

Bevor sich Wolfgang Schäuble und Alexander Schalck-Golodkowski erneut im Jahr 1987 trafen, hatte der bayerische Ministerpräsident bereits mit Honeckers Unterhändler gesprochen. Dabei war die Reise Honeckers an den Rhein eines der wichtigsten Gesprächsthemen. Mitte Mai ließ Strauß seinem »lieben Gesprächspartner« ausrichten, daß bereits Termin und Einladung des Bundeskanzlers feststünden, »ferner Gespräche mit dem Bundespräsidenten und militärische Ehren am Palais Schaumburg [Amtssitz des Bundeskanzlers]«. Offen sei die leidige Flaggenfrage.

Schalck-Golodkowski bedankte sich anderentags bei Strauß für »gestrige Nachricht« und teilte mit, daß er das Mandat erhalten habe, »informell mit Bundesminister Schäuble zu sprechen«. Und: »Halte Sie auf dem laufenden. Mit besten Grüßen.«

Am 19. Mai 1987 kamen Wolfgang Schäuble und Schalck-Golodkowski im Bonner Bundeskanzleramt zusammen. Hauptthema war Honeckers Bonn-Besuch.

Schalck-Golodkowski wies zunächst darauf hin, daß in der politischen Führung der DDR keine einhellige Meinung bestehe. Auch die Konsultationen mit der Sowjetunion seien noch nicht abgeschlossen. Er erwarte aber ein positives Ergebnis aus Moskau. Der »Bevollmächtigte« Ostberlins trug den Wunsch vor, den Besuch Honeckers protokollarisch so auszugestalten, wie es beim Besuch des bulgarischen Partei- und Staatschefs Schiwkow in Bonn gewesen sei: protokollarische Begrüßung und Empfang durch den Bundespräsidenten. Schäuble verwies auf frühere Absprachen und erklärte, es sei zwar ein politisch bedeutsamer, aber kein repräsentativer Besuch. Zu beachten sei, daß Honecker als Gast des Bundeskanzlers in die Bundesrepublik komme und daher Begrüßung und Empfang wie bei anderen »Präzedenzfällen« – so zum Beispiel wie bei vergleichbaren Besuchen Breschnews und Mitterrands – ablaufen würden. Er habe keine Einwände gegen das Hissen der DDR-Flagge, versicherte Schäuble. Auch militärisches Zeremoniell sei möglich. Die Planung des Besuchs Honeckers dürfe nicht von einem eventuellen Gegenbesuch Kohls abhängig gemacht werden. Eindringlich verwies Schäuble auf die Verzahnung von Fortschritten in den deutsch-deutschen Beziehungen mit der Lage Berlins. Abgesagte Gesprächstermine in Berlin müßten wieder stattfinden, sonst könne man auch nicht über den Besuch Honeckers in Bonn reden.

Schäuble erläuterte dann ein »protokollarisches und politisches Szenario« des Honecker-Besuchs. Dabei ging es ihm vornehmlich um die Tagesabläufe des Bonn-Aufenthaltes.

Schalck-Golodkowski übergab zwei Papiere. Darin wurden Sachfragen aufgeführt, die als Unterlagen für die Vorbereitung des Besuchs zu verstehen waren. Sie ließen erkennen, welche substantiellen Ergebnisse die DDR anstrebte: die Unterzeichnung mehrerer Abkommen, die Grenzregelung an der Elbe und finanzielle Hilfe.

In den Protokollnotizen Schalck-Golodkowskis über die Gespräche mit Schäuble in Bonn ist zu lesen: »Während unseres Gespräches betrat für mich unerwartet der Bundeskanzler das Arbeitszimmer von Schäuble und brachte seine Genugtuung über die Durchführung dieser Gespräche zum Ausdruck. Er übermittelte beste Grüße an den Generalsekretär des ZK der SED und Vorsitzenden des Staatsrates, Erich Honecker, und brachte dabei zum Ausdruck, daß er ihn in absehbarer Zeit gerne in Bonn begrüßen würde.« Nachdem Kohl das Zimmer verlassen hatte, meinte Schäuble zu seinem Gast, »daß ihn wohl die Neugierde dazu veranlaßt habe, den Beauftragten der DDR zu begrüßen«.

Schäuble informierte den Bundeskanzler jeweils unverzüglich über den Stand der Verhandlungen.

Nach dem Gespräch im Mai in Bonn formulierte Schalck-Golodkowski den Entwurf einer Vorlage für das Politbüro. Darin wurde der Ablauf des Honecker-Besuchs so dargestellt, wie ihn Wolfgang Schäuble vorgezeichnet hatte. Schalck fügte bereits den Vorschlag eines gemeinsamen Abschlußkommuniqués bei, abgestimmt mit DDR-Außenminister Oskar Fischer.

Während der Sommermonate trafen sich Wolfgang Schäuble und Alexander Schalck-Golodkowski noch viermal im Bundeskanzleramt, um über Honeckers Besuch in Bonn zu verhandeln. Papiere wurden ausgetauscht, Einvernehmen in strittigen Fragen wurde erzielt. Immer wieder lenkte Schäuble das Gespräch auf Berlin und forderte Erleichterungen im Reise- und Besuchsverkehr. Es kam zu Irritationen, als die DDR Anfang Juli 1987 eine neue Regelung für den Geldumtausch bei Westreisen einführen wollte. Schäuble griff zum Telefon und protestierte bei Schalck-Golodkowski. Er drängte seinen Gesprächspartner, auch eine öffentliche Erklärung über die Fortsetzung der bisherigen Besuchspraxis abzugeben.

Fünf Tage vor Honeckers Besuch begegneten sich Wolfgang Schäuble und Alexander Schalck-Golodkowski erneut in Bonn, um letzte offene Fragen abzustimmen. Im wesentlichen ging es dabei um Formulierungen des Kommuniqués. Schalck-Golodkowski teilte seinem Bonner Gesprächspartner mit, daß die Junge Union in Trier während des Honecker-Besuchs Protestaktionen veranstalten wolle, die »von seiten des Generalsekretärs persönlich als unfreundlich und der angestrebten Atmosphäre des Besuches als abträglich angesehen« würden. Schalck-Golodkowski bat Schäuble dringend, seinen Einfluß geltend zu machen, »um derartige Demonstrationen der Jungen Union nicht stattfinden zu lassen«. Schäuble teilte nach den Aufzeichnungen Schalck-Golodkowskis dazu mit, daß er in Übereinstimmung mit Heiner Geißler sich dafür eingesetzt habe, daß an diesen Veranstaltungen keine führenden Politiker der CDU teilnehmen und die vorgesehenen Kundgebungen sehr »moderat« ablaufen würden. In der Parteiführung der CDU sei man sich einig, keinen stärkeren Druck auf den Vorstand der Jungen Union auszuüben, »weil möglicherweise dadurch unnötige und besonders zugespitzte Reaktionen zu erwarten wären«. Schäuble gehe davon aus, daß der Generalsekretär und seine Begleitung mit den Kundgebungen nicht konfrontiert würden.

Den Spielraum erweitern

Hermann Freiherr von Richthofen

Im November 1984 wurde der damalige Parlamentarische Geschäftsführer der CDU/CSU-Bundestagsfraktion, Dr. Wolfgang Schäuble, im Alter von erst zweiundvierzig Jahren Bundesminister für Besondere Aufgaben und Chef des Bundeskanzleramtes. Diese Entwicklung betraf mich ganz unmittelbar, denn ich war damals Leiter des »Arbeitsstabes Deutschlandpolitik« im Bundeskanzleramt, und dieser politische Bereich war ein bedeutender Schwerpunkt in Schäubles neuer Bestimmung.

Im Lichte der umwälzenden Ereignisse seit dem Fall der Mauer wirkt die Gangart der damaligen Deutschlandpolitik heute auf uns ziemlich zähflüssig und beschwerlich. Aber das war sicherlich nicht die Stimmung jener Jahre. Wer sich in den frühen siebziger Jahren mit dem innerdeutschen Dialog beschäftigte, konnte sich der Brisanz des Themas, seiner politisch-psychologischen Herausforderung und seinem intellektuellen Anspruch nicht entziehen. Wir arbeiteten damals mit der Überzeugung, daß sich zwischen den beiden deutschen Staaten etwas bewegen und die Situation der Menschen sich verbessern ließe. Wolfgang Schäuble hatte die Bedeutung der deutsch-deutschen Politik erkannt und leitete sie mit dem ihm eigenen nüchternen Optimismus. Aber auch er hätte trotz seiner Fähigkeiten, den Gang historischer Ereignisse vorauszuspüren, die ich bald bewundern lernte, nicht zu träumen gewagt, daß es ihm später, im Jahre 1990, einmal zufallen würde, als Bundesminister des Innern den Einigungsvertrag auszuhandeln und die deutsche Einheit zu vollenden.

Als Wolfgang Schäuble die Leitung der Deutschlandpolitik übernahm, registrierte sein Arbeitsstab mit Respekt und Befriedigung, welches Engagement und welchen Scharfsinn er darauf verwandte, den mühseligen Alltag des deutsch-deutschen Nebeneinanders mit Initiativen zu beleben, und daß er dies auf der Grundlage einer festen und konkreten Hoffnung auf die zukünftige Wiedervereinigung tat.

Die deutsche Nachkriegssituation und die Überwindung der Trennung Deutschlands hatten ihn offenbar schon als Schüler und Studenten beschäftigt. Bezeichnenderweise war er im bitteren Jahr des Mauerbaus, 1961, der Jungen Union beigetreten. Als in den stürmischen sechziger Jahren die deutschen Universitäten zum Schau- und Kampfplatz der politischen Auseinandersetzung wurden, legte er in der politischen Arbeit während seines Jurastudiums den Grund für seine späteren deutschlandpolitischen Ziele und Methoden. Seit seinem Einzug in den Deutschen Bundestag im Jahre 1972 nahm er teil an der parlamentarischen Behandlung der Deutschland- und Ostpolitik, die seit 1969 in Fluß und ins Zentrum der parlamentarischen Diskussion geraten war. Im Europarat und in der Westeuropäischen Union setzte er sich von 1975 bis 1984 energisch und konsequent für die außenpolitischen Grundlagen der neuen Deutschlandpolitik ein: die Bundesrepublik Deutschland im Nordatlantischen Bündnis fest verankert zu halten und unser nationales Schicksal in allen politischen Entscheidungsfragen mit demjenigen Europas zu verbinden. Dies waren der internationale Bezugsrahmen und das Koordinatensystem, mit dem er auch als Parlamentarischer Geschäftsführer von 1982 bis 1984 die interne Meinungsbildung der CDU/CSU-Fraktion und damit auch die Regierungsarbeit beeinflußte.

Wolfgang Schäuble wirkte im Kanzleramt als ebenso diskreter wie kraftvoller Antreiber des innerdeutschen Dialogs. Für diese Aufgabe in der Schaltzentrale der Bundesregierung brachte er einige wichtige Voraussetzungen mit: sein gutes persönliches Verhältnis zu Bundeskanzler Helmut Kohl, zu Fraktionschef Alfred Dregger und zum bayerischen Ministerpräsidenten Franz Josef Strauß. Bundeskanzler Kohl gewährte Schäuble von Anfang an einen breiten Ermessens- und Handlungsspielraum, den er mit Kompetenz und Kreativität und unfehlbarer Loyalität auszufüllen verstand.

Als Leiter des »Arbeitsstabes Deutschlandpolitik« im Bundeskanzleramt war ich Dr. Schäuble direkt unterstellt. Die Lösung operativer Aufgaben führte uns rasch zusammen. Seine Besuche in Ostberlin zum Beispiel mußten organisiert werden, während denen er die Funktionäre kennenlernte, die auf der anderen Seite für innerdeutsche Beziehungen verantwortlich waren. Diese Treffen erforderten in Vorbereitung und Durchführung eine besondere Art der Diplomatie. Aus dieser Anfangszeit ist mir noch eine Begebenheit im Gedächtnis geblieben: Schäuble war zu einer der ersten vertraulichen Begegnungen mit Schalck-Golodkowski nach Berlin geflogen. Abends fuhr er von Tegel aus mit dem Wagen nach Ostberlin, übernachtete im

Gästehaus der Bundesregierung in der Pücklerstraße und flog am nächsten Morgen mit der ersten Maschine wieder nach Bonn zurück. Als er zur gewohnten Zeit wieder an seinem Schreibtisch saß, prangte auf seiner Stirn eine riesige Beule. Ganz gegen den Anschein seien die Gespräche am Abend vorher nicht handgreiflich geführt worden, erklärte er lächelnd, er sei aber im Flughafen Tegel gegen eine Glastür gelaufen und habe sich bei Schalck den Kopf mit Eiswürfeln kühlen müssen.

Im Umgang mit seinen Mitarbeitern war Schäuble von immer gleichbleibend sachlicher Freundlichkeit, eine Art Fels in der Brandung. Das Arbeitsklima profitierte von seiner klaren, knappen und völlig ungekünstelten Sprache, von seinen blitzschnellen Assoziationen und manchmal überraschenden, sehr witzigen Bemerkungen. Andererseits wußte man genau, was Schäuble seinerseits von den Mitarbeitern erwartete: präzise Zuarbeit, zuverlässige Unterrichtung, politisches Verständnis und wohldurchdachte, pragmatische Lösungsvorschläge. Schäuble selbst bestach in komplizierten und dramatischen Situationen durch seine stets verfügbare, stets ungetrübte hohe Intelligenz, durch sein unbestechliches Urteil, sein imponierendes Auffassungsvermögen und durch ein beneidenswert fehlerfrei funktionierendes Gedächtnis. Wissen, zäher Fleiß, tiefdringende Denkarbeit und nüchterner Tatsachensinn schienen den Problemen, die ihm begegneten, schnell ihre richtige Proportion und ihre natürliche Lösung zu geben. Er selbst wirkte in sich ruhend und unabhängig, entschlossen und, man mochte fast glauben, unverwundbar.

In den Jahren der Zusammenarbeit habe ich zu erkennen versucht, woher die Lebensnähe seiner Überlegungen und Entscheidungen stammt, und habe mehrere Gründe dafür gefunden. Zum einen blieb er, obwohl sein Beruf ihn weggeführt hatte, in seiner badischen Heimat und der bürgerlich-demokratischen Tradition seiner Familie verwurzelt. Was sein Großvater zu manchen Problemen und Aussagen zu sagen gehabt hätte, bekam sein Arbeitsstab hin und wieder zu hören. Außerdem war er durch die Schulung vieler Wahlkämpfe gegangen und hatte ein sicheres Gefühl für das Funktionieren demokratischer Prozesse an der Basis entwickelt. Von Bonn aus blieb er zudem durch den engen Kontakt mit seinem Wahlkreis den Denkweisen, Gefühlsströmungen und Problemen der Wähler vertraut. Eine weitere Quelle von Kontakt und Lebensnähe schien der Sport für ihn zu sein. In Sport und Politik liebte er schnellen, kraftvollen Wettkampf, den er mit besonderer Fairneß betrieb, aber ohne dem Gegenspieler etwas zu schenken. Ich habe oft gedacht, daß er Deutschlandpolitik wie ein Tennismatch anging, indem er mit langen Schlägen von der festen Grundlinie seine Überzeugungen ausspielte, aber gleichzeitig nicht versäumte, sich in Verhandlungen auch schnelle Siegpunkte am Netz zu holen.

In seiner Arbeit zeigte er die Gedankenführung und Lösungsstrategien eines glänzend geschulten Juristen, der sachlich und ausgewogen alle Aspekte eines Problems zu analysieren, berücksichtigen und zu einer praktikablen nächsten Stufe zu bringen versteht. Aber das Verständnis für fremde Positionen wirkte durchaus nicht modifizierend auf die seine. Er weitete Verhandlungen und Kontakte mit Vertretern der DDR-Regierung durchaus nicht zu persönlichen Beziehungen aus, die die politisch-ethischen Differenzen zwischen beiden Systemen hätten verwischen können. Ich erinnere mich noch genau an die unangreifbar nüchterne Weise, mit der er beim ersten Mittagessen dem damaligen Leiter der Ständigen Vertretung der DDR, Herrn Moldt, begegnete und nach Tisch den Aufbruch machte, sobald die Höflichkeit es erlaubte.

Schäuble wußte, daß die Aufgabe, die sich deutsche Nachkriegspolitiker gestellt hatten, nahezu unlösbar war: den Status quo zu verändern, ohne Unruhe zu schaffen. Man mußte von den Realitäten ausgehen, die der Zweite Weltkrieg und der Kalte Krieg in Deutschland geschaffen hatten, ohne einen wirklich breiten Handlungsspielraum zu haben. Schäuble tat dies immer unter der Prämisse, daß die Teilung Deutschlands ohne Rechtsgrundlage sei und nur als vorübergehender Zustand bewertet werden dürfe, an dessen Überwindung man mit Beständigkeit und Energie arbeiten müsse. Aber die internationalen Machtverhältnisse hielten die Teilung aufrecht, und deshalb mußte sich die Deutschlandpolitik der Bundesregierung damit zufriedengeben, einstweilen nur die Trennung für die betroffenen Menschen zu lindern. Wir hofften, aber wir erwarteten eigentlich nicht, daß die deutsche Frage so schnell wieder auf der Tagesordnung der Weltpolitik stehen würde, um ihre endgültige Lösung zu finden.

Schäuble gehörte damals allerdings zu den wenigen, die persönlich davon überzeugt waren, es trotz mancher Rückschläge auch blieben und richtig voraussahen, daß die Sowjetunion die Nationen Mittel- und Osteuropas auf Dauer nicht daran hindern könne, sich auch Westeuropa zugehörig zu fühlen.

Für die Deutschlandpolitik hatte er vier zentrale Ziele festgesetzt:

1. Die Freiheit für alle Deutschen zu erreichen. »Freiheit ist der Kern der deutschen Frage.«
2. Solange die Teilung währte, ihre Folgen für die Menschen erträglicher und gefahrloser zu machen und die Freiheit und Lebensfähigkeit Berlins zu sichern und zu stärken.
3. Die Einheit der Nation völkerrechtlich nicht aufzugeben.
4. Die Einheit Deutschlands als eine Frage der Einheit Europas zu betrachten und zu behandeln.

Klare Grundsätze und Ziele erfordern auch klare und berechenbare Methoden: Schäuble hielt sich an die Maxime, daß die prinzipiellen Unterschiede zwischen den Systemen nicht verschwiegen werden durften, auch wenn man zum Gespräch, zum Interessenausgleich mit der DDR bereit war. Schäuble fand, daß man dem Frieden am besten diente, wenn man die bestehende fundamental verschiedene Qualität und Legitimation der beiden deutschen Staaten im Blickfeld behielt und immer wieder deutlich zum Ausdruck brachte. Er wollte dies nicht, um überheblich zu sein oder die DDR zu provozieren, sondern um Realismus, Berechenbarkeit und am Ende sogar eine Art von nüchternem Vertrauen in die Beziehungen zu bringen. Nur so konnte man verantwortlich mit den Vertretern des SED-Staates verhandeln. Diese Politik verlangte allerdings, sich mit der etablierten Führung der DDR an einen Tisch zu setzen.

Die Deutschlandpolitik jener Jahre war daher ein schwieriger und subtiler Akt der Balance: Wir wollten konkrete Verbesserungen für die Menschen erreichen, und das konnte nur im Einvernehmen mit der sozialistischen Regierung gelingen. Auf der anderen Seite wollten wir aber keinesfalls ein nicht vom Volk legitimiertes und kontrolliertes Regime stützen oder unseren Druck auf Veränderungen im anderen Teil Deutschlands abmildern. Schäuble löste das Dilemma, indem er einerseits in seinen Gesprächen mit der DDR beständig Themen auf die Tagesordnung setzte, die auf eine Veränderung des Status quo zielten, und indem er andererseits unablässig auf Reformen, Menschenrechte, Reisefreiheit und Freizügigkeit für die Menschen in der DDR drängte.

Verbesserungen für die Menschen im geteilten Deutschland waren nur mit höchster Geduld und Behutsamkeit, mit Flexibilität und Phantasie zu erreichen, und auch dann gelangen nur winzige Fortschritte. Das war der Grundstoff unseres damaligen Arbeitsalltags im Kanzleramt. Dennoch habe ich Schäuble selten resigniert erlebt. Er konzentrierte sich auf das jeweilig Machbare und vermied es, die Verantwortlichen in der DDR zu überfordern. Aber er verlangte strikt und konsequent für jede unserer Leistungen eine Gegenleistung von der anderen Seite, bei deren Berechnung und Bewertung er wiederum großen politischen Mut einsetzte.

Natürlich hatten beide Seiten die unterschiedlichsten Interessen. Wir zielten auf Menschenrechte, Freizügigkeit und die Verwirklichung des Selbstbestimmungsrechts, die DDR dagegen auf die Erhaltung des Status quo und auf den Fortbestand ihrer Existenz. Schäuble machte es einiges Vergnügen, auf das Paradoxon hinzuweisen, in das die sozialistische Regierung sich selbst manövriert hatte. Von uns forderte sie, den Status quo der beiden deutschen Staaten anzuerkennen, dessen eigentlicher Charakter seine Vorläufigkeit war. Eine solche Anerkennung hätte diese Vorläufigkeit aber beendet und damit die Situation in Deutschland grundlegend geändert. Wer die deutsche Frage für nicht mehr offen erkläre, argumentierte Schäuble, der verändere den Status quo. Die Verblüffung seiner ostdeutschen Gesprächspartner zeigte, daß es nicht unbedingt die Gesetze der Logik waren, die damals die deutsch-deutschen Beziehungen bestimmten.

Zu Schäubles Methode der Nutzung alles Machbaren gehörte es auch, Verhandlungsfelder zu suchen, in denen die beiden Staaten ähnliche Interessen hatten und sich entgegenkommen konnten. In Wirtschaft und Handel, aber auch in der Verbesserung der Zugangswege von und nach Berlin, im Kultur- und im Wissenschaftsaustausch, auf den Gebieten Gesundheit und Umweltschutz fanden beide Staaten Stoff für Vereinbarungen.

Unsere Seite nutzte diesen Spielraum, um von der DDR Fortschritte auf Gebieten zu erreichen, deren Zugeständnis ihrer Ausgrenzungsmentalität an und für sich widersprach. Für uns hatte die Entwicklung des Reiseverkehrs stets eine zentrale Bedeutung, weil er für die Menschen in der DDR von elementarer Bedeutung war. Ebenso lag uns an der Förderung von Jugendkontakten, Sportbegegnungen, Städtepartnerschaften, vorzeitiger Haftentlassung politischer Gefangener und Übersiedlung im Rahmen der Familienzusammenführung. Unablässig bemühten wir uns um die Aufhebung des Schießbefehls und den Abbau der Selbstschußanlagen.

Schließlich wußten wir, daß der Spielraum für die deutsch-deutschen Beziehungen erweitert wurde, wenn sie in die Ost-West-Beziehungen eingebunden wurden. Daher waren der KSZE-Prozeß und die Bemühungen um Abrüstung und Rüstungskontrolle, in denen wir unseren Standpunkt gemeinsam mit unseren Partnern in der europäischen politischen Zusammenarbeit und in der NATO entwickelten, für die deutsch-deutschen Beziehungen so wichtig. Es war auch ein primäres Anliegen, die deutsch-deutschen Beziehungen durch die Entwicklung guter Kontakte zur Sowjetunion und zu den anderen Mitgliedsstaaten des Warschauer Pakts in Mittel- und Osteuropa abzustützen. Die Bundesregierung beobachtete auch mit Interesse die vielfältigen Beziehungen der DDR zu den westlichen Staaten, weil die DDR auf diese behutsame Art eher nach Westen orientiert werden konnte.

Die Deutschlandpolitik ging nie an Berlin vorbei. Ziel war die Verbesserung der Lebensfähigkeit und die Entwicklung der alten Hauptstadt zu einer europäischen Metropole. Dies setzte enge Konsultationen und Abstimmungen mit den drei Westmächten voraus, die immer noch die oberste Gewalt in Berlin innehatten.

In den viereinhalb Jahren als Chef des Bundeskanzleramtes und als Bundesminister für Besondere Aufgaben hatte Wolfgang Schäuble das Glück, in einer sehr dynamischen Phase an der Gestaltung der innerdeutschen Beziehungen mitzuwirken. In seinen Verhandlungen mit der DDR erreichte er erhebliche Verbesserungen im Reiseverkehr und den Abbau der Selbstschußanlagen. Es gelang ihm auch, Honecker zu veranlassen, den wachsenden Strom illegal über den Flughafen Schönefeld nach Westberlin einreisender Asylbewerber zu unterbinden. Eine sich wiederholende Nervenprobe waren die Flüchtlinge in der Ständigen Vertretung in Ostberlin und in unseren Botschaften

(m Steiner/Wienand-Untersuchungsausschuß macht Schäuble 1973 auf sich aufmerksam. Von rechts: F. Schäfer (SPD), F. Vogel (CDU), W. Schäuble (CDU), H. H. Klein (CDU), F. Wittmann (CSU).

Parlamentarische Geschäftsführer unter sich: Schäuble 1984 im Gespräch mit Christa Nickels von den Grünen. Von Anfang an ist ihm am sachlichen Dialog mit den Bundestagsneulingen sehr gelegen.

Bundespräsident Richard von Weizsäcker überreicht im November 1984 Schäuble die Ernennungs urkunde als Bundesminister für Besondere Aufgaben – sehr zur Freude von Helmut Kohl.

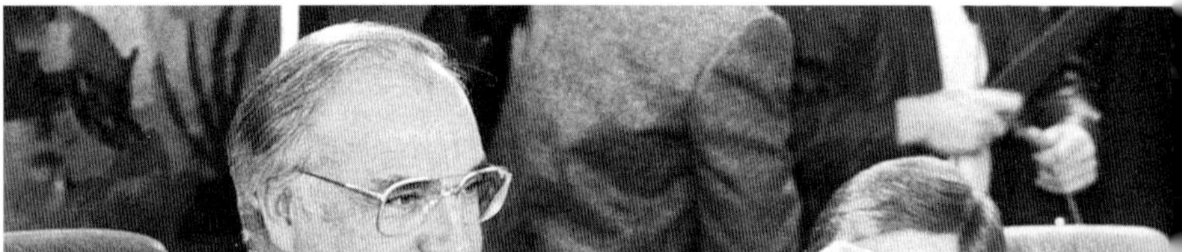

Einen Blick in seines Kanzlers Akten versucht während einer Kabinettssitzung im Jahr 1985 Kanzler amtsminister Wolfgang Schäuble zu erspähen. Schäuble gilt als treuer Gefolgsmann Kohls.

Kanzleramtsminister Schäuble empfängt Sportler wie Ulrike Meyfarth (Mitte), die für krebskranke Kinder sammeln. Der sportpolitische Sprecher der Union besitzt gute Kontakte zur Sportprominenz.

Schäuble, im Kanzleramt für die Deutschlandpolitik zuständig, trifft 1984 DDR-Außenminister Oskar Fischer. Ganz rechts Hans Otto Bräutigam, Leiter der Ständigen Vertretung Bonns in Ostberlin.

Als Kanzleramtsminister sorgt Schäuble dafür, daß alles reibungslos funktioniert – auch die Kommuni-kation und Verständigung mit der CSU. Franz Josef Strauß und Edmund Stoiber wissen das zu schätzen.

Ost-West-Treffen 1988: Erich Honecker, der Staatsratsvorsitzende der DDR, begrüßt in Ostberlin Wolfgang Schäuble, den Chef des Bundeskanzleramtes.

in Prag, Budapest und Warschau. In seine Amtszeit fiel schließlich auch der Honecker-Besuch in der Bundesrepublik. Die großartige Rede, die Bundeskanzler Kohl am 7. September 1987 in der Godesberger Redoute hielt, in der er die Einheit der Nation beschwor und mit Souveränität und Eindringlichkeit Honecker auf den Weg der Reformen drängte, trägt Schäubles Handschrift.

Als die Grenze am 9. November 1989 geöffnet wurde, wußte der erfahrene Deutschlandpolitiker, daß es kein Halten mehr geben würde und die Vision des geeinten Deutschland Realität zu werden begann. Deutschland friedlich unter europäischem Dach und als Teil des nordatlantischen Bündnisses zu vereinigen, in Ausübung des Selbstbestimmungsrechts und im Vollzug des Grundgesetzes – daran hat sich Wolfgang Schäuble beteiligt, und damit wird er in die Geschichte eingehen.

Kapitel VIII

Der Besuch Honeckers in Bonn

Am Ziel

Am 16. Juli 1987 kurz nach neunzehn Uhr meldeten die Nachrichtenagenturen aus Bonn und Ostberlin, daß SED-Generalsekretär Erich Honecker vom 7. bis 11. September auf Einladung des Bundeskanzlers die Bundesrepublik besuchen werde. Schäuble hatte alle Mühe, dem Bonner Pressechor den Unterschied zwischen einem Arbeitsbesuch und einem Staatsbesuch zu verdeutlichen. In Wahrheit wurde Honekker wie ein Staatsoberhaupt empfangen, wenngleich das Protokoll auf gewisse Unterschiede achten mußte. So gab es keine offizielle Begrüßung und Verabschiedung durch den Bundespräsidenten mit militärischen Ehren, wie es die DDR zunächst gewünscht hatte. Es fehlten auch die einundzwanzig Schuß Salut und die Ehreneskorte der Luftwaffe sowie das Ehrenspalier. Anstatt einer Begleitung von fünfzehn Motorrädern wurden bei Honeckers Arbeitsbesuch nur sieben »weiße Mäuse« eingesetzt. Ebenso wurde »kleine Beflaggung« angeordnet. Es fehlten die Fahnen an der Adenauerallee. Dennoch kam Kohl an einer Begrüßung mit militärischen Ehren vor dem Bundeskanzleramt nicht vorbei. Eine Verabschiedung dieser Art gab es allerdings im Vergleich zu einem Staatsbesuch nicht.

Kohl hatte Schäubles Vorschläge lange Zeit abgelehnt, Honecker mit allen protokollarischen Ehren zu empfangen. »Das war mit dem Bundeskanzler nicht einfach«, erläutert Schäuble. »Helmut Kohl wollte den Besuch, aber ohne Treffen in Bonn, ohne Fahnen, ohne Hymnen.« Die politisch-psychologische Vorbereitung stellte sich auch innerhalb der Unionsfraktion als schwierig dar. Schließlich setzte sich Schäuble durch. Für ihn führte kein Weg daran vorbei, den Besuch in Bonn mit Fahnen und Hymnen stattfinden zu lassen. Er wußte, ohne ein protokollarisches Minimum war ein Honecker-Besuch in Bonn nicht zu arrangieren. Deshalb verhandelte er mit Schalck-Golodkowski schon sehr früh auf der Basis üblicher Arbeitsbesuche, ohne zuvor alle Einzelheiten mit Kohl abzustimmen. »Wir machen da keinen Schmus«, war Schäubles Devise. »Kohl hat es am Ende akzeptiert. Am Tag des Honecker-Empfangs in Bonn hat er mir noch gesagt, das werde für ihn eine der bittersten Stunden in seiner politischen Laufbahn sein.«

Am 7. September 1987 gegen zehn Uhr landete eine Sondermaschine der DDR-Fluggesellschaft »Interflug« auf dem Köln-Bonner Flughafen Wahn. Zur Begrüßung erwartete den Gast aus Ostberlin Bundeskanzleramtschef Wolfgang Schäuble. In halsbrecherischem Tempo raste die Kolonne Richtung Bonn. Während der Fahrt unterhielten sich Schäuble und Honecker über die fünfziger Jahre. Damals, so berichtete der SED-Generalsekretär, habe er Bonn besucht, ohne erkannt worden zu sein. Schäuble erzählte die Geschichte der Bauruine, die sich an der Autobahn zwischen Köln und Bonn »seit Ewigkeit« befinde. Er machte dem DDR-Staatsratsvorsitzenden auch klar, daß Teile der Autobahnstrecke gesperrt seien, um den Kolonnenverkehr nicht zu beeinträchtigen. »Er war entspannt und fröhlich«, erinnert sich Schäuble. »Wir haben uns locker und normal unterhalten.« Auf der Bonner Südbrücke angekommen, spielte der Kanzleramtschef Stadtführer. Er erklärte dem Ostberliner Staatsgast das Regierungsviertel, den »Langen Eugen« und alles andere, was während der Fahrt aus dem Autofenster heraus zu sehen war. »Doch dann ging ein Ruck durch ihn. Er wurde ganz starr und war kaum noch ansprechbar«, sagt Schäuble. »Ich hatte ihm den protokollarischen Ablauf ein wenig erklärt und mußte feststellen, daß er sich sehr konzentrierte. Das hat mich dann richtig angerührt. Er war ja schließlich nicht mehr der Jüngste. Was ging wohl in diesem Mann vor?« sinniert Schäuble.

Vor dem Bundeskanzleramt gab es einen »großen Bahnhof«. Roter Teppich, Begrüßung. Ein außergewöhnliches Ereignis. Das lange Unvorstellbare wurde wahr. Zum erstenmal hielt sich ein Staats- und Regierungschef der DDR in der Bundesrepublik auf. Die psychische Anspannung war Kohl und Honecker anzumerken. Der Kanzler wirkte verkrampft, Honecker unsicher. Kleine Beflaggung, keine

Salutschüsse, kein Austausch von Geschenken und Orden. Dann erklangen jedoch die Hymne der DDR und das Deutschlandlied. Eine eindeutige Anerkennung des zweiten deutschen Staates. Für Honekker die Krönung seines Lebenswerkes. Bilder der Beklemmung und des Zorns für viele Deutsche in Ost und West wurden von den Fernsehsystemen beider deutscher Staaten live übertragen. Andere sahen im Besuch Honeckers einen längst überfälligen Schritt, das deutsch-deutsche Verhältnis zu normalisieren.

Diplomatisches Zeremoniell folgte, wie zwischen Wolfgang Schäuble und Alexander Schalck-Golodkowski verabredet. Der Chef des Wachbataillons rief Honecker zu: »Exzellenz, ich melde: Eine Ehrenformation der Bundeswehr zu Ihrer Begrüßung angetreten.« Honekker war der ungewöhnlichste Gast, den die Bundesrepublik seit ihrer Gründung je empfangen hatte. Am Zustandekommen des Besuchs hatte Schäuble entscheidenden Anteil. Ohne sein zielstrebiges Bemühen und geduldiges Aushandeln wäre er auch 1987 wieder gescheitert.

Geheime Vorlage

So ungewöhnlich die streng geheimen Vorbereitungen des Honecker-Besuches waren, so bemerkenswert vollzog sich die Nachbereitung der Visite. Honecker gab nach seiner Reise dem Politbüro des ZK der SED einen einhundertsiebzig Seiten starken Bericht über seinen offiziellen Besuch in der Bundesrepublik. Als »Vorlage für das Politbüro« beschreibt Honecker ausführlich seine Gespräche in Bonn, Düsseldorf, Saarbrücken und München. Diese geheime Vorlage basiert offensichtlich auf illegalen Mitschnitten aller Gespräche, auch jener unter vier Augen. Der frühere SED-Generalsekretär zitiert zum Teil wörtlich und gibt seine eigenen Ausführungen und die seiner Gesprächspartner meist in indirekter Rede wieder.

Das Ende einer totalitären politischen Ordnung macht es möglich, heute zu erfahren, was im einzelnen hinter verschlossenen Türen gesprochen und verhandelt wurde. Interessant ist außerdem, mit welchen Eindrücken und Bewertungen Erich Honecker nach Ostberlin zurückkehrte. Diese Dokumente, die jedes Politbüromitglied erhielt und aus denen im folgenden zitiert wird, stammen aus den Archivbeständen des früheren DDR-Außenministeriums.

Honecker beschreibt zunächst seine Ausführungen beim ersten Treffen mit Helmut Kohl, Wolfgang Schäuble und den übrigen Teilnehmern der großen Delegation. Der DDR-Staatsratsvorsitzende erläutert aus seiner Sicht die internationale Lage, beschwört die Gefahr eines Nuklearkrieges und umreißt seine Position zu Fragen der Abrüstungs- und Sicherheitspolitik.

Eine bedeutsame Rolle in den Gesprächen mit Kohl und Schäuble spielen Stand und Entwicklung der bilateralen Beziehungen. Der DDR-Staatsratsvorsitzende verspricht, an der Vertragspolitik mit der Bundesrepublik festzuhalten. Der Grundlagenvertrag und die gemeinsame Erklärung vom 12. März 1985 würden dafür gute Voraussetzungen bieten. »Es müsse von den Realitäten, von der Existenz zweier voneinander unabhängiger, souveräner deutscher Staaten mit unterschiedlicher Gesellschaftsordnung und Bündniszugehörigkeit ausgegangen werden. Alles andere seien Wunschträume«, sagt Honecker.

In seiner geheimen Vorlage an das Politbüro zitiert er dann Bundeskanzler Helmut Kohl, der demnach erklärte, ungeachtet der Gegensätze in Grundsatzfragen solle die praktische Zusammenarbeit entwickelt werden. Die Bundesrepublik bekenne sich zum Grundlagenvertrag. Sie halte fest an der »Einheit der Nation«, sie wolle, daß »alle Deutschen in gemeinsamer Freiheit zueinander finden könnten«. Die Bundesrepublik bekenne sich zum Gewaltverzicht. Sie achte die bestehenden Grenzen, wolle aber die Teilung auf friedlichem Weg überwinden. Honecker zitiert Kohls Worte in seinem Bericht an das Politbüro wie folgt: »An der Grenze mitten durch Deutschland dürfe Androhung von Gewalt nicht länger ein Mittel der Politik sein. Wirklicher Friede sei nicht möglich ohne Gewährleistung der Menschenrechte.« Und die Entwicklung der Bindungen »des westlichen Teils der Stadt an die Bundesrepublik sei unverzichtbar. Bei den Beziehungen zwischen der DDR und der Bundesrepublik könne Westberlin nicht ausgeklammert werden ... Für die Bundesrepublik stünden die Kontakte zwischen den Menschen im Vordergrund ... Nach eingehender Diskussion gab Helmut Kohl die vertrauliche Zusicherung, sich für eine einvernehmliche Regelung der Frage der Elbgrenze in kurzer Zeit einzusetzen.« Soweit aus Honeckers Bericht über das erste Zusammentreffen mit dem Bundeskanzler.

Leisetreter

Eine gute Stunde lang dauerte das Gespräch unter vier Augen zwischen SED-Generalsekretär Erich Honecker und dem Bundespräsidenten der Bundesrepublik Deutschland, Richard von Weizsäcker. Den Inhalt des vertraulichen Gedankenaustauschs gab Honecker in seiner Vorlage an das Politbüro ebenfalls ausführlich wieder. Zunächst habe Weizsäcker seine Freude zum Ausdruck gebracht, Honekker in der Villa Hammerschmidt willkommen heißen zu können. Bei seiner Amtsübernahme im Sommer 1984 habe er auf einen baldigen Besuch Erich Honeckers gehofft. Allerdings habe sich das Haus damals im Umbau befunden.

Der Bundespräsident, der im April 1987 nur mühsam von Wolfgang Schäuble abgehalten werden konnte, SED-Politbüromitglied Horst Sindermann, der den Sozialdemokraten in Bonn einen Besuch abstattete, in der Villa Hammerschmidt offiziell zu empfangen, sagte weiter, ihm liege daran, sich in ernsthafter Weise über das auszusprechen, was beide Seiten beschäftige, ob es bilaterale oder internationale Fragen seien.

Honecker bedankte sich für »alle Unterstützung«, die Richard von Weizsäcker dem Zustandekommen der heutigen Begegnung habe zuteil werden lassen. Für das Wesentliche halte er, die große Chance zu nutzen, die sich gegenwärtig im Zusammenhang mit dem in Aussicht stehenden Abkommen der Sowjetunion und der USA über die Mittelstreckenraketen ergebe. Diese Chance dürfe nicht versäumt werden.

Beide Politiker unterhielten sich nach Honeckers geheimer Vorlage an das Politbüro ausführlich über Sicherheits- und Abrüstungsfragen: »E. Honecker stimmte mit R. v. Weizsäcker voll und ganz überein«, schreibt Honecker wörtlich.

Anschließend kam der Bundespräsident laut Honecker auf die Sowjetunion zu sprechen, die er wenige Wochen zuvor besucht hatte.

Aus seinen Unterredungen mit Gorbatschow habe er den Eindruck gewonnen, daß dessen Idee der Umgestaltung der Sowjetunion sehr ernst gemeint und wohlbegründet sei. Sie nehme auf seiner Prioritätenliste Platz eins ein: »Aus der Sowjetunion sei einiges wirklich Konstruktives zu hören, was friedliche Koexistenz heute bedeuten muß.« Ohne das eigene System zu verraten, solle sie auf Zusammenarbeit gerichtet und auch als systemöffnend zu verstehen sein. Gorbatschow habe dies eindrucksvoll geschildert, und hier solle man auch weitermachen. Sehr Konkretes auf konventionellem Gebiet – so der Bundespräsident – sei allerdings von der Sowjetunion nicht zu hören. Er sage das nicht, um sich zu beschweren, sondern im Interesse weiterer Fortschritte, deren Gewicht nicht hoch genug eingeschätzt werden könne.

Honecker unterstrich nochmals die Vorschläge der Warschauer Paktstaaten zur drastischen Reduzierung der Streitkräfte und konventionellen Rüstungen und forderte einen chemiefreien Korridor beziehungsweise die weltweite Abschaffung dieser Waffen.

Zu bilateralen Fragen stellte Richard von Weizsäcker fest, der Weg des Grundlagenvertrages zwischen Bundesrepublik und DDR sei, prinzipiell gesprochen, der richtige. Man könne sich nicht über alles verständigen, das aber solle und dürfe nicht daran hindern, der Verantwortung jeder Seite in vernünftigem Umgang miteinander gerecht zu werden. Er sehe keinen Sinn darin – so der Bundespräsident gegenüber dem SED-Generalsekretär – sich gegenseitig die Schuld zuzuschieben, daß sich in der Nachkriegszeit vieles auseinander entwickelt habe, was sich nicht hätte auseinander zu entwickeln brauchen. Insbesondere von manchen Medien würden Prophetien für die nächsten hundert Jahre angestellt. Immerhin sei die Geschichte offen, aber man solle nicht über die nächsten fünfzig Jahre spekulieren, sondern sich der Forderung des Tages stellen, in Bezug auf Prinzipien jenen Umgangston finden, bei dem man sich nicht überfordere. Gelegentlich trete die Bundesrepublik der DDR mit Äußerungen zur deutschen Frage nahe, umgekehrt müsse man mit Berlin (West) in der Praxis weiterkommen.

Honecker erklärte anschließend, mit dem Grundlagenvertrag hätten sich die Dinge positiv entwickelt. Trotz bestimmter Störungen sei vieles erreicht worden. Die Politik des Dialogs habe sich bewährt.

Honecker wertete die Entwicklung des Reiseverkehrs insbesondere in diesem Jahr als Ausdruck dafür, was möglich ist, wenn man Vernunft walten läßt. Es komme der Normalisierung der Beziehungen zugute. Auch verwies Honecker auf die Handhabung des Grenzregimes. Er sprach sich für offizielle Beziehungen zwischen der Volkskammer der DDR und dem Bundestag der Bundesrepublik aus, wozu Richard von Weizsäcker bemerkte, hier seien ideologische Differenzen über die Wahl der Volksvertreter ins Parlament weniger das Problem als ideologische Differenzen in der jeweiligen Exekutive.

Was Berlin (West) angehe, so sei dies kein politischer Sozialfall in Europa, meinte Weizsäcker weiter. Das Viermächteabkommen solle respektiert werden, aber die Beziehungen dürften sich nicht an Berlin (West) vorbei entwickeln.

Richard von Weizsäcker sagte laut Protokoll des Mitschnitts abschließend, er begrüße Erich Honecker als Vorsitzenden des Staatsrates der DDR, aber auch als Deutschen unter Deutschen im Sinne einer Geschichte, unter der Erich Honecker als Deutscher gelitten habe. Bei einem Besuch im Gropius-Bau in Berlin (West) – so der Bundespräsident – habe er in einer dortigen Ausstellung Bilder aus Erich Honekkers grausamster Lehrzeit gesehen.

Richard von Weizsäcker schonte Honecker offenbar sehr. Nicht eine der strittigen Fragen, die während seines Besuchs bei den schwierigen Verhandlungen mit der Bundesregierung anstanden, wagte er anzusprechen. Der Leisetreter in der Villa Hammerschmidt machte nicht im Ansatz den Versuch, wenigstens einen der heiklen Punkte vom Reise- und Besuchsverkehr bis zur Neuregelung der Elbgrenze anzusprechen. Kein Wort zu den Menschenrechtsverletzungen in der DDR, zur fortlaufenden Unterdrückung oppositioneller Gruppen. Kein Satz zum Verhältnis zwischen DDR-Obrigkeit und evangelischer Kirche. Keine Frage des Bundespräsidenten zu den Schüssen an der Mauer und Grenze zwischen beiden deutschen Staaten.

Statt dessen eine Medienschelte und abfällige Bemerkungen über jene Politiker, die sich zur deutschen Frage pointiert geäußert hatten. Honecker erlebte ein westdeutsches Staatsoberhaupt, das sich nicht mitverantwortlich fühlte für die Menschen im Ostberliner Mauerstaat. Der Bundespräsident fiel der Bonner Verhandlungsposition sogar in den Rücken, als er den Verzicht auf offizielle Beziehungen zwischen Bundestag und Volkskammer mit »ideologischen Differenzen in der jeweiligen Exekutive« begründete.

Auch in Weizsäckers Tischrede aus Anlaß des von ihm für Honecker gegebenen Mittagessens vermißten Experten der deutsch-deutschen Beziehungen jegliche Unterstützung für Kohls und Schäubles schwierige Verhandlungen.

Moderat und steinhart

Wolfgang Schäuble und Alexander Schalck-Golodkowski hatten bei ihren geheimen Verhandlungen über die Themen beim Honecker-Besuch klare Absprachen getroffen.

Honecker übergab Kohl beim ersten Treffen ein sogenanntes »Non-paper« mit den Positionen der DDR zu einigen Sachfragen. Darin signalisierte der SED-Generalsekretär ein Einlenken beim Transitverkehr. Er stellte die Beibehaltung der Grenzübergangsstelle Staaken in Aussicht, wenn Bonn die erforderlichen Renovierungsarbeiten übernehme und wenn die Grunderneuerung von Autobahnabschnitten nicht Bestandteil der Transitgebührenpauschale sein würde. Im Reise- und Besucherverkehr kam Honeckers »Non-paper« der Bonner Forderung nach, die Städte Hamburg, Hannover und Kiel in den grenznahen Verkehr einzubeziehen. In dem »Non-paper«, das im diplomatischen Sprachgebrauch als nicht offizielles Verhandlungspapier gilt, wurde von seiten der DDR auch die Zulassung der Ein- und Ausfuhr von Tonbandkassetten, Videogeräten und -kassetten angedeutet.

Nach Honeckers geheimer Vorlage an das Politbüro – auf die wir uns stützen – fanden die moderaten, aber steinharten Verhandlungen im kleinen Kreis statt. Ein Bonner Zeitzeuge bestätigte das nach der Wende.

Kohl und Schäuble sprachen auch jene Themen an, die für Honecker peinlich und unangenehm waren. So verneinte er hartnäckig die Existenz eines Schießbefehls und verwies auf eine Schußwaffengebrauchsordnung der DDR-Grenztruppen, die identisch mit der der BRD-Vollzugsbeamten sei.

Hier die wichtigsten Auszüge aus dem Bericht Honeckers über die

Verhandlungen mit Kohl und Schäuble, der offensichtlich auf illegalen Mitschnitten basiert. Es handelt sich um »Gespräch im kleinen Kreis, 7. 9. 1987 (von 16.30 Uhr – 18.15 Uhr)«:

H. Kohl erklärte zu Beginn, er möchte nochmals seine grundsätzliche Position im Hinblick auf die Politik gegenüber der Sowjetunion bekräftigen. Er sehe hier eine große Chance. Die BRD wolle auch ihre Beziehungen zu anderen Staaten des Warschauer Vertrages verbessern. Das gelte besonders auch für die DDR. Man müsse die Möglichkeiten der Beziehungen ausschöpfen.

Er habe es als sehr positiv empfunden, daß es möglich war, zum Teil ohne jede Öffentlichkeit, schwierige Fragen miteinander zu klären. Wichtig sei, offen zu sagen, was gehe und was nicht. Seinerzeit im Zusammenhang mit dem Kredit hätten viele gefragt, wie zahle sich dies aus. Dies sei nicht sein Herangehen. Er gehe von der Perspektive aus und sei sich dabei einer breiten Unterstützung sicher. Natürlich spielten an einem Tag wie heute auch Emotionen eine Rolle.

H. Kohl schlug vor, im weiteren zunächst über Fragen der Kontakte zwischen den Menschen zu sprechen. Es sei für die BRD sehr wichtig, den jetzigen Weg im Reiseverkehr weiterzugehen. Er habe bei dem Gespräch in Moskau gesagt, daß kaum DDR-Bürger in der BRD bleiben würden. Die Zahl von 0,02% bestätige dies. Die BRD sei an Kontinuität in dieser Frage interessiert.

E. Honecker legte in Erwiderung auf die Bemerkung H. Kohls folgendes dar: Die Politik von M. Gorbatschow sei als langfristige Politik angelegt. Die gesamte sowjetische Führungsgruppe sei entschlossen, diese Politik durchzusetzen. Es gehe darum, daß die sowjetischen Menschen endlich besser leben können. Die DDR habe besonders enge politische und ökonomische Beziehungen mit der Sowjetunion. Der Handelsumsatz betrage 15 Mrd. Rubel jährlich. Die Handelsbeziehungen mit der Sowjetunion seien ausgeglichen. Es gebe Vereinbarungen über die engste Zusammenarbeit auf dem Gebiet von Wissenschaft und Technik. Damit werde das Embargo des Westens auf dem Gebiet der Hochtechnologie durchbrochen. Die DDR produziere jetzt Speicher mit 8,16 und 32 Bit. 1989 werde die DDR Speicher mit einem Megabit produzieren. Die DDR arbeite mit der Sowjetunion auf anderen Bereichen eng zusammen, z. B. auf dem Gebiet der Lasertechnik und bei neuen Werkstoffen. Die DDR produziere eigene Lichtleiterkabel. Es gebe eine enge Zusammenarbeit von über 100 DDR-Kombinaten mit entsprechenden Betrieben der Sowjetunion. Mit keinem anderen sozialistischen Land gebe es eine solche enge Kooperation. In der DDR selbst gebe es eine stetige, dynamische wirtschaftliche Entwicklung. Das Nationaleinkommen wachse um 4–4,5% jährlich, die Arbeitsproduktivität um 7–8%. Die Modernisierung der Industrie werde zielstrebig durchgeführt. Die Vollbeschäftigung sei gesichert. Die Sozialpolitik spiele eine große Rolle. Der Lebensstandard der DDR-Bevölkerung sei sehr hoch. Seit 1970/71 seien 270 Mrd. M für den Wohnungsbau ausgegeben worden, mehr als für die Verteidigung. In der Versorgung der Bevölkerung habe die DDR das Niveau entwickelter Industrieländer. Sie versorge sich selbst mit landwirtschaftlichen Produkten. 70% des Außenhandels der DDR werde mit sozialistischen Ländern abgewickelt. Der nächste große Handelspartner sei die BRD. Die DDR sei dafür, daß der Handel und die wissenschaftlich-technische Zusammenarbeit mit der BRD ein hohes Niveau erreichten. Die DDR gehe davon aus, daß auch der Transfer von Hochtechnologie dabei möglich würde.

H. Kohl wies darauf hin, daß nach seiner Kenntnis, wenn im Herbst das Abkommen über die Mittelstreckenraketen abgeschlossen werden könne, im nächsten Jahr eine Veränderung der COCOM-Liste erfolgen werde.

E. Honecker betonte, daß diese Embargobestimmungen sowieso nicht zu halten seien, wenn sich durch Abrüstungsabkommen eine neue Lage ergebe. Er bemerkte, daß sich die auf dem XXVII. Parteitag der KPdSU beschlossene Politik durchsetzen werde. Dabei werde die Sowjetunion auch auf Gebieten, wo sie heute noch Nachholbedarf habe, aufholen. Dabei spiele auch die Verbesserung des Schulsystems und der Berufsbildung eine Rolle. Die DDR sei entschlossen, die Beziehungen zur BRD zu erweitern und den Prozeß der Normalisierung weiter voranzubringen. Das setze natürlich auch in der BRD den entsprechenden Willen und ein entsprechendes Klima voraus.

H. Kohl erwiderte, er wolle diesen Prozeß psychologisch unterstützen. Er sei an Ergebnissen interessiert. Ihm komme es auf Tatsachen an.

Im Folgenden wurde eine Reihe von Einzelfragen der bilateralen Beziehungen behandelt.

H. Kohl stellte die Frage nach den sog. Kontaktverboten.

E. Honecker erwiderte, die Kontaktverbote seien generell aufgehoben. Früher seien SED-Mitglieder einbezogen worden. Dies sei nicht mehr der Fall. Natürlich gebe es bestimmte Regelungen für Angehörige der Armee, der Staatssicherheit und des Innenministeriums.

H. Kohl fragte, ob eine Chance bestehe, Verbesserungen im grenznahen Bereich zu erzielen, insbesondere Hannover, Hamburg und Kiel in den grenznahen Verkehr einzubeziehen.

E. Honecker erwiderte, die DDR sei dazu grundsätzlich bereit, wenn bei der Feststellung des Grenzverlaufes auf der Elbe positive Ergebnisse erreicht werden können. Wenn diese Frage geregelt sei, könne man sofort Hannover, Hamburg und Kiel einbeziehen.

H. Kohl erklärte, er möchte dazu ein offenes Wort sagen. Bei der jetzigen Begegnung sei dazu noch kein Beschluß möglich. Er stelle sich vor, in dieser Frage wie folgt vorzugehen: Bevor sich die Grenzkommission mit diesem Thema beschäftige, solle vorher ein Gespräch auf qualifizierter, politischer Ebene stattfinden. Nach dem Besuch könne man in absehbarer Zeit darüber sprechen. Vorläufig solle man dieses Thema in der Öffentlichkeit nicht weiter erörtern. E. Honecker erklärte, er sei mit diesem Vorgehen einverstanden.

H. Kohl verwies auf einige Fragen im Zusammenhang mit Westberlin. Was könne man tun, um hier die notwendigen Verbesserungen zu erreichen. Westberlin dürfe von den allgemein positiven Ergebnissen nicht ausgeklammert bleiben.

W. Schäuble ergänzte, Westberlin sei hinsichtlich des Reise- und Besucherverkehrs im Rückstand. 1984 seien Hoffnungen geweckt worden, die bis heute nicht verwirklicht seien. Wenn die Zwei-Tages-Regelung noch nicht eingeführt werden könne, stelle sich die Frage, ob man nicht doch im Zusammenhang mit den Mehrfachberechtigungsscheinen eine Erlaubnis am Grenzübergang erhalten könnte.

Eine weitere Frage sei die Herstellung von Partnerschaften zwischen Stadtbezirken in »Berlin«.

E. Honecker verwies auf eine ganze Reihe von Verbesserungen im Hinblick auf Westberlin. Es würden Gespräche über den Gebietsaustausch geführt. Bereits früher sei bei Ein-Tages-Besuchen eine Ausdehnung auf 2.00 Uhr des folgenden Tages erfolgt. Es stelle sich in diesem Zusammenhang auch die Frage der Sicherheit. Die USA legten sehr großes Gewicht darauf, daß bestimmte Personen nicht über die Grenze wechseln. Die Kontrolle müsse gesichert sein. Was die Zwei-Tages-Regelung betreffe, sei dies nicht in erster Linie ein Problem der Sicherheit, es hänge auch mit der Frage des Mindestumtausches zusammen. Man könne auch nicht zulassen, daß die Hauptstadt der DDR überflutet werde. Bekanntlich gebe es in Westberlin 200000–300000 Ausländer. Es gebe schon jetzt die Möglichkeit, für Einreisen in die DDR mehrere Tage zu beantragen. Die Gültigkeitsdauer der Berechtigungsscheine könne von 3 auf 6 Monate verlängert werden. Eine Ausstellung der Visa an der Grenze würde aber zu Stauungen führen. Man müsse überlegen, ob man nicht in Grenznähe Büros errichtet, damit die Visaausgabe nicht direkt am Grenzübergang erfolgen muß. Bisher konnten die Büros für den Reise- und Besucherverkehr in Westberlin keine Visa ausgeben, weil dies von Westberliner Seite als Hoheitsakt angesehen werde.

Es gebe den Wunsch der Westberliner Seite, über eine GÜST [Grenzübergangsstelle] einzureisen und über die andere auszureisen. Die DDR müsse aber eine bestimmte Kontrolle haben, wer ein- und ausreist. Bei Einreisen von mehr als 2 Tagen bestehe bereits die Möglichkeit der Einreise über die eine und der Ausreise über die andere GÜST. Die DDR sei bereit, diese Möglichkeit auch bei Reisen ab zwei Tagen einzuführen.

Der Westberliner Senat habe eine weitere Frage aufgeworfen, das sei die Offenhaltung der GÜST Staaken. Wenn dies der Fall sein solle, würde dies eine Rekonstruktion erforderlich machen. Die DDR sei bereit, auch die Frage des Südgeländes bei der Eisenbahn erneut zu prüfen. Über all diese Fragen könne man sprechen.

E. Honecker verwies darauf, daß der Transitverkehr unbehindert sei. 27 Mio Transitreisende benutzten die Transitstrecke. Dies sei von großer Bedeutung für Westberlin.

H. Kohl erklärte, er halte es für sinnvoll, nach dem Besuch erneut im kleinen Kreis über die mit Westberlin zusammenhängenden Fragen zu sprechen. Er benenne dafür W. Schäuble. Für die BRD sei dies ein wichtiger Punkt.

H. Kohl warf als weitere Frage den Mindestumtausch auf.

E. Honecker erklärte dazu, die DDR habe das Mögliche getan. Er sehe gegenwärtig keine Möglichkeiten der Veränderung. Diese Frage hänge auch mit der Währungsspekulation zusammen.

H. Kohl erwiderte, er habe dies zur Kenntnis genommen. Dieses Thema bleibe für die BRD aber offen.

H. Kohl erklärte, ein weiterer Punkt sei der Schießbefehl.

E. Honecker erwiderte, es gibt keinen Schießbefehl. Es gibt eine Anordnung zum Gebrauch von Schußwaffen, so wie es auch in der BRD eine solche Anordnung gibt. Jeder, der ein ordnungsgemäßes Visum hat, kann über einen Grenzübergang die Grenze überschreiten, ansonsten ist die Grenze militärisches Sperrgebiet.

E. Honecker zitierte aus dem »BRD-Gesetz über den unmittelbaren Zwang bei Ausübung öffentlicher Gewalt durch Vollzugsbeamte des Bundes vom 2. März 1974«, worin es heißt:

»Die ... genannten Vollzugsbeamten können im Grenzdienst Schußwaffen auch gegen Personen gebrauchen, die sich der wiederholten Weisung, zu halten oder die Überprüfung ihrer Person oder der etwa mitgeführten Beförderungsmittel und Gegenstände zu dulden, durch die Flucht zu entziehen versuchen. Ist anzunehmen, daß die mündliche Weisung nicht verstanden wird, so kann sie durch einen Warnschuß ersetzt werden.«

In der Allgemeinen Verwaltungsvorschrift des Bundesministers des Innern zu diesem Gesetz heißt es ausdrücklich, daß ein zweiter Warnschuß als Androhung des Schußwaffengebrauchs gilt, wobei darauf hingewiesen wird, daß die Geschosse »nach Möglichkeit« fremdes Hoheitsgebiet nicht berühren sollen. Ziffer X dieser Vorschrift besagt u. a.:

»Kommt eine Person ... vorübergehend in den Gewahrsam von Vollzugsbeamten, so kann die Person darauf hingewiesen werden, daß sie bei einer Flucht auch ohne erneute Androhung mit dem Gebrauch der Schußwaffe rechnen müsse. Flüchtet die Person trotz des Hinweises, so bedarf es keiner erneuten Androhung vor dem Gebrauch der Schußwaffe ... Das gleiche gilt im Grenzdienst, wenn jemand zur Überprüfung seiner Person oder der etwa mitgeführten Beförderungsmittel und Gegenstände festgehalten wird ...«

Dies unterscheide sich nicht von der Anordnung bei uns. Wir seien nicht für solche Zwischenfälle. Es gebe auch weniger Zwischenfälle als Meldungen darüber. Wir wollten nicht, daß Menschen umkommen. Aber man müsse die Regelungen im militärischen Sperrgebiet beachten.

H. Kohl erklärte, er erwarte nicht, daß sich heute oder morgen etwas verändert, aber jede Meldung über einen solchen Zwischenfall sei von Übel. Wenn man in dieser Frage etwas bewegen könne, wäre das von großer Bedeutung. Jeder dieser Vorfälle beschäftige die Öffentlichkeit.

H. Kohl stellte die Frage, wie man den Tourismus verbessern könne.

E. Honecker sagte, die DDR sei für eine Ausweitung. Dazu gebe es auch eine Formulierung im Kommuniqué. Es gebe Festlegungen für Hotelneubauten in Berlin, Dresden und Erfurt.

H. Kohl fügte hinzu, wenn sich auf diesem Gebiet etwas bewege, könne man auch über entsprechende Fragen wirtschaftlicher Art dabei sprechen. Er sei dafür, daß die Bundesbürger, insbesondere die Jugend, ehe sie nach Italien oder Frankreich fahren, Weimar oder Dresden besuchen.

E. Honecker verwies darauf, daß 1986 12 Mio DDR-Bürger aus privaten Gründen in andere Staaten gereist seien, bis August 1987 9,1 Mio; davon 1986 in sozialistische Staaten 7,5 Mio, bis Ende August 1987 6 Mio; in nicht-sozialistische Staaten und Westberlin 4,4 Mio 1986 und bis Ende August 1987 3,2 Mio.

H. Kohl trug ein Anliegen des Zentralrates der Juden vor, der in Heidelberg eine jüdische Hochschule eröffnet habe, verbunden mit einem Archiv. Dieser habe die Bitte, 10–15 jüdische Bürger aus der DDR mit Stipendien dort studieren zu lassen. Der Zentralrat der Juden habe Kohl ausdrücklich gebeten, diese Frage bei dem Besuch vorzutragen.

E. Honecker verwies darauf, daß er vor kurzem den Präsidenten des Weltrates der Juden empfangen habe. Jetzt komme ein Rabbiner aus den USA an die Jüdische Gemeinde in Berlin. Was das Anliegen betreffe, das H. Kohl vorgetragen habe, könnte sich der Zentralrat der Juden an die Jüdische Gemeinde direkt wenden oder auch an das Hochschulwesen der DDR. Er gehe davon aus, daß man dem Wunsch nachkommen könne. Auch die Archivbenutzung werde ermöglicht werden.

H. Kohl sagte, er werde den Zentralrat der Juden informieren, daß er sich an die Jüdische Gemeinde in der DDR wendet.

H. Kohl kam auf die Frage von Städtepartnerschaften zu sprechen. Er messe diesen Partnerschaften große Bedeutung bei. Dabei sollten nicht nur die Bürgermeister reisen, sondern auch Begegnungen zwischen den Bürgern stattfinden. Als persönlichen Wunsch trug H. Kohl vor, zwischen Ludwigshafen und Zwickau oder Dessau eine Städtepartnerschaft zu begründen.

E. Honecker verwies darauf, daß bis jetzt 22 Städtepartnerschaften bestehen. Gerade jetzt sei Trier und Weimar vereinbart worden. Auch für eine Städtepartnerschaft zwischen Bonn und Potsdam gebe es Einverständnis. Die DDR sei dafür, Erfahrungen zu sammeln und Schritt für Schritt vorzugehen. Natürlich sollten sich dabei auch die Bürger begegnen.

H. Kohl trug das Angebot der Körber-Stiftung Hamburg vor, ein Stipendium für 10 Studenten der Naturwissenschaften aus der DDR zu vergeben als postgraduales Studium.

E. Honecker sagte, man werde dieses Angebot prüfen.

W. Schäuble warf die Frage der Prioritäten hinsichtlich Ausbau von Eisenbahnen oder Autobahnen auf. Auch die BRD könne nicht alles auf einmal machen. Für die BRD habe der Ausbau der Eisenbahn absolute Priorität. Was die Autobahn betreffe, so solle man das den Gesprächen im Zusammenhang mit der Transitpauschale im nächsten Jahr vorbehalten. Hierzu gehöre auch die Position der BRD, daß die Grunderneuerung nicht Bestandteil der Transitpauschale sei. Sie sei deshalb nicht in der Lage, jetzt eine Grundsatzerklärung abzugeben über die Beteiligung an Grunderneuerung und Autobahn. Es werde deshalb vorgeschlagen, jetzt Gespräche über die Eisenbahn zu führen und im nächsten Jahr über die Transitpauschale.

E. Honecker verwies in diesem Zusammenhang darauf, daß nach den bisherigen Festlegungen die GÜST Staaken Ende des Jahres geschlossen wird. Die DDR sei bereit, Staaken weiterhin für Pkw und Kraftomnibusse auch nach dem 31. 12. 1987 offen-zu-halten, wenn die Aufwendungen für die notwendige Rekonstruktion von der BRD-Seite getragen werde und wenn sie grundsätzlich erklärt, daß die Grunderneuerung bei Autobahnen nicht zur Transitpauschale gehört. Die Schließung von Staaken wäre sicher psychologisch nicht gut. Die Frage der Grunderneuerung sei bisher immer außerhalb der Transitpauschale geregelt worden.

Was die Eisenbahn angehe, so seien wir dafür, entsprechende Gespräche aufzunehmen. Darüber sollte man auch auf Expertenebene sprechen.

W. Schäuble vertrat nochmals die Auffassung, die Frage der Rekonstruktion von Staaken solle man nicht mit der grundsätzlichen Frage der Grunderneuerung der Autobahn verbinden. Dies solle im Zusammenhang mit der Transitpauschale geschehen.

E. Honecker erklärte, er sei damit einverstanden, über diese beiden Fragen gesondert zu verhandeln.

H. Kohl stellte die Frage, welche Chancen die DDR für die Verbesserung des Luftverkehrs sehe.

E. Honecker erwiderte, die DDR sei seit langem bereit, dafür etwas zu tun. Aber hier gebe es bekanntlich Fragen, die grundsätzlich mit dem Luftverkehr nach Westberlin zusammenhängen. Es gebe bekanntlich die alliierten Lufttrassen. Die DDR sei bereit, daß die Lufthansa Schönefeld anfliege und die Interflug Flughäfen in der BRD. Hierzu könnten entsprechende Gespräche zwischen Interflug und Lufthansa aufgenommen werden.

W. Schäuble warf ein, es sei undenkbar, mit der Lufthansa nach Schönefeld zu fliegen, wenn Tegel ausgeklammert bliebe. Auf BRD-Seite bestehe Interesse, Tegel anzufliegen.

E. Honecker erwiderte, es gebe nur die Möglichkeit, außerhalb der drei Luftkorridore zu fliegen. Über die anderen Fragen seien sich bekanntlich die vier Mächte nicht einig.

W. Schäuble erwiderte, er gestehe zu, daß es sich hier um eine schwierige Frage handle. Beide Seiten sollten sich bemühen, in mittelfristiger Perspektive diese Frage zu prüfen.

E. Honecker stimmte dieser Bewertung zu. Unabhängig von der Frage Schönefeld oder Tegel könnte man erwägen z. B. einen Flugverkehr zwischen

Leipzig und Frankfurt einzurichten und einen solchen Verkehr nicht nur zur Messe zuzulassen.

H. Kohl stellte die Frage nach der Reinhaltung der Elbe. E. Honecker verwies darauf, daß diese Frage in einem engen Zusammenhang mit der Grenzregelung gesehen werden müsse. Für uns sei die Frage, worin für die BRD die Priorität bestehe, Reinhaltung der Elbe oder Reduzierung der Salzbelastung der Werra. Beides erfordere Kosten.

W. Schäuble warf ein, daß man jetzt tatsächlich darüber nachdenken könne, die Priorität von der Werra auf die Elbe zu verschieben. Eine Lösung der Frage der Reduzierung der Salzbelastung der Werra sei im Grunde nur durch das ESTA-Verfahren möglich. Dies sei sehr kostspielig.

E. Honecker bemerkte, es gebe dabei noch das Problem der Kaliabwasserverpressung zu beachten. Hierzu müsse man eine Lösung finden.

E. Honecker bemerkte abschließend noch einmal, wenn man die Frage der Elbgrenze klären könne, könne man andere Fragen lösen. Er müsse auch Rücksicht auf die Öffentlichkeit in der DDR nehmen.

Abschließend sprach E. Honecker an H. Kohl die Einladung zum einem offiziellen Besuch der DDR aus. Wenn H. Kohl den Wunsch nach einem privaten Besuch der DDR habe, möge er bitte Rechtsanwalt Vogel verständigen.

Unangenehme Wahrheiten

Wolfgang Schäuble hatte alle Überredungskünste aufbringen müssen, um Helmut Kohl von der Notwendigkeit eines protokollarischen Empfangs für Honecker zu überzeugen. Für diesen Preis, den der Kanzler schließlich bereit war zu entrichten, forderte er die Live-Übertragung seines Empfangs für die DDR-Delegation in der Bad Godesberger Redoute durch das DDR-Fernsehen. Dabei kam es dem Kanzler weniger auf die glanzvolle Begrüßung der prominenten Gäste an, als vielmehr auf seine Rede beim Abendessen. An der hatte Schäuble kräftig mitgearbeitet und einige Teile zusammen mit seinen deutschlandpolitischen Experten entworfen. Kohl rückte vieles zurecht, ohne die Regeln der Gastfreundschaft zu verletzen.

Direkt an Honecker gerichtet und live von den Fernsehsystemen beider deutscher Staaten übertragen, sprach Kohl auch die bedrückenden Themen an, die einem geregelten Miteinander im Wege standen: »Das Bewußtsein für die Einheit der Nation ist wach wie eh und je, und ungebrochen ist der Wille, sie zu bewahren. Diese Einheit findet Ausdruck in gemeinsamer Sprache, im gemeinsamen kulturellen Erbe, in einer langen, fortdauernden gemeinsamen Geschichte . . .

An den unterschiedlichen Auffassungen der beiden Staaten zu grundsätzlichen Fragen, darunter zur nationalen Frage, kann und wird dieser Besuch nichts ändern. Für die Bundesregierung wiederhole ich: Die Präambel unseres Grundgesetzes steht nicht zur Disposition, weil sie unserer Überzeugung entspricht. Sie will das vereinte Europa, und sie fordert das gesamte deutsche Volk auf, in freier Selbstbestimmung die Einheit und Freiheit Deutschlands zu vollenden. Das ist unser Ziel. Wir stehen zu diesem Verfassungsauftrag, und wir haben keinen Zweifel, daß dies dem Wunsch und Willen, ja der Sehnsucht der Menschen in Deutschland entspricht . . .

Wir achten die bestehenden Grenzen, doch die Teilung wollen wir überwinden: auf dem Weg friedlicher Verständigung und in Freiheit. Die deutsche Frage bleibt offen, doch ihre Lösung steht zur Zeit nicht auf der Tagesordnung der Weltgeschichte, und wir werden dazu auch das Einverständnis unserer Nachbarn brauchen . . . Die Menschen in Deutschland leiden unter der Trennung. Sie leiden an einer Mauer, die ihnen buchstäblich im Wege steht und die sie abstößt. Wenn wir abbauen, was Menschen trennt, tragen wir dem unüberhörbaren Verlangen der Deutschen Rechnung: Sie wollen zueinander kommen können, weil sie zusammengehören.«

Der DDR-Staatsratsvorsitzende hatte wie versteinert die Rede Kohls angehört. In seiner Tischrede stellte er das Thema Frieden in den Mittelpunkt: »Die Deutsche Demokratische Republik wünscht sich nichts dringlicher als den Frieden. Frieden ist das höchste Gut der Menschheit. Im Zeitalter schrecklicher nuklearer Massenvernichtungswaffen darf niemand mit dem Gedanken spielen, die Weltprobleme, auch die der Auseinandersetzung zwischen Sozialismus und Kapitalismus, mit militärischen Mitteln lösen zu wollen. Heute gibt es nichts Wichtigeres, als über alle Gegensätze von Weltanschauungen, Ideologien und politischen Zielen hinweg den Frieden zu bewahren.«

Am anderen Tag sprachen Helmut Kohl und Erich Honecker noch einmal im kleinen Kreis eine Stunde lang über humanitäre Fragen. Hier noch einmal ein Auszug aus Honeckers geheimer Vorlage an die Mitglieder des SED-Politbüros:

W. Schäuble erklärte, für die BRD sei im Zusammenhang mit der Amnestie in der DDR die Frage von Interesse, was mit den amnestierten politischen Häftlingen geschehe. Die Frage sei, ob man diesen Personenkreis nicht in die humanitären Beziehungen einbeziehen könne.

Er möchte gern noch einmal bestätigt haben, daß es ein Mißverständnis sei, Gespräche über Familienzusammenführung nicht fortzuführen.

E. Honecker bestätigte dies. Dr. Vogel werde weiter tätig sein.

W. Schäuble erklärte, im Vorfeld des Besuches habe man einige »Zufluchtfälle« lösen können. Das sei für das Klima des Besuches gut gewesen. Man solle auch in Zukunft Lösungen finden, die die Beziehungen nicht belasten.

Auf BRD-Seite seien viele Briefe seit Ankündigung des Besuches eingegangen. Sie enthielten viele Anliegen. Man möchte diese Briefe zur Prüfung übermitteln.

E. Honecker erwiderte, es handele sich um eine allgemeine Amnestie. Es würden nur wenige in den Haftanstalten zurückbleiben. Es würden ca. 28000 Personen von der Amnestie betroffen. Verbleiben würden nur Kriegs- und Naziverbrecher, wegen Militärspionage und Mord Verurteilte sowie einige Personen, die für die Öffentlichkeit gefährlich seien wie Sexualtäter. Die Gefängnisse in der DDR würden sich leeren. Auch diejenigen, die in der BRD als politische Häftlinge bezeichnet würden, würden unter die Amnestie fallen. Er wolle nicht verhehlen, daß es über die Amnestie in der DDR geteilte Meinungen gebe. Manche Arbeitskollektive befürchten einen Rückgang ihrer Arbeitsergebnisse, wenn sie Amnestierte übernehmen müssen. Dazu würde entsprechende Aufklärungsarbeit geleistet. Er habe eine Aussprache mit dem Generalstaatsanwalt der DDR gehabt. Dieser habe die Aufmerksamkeit auf Personen gelenkt, die den Wunsch haben, in die BRD überzusiedeln. Er habe erwidert, daß in diesem Falle die Ausreise aus der DDR ohne Vorbehalte gestattet werden wird.

Das beträfe auch, soweit dies gewünscht werde, die Familien. Das werde noch in diesem Jahr geschehen. Aus politischen oder Gewissensgründen verbleibe niemand in Haft.

Was die von Schäuble erwähnten Briefe betreffe, so würden sie geprüft werden. W. Schäuble trug vor, daß sich die Katholische Bischofskonferenz an Bundeskanzler Kohl gewandt habe, er solle bei dem Gespräch mit Erich Honecker die Situation der Angehörigen der beiden christlichen Kirchen in der DDR ansprechen, die sich in der Ausbildung und im Arbeitsleben benachteiligt sehen würden.

E. Honecker erwiderte, es gebe in der DDR keine Benachteiligung wegen der Zugehörigkeit zu einer Religionsgemeinschaft. Jeder habe die Chance der freien Entwicklung. Es sei so, daß, was das Studium betreffe, die sogenannten Humanfächer, wie Medizin, überlaufen seien. Es gäbe aber freie Plätze bei den technischen Fächern. Sollte es Fälle geben, daß sich jemand benachteiligt fühlt, werde das geprüft. Bei der Gratulation zu seinem Geburtstag hätten die katholischen Bischöfe das gute Verhältnis zwischen Staat und Kirche in der

DDR hervorgehoben. Offen sei die Frage der Diözesan-Grenze. Diese Frage würden wir aber nicht in den Vordergrund stellen. Es werde zur katholischen als auch zur evangelischen Kirche ein gutes Verhältnis angestrebt.

Schäuble erklärte, es gebe noch die Frage nach der Amnestie für solche Personen, die die DDR illegal verlassen haben.

E. Honecker erwiderte, auch wer die DDR illegal verlassen hat, wird amnestiert. H. Kohl würdigte die Amnestie als eine Frage von großer politischer Bedeutung. Dies sei ein großer persönlicher Pluspunkt für Erich Honecker. Dies sei von Bedeutung für das gesamte Klima.

E. Honecker machte darauf aufmerksam, daß die DDR als einziges sozialistisches Land bisher die Frage der Amnestie mit der Abschaffung der Todesstrafe verbunden habe. Dies werde seine Wirkung nicht zuletzt auch auf solche Schichten in der Bevölkerung haben, die der Amnestie gegenwärtig noch skeptisch gegenüberstehen.

H. Kohl bat wie Schäuble, einige Probleme zum nichtkommerziellen Zahlungsverkehr vorzutragen. W. Schäuble warf die Frage auf, ob man nicht wenigstens einige kleine Probleme lösen könnte, die nicht viel kosten, z. B. die Möglichkeit der Abhebung von Sperrkonten zuzulassen, die Verwendungsmöglichkeiten für den Mindestumtausch zu erweitern und Anreize beim Konten-Transfer zu schaffen.

E. Honecker erwiderte, diese Fragen könne man nur im Zusammenhang mit den ökonomischen Problemen lösen. Die DDR schieße bereits 70 Mio Devisen jährlich zu. Es gäbe auch Sperrkonten für DDR-Bürger in der BRD aufgrund des Militär-Regierungs-Gesetzes 53. Wenn dieses Gesetz beseitigt würde, wäre es auch für uns leichter, manche Frage zu regeln.

Man müsse auch sagen, daß der Besucherverkehr dadurch erschwert werde, daß wir keine konvertiblen Währungen haben. Es wäre für uns leichter, 200 Mark an die Bürger zu geben, wenn man 200 DM dafür bekommen würde. Es gehe hier nicht zuletzt um eine Devisenfrage. In Verbindung mit der wirtschaftlichen Entwicklung würden auch bestimmte Fonds für diese Zwecke frei werden.

H. Kohl stellte die Frage, ob man die Schaltung zusätzlicher Telefonleitungen veröffentlichen könne.

E. Honecker erklärte sich damit einverstanden.

H. Kohl fragte, ob es möglich sei, über die Absicht der DDR, Hannover, Hamburg und Kiel in den grenznahen Verkehr einzubeziehen, öffentlich etwas zu sagen.

E. Honecker bekräftigte, daß diese Frage mit der Grenzregelung Elbe zusammenhänge. Aus dem geführten Gespräch mit E. Albrecht habe er den Eindruck, daß diese Frage gelöst werden könne. Er möchte hier im Sinne von Vertrauen gegen Vertrauen erklären, wenn die Frage der Elbgrenze gelöst werde, wird Hamburg, Hannover und Kiel in den grenznahen Verkehr einbezogen.

H. Kohl sagte, es sei nicht notwendig, daß wir uns gegenseitig unter Druck setzen. Man würde jetzt noch nicht über diese Frage sprechen. Er selbst werde in Kürze mit Albrecht reden und dann würde man sich über das weitere Vorgehen verständigen. Wenn er gefragt werden würde, würde er antworten, daß man dazu mit der DDR im Gespräch sei.

E. Honecker betonte, die Grenzkommission solle das feststellen, was bereits seit 1945 Praxis sei und wie es schon die englische Besatzungsmacht damals gehandhabt habe. Wenn die Grenzfrage Elbe geregelt sei, werde die DDR der Einbeziehung von Hannover, Hamburg und Kiel in den grenznahen Verkehr zustimmen.

H. Kohl stellte die Frage nach der Einreise mit Fahrrad.

E. Honecker erwiderte, wir würden der Mitnahme von Fahrrädern als Reisegepäck zustimmen, das könne man veröffentlichen. Dies gelte für die Einreise aus der BRD wie aus Westberlin. Mehr sei nicht möglich, ansonsten gebe es zuviele Verkehrsprobleme.

Schäuble fragte erneut nach Stadtbezirks-Partnerschaften in »Berlin«. Könne man öffentlich erklären, daß die Gespräche dazu wieder aufgenommen werden würden?

E. Honecker erklärte, das könne man tun. Diese Frage müsse man weiter erörtern. Wir wären dafür, daß Stadtbezirke miteinander Kontakte aufnehmen. Ob das zu Partnerschaften führt, müßte man sehen.

W. Schäuble kam nochmals auf Staaken zurück. Die mitgeteilten Kosten wären doch sehr hoch. E. Honecker erwiderte dazu, das sollten die Fachleute besprechen. Wenn Staaken nach dem 31. 12. 1987 offenbleiben solle, so sei eine umfangreiche Rekonstruktion erforderlich. Wir hätten uns geeinigt, diese Rekonstruktion von der Frage der Grunderneuerung der Autobahn zu trennen. Jetzt sollten die Fachleute anhand von Leistungsverzeichnissen die Kostenfrage erörtern. Dies müsse schnell geschehen. Bei einer Einigung könnte man entscheiden, Staaken über den 31. 12. 1987 offen zu lassen.

H. Kohl erklärte, W. Schäuble solle dies in die Hand nehmen und schnell mit A. Schalck klären, was im Hinblick auf Staaken notwendig sei.

Abschließend erklärte Erich Honecker die Bereitschaft der DDR, in der AIDS-Forschung mit der BRD möglichst eng zusammenzuarbeiten. Wie überhaupt wir dafür wären, die Zusammenarbeit auf dem Gebiet des Gesundheitswesens weiter zu verbessern.

H. Kohl stimmte dem zu.

E. Honecker verwies in diesem Zusammenhang auch auf die Notwendigkeit, die Zusammenarbeit bei der Bekämpfung des Drogenmißbrauchs zu verstärken. Er habe kürzlich den Film gesehen »Die Kinder vom Bahnhof Zoo«. Dies sei erschreckend gewesen. Man müsse die Anstrengungen in dieser Richtung verstärken.

E. Honecker bestätigte gegenüber H. Kohl die Möglichkeit einer Städtepartnerschaft zwischen Dessau und Ludwigshafen.

Nur nette Gesten

Der zweite Tag seines offiziellen Arbeitsbesuches begann für Erich Honecker mit einem halbstündigen Termin beim Präsidenten des Deutschen Bundestages, Philipp Jenninger.

Der ehemalige Staatsminister im Bundeskanzleramt, und seinerzeit für die operative Deutschlandpolitik der neuen Regierung Kohl/ Genscher zuständig, bemühte sich um nette Gesten.

Jenninger ließ wohlklingende Sätze hören. Übertroffen wurde er in seiner Formulierungskunst nur noch von einigen Sozialdemokraten, die mit Honecker zusammentrafen, und vom DKP-Vorsitzenden Herbert Mies.

Hier Kostproben aus Honeckers geheimer Vorlage an die Mitglieder des Politbüros:

Der Besuch sei ein wichtiges Ereignis für die Beziehungen zwischen beiden deutschen Staaten. Er [Jenninger] sehe auch heute seine Aufgabe darin, für Dialog und Zusammenarbeit einzutreten. Beide Staaten hätten ihren Beitrag für den Frieden zu leisten. Die Deutschen müßten aus der Geschichte lernen. Er freue sich, daß sich viel Positives entwickelt habe, viele schwierige Probleme seien gelöst worden. Er habe damals mit der Unterstützung des Kredits dazu beigetragen, ein Signal zu geben im Sinne von Vertrauen gegen Vertrauen. Er bedaure zwar, daß damals die Zwei-Tage-Regelung für Westberliner nicht erreicht worden sei. Er habe aber die Hoffnung, daß man dies noch schaffen werde. Damals sei von seiten der DDR die Zunahme des Reiseverkehrs zugesagt worden. Heute sei dies erreicht. Wichtig sei, das Machbare in Angriff zu nehmen. Honecker habe erklärt, es gehe um eine Koalition der Vernunft. Auf dieser Basis könnten die Beziehungen weiter entwickelt werden. Ein Wunsch von ihm sei, den Reiseverkehr weiter auszubauen ... Seine Bitte sei, Barrieren, Mauern abzubauen. Man könne die Welt, wie sie sei, nicht verändern. Aber für die Menschen könne man viel tun ... Er habe die Gelegenheit gehabt, mit jungen Menschen aus der DDR zu sprechen. Sie hätten ihm erklärt, ihre Heimat sei die DDR, aber sie möchten auch einmal die Welt sehen. Er gehe davon aus, daß der Besuch Honeckers dazu beitragen würde, unseren Teil zur Geschichte zu leisten.

Nach diesen devoten Anmerkungen ergriff der DDR-Staatsratsvorsitzende das Wort. Er lobte den Bundestagspräsidenten für seinen Beitrag zur Entwicklung der Beziehungen zwischen der Bundesrepublik und der DDR. Auf der Grundlage Vertrauen gegen Vertrauen sei vieles in Gang gekommen. Dann sprach Honecker sein wichtigstes politisches Anliegen an, nämlich die Herstellung offizieller Beziehungen zwischen Bundestag und Volkskammer.

Philipp Jenninger erwiderte, er habe sich zum Ziel gesetzt, die Beziehungen zu Parlamenten sozialistischer Staaten auszubauen. Er habe deshalb auch das Gespräch mit Horst Sindermann, dem Vorsitzenden der DDR-Volkskammer, gesucht und ihm gesagt, daß im Grundsatz auch die Frage von Beziehungen zur Volkskammer anstehe.

Der Bundestagspräsident erläuterte gegenüber Honecker weiter, es gebe aber noch einige Hindernisse, zum Beispiel müsse der innerdeutsche Ausschuß voll einbezogen werden und eine Gleichbehandlung auch der Westberliner Abgeordneten erfolgen. Nach Honeckers geheimer Vorlage an das Politbüro sagte Jenninger zum Abschluß des Gesprächs:

Diese Voraussetzungen würden vor allem in der Fraktion der CDU/CSU eine Rolle spielen. Er möchte diese Hindernisse abbauen. Die CDU/CSU-Fraktion müsse stärker eingebaut werden in die Kontakte zwischen Parlamentariern, um ihren Widerstand zu überwinden. Er müsse auf die CDU/CSU-Fraktion Rücksicht nehmen. Er sei für kleine Schritte. Auf diesem Wege denke er, das Ziel zu erreichen, Beziehungen zwischen Volkskammer und Bundestag herzustellen.

Der ehemalige Deutschlandpolitiker aus dem Kanzleramt und wichtigste Repräsentant des Bonner Parlaments lenkte gegenüber Honecker freundlich ein. Er setzte sich damals über die Mehrheitsmeinung seiner Fraktion hinweg, die gegen offizielle Kontakte zwischen Bundestag und DDR-Volkskammer war. Jenninger verpaßte ebenso wie Weizsäcker die Chance, mit der Autorität seines Amtes gegenüber Honecker Reglementierung und Repression in der DDR beim Namen zu nennen und die politische Willkür gegenüber Andersdenkenden zur Sprache zu bringen. Der Bundestagspräsident lieferte ein Meisterstück politischer Kungelei.

Das Treffen der Genossen

Im Programm des Bonner Protokolls sind nirgendwo Zeit und Ort des »Genossentreffs« festgehalten. Gemeint ist das Gespräch zwischen Erich Honecker und Herbert Mies, dem Bundesvorsitzenden der DKP, auf Schloß Gymnich. Um so aufschlußreicher war der Dialog beider Gesinnungsgenossen, an dem auch die stellvertretende DKP-Vorsitzende, Ellen Weber, teilnahm.

Herbert Mies meinte damals, so die Aufzeichnungen Honeckers, es sei ein bewegender Augenblick gewesen zu erleben, wie der Repräsentant des ersten Arbeiter- und Bauernstaates auf deutschem Boden durch den Bundeskanzler empfangen werde. Erich Honecker erwiderte, daß er gerade Herbert Wehner besucht habe. Darüber habe sich dieser sehr gefreut. Es sei zu berücksichtigen – so Honecker weiter –, daß sich die Normalisierung der Beziehungen zwischen der DDR und der BRD gerade über die SPD entwickelt habe. Jetzt sei auch die Regierung Kohl bereit, von den Realitäten auszugehen. Dieser Besuch, und nicht zuletzt das Zeremoniell, habe ihn sehr berührt. Jahrzehnte hätte er darum gekämpft. Der Besuch stelle vor aller Welt klar, daß es zwei souveräne, voneinander unabhängige deutsche Staaten gebe. Honecker sagte weiter, auf die Frage eines Korrespondenten, was die Gespräche bringen würden, habe er geantwortet, keinesfalls eine Wiedervereinigung, sondern die bessere Zusammenarbeit zwischen beiden deutschen Staaten. Träumereien an den Kaminen hätten keinen Platz. Das wichtigste sei die Zusammenarbeit. Er glaube, daß mit dem Besuch »unsere gemeinsamen Ziele erreicht« worden seien. Die aktive Politik der DDR gegenüber der BRD zahle sich aus. Die rechten Kreise hätten mit den Ergebnissen dieses Besuchs weiter an Positionen verloren. Es dürfe nicht übersehen werden – so Honecker in dem von ihm mitgeschnittenen Gespräch mit dem DKP-Vorsitzenden Herbert Mies –, daß die Verbündeten der BRD die Reise mit einer gewissen Sorge verfolgten. Sie befürchteten, daß bessere Beziehungen der BRD zur DDR zur Lockerung ihres Verhältnisses zu den USA führen könnten.

Herbert Mies meinte, er schätze den Besuch als einen historischen Augenblick ein. Wenn sich auch die Geister in der BRD scheiden würden, seien diese Tage zu einer Volksaussprache über die Beziehungen zur DDR geworden. Das berühre Millionen Familien. In der Mehrzahl der Presse, sagte Herbert Mies, seien die Ergebnisse des Besuchs als ein Sieg von Honecker gewertet worden. Darauf meinte der DDR-Staatsratsvorsitzende, das Gesamtbild der DDR sei in der Weltpresse positiv. Vor allem werde hervorgehoben, daß Kommunisten in der Lage seien, einen modernen Staat zu leiten. Das müßten auch die Industriebosse anerkennen, mit denen er sich morgen treffen werde. Die Weiterentwicklung der wirtschaftlichen Beziehungen zwischen der DDR und der BRD helfe, Arbeitsplätze zu sichern, und helfe auch den Kommunisten.

Dank und Anerkennung

Während seines Bonn-Besuches wohnten Erich Honecker und seine Delegation auf Schloß Gymnich. Hier trafen die Großen der Bonner Parteien am 8. September 1987 mit dem SED-Generalsekretär zusammen. In seiner geheimen Vorlage an das SED-Politbüro hat Honecker über die Gespräche ausführlich berichtet. Der Besucherreigen begann mit einem 45-Minuten-Treffen Honeckers mit dem SPD-Vorsitzenden und Fraktionschef Hans-Jochen Vogel. Begleitet wurde dieser von Egon Bahr, Horst Ehmke und Hans Büchler.

Zu Beginn des Gesprächs sagte Vogel, so die Aufzeichnungen Honeckers, der Besuch von Erich Honecker in der Bundesrepublik zeige, daß die von Brandt, Wehner, Schmidt und Bahr verfolgte Politik der Normalisierung der Beziehungen zwischen beiden deutschen Staaten nicht mehr aufzuhalten sei. Diese Politik wirke selbständig weiter.

Honecker erwiderte, das Treffen in Bonn sei Ausdruck einer Entwicklung, die er seit langem verfolgen würde. Es gehe um gleichberechtigte Beziehungen zwischen den beiden deutschen Staaten. Wenn man das Kommuniqué lese, könne man einen großen Fortschritt feststellen. Der Grundlagenvertrag und die anderen mit der BRD geschlossenen Verträge hätten dafür Voraussetzungen geschaffen.

Hans-Jochen Vogel verwies darauf, daß mit dem gestrigen Tag der Grundlagenvertrag mit all seinen Elementen Wirklichkeit werde und darüber hinaus ein Schritt nach vorn gegangen worden sei. Die Politik, die in den sechziger Jahren begründet wurde, trage jetzt ihre Früchte, und das über die Systemgrenzen hinweg. Beiden Seiten sei viel abverlangt worden. Rückblickend könne man sagen, es sei ein unglaublicher und ermutigender Weg gewesen. Von großer Bedeutung sei dabei in letzter Zeit gewesen, daß beide Parteien [gemeint sind SPD und SED] gemeinsam Wege zur Abrüstung aufgezeigt hätten. Die Vorschläge für eine chemiewaffenfreie Zone und einen chemiewaffenfreien Korridor hätten ihre Wirkung. Eine Aufgabe bleibe es, in der Regelung der Frage der Elbgrenze voranzukommen. Positiv würde die SPD die Bestrebungen für einen Energieverbund und die Verbesserung des Eisenbahnverkehrs bewerten.

Vogel fuhr fort, er wolle sich bei Erich Honecker dafür bedanken, daß die Ergebnisse des zwischen der Grundwertekommission der SPD und der Akademie für Gesellschaftswissenschaften beim ZK der SED erarbeiteten Positionspapiers in der DDR umfangreich veröffentlicht worden seien. In dem Papier werde deutlich gemacht – so der SPD-Fraktionschef Vogel gegenüber Honecker –, wie ohne Verwischung der bestehenden Unterschiede in friedensfördernder Weise zusammengearbeitet werden könne. Die im DDR-Fernsehen gesendete Diskussion zwischen Eppler und Reinhold zeige das konstruktive Herangehen der SED.

Honecker unterstrich laut Protokoll des geheimen Mitschnitts seine Übereinstimmung mit Vogels Einschätzung. Der Gedanke der Gleichberechtigung in den Beziehungen zwischen beiden deutschen Staaten habe sich durchgesetzt. Im Zentrum der Beziehungen – so Honecker – stehe die Sicherung des Friedens. Die Mehrheit der BRD-Bevölkerung begrüße gutnachbarliche Beziehungen zwischen beiden Staaten. Dazu habe die SPD maßgeblich beigetragen. Die Anstrengungen von Brandt, Wehner, Schmidt und Bahr würden hoch geschätzt. Richtig sei, daß ein langer Atem gebraucht werde, um die angestrebten Ziele zu erreichen. Honecker drückte in diesem Zusammenhang seinen herzlichen Dank für die langjährigen Bemühungen der SPD aus.

Zunächst nicht vorgesehen, fädelte sich der Kieler SPD-Fraktionsvorsitzende Björn Engholm in den Gesprächsmarathon ein und durfte im Beisein von Hans-Jochen Vogel einige Nettigkeiten mit Erich Honecker austauschen.

Engholm bedankte sich, laut Aufzeichnungen Honeckers, artig für die Möglichkeit des Gesprächs. Das sei vor den am 13. September in Schleswig-Holstein stattfindenden Landtagswahlen eine große Hilfe. Besonders dankbar sei er dafür, daß Erich Honecker der Bitte entsprochen habe, daß ab sofort an dem an der Grenze von Schleswig-Holstein zur DDR gelegenen Schaalsee für Bürger der Bundesrepublik das Baden erlaubt werde. Das sei nur ein scheinbar kleines Problem, aber für die dort Ansässigen und für Urlauber wäre es von großer Bedeutung. Engholm sagte, er wolle das umgehend als Ergebnis seines Gesprächs mit Erich Honecker bekanntgeben.

Der SED-Generalsekretär verwies darauf, daß sein Besuch in der BRD und das Kommuniqué der SPD helfen würden. Für die SPD sei es ein großes Plus, daß sie die Vorreiterrolle für gute nachbarliche Beziehungen zwischen beiden deutschen Staaten habe. Engholm stimmte der Bemerkung zu, daß gerade die SPD von Schleswig-Holstein Pionierarbeit geleistet habe. Positiv werde sich auswirken, daß Lübeck, Kiel und Flensburg Partnerschaften mit Städten in der DDR aufnehmen könnten.

Es gab Übereinstimmung, daß die Einbeziehung der Stadt Kiel in den grenznahen Verkehr in Abhängigkeit von der Regelung der Elbgrenze gelöst werden könne. Honecker informierte in diesem Zusammenhang über sein Gespräch mit dem Ministerpräsidenten von Niedersachsen, Ernst Albrecht. Er sei offensichtlich bereit einzuschwenken. Hans-Jochen Vogel bemerkte dazu, daß mit dem Verlust der absoluten Mehrheit die CDU stärker Rücksicht auf ihren Koalitionspartner, die FDP, nehmen müsse. Wenn man so wolle, sei das auch ein Verdienst der SPD, daß Albrecht jetzt nicht mehr so könne wie früher.

Zum Abschluß des Gesprächs wünschte Erich Honecker Björn Engholm, daß er die Wahl am kommenden Sonntag in Schleswig-Holstein gewinnen möge.

1984 war seine Stellungnahme in einem Interview zur geplanten Honecker-Visite in Bonn angeblich der äußere Anlaß für den SED-Generalsekretär gewesen, seinen Besuch abzusagen. Jetzt wollte der kämpferische Alfred Dregger nicht hinter jenen zurückstehen, die mit Honecker zusammentrafen. Wolfgang Schäuble hatte sich bei den vorbereitenden Verhandlungen mit Schalck-Golodkowski dafür eingesetzt, daß Honecker den CDU/CSU-Fraktionsvorsitzenden bei seinem Bonn-Besuch empfangen möge.

Zusammen mit dem Vorsitzenden der CSU-Landesgruppe im Deutschen Bundestag und Bundesfinanzminister, Theo Waigel, reihte er sich ein in die große Schar der Bonner Politprominenz, mit denen Honecker Gespräche führte.

Dregger begrüßte Honecker laut geheimem Gesprächsmitschnitt als einen deutschen Kommunisten. Da er deutscher Demokrat sei, gebe es zwischen beiden Gemeinsamkeiten. Dregger bekannte sich zur Zusammenarbeit auf der Grundlage abgeschlossener Verträge. Er verwies zugleich auf die rechtlichen Vorbehalte, die berücksichtigt werden müßten. Er betonte, daß er für Frieden und Abrüstung eintrete. Ausgiebig unterhielten sich die drei Politiker über Abrüstung und Rüstungskontrolle.

Dann kam Dregger auf die Notwendigkeit zu sprechen, in den Beziehungen zwischen beiden deutschen Staaten schrittweise Freizügigkeit zu schaffen. Die Fortschritte im Reiseverkehr seien zu begrüßen. Die Lage an der Grenze aber sei weiterhin menschenunwürdig, sagte Dregger. Das würde die Beziehungen zwischen beiden deutschen Staaten immer wieder belasten. Waigel äußerte sich im gleichen Sinne.

Honecker entgegnete, daß sich die Zahl der DDR-Bürger, die im Rahmen dringender Familienangelegenheiten in die Bundesrepublik gereist seien, wesentlich erhöht habe. Was die Grenze betreffe, so handele es sich um ein militärisches Sperrgebiet. Auch die Konzentration von Streitkräften in der DDR und in der BRD könne dabei nicht unberücksichtigt bleiben. Im übrigen – so der SED-Generalsekretär – würde sich der Mißbrauch der grünen Grenze durch die Ausweitung des Reiseverkehrs schrittweise aufheben. Zwischenfälle gäbe es immer wieder. In der DDR gäbe es keinen Schießbefehl. Es existiere eine Anordnung über den Gebrauch von Schußwaffen und zur Feststellung von Personen, die die Grenzordnung mißachteten.

Dregger stellte die Frage nach Reise- und Besuchsmöglichkeiten von Bürgern, die unmittelbar im Grenzgebiet wohnen. Honecker erwiderte, daß die DDR ständig überlege, wie der Sperrstreifen verringert werden könne.

Dregger kam auf die Restaurierung kultureller Bausubstanz in der DDR zu sprechen. Er habe Dresden, Bad Doberan, Görlitz und Stralsund gesehen. In Stralsund gebe es ein ganzes Stadtensemble, das noch in schlechtem Zustand sei. Er meinte, daß mit privater Unterstützung aus der Bundesrepublik die Erhaltung von Baudenkmälern in der DDR gefördert werden könne. Dafür wolle er etwas tun.

Honecker dankte für das geäußerte Interesse. Stralsund kenne er sehr gut. Vieles habe sich positiv verändert. Er erläuterte dann die Maßnahmen zur Restaurierung von Kulturmälern in der DDR.

Waigel erwähnte den Wunsch, den Sportkalender weiter auszudehnen, und äußerte die Hoffnung auf eine konkrete Zusammenarbeit im grenznahen Raum auf dem Gebiet des Umweltschutzes.

Schmeicheleien

Um den Dresdner Wolfgang Mischnick ist es ruhig geworden. Vor der Wende in der DDR gehörte er zu den eifrigsten Besuchern Ostberlins und anderer Städte in der DDR. Er war häufig Gast des DDR-Staatsratsvorsitzenden und kungelte gern mit den Bonzen der Blockpartei LDPD. Er umgab sich auch in der »Hauptstadt der DDR« mit kulturschaffenden Damen. Wenn frustrierte Mitarbeiter der früheren Staatssicherheit einmal auspacken sollten, wird sich Mischnick mit allerlei Vorwürfen auseinandersetzen müssen. Vernichtet sind längst nicht alle Stasi-Dokumente über westdeutsche Politiker und deren Gepflogenheiten bei Aufenthalten in der DDR. Das wissen die meisten von ihnen und schweigen deshalb lieber, auch wenn sie sich hin und wieder »aus besonderer Kenntnis heraus« zu Worte melden müßten.

Wolfgang Mischnick zählte beim Honecker-Besuch in Bonn 1987 zu den großen Schmeichlern, den »Liebenswürdigen«. Zusammen mit seinem Stellvertreter im Amt des FDP-Fraktionsvorsitzenden, Uwe Ronneburger, wurde er auch von Honecker auf Schloß Gymnich besonders herzlich, beinahe überschwenglich empfangen. Honeckers Aufzeichnungen für das Politbüro belegen es.

Zu Beginn des harmlosen Small talk würdigte Honecker das Engagement der FDP für eine globale Null-Lösung bei Mittelstreckenraketen. Der SED-Generalsekretär variierte sein Lieblingsthema Frieden und Abrüstung. Befriedigt sei er auch – sagte Honecker –, mit welcher Umsicht und Entschlossenheit der Parteivorsitzende der FDP, Martin Bangemann, gemeinsam mit Günter Mittag die wirtschaftlichen Fragen angehe.

Dann meldete sich Mischnick zu Wort und sagte, er teile die Meinung Honeckers. Ergänzen wolle er, daß man sich in der Frage der Ächtung der chemischen Waffen einen Schritt näherkommen müsse. Hier müßten Reifeprozesse erfolgen. Bei dem Koalitionspartner dauere es manchmal länger. Was die Fortführung des politischen Dialogs mit der DDR betreffe, sei er für die Verbreiterung der Kontakte. Von großem Wert – so Mischnick – sei die Entwicklung von Städtepartnerschaften. Das würde auch die Entwicklung von offiziellen Beziehungen zwischen dem Bundestag und der Volkskammer fördern. Die FDP-Fraktion habe den Vorsitzenden des gesundheitspolitischen Ausschusses der Volkskammer offiziell eingeladen. Wenn er komme, werde er von allen Fraktionen des Bundestages empfangen werden. Die Städtepartnerschaften würden jetzt schon ein gutes Beispiel für die Aufnahme der Parlamentsbeziehungen geben. Jetzt gehe davon Druck aus, meinte Mischnick. Vor allem würde von den Bundestagsabgeordneten, in deren Wahlkreis eine Städtepartnerschaft vorhanden sei, im Bundestag auf Kontakte gedrängt.

In diesem Zusammenhang betonte Honecker, daß Jenninger ihn gebeten habe, Einfluß auf die CDU/CSU in dieser Hinsicht zu nehmen. Dazu Mischnick: Er begrüße es, daß mit Theo Waigel Gesprächskontakte bestehen würden. Das sei sehr nützlich. Waigel sei ein Mann mit Zukunft, prophezeite Mischnick dem SED-Generalsekretär und fuhr fort, oft müsse er eine Spreizstellung zwischen Bonn und München einnehmen.

Im weiteren Verlauf des Gesprächs sprachen laut Protokoll Mischnick und Ronneburger Fragen der Familienzusammenführung und des Reiseverkehrs an. Mischnick begrüßte die Abschaffung der Todesstrafe in der DDR und die zeitweilige Aussetzung des Schießbefehls. Er wolle darum bitten, daß in Fragen der Familienzusammenführung großzügiger verfahren werde. Er sprach ebenfalls die Ausdehnung der Aufenthaltsdauer für Westberliner Bürger bei Besuchen in der DDR an. Ronneburger sagte, er habe die dringende Bitte, im Sinne der Schlußakte von Helsinki auch gemeinsame Familienreisen von Bürgern der DDR in die Bundesrepublik zu ermöglichen, so wie es zwischen der Bundesrepublik und den USA bereits Praxis sei.

Zum Abschluß des Gesprächs stellte Honecker Übereinstimmung in den sicherheitspolitischen Fragen fest. Der Besucherverkehr entwickele eine große Dynamik. Er verweise darauf, daß es für Bürger von Berlin (West) mehr als 170000 Mehrfachberechtigungsscheine zum Besuch von Berlin gäbe, deren Gültigkeit von drei auf sechs Monate verlängert worden sei . . .

Auf den Wunsch von Ronneburger eingehend, bemerkte Erich Honecker, daß ein gewöhnlicher Sterblicher auch heute nicht in die USA reisen könne und umgekehrt. Für eine weitere Ausdehnung des Reiseverkehrs zwischen der DDR und der Bundesrepublik gehörten noch mehr Vertrauen und eine noch bessere Atmosphäre.

Offen und ehrlich

Für ein Gespräch mit den Grünen nahm sich Erich Honecker ebensoviel Zeit wie mit Vertretern der »Altparteien«. Waltraud Schoppe, Karitas Hensel und Regina Michalik wurden von ihm herzlich empfangen. Über die Aktivitäten der Grünen im Bundestag sei er über das Fernsehen gut informiert, meinte der SED-Generalsekretär. Die drei Frauen begrüßten Honeckers Engagement in Abrüstungsfragen, forderten größere Entfaltungsmöglichkeiten für die Friedensgruppen und sprachen Repressalien an, denen sie ausgesetzt seien. Ihr Eintritt für die Zweistaatlichkeit fand seine besondere Zustimmung.

Auszüge aus Honeckers Vorlage an das Politbüro:

W. Schoppe führte aus, daß die Grünen die Friedenspolitik der DDR mit großer Aufmerksamkeit verfolgten. 1983 hätten sie sehr aufgeatmet, als Erich Honecker nach dem Beschluß über die Raketenstationierung in der Bundesrepublik auf der 7. Tagung des Zentralkomitees für Schadensbegrenzung eingetreten sei. Nunmehr sei es nur zu begrüßen, daß es zu einem Abkommen über die globale doppelte Null-Lösung komme. Die Grünen hofften, daß die Initiativen des Berliner Gipfeltreffens der Warschauer-Pakt-Staaten zur Überwindung der Militärblöcke führten und dazu beitragen, in Richtung einer europäischen Friedensordnung voranzukommen. Sie wolle bemerken, so sagte W. Schoppe, daß die Grünen ausschließlich für die Zweistaatlichkeit eintreten als Voraussetzung für einen dauerhaften Frieden in Europa. Sie habe eine Umfrage gehört, daß sich zahlreiche Menschen in der DDR für eine Wiedervereinigung aussprechen würden. Die Grünen seien eine pazifistische Partei. So müßte E. Honecker auch verstehen, daß sie sich für Friedensgruppen in der DDR einsetzten, die Repressalien ausgesetzt seien. Hier handele es sich aber ausschließlich um Leute, die nicht gegen die DDR eingestellt seien. Außerdem warf sie die Frage auf, warum es in der DDR keinen Wehrersatzdienst gebe.

Am Rande des Empfangs mit anschließendem Abendessen, das Honecker am Abend des 8. September 1987 im Bonner Hotel »Bristol« gab, kam es zu einer kurzen Begegnung – außerhalb des offiziellen Protokolls – zwischen Erich Honecker und Petra Kelly, Bundestagsabgeordnete der Grünen, und ihrem Lebensgefährten Gerd Bastian, Bundeswehrgeneral a. D. Zu Beginn der Begegnung übergaben Kelly und Bastian Erich Honecker ein Bild sowie einen Brief von Bärbel Bohley. Danach gratulierten sie ihm zum Erfolg seines Besuchs in Bonn, der ein Durchbruch sei und von der Bevölkerung der Bundesrepublik auch so empfunden werde.

Nach dem Austausch von Höflichkeiten ging Honecker zu seinem Lieblingsthema über, der Abrüstungsproblematik, und erläuterte unverdrossen seinen Standpunkt. Gerd Bastian äußerte schließlich den Wunsch, einen Gedankenaustausch mit Generalen der DDR führen zu können. In seiner Allmacht erteilte Honecker dem Ex-General gleich in Bonn die Genehmigung dazu.

In seinem Vermerk über dieses Gespräch an das Politbüro schreibt der SED-Generalsekretär unter anderem:

P. Kelly nutzte das Gespräch, um eine Reihe Briefe mit Wünschen für Einreisen in die DDR zu übergeben. Sie setzte sich vor allem für Bärbel Bohley ein, mit der sie in enger Verbindung stünde. Sie würde für B. Bohley im Herbst dieses Jahres eine Bilder-Ausstellung organisieren und bittet darum, daß sie zu diesem Zwecke in die BRD reisen könne. Außerdem setzte sie sich erneut für Roland Jahn ein und bat darum, daß er die Transitwege der DDR für Reisen von Berlin (West) nach der BRD benutzen dürfe.

Fragwürdige Kumpanei

»Wandel durch Annäherung« galt lange Zeit als sozialdemokratische Maxime in der Deutschlandpolitik. Der Fortbestand der Teilung Deutschlands wurde als richtig und unumstößlich angesehen. Nicht nur führende Sozialdemokraten lehnten die Wiederherstellung eines deutschen Nationalstaates ab. Wie hätte das damals auch geschehen sollen. Realpolitiker auch im konservativen Lager gingen von der Zweistaatlichkeit aus. Willy Brandt gehörte viele Jahre zu denen, die am Gedanken der Einheit der Nation festhielten. Eine nationalstaatliche Lösung der deutschen Frage schloß Brandt nicht aus. Erst Mitte der achtziger Jahre änderte er seine Einstellung. Der Traum sei vorbei, formulierte er damals trotzig.

Honecker kam bei seinem Bonn-Besuch kurz mit dem Ehrenvorsitzenden zusammen. Am Rande des Empfangs im Hotel »Bristol« begegneten sie sich in einem Nebenzimmer. In Honeckers Aufzeichnungen für das Politbüro finden sich diese Protokollauszüge:

Zu Beginn des Gesprächs sagte W. Brandt, daß der Besuch E. Honeckers in der BRD historische Bedeutung habe. Keiner könne das wieder wegwischen. Der Weg bis hierher sei ein Hürdenlauf gewesen. Im Hürdenlauf seid Ihr ja besser als wir. E. Honecker erklärte, er stimme zu, daß man bei einem Langstreckenlauf langen Atem brauche. W. Brandt bemerkte, er habe bereits bei den Olympischen Spielen 1972 in München gespürt, daß in der breiten Öffentlichkeit der Bundesrepublik Vorbehalte für bessere Beziehungen zur DDR immer weniger würden.

Nach einem Exkurs über die Abrüstungsproblematik und die Verantwortung beider deutscher Staaten für die Friedenssicherung wurde Honecker gegenüber Brandt recht persönlich.

Der SPD-Ehrenvorsitzende entgegnete erstaunlich offen. Brandt dachte laut über politische Utopien nach und kritisierte in ungewöhnlicher Weise Frankreichs Staatspräsidenten François Mitterrand.

Ein Auszug aus Honeckers Protokoll für das Politbüro:

Erich Honecker sagte, er möchte Willy Brandt persönlich im Namen der Führung der SED sehr herzlich für seinen großen Beitrag für die Entspannung in Europa und hinsichtlich der Normalisierung der Beziehungen zwischen beiden deutschen Staaten seinen Dank aussprechen. Der Wert des gemeinsamen Dokuments der Grundwertekommission der SPD und der Akademie für Gesellschaftswissenschaften beim ZK der SED werde hoch geschätzt. Von großem Gewicht seien die gemeinsamen Vorschläge für eine chemiewaffenfreie Zone und einen atomwaffenfreien Korridor.

Sehr bewegt bedankte sich Willy Brandt für die an seine Person gerichteten herzlichen Worte betreffs der, wie er sagte, »Eisbrecherfunktion«. Er teile die Auffassung, daß die Linie des Gemeinsamen Dokuments zwischen SPD und SED gut sei, vor allem sei der Grundgedanke richtig, daß die bestehenden Gegensätze kein Hindernis für die Schaffung einer bleibenden Friedensordnung sein dürften. Bezug nehmend auf ein Gespräch, das er mit J. Kadar geführt habe, stellte er die Frage, ob man bei dem Trennungsstrich zwischen Sozialdemokraten und Kommunisten von 1918 stehenbleiben müsse? Er gab zu überlegen, ob nicht auch zwischen Sozialdemokraten und Kommunisten über die Friedensfrage hinaus Gemeinsamkeiten festzustellen seien, die es gelte hervorzuheben. Bei M. Gorbatschow gebe es ähnliche Gedanken. Eine andere Frage sei, das eine Abstimmung zwischen unseren Parteien erforderlich ist, wie man die jeweiligen Nachbarn noch stärker für unsere Initiative für eine chemiewaffenfreie Zone und einen atomwaffenfreien Korridor interessieren kann.

Das heißt, so sagte Willy Brandt, was macht der eine und was macht der andere gegenüber seiner Gemeinde. Das große Problem seien für die SPD die Franzosen und zwar alle politischen Richtungen. Ende Juli habe er Mitterrand besucht. F. Mitterrand sei sehr wirklichkeitsfremd. Notwendig sei, gemeinsame Schritte zu besprechen, wie auf Frankreich eingewirkt werden könne. E. Honecker erwiderte, das sei richtig. Er hätte eine Einladung von Mitterrand, wisse aber gegenwärtig nicht, wie er sich mit dem Blick auf die bevorstehenden Präsidentschaftswahlen verhalten solle. W. Brandt äußerte, es sei gegenwärtig unklar, ob Mitterrand noch einmal kandidiere. Wenn er es tue, würde er die Wahl gewinnen. Man könne davon ausgehen, daß die KPF ihn im zweiten Wahlgang unterstütze. Die Ehefrau Mitterrands rate aber von einer Kandidatur ab, da eine weitere siebenjährige Amtszeit in seinem fortgeschrittenen Alter eine zu große Belastung sei.

Die Protokollbeamten in Bonn und Ostberlin hätten Brandts Treffen mit Honecker um ein Haar vergessen. Auch für Wolfgang Schäuble und Alexander Schalck-Golodkowski war der Ehrenvorsitzende der SPD im Vorfeld der Verhandlungen kein Thema. Das gleiche galt für Ex-Kanzler Helmut Schmidt, dem die Bundesregierung den delikaten Besuch Honeckers in der Bundesrepublik überhaupt zu verdanken hatte. Schmidt kam mit Honecker am Rande eines Mittagessens auf Schloß Benrath zusammen, das der nordrhein-westfälische Ministerpräsident Johannes Rau am 9. September 1987 gab.

Heute wissen wir, was den Altkanzler beim vertraulichen Treffen mit Honecker wirklich interessierte. Es waren nicht die ungleichen Wirtschaftsbeziehungen zwischen beiden deutschen Staaten, es ging ihm nicht um die Millionen für Swing und Transitpauschalen, die auch unter seiner Regierung eine wichtige Rolle spielten, ihn bewegten weder Fragen der Menschenrechte in der DDR noch die Rolle der evangelischen Kirche im realexistierenden DDR-Sozialismus. Helmut Schmidt interessierte sich auch nicht für humanitäre Fragen, für die Lage der Werktätigen oder die Situation der Rentner und Kranken oder der geplagten Schriftsteller.

Der ehemalige Kanzler sprach über seine Steckenpferde: zum Beispiel über die Lage in Polen und in der Sowjetunion, über die doppelte Null-Lösung. Daß er den römischen Papst kritisierte und sich beunruhigt über die Rolle des Islam äußerte, hätten wir niemals erfahren, wenn die DDR nicht zusammengebrochen wäre. Der SED-Generalsekretär protokollierte auch seine Begegnung mit Helmut Schmidt fast wortwörtlich:

H. Schmidt brachte seine Freude über die Begegnung zum Ausdruck und stellte Fragen zur internationalen Lage, zur Entwicklung in der Sowjetunion und in der VR Polen. E. Honecker führte aus, daß die wichtigste aktuelle Frage, über die er mit Bundespräsident Weizsäcker und Bundeskanzler Kohl gesprochen habe, darin besteht, die Chancen, die sich mit dem Abschluß eines Abkommens über die globale doppelte Null-Lösung für Mittelstreckenwaffen ergeben, zu nutzen. Das sei das Wichtigste. Einigkeit bestünde darin, daß dem Einstieg in die Abrüstung keine Hindernisse in den Weg gelegt werden dürften. H. Schmidt sagte, er gehe davon aus, daß M. Gorbatschow und R. Reagan das Abkommen wollten. M. Gorbatschow brauche seiner Meinung nach einen Erfolg. Ein Abkommen über die Mittelstreckenraketen sei aber nur ein kleiner Erfolg, es stelle sich die Frage, was kommt dann? Vor allem würde die Umstellung der Rüstungsproduktion auf zivile Produktion ein komplizierter Vorgang sein. Perestroika habe viele Erwartungen geweckt, sei aber ein langer Weg. Seiner Meinung nach müsse M. Gorbatschow bald Ergebnisse vorweisen. Schmidt führte weiter aus, daß er kürzlich in Moskau gewesen sei, aber immer noch Schlangen vor den Geschäften erlebt habe.

E. Honecker erwiderte, daß er davon ausgehe, daß Gorbatschow es schaffen werde. In der Sowjetunion sei vieles in Bewegung gekommen, die Hauptfrage sei die soziale Frage. Auf diesem Gebiet würden große Anstrengungen unternommen. In diesem Zusammenhang seien die Beschlüsse des RGW hinsichtlich der wissenschaftlich-technischen Zusammenarbeit bis zum Jahr 2000 von großer Bedeutung. Auf eine entsprechende Frage zur Lage in Polen sagte E. Honecker, er treffe in wenigen Tagen W. Jaruzelski in Berlin. Die politische Situation habe sich stabilisiert und die Autorität W. Jaruzelskis sei sichtbar gewachsen. Die Katholische Kirche in Polen sei sehr national. Das würde helfen. Auf ökonomischem Gebiet habe sich die Lage ebenfalls verbessert. Als Problem stelle sich, daß der Papst seinerzeit Solidarnosc unterstützt hat. H. Schmidt warf in diesem Zusammenhang ein, seiner Meinung nach sei der Papst politisch naiv. Aus seiner Sicht sei es von großer politischer Bedeutung, wenn beide deutsche Staaten gute Beziehungen zu Polen haben.

H. Schmidt führte weiter aus, ihn bewege die Rolle des Islam in der heutigen Welt. Ihn beunruhige die Entwicklung sehr. Der Krieg zwischen Iran und Irak unterstreiche das. Zu befürchten sei, daß die islamischen Völker sich eines Tages alle einig sind und gegen uns losschlagen. Nicht zu unterschätzen sei der Einfluß des Islam auf die mittelasiatischen Republiken der Sowjetunion. Schon Breshnew hätte da seine Sorgen gehabt.

Leichtgewichte

Aus der geheimen Vorlage Honeckers an das Politbüro wenige Tage nach Abschluß seines Besuches in der Bundesrepublik 1987 geht deutlich hervor, daß Wolfgang Schäuble an der Seite von Helmut Kohl zu den härtesten und sachorientiertesten Gesprächspartnern zählte. Er hatte eine kluge Verhandlungsstrategie entworfen und neben den bekannten Abkommen und Verträgen spürbare Reiseerleichterungen für die Menschen in der DDR erreicht.

Was Lothar Späth, damals Ministerpräsident und stellvertretender Bundesvorsitzender der CDU, bei der Begegnung mit Honecker besprach, ist kaum der Erwähnung wert. Er gehörte zu den eindeutigen

Leisetretern. Der Spezialist für flotte Sprüche thematisierte Wirtschaftskooperationen zwischen Baden-Württemberg und der DDR. Er wies auf die Bedeutung von universitärer Zusammenarbeit bei der Mikroelektronik und dem Maschinenbau hin. Es war eine der oberflächlichsten Begegnungen, eine verpaßte Chance.

Ähnlich oberflächlich verlief das Treffen Honeckers mit dem nordrhein-westfälischen Ministerpräsidenten. Auch Johannes Rau präsentierte sich lediglich als Makler für wirtschaftliche Projekte. Dabei hätte das Vieraugengespräch Rau die Möglichkeit geboten, allgemein brennendere Probleme anzusprechen. Doch der Düsseldorfer Ministerpräsident sang ein hohes Lied auf die hervorragenden Wirtschafts-, Handels- und Kulturbeziehungen, als ob es sich um zwei befreundete Länder wie Frankreich und die Bundesrepublik handeln würde. Nach dem Vermerk des SED-Generalsekretärs an das Politbüro fragte Rau unter anderem nach Honeckers Vergangenheit:

> E. Honecker unterstrich die Übereinstimmung, die Mittelstreckenwaffen ohne Wenn und Aber zu beseitigen, und wertete die Erklärung H. Kohls positiv, in Verbindung damit auf die Pershing 1a zu verzichten. Das Miteinander in der Friedensfrage sei das größte Ergebnis. Mehr als 80% der Bürger der Bundesrepublik seien dafür. Ein Abkommen über die Mittelstreckenwaffen dürfe nicht an der BRD scheitern, darin habe man voll übereingestimmt. J. Rau: Strauß wird noch differenzieren. E. Honecker: Bei der Begegnung in Leipzig habe sich F. J. Strauß bei ihm erkundigt, woher der Sinneswandel der USA hinsichtlich der Mittelstreckenwaffen komme. Hier gebe es jetzt eine große Umstellung.

Honecker erzählte Rau auch, daß Willy Brandt den Bonn-Besuch gerade zum gegenwärtigen Zeitpunkt sehr hoch eingeschätzt habe. Mit der SPD-Führung bestehe ein enger Kontakt, der dazu beitrage – so Honecker –, die Beziehungen zwischen beiden Parteien und beiden deutschen Staaten auf den verschiedensten Gebieten zu entwickeln.

Das Miteinander in der Friedensfrage sei das größte Ergebnis.

Beim Schießbefehl flüchtete der gute Mann aus Wuppertal in eine indirekte Form. Er wollte wissen, ob überhaupt, und wenn ja, wer bei den Bonner Gesprächen den Schießbefehl angesprochen habe. Ein Auszug aus Honeckers geheimer Vorlage an das Politbüro:

Da sich J. Rau für die Behandlung der »Grenzfrage« und des »Schießbefehls« in den Bonner Gesprächen interessierte, sagte E. Honecker, dies habe dort weniger, mehr aber in den Trinksprüchen des Bundeskanzlers eine Rolle gespielt. Bei den Grenzen sei daran zu denken, daß sich an ihnen starke Gruppierungen des Warschauer Vertrages und der NATO gegenüberstehen und es sich um militärische Sperrgebiete handelt. Er habe H. Kohl die Anordnung der BRD für den Waffengebrauch vorgelesen, hier gebe es keinen Unterschied zu den entsprechenden Bestimmungen der DDR. Auch wir seien an Zwischenfällen nicht interessiert. Der Reiseverkehr entwickele sich in großem Ausmaß. Bis Ende August hätten 3,2 Millionen Bürger der DDR die BRD besucht, nur 0,02% seien nicht zurückgekehrt. Insgesamt seien 12,7 Millionen DDR-Bürger ins Ausland, darunter die Sowjetunion und die anderen sozialistischen Länder, gereist, und das bei einer Bevölkerungszahl von 16,9 Millionen. Reden wie unlängst am Brandenburger Tor in Berlin trügen allerdings nicht dazu bei, die Bereitschaft der DDR zu fördern.

Johannes Rau stellte in Laufe des schmalbrüstigen Small talks mit Honecker einige Fragen, die dem Ostberliner Kommunisten die Chance boten, sich weitschweifig auszulassen. Er fragte Honecker nach der Entwicklung in der Sowjetunion. Im Gespräch unter vier Augen sagte der Altkommunist – wie wir heute aufgrund seiner Gesprächsnotizen wissen –, er unterhalte sehr enge Beziehungen zu Gorbatschow und unter den sozialistischen Führern habe er sich wahrscheinlich am häufigsten mit ihm getroffen. Für die UdSSR sei der sich dort vollziehende Prozeß unbedingt erforderlich, um das Lebensniveau des Volkes zu erhöhen. Ein anderes wichtiges Thema sprach Rau am Schluß an: Der engagierte Protestant, der im Laufe vieler Jahre für die Kirche in der DDR eine Menge an Unterstützung organisiert hatte, fragte nach dem Verhältnis zwischen Staat und Kirche in der DDR. Außerdem erbat Rau Auskunft über das Verhältnis zwischen Staat und den Künstlern und über die »Entspannung« nach den Ereignissen um Biermann.

Unter vier Augen setzte sich schließlich der ehemalige SPD-Kanzlerkandidat für weitere Städtepartnerschaften und einen Leichtathletik-Länderkampf mit Nordrhein-Westfalen ein.

Honecker hatte bei seinem Vorbereitungsgespräch mit Wolfgang Schäuble im März 1987 unter anderem darum gebeten, das Saarland zu besuchen.

Das saarländische Protokoll behandelte die »Nummer eins« der

DDR, den saarländischen Landsmann, im September 1987 wie bei einem Staatsbesuch. Es gab unter anderem einen für Arbeitsbesuche unüblichen Austausch von Geschenken.

Oskar Lafontaine schlüpfte in die Rolle eines Botschafters für weitere Städtepartnerschaften und setzte sich für die rheinland-pfälzischen Provinzstädte Idar-Oberstein oder Zweibrücken ein. Er rühmte die »hoffnungsvollen Ansätze« auch bei Hochschulpartnerschaften, zum Beispiel zwischen Saarbrücken und Leipzig. Lafontaine hielt es für nützlich, Kontakte zwischen Wissenschaftlern auf dem Gebiet des Umweltschutzes zu knüpfen. Der saarländische Hoffnungsträger bat Honecker, auch den Jugendaustausch nicht zu vergessen, der so ermutigende Fortschritte mache. Beide Seiten sollten Ausbildungsprojekte im Saarland fördern. Der optimistische Sozialdemokrat gab das naive Interesse des Saarländischen Rundfunks am Journalistenaustausch weiter. Der Wirtschaftsaustausch war ein weiteres wichtiges Thema in der erweiterten Gesprächsrunde. Abschließend erinnerte der Brandt-Enkel an eine Reihe »persönlicher Ersuchen mit der Bitte, deren Erledigung gewissenhaft zu prüfen«. Es handelte sich um Namenslisten von Bürgern, die über Lafontaines Fürsprache auf eine sofortige Ausreise hofften.

Mit dem Besuch im Saarland – so Honecker – werde eine langfristige persönliche Verbindung zwischen der DDR und dem Saarland fortgesetzt. Beide Politiker hatten sich zuletzt im März 1987 in Ostberlin getroffen. Jetzt fühlten sie sich wie unter alten Genossen.

Die Gespräche wurden im kleinen Kreis am 10. September 1987 in der Saarbrücker Staatskanzlei fortgeführt. Die gegenseitigen Schmeicheleien waren kaum zu überbieten. Lafontaine fiel dem ehemaligen Bundeskanzler Helmut Schmidt in den Rücken. Er schreckte nicht vor politischer Anbiederung an den totalitären Machthaber zurück. Er stand auch an der Seite Honeckers, als es um die Bewertung der Kanzlerrede in der Godesberger Redoute ging, in der Helmut Kohl unmißverständlich die Einheit der Nation beschworen, Mauer und Schießbefehl gegeißelt und Freiheit und Freizügigkeit angemahnt hatte.

Zu Honeckers Vermerken an das Politbüro zählt auch das Protokoll über seine Gespräche im Saarland. Ein Auszug:

O. Lafontaine bekräftigte, das das Saarland auch weiterhin für die Normalisierung der Beziehungen zwischen den beiden Staaten vorangehen wollte. E. Honecker sagte, daß sich O. Lafontaine auch zukünftig der Unterstützung durch die DDR sicher sein könne. Eine Veränderung des politischen Kräfteverhältnisses in der BRD zugunsten der SPD hätte eine große Bedeutung für die gesamte Lage in Europa und für die Beziehungen zwischen beiden deutschen Staaten. E. Honecker hob in diesem Zusammenhang hervor, daß die Politik der SED von allen Generationen in der DDR getragen würde. Die Einheit der Generationen sei ein wichtiges Unterpfand für die weitere Gestaltung der entwickelten sozialistischen Gesellschaft in der DDR. O. Lafontaine erwiderte, daß die SPD gerade unter der Kanzlerschaft von H. Schmidt in dieser Hinsicht große Fehler gemacht habe. Schmidt habe die Jugend nicht integriert und der Entwicklung der grünen Bewegung freien Raum gegeben. Ohne dem wäre die SPD heute eine 45-Prozent-Partei.

Auf seine Gespräche in Bonn eingehend, sagte E. Honecker, daß der freundliche Empfang ihn angenehm überrascht habe. In der DDR habe der Besuch ein außerordentlich großes Echo hervorgerufen. Vor allem wurde mit Freude bemerkt, daß sich H. Kohl im Verhältnis zur DDR politisch nach vorn bewegen mußte. Etwas anderes würde die Welt auch nicht verstehen. Auf die Rede H. Kohls vom 7. September verweisend, sagte O. Lafontaine, daß E. Honecker gut beraten gewesen sei, so zu reagieren. E. Honecker antwortete, damit sei deutlich gemacht worden, daß sich die SED prinzipiell im Herangehen an die politischen Fragen von der CDU unterscheide.

Annäherung

Letzte Station des Honecker-Besuches in der Bundesrepublik war Bayern. Die bayerische Staatsregierung empfing den SED-Generalsekretär mit den höchsten protokollarischen Ehren. Ministerpräsident Franz Josef Strauß und DDR-Staatsratsvorsitzender Erich Honecker konferierten mehrere Stunden lang. Strauß unterbreitete dem Gast aus Ostberlin eine Reihe von Wünschen zu humanitären Fragen und zur Öffnung weiterer Grenzübergänge für den gewerblichen Verkehr. Zur Sprache brachte Strauß ferner eine »nationale Flugverbindung« zwischen der Bundesrepublik und der DDR unter Beteiligung Münchens. Aus den offensichtlich mitgeschnittenen Gesprächen läßt sich eine hohe diplomatische Verhandlungskunst erkennen. Breiten Raum nahm der Gedankenaustausch über die Friedens- und Abrüstungspolitik ein, bei dem es immer wieder auch zu Übereinstimmungen kam.

Im Vermerk Honeckers an das Politbüro über sein Gespräch unter vier Augen mit Franz Josef Strauß am 11. September 1987 in München ist nachzulesen, welche Fragen in den deutsch-deutschen Beziehungen eine Rolle spielten:

Zu bilateralen Fragen übergehend, stellte F. J. Strauß fest, in den vergangenen Monaten hätten zwischen beiden Seiten hochrangige Gespräche in sehr guter Atmosphäre stattgefunden. Seit seinem Treffen mit E. Honecker von 1983 sei ein spürbarer Wandel eingetreten. Die Signale der DDR für guten Willen, so die großzügigen Reisegenehmigungen, die Amnestie für Straftäter, die Abschaffung der Todesstrafe, zu der sich noch nicht einmal Frankreich habe entschließen können, seien verstanden worden. Die Grenzlage sei weiterhin ruhig, die Grenzabfertigung korrekt und zügig, auch die Grenzsperranlagen seien verändert worden. E. Honecker habe Wort gehalten. Die Grenzanlagen zwischen der DDR und der Bundesrepublik könnten nicht so sein wie zwischen Bayern und Österreich, aber offenbar strebe E. Honecker als langfristige Zielsetzung eine ähnliche Situation an.

Als erfreulich bezeichnete F. J. Strauß die Entwicklung des Reiseverkehrs, insbesondere unterhalb des Rentenalters. Er verstehe dabei die Devisensituation der DDR.

Strauß, der 1983 bei der Einfädelung des Milliardenkredits an die DDR dafür eine parteiinterne Schelte hatte hinnehmen müssen, erreichte inzwischen den Abbau der tödlichen Minen an der innerdeutschen Grenze. Der bayerische Pragmatiker gehörte in seinen letzten Lebensjahren zu jenen Gesprächspartnern Honeckers, die die meisten Namenslisten mit Häftlingsfreikäufen und Familienzusammenführungen vorlegten. Honecker vermochte Strauß kaum einen Wunsch abzuschlagen. Ein Auszug aus dem Protokoll des SED-Generalsekretärs über das Gespräch mit Strauß:

Sodann unterbreitete F. J. Strauß einige Wünsche an die DDR. Hinsichtlich der Familienzusammenführung werde erbeten, die Ausreise- und Übersiedlungserlaubnisse wenigstens im bisherigen Umfang fortzusetzen. Wegen angeblicher Schikanen gegen Antragsteller erhalte er viele Briefe. Als schwierigen Punkt bezeichnete F. J. Strauß das Einreiseverbot für DDR-Bewohner, welche die DDR legal verlassen haben. Dabei wolle er ausdrücklich feststellen, daß die Kontaktverbote entsprechend der Zusage E. Honeckers abgebaut worden seien.

F. J. Strauß setzte sich dafür ein, die Möglichkeiten für den Reiseverkehr von Bürgern der DDR unterhalb des Rentenalters zu erweitern, z. B. durch

Garantie von Westreisen einmal im Jahr, sowie großzügige Genehmigungen für den Jugendaustausch zu erteilen. »Über den Zwangsumtausch rede ich nicht.« Gelegen sei ihm auch am Bewohnerverkehr im Grenzsperrgebiet.

Bilanz aus roter Sicht

Bonn und Ostberlin waren mit Honeckers Arbeitsbesuch rundum zufrieden. Der politische Ertrag war jedoch nicht gerade üppig. Honecker empfand seinen Besuch als großen politischen Erfolg. Er dokumentierte ein gewachsenes internationales Ansehen der DDR. Damit hat Wolfgang Schäuble bei seiner Vorbereitung der Visite gerechnet. Für DDR-Bürger blieben allerdings hohe Erwartungen unerfüllt. Enttäuschung wurde rasch spürbar. Zur innenpolitischen Lage vermochten Honeckers Gespräche in der Bundesrepublik also nichts Stabilisierendes beizusteuern. Für die Menschen im Mauerstaat brachten weitere Reiseerleichterungen den größten Nutzen.

In seiner geheimen Vorlage an das dreißigköpfige Politbüro des Zentralkomitees der SED kommt Honecker zu einer aufschlußreichen »zusammenfassenden Wertung«:

Der erste offizielle Besuch des Genossen Erich Honecker in der BRD war ein bedeutender politischer Erfolg für die DDR, ein wichtiges Ergebnis ihrer Politik der Vernunft und des Realismus. Der Besuch ist das wichtigste Ereignis in den Beziehungen zwischen der DDR und der BRD seit Abschluß des Grundlagenvertrages. Er ist von weitreichender Wirkung und historischer Bedeutung. Neben dem Grundlagenvertrag und der Gemeinsamen Erklärung vom 12. März 1985 bildet das Gemeinsame Kommuniqué über den Besuch vom 8. September 1987 die Basis für die künftige Gestaltung der Beziehungen mit der BRD. Das Stattfinden des Besuches und die durchgesetzte politische und protokollarische Behandlung des Genossen Erich Honecker als Staatsoberhaupt eines anderen souveränen Staates dokumentierten vor aller Welt Unabhängigkeit und Gleichberechtigung beider deutscher Staaten, unterstrichen ihre Souveränität und den völkerrechtlichen Charakter ihrer Beziehung. Damit wurde allen revanchistischen und »innerdeutschen« Bestrebungen ein schwerer Schlag versetzt. Das konnten auch Äußerungen von Kohl und anderen über »Rechtspositionen« und zur »Einheit der Nation« nicht ändern.

Es ist bedeutungsvoll, daß gerade eine CDU/CSU-geführte Regierung gezwungen war, dem Besuch und seinem Ablauf in dieser Form zuzustimmen. Sie konnte nicht umhin, den Nachkriegsgegebenheiten in Europa und dem Willen der Mehrheit der BRD-Bevölkerung für Frieden, Entspannung und normale Beziehungen zur DDR Rechnung zu tragen.

Verlauf und Ergebnisse des Besuches des Genossen Erich Honecker widerspiegeln das gestiegene Ansehen der DDR, die Kraft ihrer Friedenspolitik und ihre gewachsene internationale Ausstrahlung...

An konkreten Ergebnissen des Besuches ist festzuhalten:

– Zusage der CDU/CSU/FDP-Koalition, an der Herstellung offizieller Kontakte zwischen Volkskammer und Bundestag zu arbeiten;
– Abschluß der drei Abkommen und Vereinbarungen zu den Fragen des Umweltschutzes, von Wissenschaft/Technik und des Strahlenschutzes; es wurde vereinbart, auf dem Gebiet des Umweltschutzes durch beide Seiten geeignete Objekte zu benennen und zu erörtern;
– Vereinbarung, kurzfristig Gespräche zur Bildung einer Gemischten Kommission zur weiteren Entwicklung der wirtschaftlichen Beziehungen aufzunehmen;
– Übereinstimmung, die wirtschaftliche Zusammenarbeit zwischen Kombinaten und Außenhandelsbetrieben der DDR und Unternehmen der BRD weiterzuentwickeln und dabei solche Kooperationsformen wie die Zusammenarbeit beim Export von Anlagen und Ausrüstungen, besonders auf dritten Märkten, sowie bei der Gestattungsproduktion verstärkt zu entwikkeln;
– Vereinbarung, kurzfristig Verhandlungen zum Abschluß von Regelungen und Vereinbarungen zum Ausbau und zur Elektrifizierung von Eisenbahnstrecken im Transitverkehr zwischen der BRD und Berlin (West) aufzunehmen;
– Übereinstimmung, hinsichtlich der Grunderneuerung bzw. des Ausbaus von Autobahnabschnitten, insbesondere im Transitverkehr BRD–Berlin (West), baldmöglichst Gespräche aufzunehmen;
  Kurzfristige Aufnahme von Gesprächen im Zusammenhang mit einer eventuellen weiteren Offenhaltung der GÜST Staaken über den 31. 12. 1987 hinaus.
– Erwartung, daß die konkreten Fragen zum Bezug und zur Lieferung von Elektroenergie zwischen der DDR und der BRD unter Einbeziehung von Berlin (West) auf der kommerziellen Ebene gelöst werden und die entsprechenden Verhandlungen zum Abschluß langfristiger Vereinbarungen führen.
– Übereinstimmung, daß Fortschritte in den weiteren Verhandlungen zur Reduzierung der Salzbelastung der Werra möglich sind, wenn Einvernehmen über den Einsatz des in der BRD vorhandenen Verfahrens zur umweltschonenden Aufbereitung von Kali-Salzen unter Berücksichtigung der ökonomischen Interessen beider Seiten erzielt wird.
– Vertrauliche Zusicherung H. Kohls und E. Albrechts, sich für eine einvernehmliche Regelung der Frage der Elb-Grenze einzusetzen.
  Erklärung E. Honeckers, in diesem Fall neben dem Abschluß der bereits

weitgehend ausgehandelten Vereinbarungen zum Binnenschiffsverkehr, Sportbootverkehr, Hochwasserschutz und zur Fischerei Verhandlungen über den Gewässerschutz der Elbe aufzunehmen sowie Hannover, Hamburg und Kiel in den grenznahen Verkehr einzubeziehen.

- Zusage der DDR, einige Erleichterungen im Reise- und Besucherverkehr, einschließlich Berlin (West), einzuführen (Veränderungen bei den Einfuhrbestimmungen, Gestattung der Einreise für ehemalige DDR-Bürger, die vor dem 1. Januar 1982 die DDR verlassen haben, sofern es sich nicht um unerwünschte Personen handelt, Mitführen von Fahrrädern als Reisegebrauchsgegenstände). Absicht, intern und informell über einige mit Westberlin zusammenhängende Fragen weiter zu sprechen.
- Übereinstimmung, bei der Bekämpfung von AIDS noch enger zusammenzuarbeiten.

Bedeutungsvoll ist, daß zum ersten Mal eine Begegnung zwischen den beiden Außenministern auf deutschem Boden, im Amtszimmer von BRD-Außenminister Genscher, stattfand und weiter derartige Begegnungen vereinbart wurden.

Der Besuch leitete damit eine neue Etappe in den bilateralen Beziehungen zwischen beiden deutschen Staaten ein. Es wurde deutlich, daß neue positive Ergebnisse auf dem Weg der Normalisierung der Beziehungen zum Wohl der Völker in Europa und in beiden Staaten möglich sind, wenn von der realen Lage ausgegangen wird, d. h. von der Tatsache, daß im Ergebnis des zweiten Weltkrieges und der Nachkriegsentwicklung zwei souveräne, voneinander unabhängige deutsche Staaten mit unterschiedlicher Gesellschaftsordnung und Bündniszugehörigkeit entstanden sind.

Der Besuch des Genossen Erich Honecker fand international und in den Medien der BRD ein außergewöhnlich großes Echo. In allen Weltagenturen und bedeutenden Zeitungen wurden der Besuch, sein Verlauf und seine Ergebnisse als bedeutendes Ereignis der Nachkriegsgeschichte hervorgehoben, mit dem der Entwicklung nach 1945 Rechnung getragen wurde. In der BRD war die Berichterstattung ausführlich, überwiegend sachlich und korrekt. Der Besuch gab eine breite Möglichkeit, die internationale und die Öffentlichkeit der BRD mit dem Standpunkt der DDR zu internationalen Grundfragen, ihrer Friedenspolitik und ihrem konstruktiven Verhalten in den bilateralen Beziehungen vertraut zu machen.

Logische Folge

Für Wolfgang Schäuble brachte der Besuch Honeckers jenseits aller ideologischen Verbrämungen einen Fortschritt hinsichtlich der Reisemöglichkeiten für DDR-Bürger. »Wenn Honecker in Bonn war«, so seine Einschätzung damals wie heute, »werde er sich sehr schwer tun, seiner Bevölkerung Westreisen wieder zu verbieten. Mir ging es in der Hauptsache darum, den Reiseverkehr unumkehrbar zu machen, festzuschreiben, zu sichern, irreversibel zu machen. Jetzt konnten die DDR-Bürger sagen, der Erich durfte in den Westen reisen und wir nicht?«

Schäuble sieht sich heute als kluger Sachwalter und weitsichtiger Stratege der damaligen Bonner Deutschlandpolitik bestätigt. Seine Analyse: »Wir wußten natürlich, daß sich Honecker mit seinem Bonn-Besuch auch den Weg in andere westliche Hauptstädte eröffnen würde. Das wollten wir auch. Ich habe immer argumentiert, daß wir die DDR nicht Richtung Osten wegdrücken dürfen, sondern nach Westen ziehen müssen.«

Zu den wichtigsten Erträgen der Honecker-Reise in die Bundesrepublik zählt auch für den SPD-Deutschlandexperten Egon Bahr der zusätzliche enorme Druck auf die SED-Führung: »Wenn das Staatsoberhaupt aus sentimentalen Gründen in die Bundesrepublik fährt, möchten es seine Bürger auch. Deshalb nahm der Druck auf mehr Reisen erheblich zu. So hat der Besuch den Menschen in der DDR die Chance oder ein Stück mehr Hoffnung auf weitere Reisemöglichkeiten gebracht. Außerdem zeigte der reibungslose und freundliche Empfang Honeckers, daß der Klassenfeind gar nicht so schlimm ist, wie es die DDR-Propaganda jahrelang versucht hat, darzustellen.«

Honecker hatte sich den Traum seines Lebens erfüllt, und der SED war es tatsächlich gelungen, akzeptiert zu werden. In den Augen der Gemeinschaft der europäischen Staaten wurde die Zweistaatlichkeit besiegelt. Niemand konnte ahnen, daß die wirtschaftlichen Schwierigkeiten die DDR damals zu strangulieren drohten. Den Bonner Deutschlandpolitikern hat kein ernstzunehmendes westdeutsches Wirtschaftsinstitut die wirtschaftliche Misere vorausgesagt. Weder das Bundesinstitut in Köln noch das Gesamtdeutsche Institut in Bonn. Auch der Bundesnachrichtendienst lieferte keine Informationen, die eine korrekte Einschätzung zuließen. Die Bonner Deutschlandpolitik trug zweifellos dazu bei, die DDR wirtschaftlich zu stabilisieren. Parallel dazu verlief eine wachsende Abhängigkeit der DDR von der Bundesrepublik, die Wolfgang Schäuble erkannte. Die Wettbewerbsfähigkeit der DDR auf den Weltmärkten ließ jedoch nach.

Für Wolfgang Schäuble galt seinerzeit, Festigkeit in allen grundsätzlichen Fragen zu zeigen. Dazu gehörte auch nach dem Honecker-Besuch das Festhalten an der Einheit Deutschlands. Er wich nicht von seiner alten Betrachtungsweise ab, die sich später als richtig erweisen sollte. 1987 galt sie nicht als herrschende Lehre. Fast alle Experten gingen davon aus, daß sich die Einheit Deutschlands lange nicht realisieren lasse. Für Schäuble war das nicht so sicher. Die deutsche Frage blieb für ihn offen, auch wenn er eine pragmatische Politik der Zusammenarbeit mit der DDR forcierte.

Schäuble wußte, daß die Stabilität der DDR entscheidend von der Garantie der Sowjetunion abhängig war. Nur sie konnte die Machtverhältnisse in der DDR aufrechterhalten, notfalls mit militärischer Gewalt. Mit den vierhunderttausend sowjetischen Soldaten auf dem Territorium der DDR war Vorsorge getroffen worden, daß nichts »ins Rutschen kam«.

Die Stabilität – so Schäubles Einschätzung – hing auch davon ab, inwieweit die SED-Führung Zuspruch und Unterstützung in der Bevölkerung fand. Nach dem Honecker-Besuch zeigte sich, daß die »Nischengesellschaft« brüchig wurde. Immer mehr Menschen wollten weg, weil sie für sich und ihren Staat keine Perspektive mehr sahen.

Was damals die wenigsten politischen Beobachter wußten: Honecker war trotz des Bonn-Besuchs nicht mehr so unangefochten und so stark wie zuvor. Seine Bewegungsspielräume wurden immer kleiner. Er geriet in den Strudel der politischen Umwälzungen, war nicht mehr stark genug, eine dynamische Entwicklung der deutschen Politik nach dem Treffen in der Bundesrepublik zu garantieren.

»Dialog 87«

Was Wolfgang Schäuble nicht ahnen konnte und sein Verhandlungspartner aus Ostberlin, Alexander Schalck-Golodkowski, Stasi-Offizier »im besonderen Einsatz«, nie zur Sprache brachte, waren die Aktivitäten des Ministeriums für Staatssicherheit vor, während und nach dem Honecker-Besuch in der Bundesrepublik und DDR.

Schon am 3. Juli 1987 – die Vorbereitungen des Besuchs waren längst noch nicht abgeschlossen – richtete Erich Mielke, Armeegeneral und Minister für Staatssicherheit, ein vierseitiges Schreiben an alle Diensteinheiten. Ihre Leiter erfuhren von der Absicht Honeckers, die Bundesrepublik zu besuchen. Mielke wies darauf hin, daß aus »antisozialistischen Kreisen« Hinweise vorlägen, wonach ein möglicher Aufenthalt Erich Honeckers in der Bundesrepublik genutzt werden solle, »um gegen die DDR, die Delegationen und den Genossen Honecker persönlich gerichtete Demonstrationen, Angriffe und andere Aktionen zu inszenieren«. Die Leiter der operativen Diensteinheiten wurden aufgefordert, alle geeigneten operativen Möglichkeiten, vor allem der IM (Informelle Mitarbeiter) und GMS (Gesellschaftliche Mitarbeiter für Sicherheit), zu nutzen, um Informationen zu erarbeiten, die »im Zusammenhang mit der Reise Honeckers in der Bundesrepublik bedeutsam sind«.

Umgehend aufzubereiten seien Informationen zu Plänen, Absichten und Maßnahmen feindlicher Organisationen, Gruppen und Kräfte im Operationsgebiet (gemeint war die Bundesrepublik), Provokationen und Gewaltaktivitäten. Die »feindlichen Kräfte im Operationsgebiet, vor allem haßerfüllte Feinde der DDR, darunter zu Gewaltakten neigende ehemalige DDR-Bürger« seien »unter wirksamer operativer Kontrolle« zu halten. Auch »Personen, die gewaltsame Aktivitäten zur Entlassung von Angehörigen oder Bekannten aus der Haft bzw. zur Erzwingung der Übersiedlung aus der DDR planen bzw. androhen, DDR-feindliche rechts- und linksextremistische Elemente«.

Mielke forderte von seinen Führungskräften, »Informationen zu Plänen, Absichten und Maßnahmen feindlich-negativer Kräfte im Innern der DDR« seien unverzüglich seinem Stellvertreter, Genossen Generaloberst Mittag, zu übergeben.

Mit Befehl Nr. 12/87 (VVS MfS 00087 – 48/87) vom 10. August

1987 forderte Armeegeneral und Minister für Staatssicherheit, Erich Mielke, von seinen Mitarbeitern, »die politisch-operative Sicherung des Besuches« Erich Honeckers »im Rahmen einer Schutz- und Sicherungsaktion« unter der Bezeichnung »Dialog 87«.

Die Aktion begann am 6. September 1987 um acht Uhr und endete am 12. September 1987 um acht Uhr.

Die Führung und Leitung der Aktion erfolgte durch den Minister persönlich. Die »Schutz- und Sicherungsaktion« bezog sich auf das »Operationsgebiet« Bundesrepublik Deutschland und auf die DDR.

Ein Auszug aus dem Mielke-Befehl:

Die Sicherheit der operativen Kräfte, Mittel und Methoden ist auch unter diesen Bedingungen zuverlässig zu gewährleisten. Alle politisch-operativen Aufgaben sind so durchzuführen, daß der Gegner unsere besonderen politisch-operativen Maßnahmen nicht erkennen kann. Es sind alle Maßnahmen zu unterlassen, die zu Dekonspirationen operativer Kräfte, Mittel und Methoden führen bzw. politischen Schaden hervorrufen könnten, einschließlich durch die Inszenierung feindlicher Kampagnen in den gegnerischen Massenmedien.

Dem Gegner dürfen keinerlei Ansatzpunkte für provokatorische u. a. feindliche Handlungen, vor allem solcher, die zur Gefährdung des Genossen Erich Honecker und seiner Begleitung führen können, gegeben werden . . .

Verstärkt sind insbesondere operativ zu bearbeiten bzw. zu kontrollieren:

- Personen, die im Verdacht der Verbindung zu imperialistischen Geheimdiensten stehen, die Kontaktpartner legaler Basen des Feindes in der DDR sind bzw. die als Stützpunkte bzw. Kontaktpartner anderer feindlicher Stellen und Kräfte bekannt sind bzw. vermutet werden;
- Personen, die gewaltorientiert bzw. als potentielle Täter für Terror- und andere operativ bedeutsame Gewaltakte einzuschätzen sind bzw. im Zusammenhang mit Vorkommnissen des unerlaubten Besitzes bzw. des Mißbrauchs von Waffen, Munition, Sprengstoff und anderen erlaubnispflichtigen Gegenständen in Erscheinung traten;
- Inspiratoren und Organisatoren politischer Untergrundtätigkeit gemäß den Festlegungen der Dienstanweisung Nr. 2/85;
- Personen, die hartnäckig versuchen, ihre Übersiedlung nach nichtsozialistischen Staaten und Westberlin zu erreichen. Im Zeitraum der unmittelbaren Vorbereitung und Durchführung des Besuches sind im engen politisch-operativen Zusammenwirken mit den Abteilungen Inneres bzw. der DVP alle Entscheidungen und Maßnahmen im Zusammenhang mit Personen, die eine Übersiedlung nach nichtsozialistischen Staaten bzw. Westberlin anstreben, so zu treffen bzw. zu realisieren, daß damit zur Gewährleistung der inneren Stabilität beigetragen und die unbedingte Disziplinierung

dieser Personen sichergestellt wird, daß es dadurch zu keinen unmittelbaren Störungen des Besuchsablaufes kommen kann.
- Personen, die beabsichtigen, die DDR ungesetzlich zu verlassen.
  Es muß beachtet werden, daß die Risikobereitschaft zur Begehung von Straftaten des ungesetzlichen Grenzübertritts, einschließlich mit spektakulärem Charakter, bezogen auf Angriffe gegen die Staatsgrenze der DDR als auch unter Mißbrauch des Aufenthalts in sozialistischen Ländern, bei bestimmten feindlich-negativen Personen zugenommen hat.
- Personen, die an staatliche Organe wiederholt provokatorische, ungerechtfertigte bzw. zur Zeit nicht realisierbare Forderungen stellen;
- negativ-dekadente sowie kriminelle und kriminell gefährdete Personen;
- im Verantwortungsbereich aufhältige, bereits in der Vergangenheit negativ in Erscheinung getretene Ausländer, vor allem aus nichtsozialistischen und anderen operativ interessierenden Staaten und aus Westberlin.

Bei der Festlegung der erforderlichen politisch-operativen Maßnahmen zu diesen Personen ist zu beachten, daß ihre Inspirierung zu feindlich-negativen Handlungen durch in der DDR akkreditierte Korrespondenten und bevorrechtete Personen, vor allem nichtsozialistischer Staaten erfolgen kann ...

Der Schießbefehl an Mauer und Grenze war praktisch aufgehoben, die »feindlich-negativen Kräfte« in beiden deutschen Staaten unter Kontrolle. Der Hauptabteilung XX fielen noch besondere Aufgaben zu. Der Einfluß der Staatssicherheit auf die Kirchen wurde deutlich. Ein Auszug aus Mielkes Befehl 12/87:

- Politisch-operative Einflußnahme auf die Auswahl sowie politisch-operative Überprüfung und Sicherung der im Operationsgebiet zum Einsatz kommenden Mitarbeiter der Massenmedien und Presseorgane der DDR;
- Zuverlässige Gewährleistung von Ordnung, Sicherheit und Geheimnisschutz in den Objekten des Verantwortungsbereiches, die durch politische Analysen, Vorbereitung von Maßnahmen auf dem Gebiet Agitation und Propaganda, Druck von Materialien oder sondierende Gespräche an der Vorbereitung des Besuches beteiligt sind;
- Einleitung von Maßnahmen zur Erhöhung von Ordnung und Sicherheit in den an der Berichterstattung über die Reise beteiligten Medien, Presseorganen und Druckereien im Verantwortungsbereich zur Verhinderung von Störungen, Havarien und Beeinträchtigungen der Qualität;
- Gewährleistung einer abgestimmten staatlichen und politisch-operativen Einflußnahme auf die Kirchenleitungen in der DDR mit dem Ziel der Verhinderung feindlich-negativer Kommentare, Stellungnahmen und Forderungen sowie von Spekulationen ...

Nichts war während des Honecker-Besuchs in der Bundesrepublik passiert. Kaum eine Provokation. Im Saarland traten einige Demonstranten mit lächerlichen Plakaten auf, die Honeckers Mauernstaat attackierten. Ansonsten herrschte Ruhe im Land. Kein mißglückter Grenzdurchbruch, kein Versuch einer Selbstverbrennung, kein Anschlag feindlicher Kräfte, nichts, was die deutsch-deutsche Harmonie hätte stören können.

Hochzufrieden formulierte Erich Mielke am Ende des »Dialogs 87« den Befehl Nr. 14/87 vom 15. September 1987. Darin zog er eine überschwengliche Bilanz des »ersten offiziellen Staatsbesuchs in der BRD«.

Deutschlandpolitische Maximen

Dorothee Wilms

Ausgangspunkt der deutschlandpolitischen und innerdeutschen Aktivitäten und Maßnahmen der Bundesminister war die in allen Regierungserklärungen von Bundeskanzler Helmut Kohl seit Oktober 1982 sinngemäß getroffene Feststellung: *»pacta sunt servanda«*, das heißt, der Grundlagenvertrag von 1972 und alle darauf fußenden Verträge und Vereinbarungen zwischen der Bundesrepublik Deutschland und der DDR wurden akzeptiert und erfüllt. Dies hatte zu Beginn der Regierungszeit von Helmut Kohl in der Union manche Enttäuschung ausgelöst, war die ablehnende Haltung der CDU/CSU-Bundestagsfraktion zum Grundlagenvertrag doch noch keineswegs vergessen. Auf den ersten Blick schien eine nahtlose Kontinuität zur Deutschlandpolitik der sozial-liberalen Koalition zu bestehen, auf den zweiten Blick zeigten sich jedoch deutliche Akzentunterschiede.

Der wesentliche Unterschied bestand darin, daß die CDU/CSU-geführte Bundesregierung, bei allem notwendigen Pragmatismus gegenüber der DDR, Prinzipientreue bewies und nicht bereit war, menschliche Erleichterungen um den Preis einer Aufgabe von Grundpositionen zur deutschen Einheit zu erkaufen. Die SED hat sich damit abfinden müssen.

Kanzleramtsminister Dr. Wolfgang Schäuble stand voll auf dem

Boden der Verträge – nicht nur pflichtgemäß, sondern auch aus politischer Einsicht und Klugheit, das Vereinbarte zu akzeptieren. Aber er wußte auch um die innerparteilichen Vorbehalte gegen die von Bundeskanzler Kohl eingeschlagene innerdeutsche Politik – und er verstand und akzeptierte sie ebenso.

Für ihn war die ihm als Chef des Bundeskanzleramtes zugeordnete Verantwortung für die operative innerdeutsche Politik in mehrfacher Hinsicht eine politische und auch persönliche Gratwanderung, wie er es mir gegenüber häufig andeutete: eine Gratwanderung zwischen dem Ja zum einmal eingeschlagenen politischen Weg und dem Verständnis für manch grundlegenden Zweifel daran; eine Gratwanderung zwischen dem Ja zu notwendigen Verhandlungen mit den Mächtigen in der DDR um der Menschen willen und dem Bewußtsein für die Gefahr, die unterschiedlichen Wertordnungen zwischen der Bundesrepublik Deutschland und der DDR nicht mehr genügend verdeutlichen und in der täglichen Politik beachten zu können.

Gerade diese letzte Gratwanderung läßt sich am Honecker-Besuch 1987 in Bonn besonders deutlich belegen. Schäuble hatte dem Kanzler zugeredet zur Durchführung dieses Arbeitsbesuches mit den bekannten, für uns alle so schmerzlichen äußeren Rahmenbedingungen (ich erinnere mich genau an meinen bitteren Nachgeschmack angesichts der Fahnen mit Zirkel und Sichel und der Becherschen Hymne!). Wir alle wußten aber, nur auf diese Weise waren von Honecker neue Erleichterungen im Interesse der Menschen zu erreichen. Gleichzeitig riet Schäuble aber auch zu der unvergessenen historischen Tischrede Helmut Kohls, in der dieser im Angesichte Honeckers die Einheit Deutschlands beschwor und Mauer und Schießbefehl verdammte – und das vor den Fernsehkameras aus aller Welt und vor allem aus der DDR mit der Direktübertragung dorthin!

Schäuble ist gewiß Pragmatiker, aber darüber vergaß er nie unsere und seine deutschlandpolitischen Grundsätze! Schäuble wollte den Menschen in Deutschland helfen, die Folgen der Teilung besser zu ertragen, ihren Zusammenhalt über die Trennungslinie hinweg zu stärken.

Ich erinnere mich an unsere Gespräche zur Positionsabstimmung vor innerdeutschen Verhandlungen in Ostberlin oder in Bonn, wenn es wieder einmal um die Transitpauschale, um von uns gewünschte neue Grenzübergänge usw. ging. Wir fragten uns, wie weit wir dabei finanziell gehen könnten, aber noch wichtiger, wo die Grenze für politische Spielräume liege. Schäuble war zu manchem finanziellen Schritt bereit, wenn er dafür beispielsweise neue Reiseerleichterungen für jüngere Menschen unterhalb des Rentenalters oder störungsfreies Reisen erreichen konnte. Was er – wie wir alle in der Regierung – aber absolut ablehnte, das waren die sogenannten Geraer Forderungen Honeckers, seit 1984 immer wieder erhoben und von manchen Sozialdemokraten schon akzeptiert: Anerkennung der DDR-Staatsbürgerschaft, Abschaffung der Erfassungsstelle von DDR-Menschenrechtsverletzungen in Salzgitter, Neufestlegung der innerdeutschen Grenze an der Elbe und Aufwertung der beiderseitigen Ständigen Vertretungen zu Botschaften.

Ich erinnere mich lebhaft an Schäubles Empörung, als sozialdemokratisch geführte Landesregierungen sich von der Finanzierung der Erfassungsstelle Salzgitter zurückzogen. Das Innerdeutsche Ministerium unter meiner Leitung sprang sofort in die Finanzierungslücke ein; eine Aufgabe der Erfassungsstelle wurde von uns keinen Augenblick in Erwägung gezogen.

Schäuble sah wie wir alle, daß der zunehmende innerdeutsche Reiseverkehr gerade jüngerer Menschen wie auch die verstärkte Information der Menschen in der DDR über die elektronischen Medien der Bundesrepublik mit dazu beitrugen, die gesellschaftspolitische Diskussion in der jüngeren Generation der DDR, ihre kritische Auseinandersetzung mit dem herrschenden SED-Regime zu fördern.

Schäuble hatte das Ziel, den Menschen in der DDR durch unsere innerdeutsche Politik ein Stück mehr Freiheit zu geben. Deshalb klagte er bei Honecker und anderen die Menschenrechte unter Hinweis auf die auch von der DDR akzeptierte KSZE-Schlußakte ein. Aus der Freiheit sollte die Einheit wachsen. Ich denke, daß auch *diese* Auswirkung der innerdeutschen Maßnahmen dann im Sommer/Herbst 1989 zum Zusammenbruch des SED-Regimes indirekt beigetragen hat.

Schäuble hat sich – gerade auch in steter Selbstprüfung – sehr intensiv mit der DDR-Staatsbürgerschaft und der SED-Forderung nach Anerkennung der DDR als Ausland durch die Bundesrepublik Deutschland auseinandergesetzt. In dieser Frage konnte er zum bissigen parlamentarischen Kontrahenten von SPD-Parlamentariern werden, die deren Anerkennung forderten, um endlich, wie sie meinten, den Realitäten in Deutschland Rechnung zu tragen.

Heute wissen wir, daß die Position der Bundesregierung richtig war: Nur dadurch, daß wir für *alle* Deutschen nur *eine* Staatsbürgerschaft anerkannten, waren für die Menschen aus der DDR die Übersiedlung zu uns und die Ausreisemöglichkeiten aus den mittelosteuropäischen Staaten, an ihrer Spitze Ungarn, 1989 möglich. Es waren eben Deutsche, die zu uns kamen, und keine ausländischen Asylsuchenden!

Schäuble hat mit den Abgesandten und Repräsentanten der DDR in der Form stets verbindlich, in der Sache aber hart verhandelt und war in der ihm eigenen verschmitzten Weise stolz, wenn er »bei denen« wieder etwas für die Menschen in Deutschland, für das menschliche Zueinander, für die Freizügigkeit erreicht hatte.

Seine spöttischen Bemerkungen sind mir noch im Ohr über jene westdeutschen Politiker und Wirtschaftsbosse, die zwar zur Leipziger Messe »pilgerten« und sehr darauf aus waren, von der »Nummer eins der DDR« empfangen zu werden – ohne dort aber die Menschenrechte einzuklagen und ohne greifbare Ergebnisse im Sinne menschlicher Erleichterungen im geteilten Deutschland zurückzukehren. Diese Art von Diplomatie war Schäubles Sache nicht!

Wolfgang Schäubles auf festen Grundpositionen beruhender Pragmatismus in der Deutschlandpolitik kam noch einmal voll zur Geltung bei den Verhandlungen über den Einigungsvertrag, die er als Bundesinnenminister zusammen mit DDR-Staatssekretär Günther Krause führte.

Sein Ziel war, möglichst schnell die staatliche Einheit zu erreichen, bevor möglicherweise die DDR völlig zusammenbrach und die Menschen in noch größerer Zahl von Ost nach West strömten. Auch bei diesen Verhandlungen galt: fest in den Grundpositionen, das heißt in der Wertordnung des Bonner Grundgesetzes, flexibel in vielen Detailfragen.

Wer heute über manche ungelöste Sachprobleme in den neuen Bundesländern stöhnt und den Einigungsvertrag als unvollkommen wertet, übersieht den Druck, unter dem die Verhandlungen im Sommer 1990 geführt werden mußten. Juristischer Perfektionismus hätte womöglich zum Scheitern aller politischen Bemühungen führen können. Dies ganz früh erkannt und danach gehandelt zu haben ist ein großes Verdienst des Deutschlandpolitikers Wolfgang Schäuble!

Kapitel IX

Deutschlandpolitik vor der Wende

Umsetzung

Nach dem Honecker-Besuch trafen sich Wolfgang Schäuble und Alexander Schalck-Golodkowski erstmals wieder am 31. Oktober 1987. Auf der Tagesordnung stand als generelle Thematik die »Umsetzung der Ergebnisse des Besuches von Erich Honecker für Verhandlungen zwischen den beiden Regierungen«. Der streng vertrauliche Gesprächskontakt garantierte effiziente inoffizielle Verhandlungen, die sich diesmal besonders auf die Grenzübergangsstelle Staaken konzentrierten. Schalck-Golodkowski hatte Honeckers Vollmacht, Schäuble das Angebot der DDR zu unterbreiten, die Grenzübergangsstelle Staaken unter der Voraussetzung offenzuhalten, daß Bonn die notwendigen Ausbesserungsarbeiten finanzieren würde. Das Angebot Schäubles von zehn Millionen DM schien seinem Ostberliner Verhandlungspartner viel zu gering zu sein. Als Alternative schlug Schäuble vor, die Finanzierung im Rahmen der Verhandlungen über die Transitgebührenpauschale zu regeln. Schalck-Golodkowski übergab seinem Bonner Partner ein sogenanntes »Non-paper« zum Thema Staaken, in dem 250 Millionen DM an Aufwendungen für die Bauarbeiten errechnet worden waren.

Zu den weiteren Themen gehörten auch die Elektrifizierung der Eisenbahn zwischen Westberlin und der Bundesrepublik sowie die Problematik der Elbgrenze. In Schalck-Golodkowskis »Vermerk« ist nachzulesen, daß Schäuble »in Übereinstimmung mit dem Bundeskanzler« den Vorschlag unterbreitete, »daß sich in einem streng vertraulichen Gespräch Schäuble, Albrecht und ein Beauftragter der DDR an einem geheim zu haltenden Ort in absehbarer Zeit treffen, um die Gespräche zur Regelung der Elbgrenze voranzubringen«.

Schäuble fragte schließlich, ob die DDR zu der gegebenen Zusage stehe, daß künftig Fahrräder als »Reisegebrauchsgegenstand« in Zügen und Autos in die DDR mitgenommen werden könnten, wie es beim Honecker-Besuch in Bonn verabredet gewesen sei. Am Ende des Treffens teilte Schalck-Golodkowski mit, daß der Privatbesuch des Bundeskanzlers in der DDR im Dezember »in Ordnung« gehe und »daß die offizielle Nachricht dazu« noch komme.

Für den heutigen brandenburgischen Ministerpräsidenten Manfred Stolpe hatten Zehntausende damals große Hoffnungen an den Besuch Honeckers in Bonn geknüpft. Dann erfuhren sie nach und nach, daß ihre sehnlichsten Wünsche unerfüllt geblieben waren. Nach Stolpes Meinung hatten die Menschen erwartet, daß Honecker mit Kohl Verabredungen über geregelte Ausreisemöglichkeiten treffen würde. Stolpe in seinem 1992 erschienenen Buch »Schwieriger Aufbruch«: »Die Enttäuschung darüber, daß die Bonn-Reise auf diesem Gebiet zu keinerlei Ergebnis führte, ja das Thema offensichtlich noch nicht einmal angesprochen worden war, war riesengroß.« Und an anderer Stelle umreißt Stolpe die damalige Situation folgendermaßen: »Honecker hatte in Bonn offensichtlich noch nicht einmal den Versuch unternommen, Hilfen für eine dauerhafte und verläßliche Regelung der Übersiedlung von DDR-Deutschen zu erhalten, die es der SED erlaubten, das Gesicht zu wahren und dem Druck der ständig steigenden Zahl von Antragstellern auf Ausreise zu entkommen. Er war auch nicht von sich aus bereit, über den eigenen Schatten zu springen und dafür zu sorgen, daß die gesellschaftliche und berufliche Diskriminierung der Antragsteller aufhörte und daß durchschaubare Kriterien für Erfolg und Bearbeitungszeit solcher Anträge festgelegt wurden. Er hat damit den Untergang seines Staates befördert. Denn Gorbatschow von außen und Bürgerrechtler sowie Kirche von innen drängten auf Reform, auf eine demokratische und rechtsstaatliche DDR nach Honecker.«

Im nachhinein mag man die Entwicklung jener Zeit mit leichter Feder analysieren. Die damalige innenpolitische Realität der DDR blieb für westliche Beobachter jedoch undurchsichtig, der Ertrag des Bonn-Besuchs zwiespältig. Für Schäuble ging es bei seinem nächsten Treffen mit Schalck-Golodkowski am 23. November 1987 um die alten Themen, die schon während des ganzen Jahres Verhandlungsgegenstand gewesen waren. Schalck-Golodkowski trat wieder gut vorbereitet auf und hatte sich den Segen Honeckers und Mittags für seine »Gesprächskonzeption« mit Schäuble geben lassen.

Wieder ging es um die Grenzübergänge Staaken und Stolpe, um Eisenbahnstrecken, um Strom für Westberlin und vieles andere mehr. Schäuble kündigte an, Verhandlungen über die neue Transitpauschale bereits 1988 aufnehmen zu wollen.

Schalck-Golodkowski beklagte sich erneut über die Belastungen durch den zunehmenden Reiseverkehr. Über achtzig Valutamark (etwa 50 DM) müsse der Staatshaushalt der DDR zusätzlich für je eine private Reise von DDR-Bürgern in die Bundesrepublik zur Verfügung stellen. Der Unterhändler Honeckers forderte von Schäuble, »daß ernsthafte Wege gefunden werden müssen, um mit anderen Objekten diese Kosten auszugleichen«. Dann ließ sich der nüchterne Ostberliner Finanzexperte zu einer Drohung hinreißen: Würden brauchbare Lösungen nicht gefunden, so werde es für vorstellbar gehalten, daß die positive Entwicklung im Reiseverkehr nicht weitergeführt werden könnte. So das »Gesprächsprotokoll« Schalcks.

Schäuble stellte damals mit Nachdruck fest, daß die Frage des Reiseverkehrs nicht mit weiteren Problemen belastet werden sollte. Das erschwere auch die Entwicklung in anderen Fragen. Der Kanzleramtschef wies darauf hin, daß der Besuch Honeckers nicht möglich gewesen wäre, wenn sich nicht eine positive Entwicklung des Reiseverkehrs in dringenden Familienangelegenheiten gezeigt hätte.

Drei Tage später schlug die Staatssicherheit der DDR zu. Stasi-Leute besetzten in der Nacht vom 25. zum 26. November 1987 die Umweltbibliothek in der Zionskirche, verhafteten sieben junge Leute und beschlagnahmten sämtliche Druckerzeugnisse. Ein so hartes Eingreifen hatte es seit Jahren nicht mehr gegeben. Der Wind schien sich zu drehen. Was vor Honeckers Bonn-Besuch unwillig geduldet wurde, schien plötzlich verboten zu sein. Die Auseinandersetzungen zwischen staatlicher Obrigkeit und Oppositionellen wurden härter. Die wirtschaftliche Lage der DDR wurde immer katastrophaler. Die aggressiven Forderungen Schalck-Golodkowskis nach mehr Devisen für menschliche Erleichterungen stimmten Schäuble nachdenklich.

Ungebrochene Zuversicht

Schalck-Golodkowski benötigte bei seinen Verhandlungen mit Schäuble nicht nur die Vollmacht von Günter Mittag, dem Mitglied des Politbüros und Sekretär des ZK der SED. Auch SED-Generalsekretär Honecker wurde jeweils um sein »Einverstanden« gebeten. Der Ostberliner Unterhändler holte sich sogar schriftlich die Vollmacht, an Schäuble »Grüße des Generalsekretärs und Vorsitzenden des Staatsrates der DDR, Erich Honecker, übermitteln zu dürfen«. Drei Tage vor Weihnachten 1987 rief Schäuble bei Schalck-Golodkowski an und bat um einen neuen Termin, um die informellen Gespräche fortzusetzen. Noch im alten Jahr verständigte man sich auf ein Treffen am 14. Januar 1988.

Nach Schalck-Golodkowskis »Gesprächsprotokoll« machte er seinem Bonner Gastgeber eine Reihe von unangenehmen Vorhaltungen. Die DDR habe große Anstrengungen unternommen, die beim Honekker-Besuch in Bonn getroffenen Vereinbarungen und Absprachen »zügig, konstruktiv und unbürokratisch« zu realisieren. Dies betreffe vor allem die Weiterführung des politischen Dialogs, Erleichterungen im Reiseverkehr, die Erweiterung des Umfangs der Reisen in dringenden Familienangelegenheiten, die großzügige Regelung humanitärer Fragen, den Abschluß einer Vielzahl weiterer Städtepartnerschaften. Alle diese Maßnahmen – so Schalck-Golodkowski – seien für die DDR mit zum Teil erheblichen Belastungen und einer Reihe anderer Probleme verbunden. Die Interessen der DDR müßten in der weiteren Zusammenarbeit berücksichtigt werden. Es solle nicht ausgetestet werden, inwieweit die »großzügig getroffenen Maßnahmen im Reise- und Besucherverkehr unveränderlich« seien. Seitens der DDR erkenne man keinerlei Schritte der BRD, zu einer einvernehmlichen Regelung des Grenzverlaufs auf der Elbe »Mitte Strom« zu kommen. Endlich sollten realistische Konzeptionen entwickelt werden, die von einem ausgewogenen Interessenausgleich ausgehen müßten. So Schalck-Golodkowski.

Schäuble hatte sich die »geharnischten« Ausführungen des DDR-Devisenbeschaffers geduldig angehört. Gelassen und in betonter Zurückhaltung legte er seine Gegenposition dar. In ungebrochener Zuversicht glaubte er, Erfolge für die Bonner Deutschlandpolitik erzielen zu können. Zunächst ging er auf die Regelung der Elbgrenze als »einen wichtigen, in den Beziehungen anstehenden Punkt« ein. Schäuble bat Schalck-Golodkowski, seine Vorstellungen für eine mögliche einvernehmliche Grenzregelung dem Generalsekretär des ZK der SED und Vorsitzenden des Staatsrates der DDR, Erich Honekker, mit der Bitte zu übermitteln, dieses denkbare Modell streng vertraulich zu behandeln. Der Bonner Kanzleramtschef machte klar, daß sein Vorschlag »als äußerstes und wahrscheinlich machbares Angebot von seiten der Bundesrepublik« betrachtet werde.

Im einzelnen schlug Schäuble – nach vertraulichen Gesprächen mit dem niedersächsischen Ministerpräsidenten – vor, für eine Neuregelung die ehemaligen Provinzgrenzen zugrunde zu legen. Das bedeutete, daß für einen Elbabschnitt von 40,5 Kilometern der Verlauf der Grenze unstrittig in der Strommitte festzulegen sei. Für weitere 7,5 Kilometer solle die Grenze am Westufer der Elbe verlaufen. Für 45,8 Kilometer wäre nach Schäubles Vorschlag die Elbgrenze am Ostufer festzulegen.

Auf dieser Grundlage hielt es Schäuble für möglich und machbar, das Problem einvernehmlich zu lösen und parallel dazu – nach dem Beispiel der Ems-Dollart-Regelung – alle anstehenden Fragen zu vereinbaren. Der Bonner räumte ein, daß er mit erheblichen innenpolitischen Widerständen in der Bundesrepublik rechne. Schalck-Golodkowski hielt dazu in seinen »Informationen« fest: »Schäuble betonte zu diesem Punkt abschließend nochmals, daß er um äußerste Vertraulichkeit bittet und für den Fall, daß die DDR sich nicht in der Lage sieht, dazu eine positive Antwort zu geben, dieser Vorschlag als nicht unterbreitet zu betrachten sei.« Eine Regelung »Mitte Strom« für den gesamten Grenzbereich der Elbe hielt Schäuble auf absehbarer Zeit in der Bundesrepublik für nicht durchsetzbar.

Der Bonner Unterhändler konnte noch einen zusätzlichen Aspekt einflechten: Bonn würde »wegen der Bedeutung der Elbregelung Maßnahmen zur Verbesserung der Gewässergüte der Elbe einer Regelung zur Reduzierung der Salzbelastung der Werra vorziehen«.

Schäuble erklärte gleichzeitig die Bereitschaft Bonns, »kurzfristig über die neue Festsetzung der Transitpauschale für den Zeitraum von zehn Jahren ab 1990 in konkrete Verhandlungen einzutreten«. Die Bundesregierung strebe dabei auch an, mit der schnellen Aufnahme der Verhandlungen ein Klima zu schaffen, das der Aufrechterhaltung des erreichten Niveaus im Reiseverkehr dienlich sei.

Schäubles Vorschläge waren typisch für seine Verhandlungsstrategie. In der Grenzfrage hatte er einen Kompromiß vorgeschlagen, den Ostberlin ohne Gesichtsverlust akzeptieren konnte. Gleichzeitig war er mit dringenden Umweltschutzmaßnahmen und Binnenschiffahrtsproblemen gekoppelt, die der DDR als attraktive Lösungen erscheinen mußten. Die Aussicht auf eine raschere Auffüllung der Devisenkasse mit Geldern aus der Transitpauschale konnte den wirtschaftlich labilen DDR-Staat zum flexibleren Handeln zwingen.

Sechs Tage nach Schäubles spektakulären Vorschlägen beschäftigte sich Honecker mit der Elbproblematik. Er teilte die rechtliche Einschätzung seiner Experten, daß der Vorschlag Schäubles der Bundesrepublik »faktisch die Möglichkeit gebe, je nach politischem Klima und je nach konkreter Interessenlage der jeweiligen Regierung Druck auf die DDR auszuüben bis hin zum Schiffsverkehr«. Gemessen an diesen möglichen Wirkungen, sei die Aufrechterhaltung des gegenwärtigen Zustandes für die DDR vorteilhafter.

Ein Tag nach Schäubles Verhandlungsvorschlägen wurden bei einer Demonstration zum Gedenken an die Ermordung von Karl Liebknecht und Rosa Luxemburg einhundertfünfzig Mitglieder von Friedens-, Umwelt- und Menschenrechtsgruppen festgenommen. Über fünfzig von ihnen reisten auf Druck der Behörden aus. In einem Telefonat übermittelte der Kanzleramtschef seinem »Gesprächspartner« seine Besorgnis über die aktuellen Ereignisse. »Wie Sie merken, halten wir uns sehr zurück und haben auch weiterhin die Absicht, diese Position einzunehmen«, sagte Schäuble. »Ich habe Sorge, daß es in den angekündigten Prozessen zu Verurteilungen kommen könnte, die mit unbedingten Strafverbüßungen ausgehen. Das wäre nicht gut. Da bleibt ja immer noch die Bewährung.«

Schalck-Golodkowski beruhigte seinen Partner am Bonner Ende der Telefonleitung. Er mache sich unnötig Sorgen. Obwohl er nicht für diese Fragen kompetent sei, könne er aus persönlicher Kenntnis sagen, daß es zu keinen Verurteilungen kommen werde.

Schäuble nahm diese Auskunft entgegen und erinnerte an die noch ausstehenden Antworten zu seinen Vorschlägen beim letzten Treffen. Er erklärte sich weiterhin gesprächsbereit.

Unter vier Augen wies Schalck-Golodkowski 1988 häufiger als in früheren Jahren auf die wachsenden wirtschaftlichen Schwierigkeiten in der DDR hin. Er gab offen zu, daß der Reiseverkehr erhebliche politische Probleme zur Folge habe. Die wirtschaftlichen Belastungen kämen noch erschwerend hinzu.

Am 5. Mai 1988 trafen Wolfgang Schäuble und Alexander Schalck-Golodkowski erneut zusammen. Der Ostberliner Bevollmächtigte übermittelte eine eindeutige Absage der DDR an Schäubles Elbgrenze-Angebot. Der vertrauliche Vorschlag sei »unrealistisch und unakzeptabel«. Ostberlin blieb bei seiner alten Forderung nach einer Gesamtregelung »Mitte Strom«. Schäuble nahm die Ablehnung mit Bedauern zur Kenntnis. Er unterstrich, daß die DDR schlecht beraten sei, wenn sie seinen Vorschlag ablehne. Eine andere Lösung werde es mit der Regierung Kohl nicht geben. Dann müsse eben alles beim alten bleiben. Die Lösung aller Fragen würde schwierig, wenn die DDR in Kategorien »von Druckausüben« denke.

Zum Thema Transitpauschale übergab »Sch« – wie Schalck-Golodkowski in den unter Verschluß gehaltenen Aufzeichnungen des Bundeskanzleramtes genannt wurde – ein Papier über die Kostenberechnung des Transitverkehrs und forderte die erhebliche Erhöhung der Straßenbenutzungsgebühr.

Schäuble wies die finanziellen Forderungen entschieden zurück. Diese Größenordnung sei unrealistisch und nicht durchsetzbar. Der gewiefte Taktiker aus Bonn meinte, die Bundesregierung sei sich darüber im klaren, daß die Transitpauschale nicht losgelöst werden könne von anderen, beide Staaten in hohem Maße berührenden Fragen, ohne daß formelle Junktims hergestellt würden. Bei der auszuhandelnden »Transitpauschale bis 1999« bestehe einzig die Möglichkeit, der DDR entsprechende Kosten im Reiseverkehr unter Umgehung der Öffentlichkeit in bestimmtem Maße auszugleichen.

Schäuble stellte abschließend in Aussicht, bis Ende Juli 1988 bei entsprechender Berücksichtigung der Bonner Vorstellungen zur weiteren Entwicklung des Reise- und Besucherverkehrs und anderen Fragen, die beide Staaten berührten, grundsätzliches Einvernehmen über die Höhe der Pauschale zu erzielen.

In den fünf weiteren Runden des Jahres 1988 wurde über die Festlegung der Transitpauschale und die Problematik des Grenzverlaufes an der Elbe zäh verhandelt.

Anfang Juni bat Schäuble seinen Kollegen aus Ostberlin aufgrund des »außerordentlich bedeutsamen Inhalts der Verhandlungen um strengste Vertraulichkeit« und betonte, daß »ausschließlich er durch den Bundeskanzler mit der Führung dieser Verhandlungen beauftragt« sei.

Für Schalck-Golodkowski kam es darauf an, Schäubles Strategie, Zusammenhänge zwischen Geldleistungen und menschlichen Erleichterungen – vor allem im Reise- und Besuchsverkehr – herzustellen, zu unterlaufen, wo immer es sich anbot.

Bei allen folgenden Direktiven wurde größter Wert darauf gelegt, »daß zwischen der Neufestsetzung der Transitpauschale« und den zu regelnden Fragen wie Grunderneuerung von Autobahnabschnitten, Bau und Eröffnung neuer Übergangsstellen in Westberlin »kein Zusammenhang zu anderen anstehenden Fragen beziehungsweise Wünschen der BRD besteht und auch nicht hergestellt werden kann«.

Schäuble verneinte bei seinen Vieraugengesprächen zur Beruhigung seines Gegenübers das von ihm immer wieder formulierte Junktim, blieb aber in der Sache hart. In der Grenzfrage schien sich vorerst nichts zu bewegen. Doch bei der Regelung der Transitpauschale machte Schäuble wiederholt deutlich, daß er nicht bereit sei, eine Vereinbarung über 800 Millionen DM jährlich zu unterschreiben, wenn es keine Zusage gebe, daß – mit oder ohne Regelung der Grenzproblematik – im ersten Halbjahr 1989 Gespräche über die Gewässerreinhaltung der Elbe aufgenommen werden könnten.

Am 30. August 1988 beriet das Politbüro in Ostberlin über die ausgehandelte neue Regelung der Transitpauschale, die mit den Ministerien für Staatssicherheit und Auswärtige Beziehungen bereits abgesprochen war. In seinem Bericht legte Honecker die Begründung für die Annahme der Verhandlungsergebnisse dar. Sie spiegelt eindrucksvoll Schäubles Verhandlungsstrategie aus der Sicht des DDR-Staatsratsvorsitzenden wider. Er schreibt: »Im Ergebnis geführter informeller Gespräche konnte erreicht werden, daß die BRD bereit ist, eine bedeutende Erhöhung für den Zeitraum 1990 bis 1999 zu vereinbaren und die Transitpauschale für diesen Zeitraum auf 860 Millionen DM jährlich sowie die Pauschalsumme für Straßenbenutzungsgebühren im Wechsel- oder Transitverkehr in dritte Staaten auf 55 Millionen DM jährlich festzulegen ... In den informellen Gesprächen wurde deutlich, daß nach Berechnungen der BRD-Seite eine derartige hohe Steigerung der Pauschale nicht für begründet angesehen wird. Die BRD-Seite geht deshalb bei ihrem Einverständnis davon aus, daß eine Transitpauschale in der von der DDR geforderten neuen Größenordnung dazu beiträgt, in den Gesamtbeziehungen Fortschritte zu erzielen und auch auf anderen Gebieten – ohne Herstellung eines Junktims – die Beziehungen weiter zu entwickeln. Des weiteren sollen nach Auffassung der BRD-Seite mit dieser hohen Transitpauschale auch Aufwendungen, die der DDR im Zusammenhang mit dem gestiegenen Reise- und Besucherverkehr entstehen, mit abgegolten werden. Hinsichtlich des Reise- und Besucherverkehrs geht die BRD-Regierung davon aus, daß das erreichte Niveau beibehalten wird ... In den informellen Gesprächen wurde deutlich, daß ausgehend von der gegenwärtigen innenpolitischen Lage in der BRD und den anstehenden Bundestagswahlen die Aufnahme von Gesprächen zur Gewässergüte der Elbe einen außerordentlich hohen Stellenwert für die BRD-Regierung erreicht hat. Es wurde der dringende Wunsch der BRD-Regierung übermittelt, daß die DDR informell ihre Bereitschaft erklärt, unabhängig von den unterschiedlichen Standpunkten zum Grenzverlauf auf der Elbe im 1. Halbjahr 1989 in derartige Gespräche mit der BRD einzutreten ... Es wird deshalb im Interesse der Durchsetzung der ökonomischen Forderungen der DDR vorgeschlagen, informell die Zusage abzugeben, im 1. Halbjahr 1989 mit der BRD in Gespräche zu Fragen der Gewässergüte der Elbe auf der Ebene der dafür zuständigen Ministerien einzutreten.«

Das höchste politische Entscheidungsgremium der DDR hatte Schäubles Verhandlungsstrategie akzeptiert. Schäuble war sich des Hungers nach Geld und Devisen bewußt gewesen. Er konnte mit den Millionenbeträgen viele menschliche Erleichterungen für die nächsten Jahre erkaufen und festschreiben. Zum »ökonomischen Nutzen der neuen Transitpauschale« notierte der DDR-Devisenbeschaffer damals, daß damit jährlich 330 Millionen DM mehr für die Zahlungsbilanz der DDR zur Verfügung stehen würden als in den letzten zehn Jahren. Für den Gesamthaushalt seien das rund 37,5 Milliarden Mark Einnahmen für die Jahre 1990 bis 1999.

Am 14. September 1988 paraphierten Wolfgang Schäuble und Alexander Schalck-Golodkowski die ausgehandelten Vertragstexte. Gleichzeitig nahm der Kanzleramtschef eine Einladung zum Treffen mit Honecker und DDR-Außenminister Fischer Anfang November an.

Ein langes, zähes Ringen war beendet. Schäuble bewährte sich als umsichtiger Makler deutsch-deutscher Interessen. Die Ausgabe von Steuergeldern in Millionenhöhe brachte in Bonn niemanden in Rage. Auch die SPD-Opposition unterstützte den Schäuble-Kurs.

Ein Bonner Kanzleramtsmitarbeiter meint dazu: »Wir konnten gar nichts Klügeres tun, als der DDR relativ viel Geld zu zahlen. Wenn man an die Gegenleistungen der DDR denkt, leisteten wir immer zu hohe Zahlungen. Das aber war das süße Gift der deutsch-deutschen Beziehungen. Die DDR wurde dadurch in eine zunehmende Abhängigkeit gebracht. Das hat der damalige Kanzleramtschef früh erkannt. Schäuble hat mit Geld politisch richtig gearbeitet. Darin wurde er von allen Deutschlandexperten der Bonner Parteien unterstützt. Instinktiv sah er, daß man einen politischen Bonus dafür zahlen muß. Wir haben immer etwas mehr bezahlt, als wir eigentlich zahlen wollten. Das war dann sehr schwierig beim Finanzminister durchzusetzen. Schäuble besaß einen guten Draht zu Stoltenberg, der damals für die Finanzpolitik der Regierung Kohl zuständig war. Er unterstützte den Kanzleramtschef in seiner schwierigen Position. Diese Politik machte sich wirklich bezahlt. Außer Schäuble hat auch noch Strauß die Rolle des Geldes und seine politische Bedeutung in den deutsch-deutschen Beziehungen richtig eingeschätzt und eingesetzt.«

Anzumerken bleibt noch, daß Schäuble die Stärke und Schlagkraft der kirchlichen Oppositionsbewegung in der DDR unterschätzte. Deren Rolle hat er kaum zur Kenntnis genommen. Es gibt keine Belege über Verhandlungen, bei denen Schäuble massiv für die Rechte der oppositionellen Liedermacher, Schriftsteller oder Ausreisewilligen eingetreten wäre. »Schaffen Sie den Sozialismus ab« war seine Forderung an die DDR-Gesprächspartner, wenn es um humanitäre Fragen ging. Schäuble ließ durch den Ständigen Vertreter

Bonns in Ostberlin protestieren, wenn auf Mauerflüchtige geschossen wurde. Seine Forderungen nach Einhaltung der Menschenrechte kamen eher verhalten. Heute kein Ruhmesblatt für Bonner Deutschlandpolitiker, die sich mit Kommunisten an einen Tisch setzten, mit Oppositionellen nicht einmal telefonierten.

Zuspitzung

Die Freilassung des Siemens-Managers Rudolf Cordes platzte in die publizistischen Nachklänge der deutsch-deutschen Vereinbarungen. Der Kanzleramtschef konnte auch diesmal die Ergebnisse seiner Verhandlungen nicht auskosten. Er mußte vermeiden, ein Junktim zwischen Finanzleistungen und informellen Verabredungen herzustellen.

Ende 1988 machten Botschaftsbesetzungen von DDR-Bürgern Schlagzeilen. Mehrfach schaltete sich Schäuble telefonisch ein, um über den Kontakt mit Schalck-Golodkowski strittige Probleme zu besprechen. Sein Zusammentreffen mit Erich Honecker am 10. November 1988 in Ostberlin brachte keine neuen Impulse.

Einen Tag nach den Todesschüssen auf den letzten Mauerflüchtling Chris Gueffroy am 7. Februar 1989 meldete sich Schäubles Chefsekretärin Helga Heyden in Ostberlin und bat um einen Gesprächstermin mit Schalck-Golodkowski. Umgehend rief der Ostberliner Staatssekretär zurück und bekundete auch sein Interesse an einem Meinungsaustausch.

Am 1. März 1989 kam es zum letzten Vieraugengespräch. Schalck-Golodkowski hatte keine konkreten Wünsche und sprach auch keine »finanzwirksamen Fragen« an wie Kompensation für verminderte Zahlungen in humanitären Fällen, Möglichkeiten für Korrekturen beim Zwangsumtausch oder die Postpauschale.

Schäuble betonte die besondere Sorge, mit der die Bundesregierung die Vorgänge an der Grenze verfolge. Er wies auf die negative Entwicklung des Reiseverkehrs für Bürger der DDR unterhalb des Rentenalters in die Bundesrepublik und nach Westberlin hin. Schäuble bat eindringlich im Auftrag des Bundeskanzlers, diese politische Regelung nicht restriktiv zu handhaben und die bisher geübte Praxis der Genehmigung von Besuchsreisen in die Bundesrepublik und nach Westberlin nicht einzuschränken.

Zu Fragen des Umweltschutzes erklärte Schalck-Golodkowski, daß dafür der DDR kein Geld zur Verfügung stehe. Man wisse aber, daß etwas gemacht werden müsse. Die Elbe-Gespräche würden in Kürze aufgenommen.

Offen diskutiert wurde bei diesem letzten Gespräch unter vier Augen über die wirtschaftlichen und politischen Schwierigkeiten der DDR. Schäuble erklärte unmißverständlich, daß Bonn diese Schwierigkeiten nicht ausnutzen werde. »Wir wollen das wirtschaftliche Gefälle nicht vergrößern«, sagte Schäuble damals.

Die innenpolitische Lage der DDR spitzte sich mit der starken Zunahme der Ausreiseanträge erheblich zu. Ende April 1989 übernahm Wolfgang Schäuble das Bundesministerium des Innern. Sein Nachfolger als Chef des Bundeskanzleramtes wurde Rudolf Seiters. Er setzte den informellen Kontakt zu Schalck-Golodkowski bis Mitte Mai 1989 fort. Bald begann die dramatische Entwicklung in der DDR. Elf Tage nach dem vierzigsten Geburtstag der DDR trat Honecker am 18. Oktober 1989 unter Berufung auf seinen Gesundheitszustand zurück. Das Politbüro hatte ihn gestürzt. Egon Krenz wurde sein Nachfolger.

Erst am 24. Oktober 1989 traf der SED-Devisenbeschaffer in Bonn wieder mit Kanzleramtsminister Seiters zusammen. An diesem Gespräch nahm auch Bundesinnenminister Schäuble in seiner »Eigenschaft als CDU-Vorstandsmitglied« teil.

Ein letztes Treffen in gleicher Besetzung fand drei Tage vor Öffnung der Mauer statt. Am 6. November 1989 sprachen Schäuble, Seiters und Schalck-Golodkowski über die Lage in Deutschland. Schalck-Golodkowski versuchte, die Reformpolitik des neuen SED-Generalsekretärs Egon Krenz zu erläutern, und tat so, als ob seine Bedeutung als DDR-Unterhändler gegenüber Bonn unverändert sei. Schäuble empfahl der SED dringend, einen friedlichen Übergang zu einer von allen politischen, gesellschaftlichen und kirchlichen Organisationen getragenen Entwicklung zu ermöglichen und die DDR-Verfassung entsprechend zu ändern. Schäuble gab weiter zu bedenken, Kirchenvertretern in der DDR einen gebührenden Platz einzuräumen und die Grenze durch Einrichtung neuer Übergangsstellen durchlässiger zu machen.

Was dann am 9. November 1989 geschah, war ein Wunder. Weder Schäubles »Meisterstück«, die neue Transitpauschale, trat in Kraft, noch kam es zu den verabredeten Verhandlungen über den Gewässerschutz der Elbe. Die friedliche Revolution in der DDR fegte die politische Elite der SED hinweg.

Schalck-Golodkowski floh am 2. Dezember 1989 nach Westberlin. Er wurde verhaftet, aber bald wieder auf freien Fuß gesetzt.

Im Bonner parlamentarischen Untersuchungsausschuß »Kommerzielle Koordinierung«, in dem es seit Herbst 1991 um die Arbeit, Funktion und politische Bedeutung des DDR-Devisenbeschaffers Schalck-Golodkowski geht, wurde auch Wolfgang Schäuble vernommen. Er mußte Auskunft geben über seine viereinhalb Jahre langen informellen Verhandlungen. Vor allem die Ausschußmitglieder der Bonner Oppositionsparteien wollten herausfinden, ob Schäuble seinem früheren Verhandlungspartner nach der Wende geholfen habe und welche Bedeutung Briefe des in Bayern lebenden Schalck-Golodkowski an Schäuble hatten. Die Vertreter vom Bündnis 90 mißtrauten Schäuble. Unter dem Titel »Welches Geheimnis haben Schalck und Schäuble?« dokumentierte die Pressestelle von Bündnis 90/Die Grünen die Zeugenvernehmung Schäubles im ersten Untersuchungsausschuß am 6. November 1991. Hier der Auszug:

Zeuge *Dr. Schäuble*: Danach habe ich einen unmittelbaren Kontakt zu ihm (Schalck-Golodkowski) nur noch in der Form gehabt, daß er mir ein paarmal, ich meine, handschriftliche Briefe geschrieben hat, in denen er seine persönliche Lage geschildert hat. Die Briefe waren von der Art, daß sie eine Antwort – Ich hätte gar nicht gewußt, was ich hätte antworten sollen. Sie ließen auch nicht eine Antwort erwarten; es waren rein persönliche Briefe. Ich verfüge auch nicht mehr über sie; ich habe sie nicht mehr, weil ich sie gelesen, zur Kenntnis genommen habe.

Zeuge *Dr. Schäuble*: . . . Diese Briefe haben für mich auch ein Stück weit die schwierige psychische Verfassung, in der er sich befunden hat oder noch befinden mag . . .

Er hat mir seine Lage geschildert, und ich habe die Briefe gelesen und habe ja auch gelegentlich von anderen über seine Befindlichkeit etwas gehört und habe gesagt, ich kann ihm ja weiß Gott nicht helfen . . .

Also, ich habe jedenfalls gefunden, daß es nicht richtig wäre, wenn ich ihm, der ich ja nun auch Bundesminister des Innern bin, auch wenn es Briefe an mich privat waren, darauf antworten würde. Deswegen habe ich es auch nicht getan. Ich hoffe, daß er sich dadurch nicht zu sehr verletzt fühlt.

Zeuge *Dr. Schäuble*: . . . Ich glaube, ich habe sie (die Briefe) weggeworfen. Jedenfalls weiß ich es nicht mehr. Ich habe sie nicht mehr . . .

Aber mit Sicherheit waren es Briefe, die ohne jeden Zweifel an mich als Privatperson gegangen waren. Ich habe sie auch so behandelt . . . Es kann sogar sein, daß sie irgendwo zu Hause – Ich weiß es wirklich nicht, und ich habe auch nicht die Absicht, danach zu suchen. Das ist, wenn Sie mir verzeihen, in dem letzten Jahr bei mir zum Teil ein bißchen – Aber wenn ich sie hätte, würde ich sie sicher auch niemandem zur Verfügung stellen, jedenfalls nicht dem Ausschuß. (Zurufe) – Ja, nein, das sind nun wirklich meine Privatbriefe. Es gibt gewisse Rechte nach dem Grundgesetz, die ich insbesondere für den Briefschreiber wahrnehme . . . Sie (die Briefe) waren nicht so, daß sie einer Antwort bedurften. Sie hatten keinen amtlichen Inhalt, nichts dergleichen. Es waren die Beschreibungen eines Menschen, von dem ich aus den Briefen entnommen habe, daß er in einer schwierigen inneren Lage sei.

Ingrid Köppe (Bündnis 90/GRÜNE): Sie sagten, die Briefe hätten ausschließlich persönlichen Inhalt gehabt. Hat er Ihnen in den Briefen keine Mitteilungen zum Beispiel über Parteifirmen gemacht?

Zeuge *Dr. Schäuble*: Nein, daran kann ich mich nicht erinnern. Aber ich schließe es auch nicht aus, daß er da auch irgend etwas in der Art geschrieben hat. Die Briefe waren für mich von der Art, daß ich überhaupt nichts veranlaßt habe, außer sie zu lesen, und entweder vernichtet oder irgendwo hingelegt habe. Aber es war nichts, was irgendwie zu veranlassen war. Meine Erinnerung an die Briefe ist, daß es – wenn ich jetzt »Hilferufe« sage, dann verstehen Sie es schon wieder falsch. Deswegen sage ich, daß es eine Beschreibung eines Menschen war, der sich in Not befunden hat, und das deckt sich mit dem, was mir einige wenige, die Kontakt mit ihm hatten in dieser Zeit, über sein Befinden insbesondere in der ersten Hälfte dieses Jahres berichtet haben. Aber ich habe für mich keine Möglichkeit und keine Veranlassung gesehen, irgend etwas auf diese Briefe hin zu unternehmen.

Ingrid Köppe (Bündnis 90/GRÜNE): Hat er Ihnen in den Briefen auch nichts mitgeteilt über seine Kontakte zu Frau Lisowski?

Zeuge *Dr. Schäuble*: Wie war der Name?

Ingrid Köppe (Bündnis 90/GRÜNE): Frau Lisowski.

Zeuge *Dr. Schäuble*: Der Name ist mir überhaupt nicht geläufig. Den kenne ich – Also, keine Erinnerung. Wer soll das denn sein, sagen Sie mir das doch einmal?

Ingrid Köppe (Bündnis 90/GRÜNE): Das war eine Mitarbeiterin.

Zeuge *Dr. Schäuble*: Ich habe wenig Erinnerung an die Mitarbeiter von Herrn Schalck-Golodkowski.

Nach Sitzungspause

Zeuge *Dr. Schäuble*: Also, ich habe sie (die Briefe) nicht in dem Sinne, daß ich wüßte, wo sie sind. Ich schließe nicht völlig aus, daß sie – oder vielleicht einer – Ich bin auch noch nicht einmal sicher, ob ich drei bekommen habe; aber ich habe gelesen, es seien drei gewesen, und es mag sein, daß irgendwo bei mir zu Hause noch etwas ist. Ich habe allerdings nicht die Absicht, danach zu suchen, und ich vermute auch, daß ich sie vernichtet habe, weil ich gedacht habe: Was soll ich damit! . . .

Also, jedenfalls zugänglich in dem Sinne, daß ich sie zur Verfügung hätte, habe ich sie nicht. Da ich nun weiß, daß »besitzen« eine bestimmte juristische Definition hat, schließe ich nicht völlig aus, daß ich den einen oder anderen solchen Brief von Herrn Schalck, die nach meiner Erinnerung handschriftlich waren, auf die ich nach meiner sicheren Erinnerung nie etwas veranlaßt habe, noch in meinem Besitz habe. Ich weiß es einfach nicht.

Aber auch wenn ich sie zur Verfügung hätte, würde ich der Überzeugung sein und diese Überzeugung auch vertreten, daß ich sie niemandem zugänglich machen müßte . . .

Vorsitzender *Horst Eylmann*: Wenn Sie den einen oder anderen Brief jetzt finden würden, dann würden Sie ihn herausgeben?

Zeuge *Dr. Schäuble*: Nein!

Vorsitzender *Horst Eylmann*: – sofern Herr Schalck –

Zeuge *Dr. Schäuble*: Nein!

Vorsitzender *Horst Eylmann*: Auch dann nicht, wenn Herr Schalck-Golodkowski sagen würde: Ich bin damit einverstanden, ich lege keinen Wert auf die Wahrung des Briefgeheimnisses?

Zeuge *Dr. Schäuble*: Vermutlich würde ich es auch dann nicht machen, weil ich finde, es gibt eine Grenze dessen, was man öffentlich – oder auch einem Untersuchungsausschuß – zugänglich machen muß. Ich bin eigentlich aus grundsätzlichen Überzeugungen und Überlegungen der Auffassung, daß ein solcher Brief, der an mich privat gerichtet ist, mit Verlaub niemanden außer mir etwas angeht.

Wolfgang Schäuble wiederholte am 3. Juli 1992 vor dem Schalck-Untersuchungsausschuß seine frühere Aussage, daß er seit der Flucht seines früheren Verhandlungspartners Schalck-Golodkowski aus der DDR »zwei oder drei« Briefe von ihm erhalten habe. Diese seien persönlichen Inhalts gewesen und hätten Beschreibungen der »subjektiven Situation« des damaligen DDR-Unterhändlers enthalten. Auf die Frage, ob eines der Schreiben eine Aufzählung von Auslandsvermögen der DDR beziehungsweise der SED enthalten habe, sagte Schäuble, daran könne er sich nicht erinnern. Eine solche Auflistung, die angeblich als Konzept für einen der Briefe an Schäuble gedient haben soll, ist in den Akten des Bundesnachrichtendienstes (BND) enthalten. Schäuble bestätigte, daß die Briefe nicht im Posteingangsbuch des Innenministeriums erfaßt wurden und nicht mehr auffindbar seien. Er legte einen Weihnachtsgruß Schalck-Golodkowskis vom Dezember 1991 vor, der persönlichen Inhalts war, und wiederholte seine Erklärung, daß er Schalck-Golodkowski niemals Straffreiheit zugesichert und ihn nach seiner Flucht nicht mehr getroffen habe.

Für die Vertreter der parlamentarischen Opposition im Schalck-Untersuchungsausschuß bleibt auch nach der zweiten Befragung Schäubles vieles im unklaren. Nach neuen Dokumenten, die auf illegal mitgeschnittenen Telefonaten der früheren DDR-Staatssicherheit basieren, muß sich Schäuble kurz nach Schalck-Golodkowskis Flucht mehrfach telefonisch eingeschaltet haben. Zumindest bat er Anfang Dezember 1990 den Präsidenten des Diakonischen Werkes der evangelischen Kirche in Deutschland, Pfarrer Karl Heinz Neukamm, der auch Überbringer der verschollenen Schalck-Golodkowski-Briefe ist, sich um den ehemaligen DDR-Unterhändler zu kümmern, da er sich bedroht fühle. Schalck-Golodkowski hat auch in den ersten Dezembertagen wiederholt mit Schäubles Sekretärin telefoniert und mehrfach vergebens das Gespräch mit dem damaligen Bundesinnenminister gesucht. Schäuble erkundigte sich kurze Zeit später in seinem Büro, was es Neues in Sachen Schalck-Golodkowski gebe.

Vertrauen gegen Vertrauen

Was immer zwischen Schäuble und Schalck-Golodkowski unter vier Augen besprochen wurde, gelangte meist am nächsten Tag auf den Schreibtisch Honeckers, Mittags und natürlich Mielkes. Auch der Minister für Staatssicherheit kannte jedes Detail der schwierigen Verhandlungen zwischen den beiden Unterhändlern. Hätte Schalck-Golodkowski das unterlassen, wäre seine Mission rasch zu Ende gewesen. Für ihn bestand »eine verbindliche Mitteilungspflicht«. Honecker und Mittag legten Wert darauf, daß der Minister für Staatssicherheit und alle anderen beteiligten Minister informiert wurden. Das wußte Schäuble von Anfang an. Diese »Meldepflicht« nutzte er auch als Instrumentarium für seine Verhandlungsstrategie. Wie wir aus den vertraulichen Aufzeichnungen Schalck-Golodkowskis heute wissen, bediente sich der Kanzleramtsminister nicht selten gewisser Formulierungen, die eindeutig für Entscheidungsträger im Politbüro gedacht waren.

Heute wissen wir auch, daß die Gespräche zwischen Schäuble und Schalck-Golodkowski nicht nur in den privaten und dienstlichen Räumen des DDR-Staatssekretärs abgehört wurden. Auch über die Verhandlungen der beiden Unterhändler unter vier Augen in Bonn existieren Mitschnitte. Sie waren Grundlage für Schalck-Golodkowskis Vermerke, Informationen und Berichte an die Politbüromitglieder. Mitarbeiter des Bundesnachrichtendienstes wollen herausgefunden haben, daß sich in der Armbanduhr des Ostberliner Unterhändlers die technischen Voraussetzungen für die Aufnahme der Gespräche befanden.

Womit der Kanzleramtschef sicherlich nicht rechnete, war die Weitergabe der vertraulichen Gespräche, die er mit Kirchenleuten aus der DDR führte. Allerdings wußte er von einigen, wie eng ihre persönlichen Beziehungen zu SED-Politikern waren.

Neben Schalck-Golodkowski hatte Schäuble gute Kontakte zu Rechtsanwalt Wolfgang Vogel und Konsistorialpräsident Manfred Stolpe.

Über den Bonner Verbindungsmann der evangelischen Kirche zu Regierung und Parlament, Bischof Binder, kamen die Kontakte zwischen Schäuble und Stolpe zustande. Wann immer Stolpe in Bonn weilte, organisierte Binder ein Treffen des Kirchenmannes mit dem CDU-Politiker. »Es waren keine konspirativen Treffs«, sagt Schäuble lächelnd. »Von ihm erwartete ich ein zutreffendes Bild über Lage und Probleme in der DDR. Wir sprachen miteinander offen über unsere politischen Absichten, und Stolpe vermittelte mir seine Beurteilung. Ich erläuterte ihm unsere Politik gegenüber der DDR auch in der Erwartung, daß er ein Stück vertrauensbildende Maßnahmen garantierte und mit einflußreichen Leuten in der DDR darüber sprechen würde.«

In der Regel trafen sich Stolpe und Schäuble alle paar Monate im Bundeskanzleramt. Gelegentlich auch im Haus der Evangelischen Vertretung in Bonn. Wie eng die Gesprächskontakte waren, läßt sich auch daran ablesen, daß Stolpe mit seiner Frau sogar einmal bei Schäubles in Gengenbach weilte. Wer den spröden Schäuble kennt, kann ermessen, was die Einladung des Kanzleramtschefs an den DDR-Kirchenmann bedeutete. Schäuble, der sich mit privaten Kontakten eher schwertut, sah in Stolpe immer den Vertreter der DDR ohne offiziellen Regierungsauftrag, der weder für die Wiedervereinigung noch für die politische Ordnung in der Bundesrepublik eintrat, sondern sich für den realexistierenden Sozialismus in der DDR stark machte und die Zweistaatlichkeit propagierte. Er glaubte an die Reformierbarkeit des DDR-Sozialismus und bemühte sich, soziale und politische Ungerechtigkeiten zu vermeiden, Menschen zu helfen und die Interessen der Kirche zu vertreten.

Über Stolpe konnte Bonn erfahren, wie es in der Bevölkerung aussah, was die Leute auf der Straße sagten und dachten. Ein Mitarbeiter aus dem Kanzleramt: »Schäuble spürte, daß Stolpe ein Politiker war und nicht nur Kirchenmann. Beide glichen sich in ihren Denkstrukturen. Beide zeichnete die Festigkeit im grundsätzlichen aus. Beide besitzen Beweglichkeit in den politischen Mitteln und im pragmatischen Denken. Stolpe gab damals Auskunft über das, was die Leute im Lande beschäftigte. Schäuble erfuhr von Stolpe, wieweit die Politik der Bundesregierung den Interessen der DDR-Bevölkerung entsprach und nicht nur den Interessen der SED-Regierung. Die Regierung Kohl konnte ja ihre Reserve gegenüber der Honecker-Regierung nie überwinden. Deshalb wollte sie auch wissen, was die Bevölkerung wirklich wollte. Dabei hatte Stolpe eine bedeutende Funktion. Er war für Schäuble und damit für die Regierung Kohl der wichtigste Gesprächspartner außerhalb des DDR-Machtapparats. Stolpe sah seine Funktion auch darin, seine Einschätzung der SED-Politik in Bonn vorzutragen. Er erklärte Honeckers Politik, ohne ein Vertreter dieser Regierung zu sein. Aber er blieb loyaler Bürger der DDR und berücksichtigte stets auch die Interessen der DDR-Regierung. Denn er wollte auch selbst etwas erreichen. Er mußte sein Gewicht unterstreichen. Das geschah fortlaufend und wurde immer wichtiger für beide Seiten. Das versuchte er auszunutzen, und das führte auch dazu, daß er seine Möglichkeiten überschätzt hat.«

Stolpe wurde bei der Staatssicherheit als »Inoffizieller Mitarbeiter« (IM) unter dem Decknamen »Sekretär« geführt. Seinem Führungsoffizier soll er Informationen über seine Gespräche mit westdeutschen Politikern geliefert haben. Es wird sogar angenommen, daß Stolpe auch von der Hauptabteilung Aufklärung des Spionagechefs Markus Wolf als Informant benutzt worden ist – unter dem gleichen Decknamen. Sollte das stimmen, dann hat nicht nur die Kirchenabteilung des Ministeriums für Staatssicherheit alles über Stolpes Gespräche mit Schäuble erfahren, sondern auch die Spionageabteilung, die für die Aushorchung der gesamten Bundesrepublik zuständig war. Die meisten Stolpe-Akten aus den Jahren, in denen er sich mit Schäuble traf, sollen vernichtet worden sein.

Ein kürzlich aufgetauchtes Dokument belegt jedoch Stolpes Berichterstattung gegenüber dem früheren DDR-Staatssekretariat für Kirchenfragen. Dem Hauptabteilungsleiter Peter Heinrich – wie wir heute wissen damals »Offizier im besonderen Einsatz« für die Staatssicherheit – berichtete Stolpe über seinen Bonn-Besuch und auch sein Gespräch mit Wolfgang Schäuble, dem damaligen Bundesinnenminister. Das Gesprächsprotokoll könnte für die Staatsanwaltschaft Grund genug sein, gegen Stolpe wegen des Verdachts auf Landesverrat zu ermitteln. Immerhin könnte Stolpe Geheimnisse einer fremden Macht anvertraut haben. Das folgende Dokument läßt solche Vermutungen zu:

Vermerk *06.09.1989*

Am 6.09.1989 erschien Konsistorialpräsident Manfred Stolpe zum Gespräch bei mir. Unter Bezug auf seine Unterredung mit mir am 23.3.1989 informierte er über das Ergebnis seines Aufenthaltes am 4./05.09.1989 in der BRD.

Er habe dort bei Gelegenheit einer Begegnung mit der Württembergischen Kirchenleitung mit dem Beauftragten der EKD bei der Bundesregierung, Binder, gesprochen.

Binder hat ihm unter ausdrücklichen Bezug auf Unterredungen im Bundeskanzleramt, im Bundespräsidialamt und im Bundesinnenministerium folgende Überlegungen zum Problemkreis »Übersiedlung und Besetzung der Ständigen Vertretung der BRD in der DDR durch Antragsteller« genannt.

1. Die Bundesregierung ist nicht glücklich über den Stand in der Ständigen Vertretung der Bundesrepublik Deutschland. Es bestehe keine Sympathie für jene DDR-Bürger, die sich in der Ständigen Vertretung aufhalten. Mit diesen Leuten habe man viel Ärger und befürchte noch mehr Ärger. Aber

der Druck der öffentlichen Meinung und die daraus resultierende Angst vor einer weiteren Eskalation der öffentlichen Meinung läßt eine Ausweisung dieser Leute aus der Ständigen Vertretung nicht zu. Die Bundesregierung wird sich auch weiterhin vor diese Leute stellen müssen. Insbesondere die Bilder aus der Ungarischen Volksrepublik heizen die Stimmung weiter an. Gegenwärtig gehen die Medien auf Mitleidtour.

2. Die Bundesregierung hofft auf eine weitere flexible Haltung der DDR zur Lösung dieses Problems. Diese Hoffnung wird durch die Sprechererklärung der DDR zur genannten Frage verstärkt. Die Bundesregierung rechnet mit Wochen, wenn nicht mit Monaten, bis zur Klärung dieser Frage. Es wird erwartet, daß die »Besetzer« mit ihren Forderungen zurückgehen, einlenken werden. Allerdings wird ein gewisser harter Kern, stimuliert durch die Lage in Ungarn, weiter versuchen, in die Nähe der früheren Praxis bei der Lösung ähnlicher Probleme zu kommen (direkte Ausreise aus der Ständigen Vertretung in die BRD). Eine solche Lösung ist nicht erstrebenswert und wird von den meisten in der Bundesregierung für falsch gehalten. Es wird befürchtet, daß eine entsprechende Entwicklung des Problemes zu einer weiteren Eskalation bei der Belastung von Auslandsvertretungen der BRD führt.

   Die Erwartung der Bundesregierung richtet sich darauf, daß den Besetzern eine Lösung ihres Problems signalisiert wird. Denkbar wäre eine Information, wonach die Einzelfälle geprüft seien, keine absoluten Versagensgründe bestehen und mit einer Ausreise innerhalb der nächsten 6 Monate gerechnet werden kann. Diese Information ist an die Festlegung zu binden, daß die Haltung der DDR-Regierung nur für den Fall gilt, daß die Ständige Vertretung verlassen wird!

3. Bundeskanzler Kohl ist zu einem Staatsbesuch in der DDR bereit (dies erklärte Stolpe unter Bezug auf Schäuble).

   In das Gesprächspaket ist das Einbringen folgender Punkte durch die Bundesregierung möglich:
   - Verhandlungen über die sogenannte konsularische Betreuung von DDR-Bürgern in Drittländern. Hier ist eine definitive Erklärung von BRD-Seite möglich.
   - Verabredung regelmäßiger Kontakte auf höchster Ebene. Insbesondere von Bundespräsident von Weizsäcker wird das Fehlen solcher Kontakte beklagt. Unter Hinweis auf die Praxis von Helmut Schmidt, der solche Kontakte gehabt habe, wird moniert, daß alle gegenwärtigen Kontakte praktisch wieder beim Stande Null begonnen werden müssen. Auch menschlich würde man sich so kaum näherkommen.
   - DDR-Bürger, die die Absicht haben, in die Bundesrepublik überzusiedeln, werden durch die Bundesregierung eindeutig auf die geltende Rechtsordnung der DDR verwiesen. Eine Erklärung, wonach sich die Bundesregierung durch Demonstrativhandlungen (Botschaftsbesetzungen u. a.) nicht erpressen läßt, ist möglich.

Eine solche Position könne wesentlich zur Entspannung des Verhältnisses BRD–DDR beitragen und innenpolitischen Druck abbauen.

Die Bundesregierung erwartet von der DDR die Aufnahme folgender Punkte:

- Die besuchsweise Einreise ehemaliger DDR-Bürger sollte prinzipiell ermöglicht werden. Bisher bekannte Fristen (4–5 Jahre) oder das Versagen der Einreise zum besuchsweisen Aufenthalt führen in der BRD zu starken Unmutsäußerungen bei potentiellen CDU-Wählern. Diese Frage bewege insbesondere Bundeskanzler Kohl sehr stark.
- Die Möglichkeit der Rückkehr von DDR-Bürgern in ihr Land sollte geschaffen werden. Es zeigt sich bereits jetzt, insbesondere auch im Ergebnis der Bewegung über Ungarn in die BRD, daß viele DDR-Bürger keine klaren Vorstellungen von dem haben, was sie in der BRD erwartet. Stolpe wörtlich: »In Baden-Württemberg haben Pfarrer verstärkt mit Personen zu tun, die erwartet haben, in der BRD an jeder Straßenecke einen Dukatenesel zu finden, die erwartet haben, daß Milch und Honig fließen. Nun stehen sie heulend vor der Realität.«
  Gerade diese »Verführten und ins Ungewisse Gegangenen« sollten eine Möglichkeit der Rückkehr erhalten. An diesem Punkt ist Bundesinnenminister Schäuble besonders interessiert.
- Das Verfahren für die Antragstellung in die Bundesrepublik sollte durchschaubarer und damit für die Antragsteller nachvollziehbar gemacht werden. Diese Leute haben zur Zeit kein Empfinden für den Stand der Bearbeitung ihres Antrages. Die »gerichtliche Nachprüfbarkeit« darf nicht den Eindruck einer bloßen Alibi-Handlung erwecken. Unsicherheiten zu den im § 10, Abs. 3 genannten »anderen humanitären Gründen« sollten beseitigt werden. Damit kann erreicht werden, daß die Antragsteller Vertrauen in das Verfahren gewinnen und beharrlich eine Wartezeit in Kauf nehmen in der Erwartung, daß ihrem Antrag entsprochen wird.
- Unter Berufung auf Äußerungen des Staatsratsvorsitzenden, Genossen Erich Honecker, beim Staatsbesuch im September 1987 zum Thema Reiseerleichterungen wird von der BRD-Seite eine entsprechende Haltung der DDR gewünscht. Dabei könne ähnlich wie in der CSSR verfahren werden. Dort ist für eine Privatreise in ein westliches Land eine Einladung vorzuweisen, die die Kostenübernahme durch den Einlader ausweist, und die entsprechende Zustimmung der Betriebe ist einzuholen.

4. Als mögliche Schritte der unter 3. genannten Überlegungen sollte ein verbindliches Signal an das Kanzleramt gegeben werden. Denkbar ist die Realisierung der Einladung in die DDR durch Bundeskanzler Kohl persönlich oder durch Minister Seiters. Wenn die BRD die Einladung auf Ministerebene wahrnimmt, kann auch durch einen Stellvertretenden Staatsratsvorsitzenden, wie Genossen Egon Krenz, empfangen werden.

Als Überbringer eines entsprechenden Signals an den Bundeskanzler könnte Bernhard Vogel wirken, der von Genossen Erich Honecker die entsprechende Orientierung erhält. Überlegungen im Bundeskanzleramt, wonach Graf Lambsdorff oder andere Politiker aus der Koalition dies tun könnten, wurden aus parteipolitischen Überlegungen zurückgenommen. Ausdrücklich verwies Stolpe auch auf Rivalitäten zwischen dem Bundeskanzler und dem sogenannten innerdeutschen Ministerium. Eine Hereinnahme des innerdeutschen Ministeriums in oben genannte Überlegungen wird im Bundeskanzleramt abgelehnt.

Stolpe erklärte ausdrücklich, daß er seine Aktivitäten privat betreibe. Er erachte eine Beteiligung der Kirchen in beiden deutschen Staaten an diesem Vorgang als wenig sinnvoll und nicht hilfreich.

Aus diesem Grunde gehe er von einer vertraulichen Behandlung des Gespräches aus. Stolpe betonte, daß er persönlich weiterhin zur Verfügung stehe.

Heinrich

Der dritthäufigste Gesprächspartner in deutsch-deutschen Angelegenheiten war Rechtsanwalt Professor Dr. Wolfgang Vogel. Er hatte das Mandat Honeckers, die schwierigen Verhandlungen auf dem Gebiet der humanitären Beziehungen zu führen, die Schäuble den Staatssekretären im Innerdeutschen Ministerium überließ. Hin und wieder kam Vogel auch mit einem politischen Mandat Honeckers zu Schäuble. Es gab offenbar eine Rivalität zwischen Vogel und Schalck-Golodkowski, der sich seit 1983 auf die wirtschaftspolitischen Fragen der deutsch-deutschen Beziehungen konzentrierte.

Mit Vogel verhandelte Schäuble über schwierigste Fälle des Häftlingsfreikaufs und der Familienzusammenführung. Ihm übergab der Kanzleramtschef regelmäßig Namenslisten von DDR-Bürgern. Die Übersiedlung von Karin Schumann, der Lebensgefährtin eines BND-Spions, beschäftigte die beiden jahrelang. Auch kaum lösbare Botschaftsfälle wurden nicht selten auf die politische Ebene Schäuble – Vogel gehoben.

»Herr Schäuble hat erkannt, daß wir einen Sog mit den Ausreisen erzeugen«, sagt heute ein deprimierter Wolfgang Vogel, gegen den die Berliner Staatsanwaltschaft wegen des Verdachts auf »Parteienverrat« ermittelt. Vogel soll angeblich als Anwalt nicht nur von der DDR-Spitze, sondern auch von der Bundesregierung Millionengelder für Häftlingsfreikäufe kassiert haben.

»Herr Vogel, schaffen Sie den Sozialismus ab«, soll Schäuble bei seinem Treffen mit ihm immer gesagt haben. »Schäuble ist gegen das Regime angetreten. Er war bereit, im humanitären Bereich mitzuwirken. Was für ihn wichtiger war, Hilfe für den einzelnen oder am Ende die Destabilisierung der DDR, wird nur er allein wissen«, sagt Vogel heute. »Schäuble hat die Chance der Destabilisierung durch Besuchs- und Reiseverkehr, durch Freikauf und Familienzusammenführung erkannt. Ich kenne außer ihm niemanden, von dem ich das noch behaupten könnte. Schäuble galt bei uns als ›Kalter Krieger‹, weil er gegen die Zweistaatlichkeit war. Zu seiner Strategie gehörte die Überlegung, dagegen etwas zu tun. Er hatte die Trennung der beiden deutschen Staaten nicht festgeschrieben, das war nicht in seinem politischen Verstand«, so der ehemalige deutsch-deutsche Unterhändler Wolfgang Vogel im Sommer 1992.

Kapitel X

Bundesminister des Innern

Für Recht und Ordnung

Jörg Bischoff

Es war am Abend des 1. Oktober 1990, als beim Vereinigungsparteitag der CDU in der Hamburger Kongreßhalle ein kleinwüchsiger Mann ans Mikrofon ging und sich schüchtern vorstellte wie ein Prüfling im Examen. »Ich heiße Wolfgang Schäuble«, konnte er aber nur noch sagen, da brandete bereits der Beifall der Tausend auf. 890 von 924 wählten ihn in den gesamtdeutschen CDU-Vorstand, und er hätte sich gut und gerne auch neben Helmut Kohl, Lothar de Maizière und Günther Krause in das Präsidium wählen lassen können, so leidenschaftlich wurde der Architekt des deutschen Einigungsvertrages damals gefeiert. Er tat es nicht, weil er dem Rezept eines jeden klugen Politikers folgte, dem eigenen Erfolg niemals vorauszueilen.

Szenenwechsel: Als derselbe kleine Mann nur fünfzehn Monate zuvor im Bonner Innenministerium an der Graurheindorfer Straße aus dem gepanzerten Mercedes stieg, um, unbeholfen und befangen, die schnarrenden Ehrenbezeugungen eines Zuges des Bundesgrenzschutzes abzunehmen, da konnte niemand, auch Schäuble selbst nicht, ahnen, daß ihn seine kurze Dienstzeit als Kohls Nothelfer in der Innenpolitik binnen eines Jahres in den kleinen Zirkel der potentiellen Nachfolger Kohls katapultieren würde. Wenn es Gewinner der Einheit gibt, Schäuble ist gewiß einer davon.

Der Badener, das ist bekannt, griff zwar willig zu, als sich ihm im April 1989 die Gelegenheit bot, aus dem Schatten des Kanzlers herauszutreten und ein »eigenes Ressort« zu führen, wie er stolz sagte. Damals aber war er noch weit davon entfernt, in sich die Berufung für die erste Garde zu spüren. Die Wiedervereinigung stand ja noch in den Sternen. Im Innenministerium trat er vielmehr mit derselben Nüchternheit an, mit der er fünf Jahre zuvor aus der Fraktionsgeschäftsstelle als Chef und Minister für innerdeutsche Fragen ins Kanzleramt gezogen war. Die Aufträge ähnelten sich. 1984 galt es, wieder Ordnung in Waldemar Schreckenbergers Aktenhaufen zu schaffen und das Amt aus den Schlagzeilen zu bringen. Nun war erneut ein Ausputzer gefragt, diesmal im Innenministerium. Zwar hatte alle Welt über ihn geschrieben, er sei ein »Pragmatiker« und »Krisenmanager«, »Kohls unentbehrlicher Hausmeier« und der »Problemlöser vom Dienst«. Und man wußte, daß er in stillen Verhandlungen mit Alexander Schalck-Golodkowski die Zahl der Westreisen von DDR-Bürgern auf dramatische zwei Millionen jährlich gesteigert und so für die politische Schlagseite des Honecker-Regimes gesorgt hatte.

Aber die Vermutung, er sei stark nur hinter den Kulissen, eigne sich mit seinem strengen Scheitel, dem badisch-schwäbischen Tonfall und der farbenarmen Diktion vorderhand wenig fürs stimmungsträchtige Dirigieren von Blaskapellen im Bierzelt – dieses Urteil hatte Schäuble damals beileibe noch nicht von sich gewiesen. Er freute sich und freut sich noch heute, wenn man seine Stärken im kühlen Pragmatismus, im vermittelnden Schachzug und in einer schier unbändigen Abneigung gegenüber den Wanderpredigern der Bonner Politik sieht. »Ich will nicht Bekenntnisse ablegen, sondern gestalten«, sagt er. Oder auch: »Rechtzeitiges Erkennen zukünftiger Probleme allein ermöglicht erfolgreiches Gestalten.«

In der Tat fand Schäuble ein Haus vor, das CSU-Vorgänger Friedrich Zimmermann in einer stumpfen Mischung aus dogmatischem Eifer und oberbayerischem Schlendrian in die innenpolitische Sackgasse gesteuert hatte. Dies betraf weniger den Apparat, dessen geräuschloses Funktionieren auch der »Fritz« nicht zu stören vermocht hatte. Deshalb übernahm Schäuble zur Überraschung vieler fast alle Beamten, die er antraf. Was er an persönlichen Mitarbeitern mitbrachte, überschritt das übliche Maß der Ministerwechsel nicht: zwei Sekretärinnen, den Chef und den stellvertretenden Leiter des Ministerbüros.

Hans Neusel, der in Sicherheitsfragen altgediente Haudegen des Hauses, war für ihn ohnehin unentbehrlich, weil er sich für dieses große Feld der Innenpolitik wenig interessierte. Aber er brauchte diesen Routinier schon deshalb, weil Terrorismus und Drogenbanden viel Sprengstoff auch für seine eigene Laufbahn bargen. Polizeiminister jedenfalls wollte Schäuble nie sein. Ein früher Versuch Schäubles, nach dem Gladbecker Geiseldrama den »finalen Todesschuß« im Musterentwurf für ein ländereinheitliches Polizeirecht durchzusetzen und sich so bei den bayerischen Law-and-Order-Politikern um Edmund Stoiber und Peter Gauweiler beliebt zu machen, scheiterte schnell am Widerstand der SPD-Innenminister und der FDP. Seither hat Schäuble das Polizeiwesen nur noch mit spitzen Fingern angefaßt. Auch mit seinem Vorstoß in Richtung eines »Nationalen Drogenbekämpfungsrats« kam es ihm weniger darauf an, das Bundeskriminalamt und den Bundesgrenzschutz in Marsch zu setzen. Er betonte die gesellschaftspolitischen Dimensionen des Problems.

Er setzte aber auch auf Verwaltungschef Franz Kroppenstedt, den Friedrich Zimmermann ins Haus geholt hatte und der in den nervtötenden Gesprächen über das Ausländerrecht mit Klaus Kinkel vom Justizministerium viel Ansehen eingebüßt hatte. Schäuble brachte ja wenig Erfahrung in der Leitung großer Apparate mit. Er war nur kurze Zeit als Regierungsrat im Freiburger Finanzamt gewesen. Seine fünfjährige Erfahrung im Kanzleramt mit dreihundert Beamten war keine Garantie für die erfolgreiche Leitung einer Behörde mit achthundert Beschäftigten. Dort war politische Führung gefragt; im Innenministerium dominierte hingegen die Verwaltung.

Um das »Klein-Klein« des Hauses kümmerte er sich wenig. Er vertraute dem Apparat, was ihn freilich nicht daran hinderte, selbst »wochenendweise durchzuschuften« und schon am Montagmorgen von den Mitarbeitern ähnliche Leistungen zu erwarten. »Schäuble hat gefordert, und die Beamten mußten geben«, wird berichtet. Er regierte »wie ein Fürst«. Wenn es um politische Vorgaben ging, formulierte er sogar die Nebensätze und bestellte selbst Referatsleiter unerbittlich zu sich, wenn ihm eine Vorlage nicht behagte. Aber so, wie ihn die Öffentlichkeit aus dem Bundestag und von Wahlreden als Mann der Kammertöne kennt, gab er sich auch im Ministerium. »Schäuble poltert nicht, er läßt allenfalls zynische Bemerkungen fallen, wenn ihm etwas nicht paßt«, hieß es damals im Ministerium. Er war kein Kumpel wie damals Manfred Wörner auf der Hardthöhe oder »Johnny« Klein im Entwicklungshilfeministerium. Im Umgang blieb er distanziert, ja kühl.

Als gar im Sommer 1989 Staatssekretär Neusel in Bonn um Haaresbreite einem Bombenattentat der RAF-Terroristen entging, erlebte man im Innenministerium einen verstörten, geradezu hilflosen Ressortchef. Er mußte sich von Mitarbeitern erst sagen lassen, welche Gesten der menschlichen Fürsorge in diesem Augenblick des Schocks vom Chef geboten waren. Schäuble war als nüchterner Planer des politischen Entscheidungsprozesses ins Innenministerium gekommen. Nun war plötzlich ein Kamerad gefragt, der er nicht ist. Wenn gleichwohl seine Autorität im Haus unter diesem Schwächezustand nicht litt, so lang es an der robusten Natur Neusels. Der Staatssekretär hatte ein paar Schürfwunden abbekommen und berichtete schon wenige Stunden später im Saal der Bundespressekonferenz über sein Schicksal so, als ob im fernen Neuseeland eine Bombe hochgegangen wäre und nicht an der Beamtenausfahrt der A 565.

Nicht einmal die Parlamentarischen Staatssekretäre wurden ausgewechselt. Horst Waffenschmidt, seit 1982 als ruhiger Kommunalpolitiker im Amt, durfte sowieso bleiben. Schäuble schickte ihn auf die Spielwiese der Aussiedlerpolitik und nahm ihn erst an die Leine, als Oskar Lafontaine dieses Feld im Sommer 1989 zur Arena der Innenpolitik erklärte. Aber auch Carl-Dieter Spranger, Friedrich Zimmermanns Kompaniefeldwebel in Fragen der inneren Sicherheit, des Asylrechts und der Ausländerpolitik, störte Schäuble nicht. Der Minister nahm die Themen selbst in die Hand. Spranger erhielt Auslauf, um Paraden des Bundesgrenzschutzes abzunehmen und sich im übrigen den Vorsitz des CSU-Bezirksverbandes Mittelfranken anzueignen. Für Sprangers Aufstieg zum Entwicklungshilfeminister bedurfte es fortan der Profilierung im Bonner Ministerium nicht mehr.

Außerhalb des Hauses sah es freilich düster aus. Die Barschel-Affäre, Mompers Wahlsieg und der Aufstieg der Republikaner in Berlin und Hessen, die Giftgas-Connection mit Libyen und der »kalte Blick« des neuen Verteidigungsministers Rupert Scholz auf die Trümmer abgestürzter Düsenjäger hatten Helmut Kohl und seine Regierung wieder einmal auf einen Tiefpunkt ihres Ansehens sinken lassen. Eingekeilt zwischen der CSU auf dem rechten und dem CDU-Generalsekretär Heiner Geißler auf dem linken Flügel, blieb Kohl nur die Wahl der Regierungsumbildung, die zwei Ziele verfolgte: einerseits die Einbindung des CSU-Chefs Theo Waigel in den Überlebenskampf der Koalition und andererseits den Marschbefehl an Schäuble mit dem Auftrag, das festgefahrene Schiff am anderen Ende wieder flottzumachen, dort, wo sich Zimmermann mit Burkhard Hirsch und Gerhart Baum vom linken Flügel der FDP verknäuelt hatte. Die Stichworte, unter denen insbesondere die vergrätzten CDU-Wähler wieder Erfolge erwarteten, hießen: Ausländer, Aussiedler, Asyl.

Der »Zeitplan«, eines der Lieblingsworte Schäubles, war nicht üppig bemessen. Am überalterten Ausländerrecht von 1965 hatten sich Generationen von Innenpolitikern unterschiedlicher Couleur die Zähne ausgebissen. Helmut Schmidt und FDP-Innenminister Werner Maihofer kamen damit schon 1974 nicht zurecht. Zimmermann wollte Ausländerkinder im Schulalter nicht mehr ins Land lassen, womit er auf entschlossenen Widerstand der FDP, der Kirchen und der Wohlfahrtsverbände stieß. Und nun hatte Schäuble bis zum Wahlkampf 1990 ganze zwölf Monate Zeit, um ein seit Jahren gelähmtes Standbein der Koalition wieder in Bewegung zu bringen. Der ständig steigende Zustrom von Asylbewerbern aus Polen und Jugoslawien kam hinzu und schien dem nüchternen »Politmanager« (Gerhart Baum) in Partei und Bevölkerung wenig Raum für das wohlkalkulierte Spiel mit vielen Bällen zu lassen.

Ein Mitarbeiter erinnert sich: »Kaum im Amt, da gaben sich die Abgeordneten schon die Klinke in die Hand.« Mit Baum und Hirsch hatte Zimmermann allenfalls über Interviews im Deutschlandfunk gestritten, nicht verhandelt. Jetzt waren die Heldentenöre des Liberalismus Stammgäste im Innenministerium. Schäuble sprach mit Bayerns CSU-Innenminister Edmund Stoiber und wieder mit Hirsch. »Management by talking« kehrte als Stil ins Innenministerium ein. »Wenn er nicht weiterkam, brach er ab und suchte nach einem neuen Termin«, erinnert man sich im Haus. »Er hat die Gabe, Ideen zu finden, die zum Konsens führen.« Dafür sorgen, daß es weitergeht. Kreuzen, wenn der Wind von vorn kommt. Umwege suchen, wenn der gerade Weg an Betonmauern endet. »Und was machen wir dann, wenn es so nicht geht?« hieß einer seiner Lieblingsfragen in Lagebesprechungen. Nein, Schäuble mag den Stillstand nicht. Das verbindet ihn mit seinem Landsmann Lothar Späth, von dem ein Theatermann einmal abwertend sagte: »Bewegung ist Richtung genug.«

Als Schäuble Innenminister wurde, hatten Zimmermann und Spranger die Asylfrage bei achtundzwanzig Prozent der Bevölkerung an die erste Stelle der innenpolitischen Probleme hochgeredet, obwohl die monatlichen Zugänge damals noch unter zehntausend Flüchtlingen lagen. Zwar galt für ihn damals schon, daß die massenhaften Armutswanderungen nach Deutschland ohne eine Änderung des Asylartikels des Grundgesetzes nicht zu lenken seien; anders aber als die CSU redete er nicht laut darüber. Vielmehr setzte er dort an, wo unterhalb der Schwelle des Koalitionskrachs schnell Erleichterung zu schaffen war. Er lockerte das Arbeitsverbot der Asylbewerber und der polnischen Saisonarbeiter, was ihm sofort den Streit mit seinem eigenen CDU-Verband in Baden-Württemberg einbrachte. Gleichzeitig aber entwickelte er das »Karlsruher Modell«, das ein zügiges Verwaltungsverfahren am Ort des Aufnahmelagers vor dem Umzug der Bewerber in einzelne Gemeinden vorsah.

Bereits im dritten Amtsmonat präsentierte er das Modell den Sozialdemokraten, fand bei Wilfried Penner und anderen Innenpolitikern auch offene Ohren, scheiterte am Ende aber bei SPD-Länderinnenministern wie Herbert Schnoor in Nordrhein-Westfalen, die sich mit »inhumanen Sammellagern« und der Verkürzung des Rechtswegs nicht abfinden wollten. Erst zwei Jahre später sollte der Vorschlag im Parteienkompromiß von Koalition und Opposition vom Oktober 1991 wiederauftauchen. Obwohl der Kompromiß damals versandete, so hatte der neue Innenminister doch eines erreicht: Die Bewerberzahlen aus Polen sanken rapide, weil an die Stelle verkappter politischer Verfolgung die deutsche Anerkennung als Saisonarbeiter in rheinischen Weinbergen und pfälzischen Erdbeerplantagen getreten war. Und da die Vereinigung Deutschlands die Deutschen in Atem hielt, wurden auch die Ängste vor Überfremdung in den Hintergrund gedrängt. Im Sommer 1991 nannten nur noch zehn Prozent der Bevölkerung den Asylbewerberzustrom als ein »wichtiges innenpolitisches Problem«, bis die Leidenschaften im September im Gefolge der Bremer Bürgerschaftswahl und der Wahlkampfstrategie des SPD-Spitzenkandidaten Klaus Wedemaier wieder geweckt wurden.

Seither gibt es für Schäuble eigentlich nur zwei Politiker, die ihn innerlich und äußerlich aus der Fassung bringen: Wedemaier ist der eine. Der andere heißt Oskar Lafontaine. Im turbulenten Sommer von 1989, als gleichzeitig mit den Zahlen der deutschstämmigen Aussiedler auch die enttäuschten DDR-Bürger in Warschau, Prag und Budapest in die deutschen Botschaften flüchteten und Lafontaine dem Innenminister »Deutschtümelei« vorhielt, war es erstmals in seiner politischen Laufbahn um Schäubles unermüdliche Suche nach dem Konsens geschehen. »Wenn er den Namen Lafontaine hörte, konnte er völlig aus der Fassung geraten«, erinnern sich Mitarbeiter aus diesen Tagen. »Das Tor bleibt offen«, hatte Schäuble hartnäckig ausgerufen und damit jene einzige Seite seines politischen Weltbildes offengelegt, die ihn als Dogmatiker erkennen ließ.

»Gegen Demagogen muß man in die Offensive gehen«, sagte er damals in vertrautem Kreis, und er tat es auch. »Obwohl es unpopulär ist«, wie er selbst ahnte. Anders als bei den Asylbewerbern hatte Lafontaine diesmal die Ängste der Bürger vor einem massenhaften Zustrom aus dem anderen Teil Deutschlands und aus den Staaten der Sowjetunion geschickt ausgenutzt und der Bundesregierung vorgeworfen, sie betreibe eine »Heim-ins-Reich-Politik«, die nicht nur Deutschland überfordere, sondern am Ende auch die DDR auslauge und so den Frieden in Europa gefährde. Schäuble wußte um die Sprengkraft dieser These, zumal der ungarische Außenminister Gyula Horn Bundeskanzler Helmut Kohl schon im Juni angekündigt hatte, daß er im August die Grenzen Ungarns zum Westen öffnen werde und damit alle Dämme gegen die Ost-West-Flucht brechen würden.

Nervosität griff um sich in Bonn, auch Schäuble fühlte sich mit seinem Latein zeitweise am Ende. Prompt mußte er einen hohen Preis für seine ganz und gar untypische Hektik bezahlen. Die Runde ging an Lafontaine, auch wenn dies im Getümmel der Wochen danach unterging. Schäuble hatte die Fehler seines Vorgängers wiederholt und dafür mit seiner ersten schweren Niederlage bezahlt. Unter dem massiven Druck auch einzelner CDU-Ministerpräsidenten mußte er die Aufnahmehilfen für Flüchtlinge zusammenstreichen und anordnen, daß Aussiedler ihren Aufnahmeantrag jeweils bei der deutschen Botschaft ihres Heimatlandes zu stellen hatten. Selten hat man den »Problemlöser« und »Krisenmanager« so ratlos gesehen wie in dieser von ihm selbst mitverursachten Krise.

Unterdessen aber ging die Arbeit am Ausländergesetz weiter. Und obwohl die Sorge der Bevölkerung über den ungebremsten Zustrom wuchs und den politischen Spielraum für eine liberale Lösung des Ausländerrechtes zunehmend einengte, so blieb Schäuble doch eisern beim Versuch, CSU und FDP gemeinsam auf eine mittlere Linie einzuschwören. Inzwischen ist bekannt, daß Schäuble damals dem bayerischen Innenminister Edmund Stoiber für die Zukunft einen harten Kurs der CDU bei der Änderung des Asylartikels 16 des Grundgesetzes, Beschränkungen beim Ausländerzustrom und mehr Entschlossenheit beim Abschieben abgelehnter Asylbewerber zusicherte. Dafür handelte er sich Nachgiebigkeit in Richtung auf eine liberale Lösung bei der Integration der Ausländer ein. Der uralte Streit mit der FDP um das Nachzugsalter ließ sich entschärfen, weil die CDU sich bewegte. Aber noch heute sieht sich Schäuble gezwungen, bei der CSU alte Wechsel einzulösen.

So fügte es sich, daß der frischgebackene Minister bereits beim CDU-Parteitag in Bremen im September einstimmige Unterstützung für die Grundsätze eines Ausländerkonzeptes erhielt, mit denen er noch ein halbes Jahr vorher im baden-württembergischen CDU-Landesverband unterlegen war. Die Delegierten freuten sich über den neuen Ansatz, zumal sie wußten, daß Schäubles Plan ein mit CSU und FDP austariertes Modell gewesen war. Denn auch das gehört zur »Problemlösungsstrategie« des CDU-Politikers, daß er in die Arena erst tritt, wenn zuvor das Drehbuch stimmt. Mindestens zweimal war er zuvor in der Innenpolitik auf Granit gestoßen. Jetzt durfte kein Zweifel mehr daran aufkommen, daß der »Problemlöser« auch in der Innenpolitik seine Qualitäten entfaltete.

Der Sieg in der Ausländerpolitik markiert auch eine Wende im politischen Leben des Wolfgang Schäuble. Beim CDU-Parteitag in Bremen, als Helmut Kohl bittere Rache an den Aufständlern um Heiner Geißler, Lothar Späth, Ernst Albrecht und Rita Süssmuth nahm, stieg der bis dahin blaß gebliebene Schäuble auf wie ein Phönix aus der Asche der innerparteilichen Streitigkeiten. Nun sah er die Zeit gekommen, sich auch in der CDU-Führung absichtsvoll zu positionieren. Er kandidierte zum ersten Mal für den Bundesvorstand und wurde mit der zweithöchsten Stimmenzahl auf Anhieb gewählt. Denselben Erfolg konnte er wenige Wochen später bei der CDU in

Baden-Württemberg wiederholen, obwohl die Badener und Schwaben seinerzeit ganz auf Vergeltung an »denen in Bonn« eingestimmt waren, weil Kohl in Bremen ihren Vorsitzenden Späth aus dem Präsidium gekegelt hatte. Von nun an war klar: Schäuble gehört unbestritten zur Führungsreserve des Kanzlers, zumal er nie einen Zweifel an seiner Loyalität zu Kohl gelassen hatte.

Im Innenministerium ist seinerzeit die Wandlung des Wolfgang Schäuble aufmerksam registriert worden. Aus Bremen kehrte ein Minister zurück, der sich nicht mehr auf brüchigem Eis vortastete, sondern ein Mann, der sich der Trümpfe in der Hand bewußt geworden war. Während er zuvor noch peinlich am vorformulierten Text klebenblieb, ging er nun mehr und mehr dazu über, seine Reden frei zu halten. Auch gegenüber dem Kanzler wurde er innerlich freier. Im vertrauten Kreis ließ er schon einmal bitteren Spott über »meinen lieben Freund Helmut« fallen, wobei er allerdings nie einen Zweifel an seiner Überzeugung ließ, daß das Schicksal der Koalitionsregierung und der CDU auf absehbare Zeit untrennbar mit Helmut Kohl verbunden sei.

Erst recht blühte der trockene Manager im Volkskammerwahlkampf vom 18. März 1990 auf. Anders als CDU-Generalsekretär Volker Rühe hatte Schäuble den CDU-Vorsitzenden in der Absicht unterstützt, Blockparteien und neue Konservative in der DDR zur »Allianz für Deutschland« zusammenzuschmieden und die Risiken aus der Stasi-Vergangenheit in Kauf zu nehmen. Er ahnte, daß nur die »Allianz« eine Chance auf politischen Einfluß der Konservativen in der DDR bieten würde und den Weg zur Einheit öffnen konnte.

Nun reiste auch Schäuble an die Elbe, in die Lausitz und in die Mark und erlebte, wie im Taumel der Einheitsbegeisterung selbst spröde Notare der Deutschlandpolitik wie er als Volkshelden vom Rhein gefeiert wurden. »Das hat ihn bewegt und verändert«, erinnert sich ein Vertrauter. Wolfgang Schäuble war nie ein Mann der großen Visionen gewesen, und für den Atem der Geschichte hatte er viel beißenden Spott übrig, wenn andere ihn zu spüren glaubten. An der Einheit Deutschlands aber hat er mit einer Zähigkeit festgehalten, die ganz und gar nicht zum gewohnten Bild des geschmeidigen Taktierers paßte. Und nun begannen im FDGB-Heim in Cottbus plötzlich jene Saiten zu schwingen, für die er am grünen Tisch des Kanzleramtes die

Partituren geschrieben hatte. »Jeder einzelne«, schrieb Schäuble im Rückblick, »war überwältigt von dem Maß an Vertrauen und Hoffnung, das die Menschen in Mitteldeutschland uns aus der Bundesrepublik Deutschland entgegenbrachten.«

Es war also ein völlig neuer Wolfgang Schäuble, der im Mai 1990 von Helmut Kohl den Auftrag für die Verhandlungen über den Einigungsvertrag erhielt. Bisher ist nicht eindeutig geklärt, warum Helmut Kohl seinen Innenminister zum Verhandlungsführer machte und nicht den dafür zuständigen Kanzleramtsminister Rudolf Seiters oder gar das brave Innerdeutsche Ministerium von Dorothee Wilms. Schäuble hält dafür eine äußerst schematische Erklärung bereit, die nicht überzeugt: Der Vertrag über die Wirtschafts- und Währungsunion habe die Weichen zur Einheit längst gestellt gehabt, weshalb die Krönung des Prozesses schon nach dem 18. Mai zu einer innenpolitischen Angelegenheit des später vereinten Deutschland geworden sei. In Wahrheit war Seiters zu frisch im deutschlandpolitischen Geschäft, als daß der Kanzler auf diese Karte hätte setzen mögen. Jedenfalls versicherte nicht nur Schäuble glaubhaft, daß er sich um diesen Verhandlungsauftrag nicht gerissen habe. Er war der geborene Unterhändler in einer Lage, wo, immer mit dem Blick auf die Uhr, ein Spiel mit vielen Bällen zu spielen war, bei dem kein einziger herunterfallen durfte.

Schäubles Grundgedanke war ebenso lakonisch wie zynisch. »Wer will denn hier beitreten, die oder wir?« fragte er immer wieder, wenn es Hürden zu nehmen galt. Er ging deshalb von einer starken Verhandlungsposition der Bundesrepublik aus, wollte andererseits aber nicht zur geistigen und rechtlichen Invasion Ostdeutschlands ansetzen. »Friedliche Revolution« – das bedeutete für Schäuble auch die Erkenntnis, daß die Bundesrepublik hinzunehmen hatte, was an demokratischer Entwicklung zwischen dem 18. März und dem 3. Oktober 1990 geschehen war. Und immer wieder legte er sich die Frage vor, ob zum Zusammenbruch des Honecker-Regimes allein das Volk vor der Nikolaikirche in Leipzig beigetragen habe oder nicht auch »jene, die bereit waren, unblutig ihre Macht abzugeben«. Statt von »friedlicher Revolution« sprach er von »unvollendeter Revolution« und meinte damit, in der DDR habe sich »eine sehr eigentümliche Mischung von revolutionärer Entwicklung und legalem Übergang vollzogen«. Immerhin hatte die Regierung de Maizière altes DDR-Unrecht nicht völlig beseitigt. Im Gegenteil: Die Volkskammer war grundsätzlich vom Fortbestand des Staates ausgegangen und hatte – bis auf wenige Änderungen – sogar mit Zweidrittelmehrheit Honeckers Verfassung von 1974 bestätigt.

Nur vor diesem Hintergrund wird verständlich, warum Schäuble in intellektueller Verkennung der Gefühlslage zunächst in eine ganz andere Richtung marschierte, als sie der Einigungsvertrag formuliert. So wollte er anfangs alle Stasi-Akten ungelesen dem Reißwolf überantworten, damit der Rechtsfriede möglichst schnell wieder einkehre im vereinten Deutschland. »Diese Akten sind der Besitz des Volkes der DDR«, rief ihm die Bürgerrechtlerin Bärbel Bohley schroff entgegen. Der – bürokratisch einwandfreie – Versuch, die Akten wenigstens ins Bundesarchiv zu nehmen, hätte die Ratifizierung des Einigungsvertrags in der DDR-Volkskammer um ein Haar scheitern lassen. Schäuble vereinbarte mit de Maizières Innenminister Peter-Michael Diestel gar eine Amnestie für Stasi-Spione, die selbst die CSU in Harnisch brachte.

Bis heute hat er nicht überwinden können, daß es ihm auch nicht gelang, politisch unverdächtiges DDR-Recht zunächst zu übernehmen. Er wollte die DDR-Vorschriften erst nach Jahren dem bundesdeutschen Recht anpassen, wenn die Verwaltung im Osten wieder Tritt gefaßt hätte. Im nachhinein mag er recht gehabt haben. In diesem Fall aber setzten sich die Dogmatiker des Rechtsstaats durch. »Wir haben Gerechtigkeit erwartet und den Rechtsstaat bekommen«, sagte Frau Bohley dazu.

In dieser Lage, da nichts mehr zu stimmen schien, da der Sturm der Geschichte mit aller Macht über die grünen Tische der Planer hinwegfegte, da verstieß auch der geschmeidige Pragmatiker Schäuble gegen seinen eigenen Grundsatz: »Das rechtzeitige Erkennen der Probleme allein garantiert den politischen Erfolg.« Der Manager hatte nachgedacht, aber die Leute wollten nicht mitdenken. Die Meßfühler blieben stumm. Schäuble tat so, als ob er zwei gutwillige Eheleute nach Jahren der Trennung wieder zusammenführen könne, dabei hatte er es mit einem von Fieberschauern geschüttelten Volk zu tun. Nicht von ungefähr redet er heute nicht gerne über diese ersten tapsigen Schritte auf dem Weg zur Einheit. Allein der Erfolg soll gelten. Und er ist nicht

Christ genug, als daß er die Mängelhaftung für irdisches Tun gerne übernähme.

Bei anderen heiklen Punkten wiederum bewies er seinen Instinkt. Bereits im Februar 1990, als Gorbatschow sein grünes Licht für die Einigung der beiden deutschen Staaten untereinander noch nicht gegeben hatte, übte er sich im eigenen Auftrag bereits in der Terrainpflege bei den westlichen Nachbarn. Im Zusammenhang mit seinem Besuch der Drogenkonferenz der Vereinten Nationen in New York beschwichtigte er US-Präsident George Bush mit der damals verblüffenden Idee, das vereinte Deutschland werde auf den Artikel 23 des Grundgesetzes verzichten, der den Beitritt weiterer Teile Deutschlands, mithin auch der Gebiete jenseits der Oder und Neiße, offenhielt. Ebenso überraschend trat er Monate später mit der Bereitschaft der Koalition hervor, den zweiten Wiedervereinigungsartikel des Grundgesetzes, den Artikel 146, nicht zur Disposition zu stellen. Er sieht für den Fall der Wiedervereinigung eine neue Verfassung vor. Diese Option wollten sich die Sozialdemokraten unbedingt offenhalten, während die Union die Verfassungsarbeit mit dem Beitritt der DDR im wesentlichen für erledigt ansehen wollte. Schäuble: »Ich brauche die SPD für die Zustimmung zum Einigungsvertrag. Also werde ich den 146 nicht streichen.«

Auch an einer weiteren Stelle des Vertragswerkes sollte sich am Ende der juristische Sachverstand der Verfassungsabteilung über Schäubles erregte Suche nach dem politischen Kompromiß durchsetzen. Die Juristen hatten die Rechtsprechung des Bundesverfassungsgerichts genau gelesen und richtig verstanden, als sie ihrem Minister empfahlen, das Wagnis eines getrennten Wahlrechts für die ersten gesamtdeutschen Wahlen am 2. Dezember 1990 mit getrennter Fünfprozentklausel anzugehen. Schäuble ahnte wohl, daß die SPD den Plan als Schutzklausel zugunsten des unbedeutenden CSU-Ablegers DSU in der DDR anprangern würde, obwohl die SPD in Wahrheit die SED-Nachfolgepartei PDS niederhalten wollte. Denn nur Schäubles Vorschlag sicherte den kleinen Parteien in der DDR eine Chance auf politische Mitsprache in der Stunde Null der deutschen Wiedervereinigung. Lange folgte er dem Rat seiner Juristen. Als aber die Zeit zu drängen schien, als sich de Maizière in dem Gestrüpp um Wahlrecht und Beitrittstermin verirrte und die SPD ihre Zustimmung zum

Einigungsvertrag von einem einheitlichen Wahlrecht abhängig machte, mußte Schäuble nachgeben. Von der Hilfskonstruktion war er nicht überzeugt. Erst das Bundesverfassungsgericht rückte die Welt wieder zurecht. Wenige Tage vor dem Beitritt erklärte es den politischen Kuhhandel um die besten Chancen der großen Parteien für verfassungswidrig und erklärte die Verfassungsjuristen des Innenministers zu den Siegern. Damit hatte Schäuble fast gerechnet. Nicht von ungefähr ist der Chef der Verfassungsabteilung, Eckardt Schiffer, der einzige Abteilungsleiter, den Schäuble in seinem Buch »Der Vertrag« besonders herausstreicht.

Zwar hat Schäuble selbst »geackert wie ein Pferd«, mit politischer Führung allein aber läßt sich der Erfolg des Einigungsvertrags nicht erklären. Vielmehr gelang in jenen Monaten ein glückliches Wechselspiel zwischen einem starken, aber doch unerfahrenen Minister und einer Bürokratie, die ins kalte Wasser gestoßen wurde und doch sofort zu schwimmen begann. In diesem Haus ist wahrhaft Übermenschliches geleistet worden, ein eigenes Kapitel deutscher Beamtengeschichte, das noch geschrieben werden muß. Gewiß, mit der deutschen Frage war das Haus immer schon geistig verbunden gewesen. Von der Vertriebenenabteilung angefangen über Aussiedlerfragen, Ostforschung, Grenzkommission, Staatsangehörigkeitsrecht, Verfassungsprobleme und innerdeutsche Angelegenheiten bis hin zu den BGS-Beamten an der innerdeutschen Grenze schlummerte dort ein Potential deutsch-deutscher Gemeinsamkeiten, das, von der Öffentlichkeit eher mißtrauisch beäugt, auch selbst nicht mehr daran geglaubt hatte, einmal aus seinem Dornröschenschlaf geweckt zu werden. »Ein einziger Ruck ging durch das Haus«, erinnern sich Zeitzeugen. Schubladenpläne gab es nicht, sie wären als Sumpfblume des Kalten Krieges entdeckt und zunichte gemacht worden. Schon im Februar 1990 hatte Schäuble in aller Stille einen zwanzig Mann umfassenden »Arbeitsstab Deutsche Einheit« zusammengestellt, der wie das erste Licht am Morgen den ganzen Apparat in Bewegung setzte. Fünfhundert Schreibmaschinenseiten zählten allein die Arbeitsmaterialien zum Vertragsentwurf, die Schäuble eines Tages der Bonner Presse auf den Tisch legte und mit hämischer Freude bemerkte: »Sie können ruhig auch mal arbeiten.«

Der Einigungsvertrag

Jörg Bischoff

Schäubles Gegenspieler bei den Verhandlungen über den Einigungsvertrag, der nordrhein-westfälische Staatskanzleichef Wolfgang Clement (SPD), hat dem Innenminister nachträglich vorgehalten, er habe in seiner Verhandlungskonzeption nur den Wahlsieg Helmut Kohls und der CDU bei den Bundestagswahlen vom Dezember 1990 im Auge gehabt. Nur so sei zu erklären, warum Kohl und Schäuble auf die SPD-regierten Bundesländer erst nach der Niedersachsen-Wahl vom 13. Mai 1990 zugegangen seien, als in Hannover die CDU/FDP-Landesregierung durch eine rot-grüne Koalition abgelöst wurde. Und dies begründe auch, warum die Bonner Koalition alle besorgten Hinweise Oskar Lafontaines auf die sozialen, wirtschaftlichen und finanziellen Schwierigkeiten auf dem Weg zur Einheit noch im Bundestagswahlkampf von 1990 rüde beiseite gewischt und den Eindruck erweckt habe, das wirtschaftlich starke Westdeutschland werde den Prozeß der Einheit gewissermaßen aus der Portokasse finanzieren.

Daran ist viel Wahres. Schäuble selbst räumt ein, daß unter dem Eindruck der Kritik Lafontaines in der Union die Sorge zunahm, die Wiedervereinigung könne »von einer nationalen zu einer sozialen Frage« werden. Heiner Geißler, als CDU-Generalsekretär damals schon abgeschoben, äußerte Zweifel, ob das Thema »Einheit« für einen Wahlsieg der CDU reichen werde. Tatsächlich waren seinerzeit im CDU-Präsidium ängstliche Stimmen laut geworden, ob Kohl klug beraten sei, die Einheit mit aller Macht und in größtmöglicher Schnelligkeit anzustreben. CDU-Generalsekretär Volker Rühe sprach von einer »Phase der Unsicherheit über die deutsch-deutsche Entwicklung«, und Kurt Biedenkopf nannte die Währungsunion »ausgesprochen kurzsichtig«.

Die Kosten der Einheit waren dabei allerdings nur eine Seite der Kritik, möglicherweise auch bei Lafontaine nur der Vorwand. Nicht nur in der SPD ging die Sorge vor einem neuen »Großdeutschland« um, eine Gefühlslage, die der Ehrenvorsitzende Willy Brandt und der SPD-Chef Hans-Jochen Vogel beim Berliner SPD-Parteitag im Dezember 1989 nur mühsam wenden konnten. In der DDR hatten am 29. November 1989 die Schriftsteller Stefan Heym, Christa Wolf und

Volker Braun zusammen mit Dresdens Oberbürgermeister Wolfgang Berghofer, Generalsuperintendent Günter Krusche und anderen führenden Persönlichkeiten der Bürgerbewegung den Aufruf »Für unser Land« veröffentlicht und darin für eine »solidarische Gesellschaft« in einer selbständigen DDR anstelle des »Ausverkaufs der materiellen und moralischen Werte« an »einflußreiche Kreise aus Wirtschaft und Politik in der Bundesrepublik« geworben.

Auch im Westen warnten kritische Linke wie der Schriftsteller Patrick Süskind (»Das Parfum«) vor einem totalen Zusammenbruch der bisherigen Wertvorstellungen eines geteilten Landes. Die Hoffnung, in der DDR habe nur der Stalinismus seinen Offenbarungseid ablegen müssen und nicht das humane Wertgebäude des Sozialismus, weshalb der zweite deutsche Staat reformierbar sei, war bei der SPD ebenso weit verbreitet wie die Sorge in der CDU, das System könne tatsächlich als Modell des demokratischen Sozialismus überleben und so den Gedanken an eine Wiedervereinigung bis zum Nimmerleinstag verschieben.

Und schon hatte sich in der provisorischen Bundeshauptstadt eine Bürgerinitiative »Ja zu Bonn« gegründet, die die Beamtenschar in den Ministerien auf möglicherweise schreckliche persönliche Folgen aus vierzig Jahren Berlin-Beteuerungen hinwies. Wolfgang Herles, später abgelöster Chefkommentator des Zweiten Deutschen Fernsehens, brachte die Gefühle der Mittvierziger auf die Formel: »Die deutsche Einheit wird die Republik verändern. Das wird nicht mehr mein Staat sein, in dem ich aufgewachsen bin.«

Schäuble mußte diese durchaus labile Gefühlslage einkalkulieren, als er ans Werk ging. Zwar konnte der Zug zur deutschen Einheit nach dem Moskau-Besuch Kohls im Februar 1990, als Gorbatschow den »Schlüssel zur deutschen Einheit aus Moskau wieder nach Bonn zurückgab« (so Kanzlerberater Horst Teltschik), merklich Fahrt aufnehmen, und mit dem Wahlsieg der »Allianz für Deutschland« unter Lothar de Maizière am 18. März hatte der Ruf »Wir sind ein Volk« in der DDR endgültig die Oberhand gewonnen. Aber je heftiger den Westdeutschen der Luftzug der Geschichte um die Ohren blies, desto mehr wuchs auch die Ahnung, die Bundesrepublik werde vom Lauf der Dinge in einen Strudel unübersehbarer Folgen gerissen.

Abgesehen davon, daß das wahre Ausmaß der wirtschaftlichen

Katastrophe in der DDR erst nach der Währungsunion vom 1. Juli 1990 sichtbar wurde und damals ebensowenig erkennbar gewesen war, daß mit dem Zusammenbruch der Sowjetunion auch die wenigen Hoffnungen der DDR-Wirtschaft auf ihren traditionellen Osthandel zunichte gemacht würden: Schäuble und Kohl wären ein außerordentliches Risiko eingegangen, hätten sie sich damals schon auf Lafontaines Diskussion über die Kosten der Einheit eingelassen. Die Wahrheit hätte jenen Kräften in der SPD und in der deutschen Linken Auftrieb gegeben, die der Wiedervereinigung von Anfang an skeptisch gegenüberstanden. Zweifel am Willen der Deutschen zur Einheit wiederum hätten vermutlich außenpolitische Chancen verspielt, die sich damals in den wenigen Monaten vom Beginn der Zwei-plus-Vier-Gespräche über die äußeren Aspekte der Einheit bis zu deren Abschluß im November 1990 ergaben.

Schwerwiegende Versäumnisse sind der Koalition deshalb erst für die Zeit zwischen dem DDR-Beitritt am 3. Oktober und der Bundestagswahl am 2. Dezember 1990 vorzuwerfen. Kohls Behauptung, auch künftig würden Steuererhöhungen zur Finanzierung der deutschen Einheit nicht erforderlich sein, hatte nach der Vereinigung ihre Berechtigung als innenpolitische Karte im Pokerspiel um die Einheit verloren. Von nun an war sie auf ein schieres Wahlgeschenk herabgesunken, das sich nur wenige Wochen nach der Wahl als das herausstellen sollte, was viele Wähler immer von ihr gehalten hatten: eine Mogelpackung.

Anders aber als Clement behauptet, war sich Schäuble von Anfang an dessen bewußt, daß er die Stimmen der SPD-Länder im Bundesrat für die Zustimmung zum Einigungsvertrag so oder so brauchte. In der niedersächsischen Landtagswahl war zwar die Mehrheit der Koalition im Bundesrat verlorengegangen, aber schon vor dem 13. Mai verfügte die SPD über eine Sperrminorität gegen Zweidrittelmehrheiten, wie sie für die Änderung der Präambel des Grundgesetzes, die außenpolitisch gebotene Streichung des Beitrittsartikels 23 und die Änderung des Wiedervereinigungsartikels 146 unausweichlich waren. Wenn die niedersächsische Wahl gleichwohl die bis dahin harten CDU-Fronten gegenüber der SPD auflockerte, so weniger der verlorenen Mehrheiten wegen, als aus der Sorge, die Wahl könne als Volksabstimmung gegen die Einheit verstanden werden.

Schäuble selbst hat denn auch den Wahlsieg der rot-grünen Koalition in Hannover durchaus mit einem lachenden und einem weinenden Auge zur Kenntnis genommen. Er erinnerte sich nur zu gut an die für die Union durchaus bittere Ära der Ostpolitik von Willy Brandt und Walter Scheel, als CDU und CSU ebenfalls im Bundestag in der Opposition saßen, in der Länderkammer aber über die meisten Sitze verfügten. Und er wußte, daß die SPD nun viel größere Mühe als zuvor haben werde, die Politik des »Kanzlers der Einheit« zu konterkarieren. Lebendiger Ausdruck dieses Zwiespalts war der unglückliche Vorschlag Lafontaines an seine Parteifreunde, den Staatsvertrag über die Wirtschafts-, Währungs- und Sozialunion im Bundestag abzulehnen, ihn im Bundesrat aber passieren zu lassen. Es waren, was das Verhältnis von Koalition und Opposition in diesen schwülen Junitagen anbetrifft, also nicht Männer, die Geschichte machten. Es war die Geschichte, die die Männer machte.

Gleichwohl achtete Kohls Abgesandter streng darauf, daß in den Verhandlungen über den Einigungsvertrag die Verhandlungsführerschaft beim Bund, mithin bei Wolfgang Schäuble blieb. Einen Versuch des Bundesratspräsidenten Henning Voscherau, sich als Vertreter der Länder mit an den Tisch zu setzen, wehrte er rüde ab. Erst nachträglich hat Schäuble zugegeben, wie weit er dabei ging. Mit Günther Krause, dem, was die Einheit anbetraf, stets willfährigen Verhandlungspartner, hatte er vereinbart, daß auf jeder Seite des Tisches nur ein Mikrofon für den Verhandlungspartner aufgestellt wurde. Wollte sich ein Mitglied der Delegation zu Wort melden, mußte eigens ein bewegliches Mikrofon gereicht werden. Schäuble: »Die Verhandlungen sollten nicht in eine Art Podiumsdiskussion ausufern.«

Auch sein Verhandlungskonzept war danach ausgerichtet, die Fäden stets in den Händen der Bundesregierung zu lassen. Absichtlich verzichtete er darauf, die westdeutsche Position mit der SPD und den Ländern abzustimmen, ehe er sich am 6. Juli zum ersten Mal mit DDR-Ministerpräsident Lothar de Maizière und Günther Krause traf. Statt dessen begnügte er sich mit »Diskussionspunkten«, die er den Chefs der Staatskanzleien der Länder und anschließend der Öffentlichkeit präsentierte. Sie waren nicht präzise genug, um zum Zankapfel parteipolitischer Interessen zu werden. Anlaß für die Sorge, westdeutsche Besitzstände könnten den Prozeß der Einigung ins

Stocken bringen, gab es auch. Bereits mit der Begründung des »Fonds deutsche Einheit« war die Tendenz der Bundesländer erkennbar geworden, sich für vier Jahre von der zu befürchtenden Dynamik der Einheitskosten abzukoppeln. Und noch vor Beginn der Vertragsverhandlungen hatten sich Unionsministerpräsidenten wie Max Streibl und Lothar Späth mit SPD-Regierungschef Johannes Rau zusammengetan, um vorsorglich den Stimmenanteil der großen Bundesländer im Bundesrat von je fünf auf sechs zu erhöhen, weil sie »mächtige Verteilungskämpfe zwischen Ost und West« auf sich zukommen sahen.

Gewiß war sich Schäuble stets bewußt, daß die Wiedervereinigung in einem Wahljahr ablief. Aber das Ereignis war für ihn mehr als nur ein Wahlschlager. Er war zutiefst davon überzeugt, daß Kohl und die CDU die historische Aufgabe für sich in Anspruch nehmen konnten, die Einheit zu vollenden. Die Union war es gewesen, die dem »Wandel durch Annäherung« Egon Bahrs stets heftig widersprochen, die Geraer Forderungen Erich Honeckers über die Anerkennung zweier deutscher Staatsbürgerschaften entschieden zurückgewiesen und sich als »Kalte Krieger« hatte beschimpfen lassen. Nun winkte der Lohn für jahrzehntelanges Durchhalten. Was in Zeiten der Ostpolitik Züge ideologischer Erstarrung angenommen hatte, konnte jetzt als Standhaftigkeit ausgegeben werden. Schon als Chef des Kanzleramtes war Schäuble immer wieder mit der stereotypen Formel aufgefallen: »Die CDU hält an der Einheit fest.« Sie schien damals ganz und gar nicht zu dem geschmeidigen Pragmatiker zu passen, wirkte, wenn nicht gerade rückwärtsgewandt, so doch auf denkwürdige Weise unproduktiv. Aber sie war mehr als die Einleitungsformel einer konservativen Regierungserklärung zum Tag der deutschen Einheit. Sie enthüllte die wohl einzige erkennbare Konstante im politischen Denken des Wolfgang Schäuble. Und dies erklärt die Zielstrebigkeit, mit der er als »Manager der Einheit« vorging und die Opposition wahlweise in den Prozeß einband oder sie von ihm ausschloß, je nachdem, ob dies dem Zweck dienlich war oder nicht.

Schäubles öffentliche Rolle bei der knappen Entscheidung des Bundestages vom 20. Juni 1991 für den Umzug von Parlament und Regierung nach Berlin ist immer wieder herausgestrichen worden. »Teilen heißt, daß wir gemeinsam bereit sein müssen, die Veränderungen miteinander zu tragen, die sich durch die deutsche Einheit ergeben«, sagte er damals. Und tatsächlich dürfte der Mann im Rollstuhl mit seinem schweren Schicksal an diesem Nachmittag das Blatt für Berlin vollends gewendet haben. Was im Trubel der Debatte aber unterging, war, daß Schäuble mit sich sehr lange gerungen hatte, für welche der beiden Städte er sich aussprechen sollte. Er fürchtete die Spaltung im deutschen Volk bei einer strittigen Entscheidung und hoffte, ganz der »Konsenssucher«, auf einen Kompromiß zwischen beiden Städten. Ihn sah er noch am Tag vor der Entscheidung in dem Vorschlag Geißlers, Regierung und Parlament auf beide Städte aufzuteilen. Erst als er in zähen nächtlichen Verhandlungen erkannte, daß auch der Antrag Geißlers keine Chance auf eine Mehrheit haben würde, schwenkte er auf Berlin ein.

Kehren wir zurück zum Einigungsparteitag der CDU am 1. und 2. Oktober 1990 in Hamburg. Achtzehn Monate war es nun her, seit er von Kohl als Krisenfeuerwehr an den Brandherd an der Graurheindorfer Straße geschickt worden war, und nun stand fest, daß er in die Fußstapfen des Kanzlers getreten war. »Kronprinz« schrieben die Zeitungen, und er wehrte nicht mehr ab. Im Sommer 1991 berief ihn Kohl selbst öffentlich zu seinem denkbaren Nachfolger. Mag sein, daß dies allein der Bestellung des Terrains für die Wahl zum Chef der CDU/CSU-Fraktion im Herbst desselben Jahres diente. Aber die Öffentlichkeit zweifelte nicht mehr am Realitätsgehalt dieser Feststellung, sondern fragte nur noch, ob der Kanzler amtsmüde sei.

Nicht von ungefähr hat Schäuble just im Rausch des großen Parteitagserfolgs beschlossen, sein Buch über das Zustandekommen des Einigungsvertrages zu schreiben. Er wollte abrunden, festigen, was mit ihm bis dahin geschehen war, die literarische Beglaubigung seines Aufstiegswunders sozusagen. Wie wichtig ihm dieses Buch war, mag man der Entstehungsgeschichte entnehmen. Achtzehn Tage nachdem er am 12. Oktober 1990 in Oppenau in Südbaden von einem geistesverwirrten Attentäter angeschossen und für sein weiteres Leben in den Rollstuhl verbannt worden war, ließ der Schwerverletzte schon beim »Spiegel« in Hamburg anfragen, wie es denn nun um das Buchprojekt bestellt sei.

Was er uns aufhalste

Vera Wollenberger

Zur deutschen Vereinigung gab es keine Alternative. Wohl aber zum Einigungsvertrag. Während die äußeren Aspekte der Vereinigung glänzend gelöst wurden, geriet der Einigungsvertrag zum Stolperstein für die innere Vereinigung. Natürlich will ich den Architekten des Einigungsvertrages, und besonders Wolfgang Schäuble, meinen Respekt für ihre enorme Leistung nicht versagen. Ich bin mir durchaus bewußt, daß er in großen Teilen ein durchaus respektables Werk ist, das in einer historisch einmaligen Situation entstand. Ich will nicht bestreiten, daß es in vieler Hinsicht geholfen hat, unser zweigeteiltes Land wieder in seinen Lebensnerven zusammenzuflicken. Es ist sicherlich eine juristische Meisterleistung, aber politisch eher ein Fehlgriff.

Was mich am Einigungsvertrag am meisten stört, ist, daß er an etlichen Stellen der Kolonialisierungsthese der PDS Nahrung gibt. Ich möchte zwei Beispiele dafür nennen.

In der alten DDR waren durch rücksichtslosen Bergbau große Landstriche ökologisch verwüstet worden. Weite Teile der Lausitz verschwanden unter sauriergroßen Schaufelradbaggern. Durch die Ausrufung von »Bergbauschutzgebieten« in den achtziger Jahren sollten die »strategischen Rohstoffvorräte gesichert«, das heißt zum hemmungslosen Abbau freigegeben werden. Ein Einspruch dagegen, daß ganze Dörfer, Wälder und Landschaften verschwanden, war faktisch nicht möglich. In der Wendezeit stellten deshalb die Landkreise und Kommunen sehr schnell Rückübertragungsansprüche auf Flächen der »Bergbauschutzgebiete«.

Von der Regierung de Maizière wurden dagegen, initiiert von bundesdeutschen Beratern, die offensichtlich das Bergbauunrecht der alten DDR dem bundesdeutschen Bergrecht bei weitem vorzogen, die Weichen für eine künftige intensive, um nicht zu sagen rücksichtslose Nutzung von Bodenschätzen gestellt.

Die Verordnung über die Vergabe von Bergwerkseigentum vom August 1990 erweitert die alten DDR-Rechte noch, indem sie eine Reihe von Stoffen wie Gips, Anhydrit, Kies, Grauwacke zu bergfreien Rohstoffen erklärt. Im Einigungsvertrag wurde dann diese Verord-

)er Strom von Aussiedlern ist eines der Hauptprobleme des Bundesinnenministers Schäuble. Bei einem ;esuch im größten Aussiedlersammellager in Bramsche hört er von den Sorgen der Betroffenen.

989 Besuch auch bei den Beamten des Bundesgrenzschutzes – in einer Zeit, in der die Grenzen zu den stlichen Nachbarn immer durchlässiger werden.

Symbolischer Händedruck der Innenminister Peter-Michael Diestel und Wolfgang Schäuble anläßlicl der Aufhebung der Grenzkontrollen durch die DDR im Sommer 1990.

Die Verhandlungsführer Wolfgang Schäuble und Günther Krause, dem Ministerpräsident de Maizièr über die Schulter schaut, unterzeichnen am 31. August 1990 in Ostberlin den Einigungsvertrag.

)as Attentat auf Wolfgang Schäuble im Oktober 1990 schockiert die Nation. Bundeskanzler Helmut
<ohl informiert sich persönlich bei den behandelnden Ärzten.

ɪeine Eltern und die Töchter Juliane und Anna
eim Verlassen der Freiburger Universitätsklinik.

Der nach dem Attentat querschnittgelähmte Schäuble zeigt enormen Durchhaltewillen.

Ein bewegender Augenblick: Schäuble bleibt nach der Wahl Innenminister und wird 1991 vereidigt.

Im Herbst 1991 erhält er vom Bundespräsidenten seine Entlassungsurkunde als Innenminister.

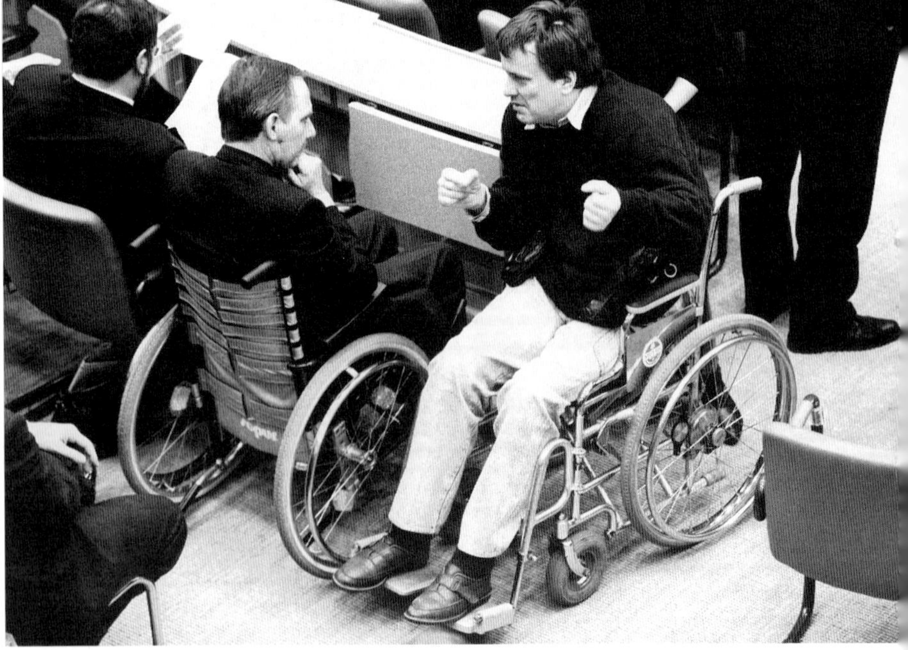

Stehempfänge sind für beide eine Herausforderung. Mitleidige Blicke verkraften sie oft nur schwer, doch in der Politik gehen die Meinungen auseinander: Schäuble im Gespräch mit Ilja Seifert (PDS).

nung über die »bergfreien Bodenschätze nach DDR-Berggesetzgebung« anerkannt.

Das heißt nicht mehr und nicht weniger, als daß der Einigungsvertrag die einschlägigen Regelungen im westdeutschen Recht für den Ostteil der neuen Republik aushebelt. Wenn Kies, Gips usw. bergfreie Mineralien sind, gehört zum Beispiel den Bauern nur die Ackerkrume ihrer Felder, die auf ihnen vorhandenen Mineralien stehen aber dem Staat zur Verfügung. Er kann damit beliebig Handel treiben. Seither verkauft die Treuhand, der das Bergwerkseigentum der DDR von der staatlichen Vorratskommission der DDR »verliehen« worden war, Bergwerksfelder ohne Mitspracherecht der betroffenen Kommunen und Bürger.

Die dramatische Folge ist die drohende Vernichtung ganzer Landschaften wie der Gipskarstgebiete des Südharzes und der Basaltfelsen der Dolma in der Rhön. Wo sich heute noch artenreiche, fast unberührte, märchenhafte Landschaften befinden, wird sich in zwanzig Jahren ein Tagebau à la Bitterfeld erstrecken, wenn der Einigungsvertrag nicht geändert wird. Dafür, daß er geändert wird, gehen betroffene Gemeinden vor das Verfassungsgericht. Sie hoffen, daß die Karlsruher Richter zweierlei Bergrecht in Deutschland nicht dulden werden.

Ein ähnlicher Coup wie der Bergbaulobby gelang der Branntweinindustrie im Einigungsvertrag. Schon vor der Wende war der Nordhäuser Doppelkorn ein Getränk, das nicht nur DDR-Bürger erfreute, sondern auch auf dem internationalen Markt gut ankam. Der Betrieb war in vieler Hinsicht eine Ausnahme in der DDR. Eine gut ausgebildete und noch motivierte Belegschaft produzierte mit modernsten Anlagen in Gebäuden ohne eine Spur von Verfall nicht nur Spirituosen, sondern auch technische Alkohole. Selbst als nach der Wende die Absatzlage kurzzeitig schwierig wurde, weil der ostdeutsche Handel keine DDR-Produkte mehr abnahm, produzierte der Betrieb noch Gewinn, denn er wurde seine Erzeugnisse anderswo los. In die Krise kam der Betrieb erst, als der Einigungsvertrag wirksam wurde, der die Herstellungsmenge durch das Branntweinmonopol begrenzt. Durch die in Paragraph 175, 1–4 festgelegten Regelungen wurde das Brennrecht der Nordhäuser Firma auf ein Viertel der Vorjahresproduktion beschnitten.

Von achthundert Arbeitskräften mußten sechshundert entlassen werden, der Betrieb konnte nach diesem Aderlaß nicht mehr allein existieren und wurde im Mai 1991 von der Firma »Eckes« übernommen. Der Verlust von sechshundert Arbeitsplätzen in einer Gegend, die ohnehin mit den höchsten Arbeitslosenzahlen zu kämpfen hat, war der Preis für die kalte, bürokratische Ausschaltung eines potenten Konkurrenten für die westdeutsche Branntweinindustrie. Könnte man bei diesen beiden Beispielen noch annehmen, daß die am Vertrag mitarbeitenden Experten hier Regelungen hinter dem Rücken der Politiker durchgesetzt haben, gibt es mindestens eine schwere Fehlentscheidung im Einigungsvertrag, die jeder Politiker hätte erkennen müssen, auch wenn er kein Jurist ist. Jeder wußte, daß mit Justizminister Wünsche eine Altlast par excellence im Kabinett de Maizière saß. Wünsche hatte schon unter Honecker den gleichen Posten innegehabt, zu Zeiten, als Rudolf Bahro verurteilt und Havemann widerrechtlich unter Hausarrest gestellt wurde. Wäre das nicht mindestens ein Grund gewesen, dem Tun und Treiben des Justizministeriums mit Mißtrauen zu begegnen? In der Amtszeit von Wünsche wurden Hunderte DDR-Richter zu Rechtsanwälten. Darunter auch ehemalige Stasi-Richter. Per Einigungsvertrag wurde den frisch gewendeten Rechtsanwälten ihre Lizenz anerkannt.

Darunter Jürgen Wetzenstein-Ollenschläger, der vor der Wende oberster Richter am Stasi-Gericht Lichtenberg war und sich nach der Wende öffentlichen Ruhm durch sein »Jahrhundertmandat«, die Verteidigung seines früheren obersten Brötchengebers Mielke, erwerben wollte.

Erst die Verzweiflungstat einer jungen Frau, die er – wie auch mich – vor der Wende wegen »versuchter Zusammenrottung« verurteilt hatte, machte auf den Skandal aufmerksam. Ich gehörte zu den Menschen, die anfangs für einen »dritten Weg« der DDR plädiert hatten. Ich hatte unrecht damit. Aber ich würde heute wieder, wie ich es danach in der Volkskammer getan habe, gegen den Einigungsvertrag stimmen. Und ich bin sicher, daß viele meiner damaligen Kollegen, die den Vertrag mit ihrer Stimme unterstützt haben, heute mit mir stimmen würden, denn wie eine FDP-Kollegin im Verteidigungsausschuß des Bundestages neulich wütend sagte: »Der Vereinigungsvertrag gehört auf den Müll.«

Stärken und Schwächen

Hans Büchler

Wolfgang Schäuble war zweifellos der richtige Mann am richtigen Platz zur richtigen Zeit, als es darum ging, die außenpolitisch abgesicherte deutsche Einheit juristisch, administrativ und organisatorisch durchzusetzen. Er verfügte über den klaren Willen zur deutschen Einheit, über die politische Entschlossenheit und Durchsetzungskraft, über das notwendige Verhandlungsgeschick, sowohl über Geduld als auch Leidenschaft und nicht zuletzt über die Gabe, wichtige Mitarbeiter zu motivieren.

Keineswegs zu unterschätzen war, daß er das volle Vertrauen des Kanzlers, der Regierungsfraktionen und zumindest teilweise auch der parlamentarischen Opposition hatte. Eine ihm bis heute durchgängig wohlgesinnte veröffentlichte Meinung trägt wesentlich dazu bei, ihm das Prädikat des »Machers der deutschen Einheit« anzuheften. Unbestritten ist, daß er es in kurzer Zeit schaffte, Zuständigkeit und Federführung für den Einigungsvertrag an sich zu ziehen und das Innenministerium gegenüber dem Justizministerium, dem Auswärtigen Amt oder gar dem Innerdeutschen Ministerium in den Vordergrund zu schieben. So wurde auch die Rolle der FDP, des kleineren Koalitionspartners, im Einigungsprozeß stark relativiert. Man sieht schon hier, daß es zu Schäubles politischen Begabungen gehört, latent vorhandene Vorteile oder nur in der Zukunft liegende Möglichkeiten früh, jedenfalls früher als die meisten seiner politischen Kontrahenten, zu erkennen und zu instrumentalisieren. Mehr noch: Man weiß inzwischen, daß Schäuble keinesfalls abgeneigt ist, seine ideologischen und mitunter demagogischen Fähigkeiten für seine Zwecke einzusetzen. Dies alles zieht sich wie ein roter Faden durch die Deutschlandpolitik Schäubles, von seiner Amtszeit als Staatsminister im Kanzleramt bis hin zur Einfügung des Wahltermins in ein für die CDU besonders günstiges Gesamttableau, also alles in allem über die gesamte erste Phase des Einigungsprozesses.

Fraglos ist es für jeden Politiker ein Glücksfall und – pathetisch gesagt – die Chance seines Lebens, wenn er in einer historischen Situation einerseits über die geforderten Fähigkeiten verfügt, andererseits zum richtigen Zeitpunkt auch noch in der entsprechenden handlungsrelevanten Position ist und zudem schließlich die hinlänglich bekannten außenpolitisch optimalen Umstände sein Handeln begünstigen. Dies alles fokussierte 1990 bei Wolfgang Schäuble im Hinblick auf seine deutschlandpolitischen Ziele. Mag sein, daß er damit zu einer historischen Figur geworden ist. Seine Selbsteinschätzung jedenfalls klingt danach, ist sein Buch »Der Vertrag« doch mit dem selbstbewußten Untertitel »Wie ich über die deutsche Einheit verhandelte« illuminiert.

Ganz so einfach ist die Sache jedoch nicht. Ich will deshalb versuchen, mit Blick auf Wolfgang Schäuble und indem ich die Entspannungspolitik der siebziger Jahre sozusagen als Vorgeschichte des Einigungsprozesses zitiere, der nicht unbeträchtlichen Gefahr einer Legendenbildung entgegenzuwirken.

CDU und CSU werden bis heute nicht müde zu beteuern, daß ihr beharrliches Festhalten am Wiedervereinigungsgebot des Grundgesetzes über die Zeiten hinweg die Wiederherstellung der Einheit erst möglich gemacht habe. Gleichzeitig wird der SPD – und indirekt auch der FDP der siebziger Jahre – unterstellt, sie habe das Prinzip des Selbstbestimmungsrechtes der Deutschen als Quantité négligeable behandelt. Für eine spätere Beurteilung und für die genauere Definition des Beitrages von Wolfgang Schäuble am Zustandekommen der deutschen Einheit scheint es angebracht, beides in ihrer zeitbedingten Gewichtung zu sehen.

Zum einen trifft es eben nicht zu, daß die sozial-liberale Koalition das Selbstbestimmungsrecht der Deutschen in irgendeiner Weise juristisch, politisch-moralisch oder durch ihre Handlungen beschädigt oder auch nur eingeschränkt hat. Der Brief zur deutschen Einheit von 1970 kristallisierte zum klaren Ausdruck einer Politik, deren Ziel es war, das Selbstbestimmungsrecht durchzusetzen. Gewaltverzicht und Bestätigung der Unverletzlichkeit der Grenzen standen dazu keineswegs im Widerspruch. Der gewünschte Wandel war nur friedlich möglich, und die existierenden Grenzen konnten selbstverständlich nicht verletzt werden. Sie wurden durch die Politik der sozial-liberalen Koalition aber auch nicht zu unveränderlichen Grenzen, obwohl manche SPD-Politiker sicherlich dem Irrglauben anhingen, diese von ihnen geschaffene Vertragsarchitektur sei der Weisheit letzter Schluß und ein generationsüberdauernder Status quo.

Die deutschlandpolitischen Grundprinzipien waren in nuce ebensosehr die Strategie der sozial-liberalen Koalition bei der Gestaltung des KSZE-Prozesses, eines anderen Grundpfeilers der Entspannungspolitik. Er vor allem hat letztlich bewirkt, daß der gesamte Ostblock in eine Phase der Erosion und Agonie kam, daß es tektonische Beben in den politischen Landschaften Europas von der bekannten Tragweite gab. Das Erstaunliche: CDU/CSU hatten zur Entspannungs- und Abrüstungspolitik der siebziger Jahre, man muß dies so hart sagen, nichts Substantielles beizutragen. Gleichwohl sind ihr Beharren auf der Präambel des Grundgesetzes, ihr plakatives und unablässiges Fordern nach der deutschen Einheit, ihr Verzicht auf realpolitische Strategien nicht ohne Wirkung geblieben. Psychologisch mag diese Politik beziehungsweise dieser Verzicht auf eine pragmatische Politik den Boden für die Selbstauflösung der DDR ein kleines Stück mit vorbereitet haben. Aber selbst für diesen Minimalbetrag dürften die Beweise schwerlich zu finden sein.

Ich betone dies alles nur, weil es für die angemessene Beurteilung eines Politikers vom Range Wolfgang Schäubles natürlich von einiger Bedeutung ist, wann er selbst damit begonnen hat, aktiv auf die Verwirklichung der deutschen Einheit hinzuarbeiten.

Hier ist kritisch anzumerken, daß unter Schäubles Regie im September 1987 Erich Honecker mit allen Ehren und protokollarischen Höhepunkten in Bonn empfangen wurde. So konnte dies für Honekker die »außenpolitische Krönung« seines maroden Staates werden. Die Art und Weise des Empfanges in Bonn war die gegenüber aller Welt demonstrierte endgültige Anerkennung der DDR. Jedenfalls mußte Honecker es so sehen und konnten es andere so bewerten. Andererseits war dieser Empfang ein Indiz dafür – heute ist es ein unumstößlicher Beweis –, daß die damalige Bundesregierung und damit auch ein Vollblutpolitiker wie Wolfgang Schäuble von einem noch lange andauernden Fortbestehen der DDR ausgingen.

Fast folgerichtig war – was nicht der einzige Beleg dafür ist –, daß im Sommer 1988, bei der Neufestsetzung der Transitpauschale für die Benutzung der Zufahrtswege nach Berlin, Wolfgang Schäuble mit der DDR bis zum Ende des Jahrtausends eine exorbitant hohe Summe vereinbart hatte, die in keinem Verhältnis zur Gegenleistung der anderen Seite stand. Es fehlten Abmachungen über ausgeweitete Kontrollmöglichkeiten. Westberlin wurde oftmals nicht entsprechend berücksichtigt. Die Geldleistungen gegenüber der DDR waren zu diesem Zeitpunkt so übertrieben, daß sich die Bundesregierung nachträglich sehr kritisch fragen lassen muß, warum sie ihrerseits keinerlei Zugeständnisse herausholte.

Spätestens aber im Januar 1988, als Bürgerrechtler erstmals im Rahmen einer Rosa-Luxemburg-Demonstration öffentlich protestierten, hätte schlagartig klar sein können, wie es in der DDR gärte und brodelte. Regierung und Opposition in der Bundesrepublik Deutschland übersahen dies völlig. Heute kritisieren uns die Bürgerrechtler mit einigem Recht dafür, daß wir sie damals nicht unterstützten. So gehört nicht zuletzt auch dies zu einer objektiveren Betrachtung der Amtszeit von Wolfgang Schäuble im Bundeskanzleramt, zeigt sie doch einen Politiker, der ein zielstrebiger, zäher, der Effizienz verpflichteter Politmanager war, keinesfalls aber ein Mensch mit nennenswerten Visionen. Immerhin konnte Schäuble – im Unterschied zu anderen – auf Informationen der Nachrichtendienste zurückgreifen.

Gerechterweise muß man sagen: Kaum einer in der Bundesregierung und der Opposition hat die Entwicklung in der DDR frühzeitig kommen sehen. So kann man trefflich darüber streiten, inwiefern das allgemeine Versagen und Nichterkennen von Entwicklungen seine Verdienste schmälert oder nicht, jedenfalls ist es unbestritten, daß er, als die Lawine der revolutionären Veränderungen in Mitteleuropa sozusagen im Rollen war, als einer der ersten ihre Dynamik und Urgewalt richtig einschätzte und den Wandel von »Wir sind das Volk« zum Hauptziel »Wir sind ein Volk« energisch und zielstrebig zu seiner politischen Hauptmaxime machte. Wolfgang Schäuble erkannte wohl schon damals analytisch klarer als andere aktiv Beteiligte, daß das richtige oder falsche Herangehen an die Frage der Gestaltung der deutschen Einheit die nächste Bundestagswahl für oder gegen die CDU/CSU entscheiden würde.

So hat Wolfgang Schäuble zweifellos ein einmaliges Vertragsdokument wesentlich mitgestaltet. Der Einigungsvertrag regelte das Aufgehen eines Staates in einem anderen, er führte zur Auflösung einer gesamten, wenn auch ruinierten Volkswirtschaft. Dafür gab es keine Vorbilder. So betrachtet verbietet sich eigentlich jegliche Detailkritik.

Auffallend war, daß der Gegenspieler von Wolfgang Schäuble bei den Vertragsverhandlungen, der heutige Verkehrsminister Günther Krause, entweder die Strukturen in der alten DDR nicht kannte oder aber bewußt kapitulierte. Ein ernstzunehmender Gegner war er jedenfalls so oder so nicht.

Gleichwohl, selbst unter dem zeitlichen Druck, der zum Teil selbst geschaffen wurde, und angesichts der Tatsache, daß es keine Mustertexte, Formulierungen oder gar Erfahrungen gab, an denen man sich hätte orientieren können, und daß man keinem ernsthaften Gegenspieler gegenübersaß, hätten bestimmte Weichenstellungen doch anders vorgenommen werden müssen. Kaum zu entschuldigen ist nachträglich, daß gerade die Nichtfachleute über das komplexeste und schwierigste Vorhaben deutscher Nachkriegsgeschichte verhandelten. Ausgerechnet Juristen, die keinerlei Vorkenntnisse der wirtschaftlichen Verhältnisse in Thüringen, Sachsen, Sachsen-Anhalt, Mecklenburg-Vorpommern, Brandenburg und Ostberlin mitbrachten, versuchten sich in großer Zahl an diesem Vertragswerk.

So enthält der Vertrag einige geradezu strategische Konstruktions- und Verfahrensfehler, an denen wir wohl noch lange leiden werden. Dies sind im wesentlichen:

1. Das durch juristisches Denken und ausschließlich durch westdeutsche Maßstäbe geprägte Herangehen an die Gestaltung des Einigungsprozesses, das zu einer unbefriedigenden Regelung der Eigentumsfragen führen mußte, in Folge dann zum entscheidenden Investitionshemmnis in den neuen Bundesländern wurde.
2. Die Tatsache, daß man auf geradezu unverantwortliche Weise versäumt hat, durch einen umfangreichen Austausch von Beamten und Angestellten des öffentlichen Dienstes in West-Ost- und Ost-West-Richtung das von den Juristen rasch und kompliziert gezimmerte Vertragswerk für die neuen Bundesländer erst lesbar und verständlich und dann praktikabel zu machen. Heute kostet es ein Mehrfaches.
3. Die Tatsache, daß man die Schulden der DDR-Kombinate bestehen ließ. Hätte man nämlich die Schulden der DDR-Kombinate gestrichen beziehungsweise später auf die Treuhand übertragen, wäre der Zusammenbruch der DDR-Wirtschaft sicherlich weniger dramatisch gewesen.

4. Daß man versäumt hat, die Weichen für einen gesunden Mittelstand zu stellen, der die Grundlage einer jeden marktwirtschaftlich orientierten Gesellschaft ist und bleibt. Der Einigungsvertrag war vielmehr für Großunternehmen geschrieben, die die Möglichkeiten haben, sich durch alle komplizierten Auflagen der alt-bundesrepublikanischen Gesetze zu boxen. Nachbewertungen bei Verträgen, um nur ein Beispiel zu nennen, waren und sind extrem mittelstandsfeindlich. Die Basis einer jeden Wirtschaft blieb und bleibt in den neuen Bundesländern somit auf der Strecke. Auch unsere Umweltgesetze, um ein anderes Beispiel zu nennen, sind, direkt und absolut angewendet, kontraproduktiv und bedürften dringend einer Modifikation für die Gegebenheiten in den neuen Bundesländern, um nicht jede wirtschaftliche Aktivität im Keim zu ersticken. Augenmaß ist gefragt.
5. Die Idee von der Anschubfinanzierung, die zwar bestechend gut klang, aber von vornherein illusorisch war. Den Bürgern einzureden, Anschubfinanzierungen genügten, um in der DDR zum Beispiel ein Sozialversicherungssystem aufzubauen, war möglicherweise bewußt irreführend. Wenn nicht, dann gehörte jedenfalls eine große Portion Blauäugigkeit dazu, wie sie zu einem Politiker wie Wolfgang Schäuble eigentlich nicht paßt.
6. Wolfgang Schäuble trägt nicht allein, aber doch Verantwortung mit dafür, daß die tatsächlichen Kosten der Einheit verschleiert, nicht auf den Tisch gelegt oder gar hinwegdiskutiert wurden. Auch wenn man sie von Anfang an sicher nicht genau beziffern konnte, hätte ein Mann mit überdurchschnittlichem Gespür für die Eigendynamik und Schwere solcher gesamtgesellschaftlicher Entwicklungen wie der des Zusammenwachsens zweier unterschiedlicher Systeme, hätte ein Mann mit ausgeprägtem Sinn für unumgängliche Notwendigkeiten, mit einigem Standvermögen und herausragendem Charakter sehr wohl verdeutlichen können und müssen, daß die Vollendung der Einheit eine gewaltige Kraftanstrengung für ein ganzes Volk erfordert, verbunden mit Opfern für jeden einzelnen, bis hin zu spürbaren Einbußen am gewohnten Lebensstandard.
7. Die Art und Weise, wie der Einigungsvertrag ausgehandelt wurde, macht leider auch deutlich, daß Wolfgang Schäuble für die soziale

Komponente nur eingeschränkte Sympathie hegt. Er weigerte sich signifikant lange, zur Abmilderung der dramatischen Folgen des wirtschaftlichen Niedergangs soziale Ausgleichsmaßnahmen zu treffen. Dies zeigt den weniger erfreulichen Wesenszug eines Spitzenpolitikers, der etwas zu sehr verliebt ins praktische Gelingen einer Sache ist. Damit reduziert er sich selbst, wird zum Macher, zum Organisator und effektiven Machtpolitiker mit juristischen Denkstrukturen.

8. Das Hauptkapital der neuen Bundesländer – die über Jahrzehnte gewachsenen Verbindungen in den Osten Europas – wurde durch die rigorose Westorientierung des Vertragswerkes mehr oder weniger unsensibel gekappt. Ob der wünschenswerte kulturelle und wirtschaftliche Brückenkopf zwischen Ost und West unter den veränderten Bedingungen noch einmal in den neuen Bundesländern entstehen kann, ist heute mehr als fraglich.

Es fehlt bei Wolfgang Schäuble alles in allem also eine Vision von diesen historischen Prozessen und letztlich von Menschen, die es zusammenzuführen und auszusöhnen gilt und deren Lebensumstände auch mit politischen Mitteln und Methoden verbessert werden müssen. Der Common sense, der in der amerikanischen Unabhängigkeitserklärung in der Formel von »Life, liberty und persuit of happiness« zum Ausdruck kommt, ist Schäubles Sache so sehr nicht. Er tendiert mehr dazu, Probleme administrativ und durch Regelungen zu lösen, als den Menschen in den Mittelpunkt zu stellen. Seine eher berechnend juristische Art, die Dinge zu sehen, ist ebenso seine Stärke wie seine Schwäche.

Das faktische Ergebnis der staatlichen Verwirklichung der deutschen Einheit hat mehr seine Stärken gezeigt. Der mühsam in Gang gekommene Prozeß der inneren Vereinigung der alten und neuen Bundesrepublik wird möglicherweise seine Schwächen offenlegen. Hier muß er sich erst noch bewähren. Dennoch: Machtbewußt, aber nicht fixiert auf Macht um jeden Preis, ausgestattet mit viel strategischem Pragmatismus, hat der Politiker Wolfgang Schäuble in der ersten Phase der Verwirklichung der deutschen Einheit zweifellos seine historischen Meriten, die jedoch nicht unbeträchtlich durch die oben genannten Punkte relativiert werden müssen.

Kapitel XI

Der Anschlag

»Für mich ist das ein Unglücksfall«

Hans Peter Schütz

Auf dem Rückflug von Leipzig nach Bonn, am späten Abend eines langen Wahlkampftages im Oktober 1990, kommen wir ins Plaudern. Die »Challenger« der Bundeswehr schnurrt leise westwärts, und wir schwatzen über dieses und jenes.

Über Fußball, dem Wolfgang Schäuble, ein Fan der Münchner Bayern, jahrelang leidenschaftlich nachgejagt ist, zuletzt in der Elf des Deutschen Bundestags als Rechtsaußen. Auch politisch eine Lieblingsrolle? »Nein, nein«, lacht er. Nur beim Fußball habe er sich als Flügelstürmer wohl gefühlt. Da legte er sich den Ball weit vor, rief dem Verteidiger zu: »Na, was ist – kommst du mit?«

Flink und fit. Schäuble live. Mit dem Außenrist des rechten Fußes tätschelt er die verbeulte Aktentasche, die er seit Freiburger Studententagen mit sich herumschleppt, als wäre sie ein Fußball. Der Bundesminister des Innern enthüllt dabei: Er trägt lila Socken.

Wir sprechen über das Terrorismusproblem und den Anschlag gegen seinen Staatssekretär Hans Neusel, dem die Rote-Armee-Fraktion mit einer Autobombe aufgelauert hatte. Nein, sagt er, die RAF-Terroristen fürchte er nicht. Sie scheuten jedes persönliche Risiko. Dann zuckt er mit den Schultern und fügt hinzu: »Und gegen einen Verrückten kannst du sowieso nichts machen.«

Er gähnt, tief und genüßlich, es war wieder ein 18-Stunden-Tag. Wäre doch nur schon Weihnachten. Dann will er skifahren, in Lech am Arlberg, drei Wochen, wie seit Jahren.

»Gehn wir doch erst mal raus hier«, antwortet Schäuble fünf Tage später im badischen Schwarzwaldstädtchen Oppenau auf unsere Frage nach dem nächsten Treffen, »dann können wir in Ruhe besprechen, was wir morgen machen.«

Zwanzig Sekunden später liegt Schäuble auf dem schmutzigen Teppichboden des Gasthauses »Brauerei Bruder« im Oppenau. Blut läuft aus seinem Mund, und die Kellnerin Olga Biess schreit immer wieder: »Mein Gott, er darf nicht sterben! Er darf nicht sterben! Er muß durchkommen!«

Zwei Schritte weiter steht Christine Schäuble, die hier auf ihren Vater gewartet hat, um mit ihm nach Hause hinüber ins nahe Gengenbach zu fahren. Plötzlich begreift auch sie, daß es der Vater ist, der da unter dem Türbogen des Gasthauses liegt, rücklings auf dem Boden. Sie schreit auf und will zu ihm stürzen. Zwei Freunde aus dem »Team Schäuble«, einer Gruppe junger Leute, die zusammen mit ihr für Wolfgang Schäuble Wahlkampf machen, halten sie unter Aufbietung ihrer Kräfte zurück.

Es ist kurz nach zweiundzwanzig Uhr. Aus einer Einschußwunde zwischen Ohrläppchen und Kinnwinkel sickert Blut in den Hemdkragen des Schwerverletzten. Böse sieht sie aus. Tief, breit und blaurot. Zwei Helfer wollen irgend etwas tun, wissen aber nicht was. Daß es auf Leben und Tod steht, das sehen sie. Vorsichtig drehen sie schließlich Schäuble in die Seitenlage, denn Blut staut sich in seinem Mund. Auf dem Rücken wird dabei eine zweite Einschußwunde sichtbar, ein glattes Loch im grauen Anzug, umgeben von einer Schmauchspur. »Holt doch endlich einen Arzt«, ruft einer. Hilflos tupft der Helfer das Blut aus Schäubles Gesicht.

Es ist finster am Saalausgang. Eine Taschenlampe wird geholt. In ihrem Schein öffnet der Verletzte kurz die Augen. »Ich habe kein Gefühl mehr in den Beinen«, flüstert er.

Nach zehn Minuten, einer Ewigkeit, kommt endlich der Oppenauer Bereitschaftsarzt Wolfgang Keller und spritzt Kreislaufmittel. »Schnell, schnell«, ruft er, »die sollen endlich eine Trage bringen!«

Drei Meter weiter rechts, im Durchgang zum Biertresen, liegen zur gleichen Zeit drei Männer auf dem Attentäter und pressen ihn bäuchlings auf den Fußboden. Im Liegen durchsuchen sie seine Taschen. Außer dem Revolver finden sie keine weiteren Waffen, nur eine verbeulte Blechschachtel für Zigarillos. »Aua, aua«, jammert der Mann. »Halt's Maul, du Sau«, schimpfen die Umstehenden.

Ein bißchen Jogging hatten wir geplant gehabt für den kommenden Sonntagmorgen, dann vielleicht ein Tennisspiel, wobei es mir schon wieder im voraus vor seiner tückisch unterschnittenen Rückhand graute, und schließlich über Bonner Politik sprechen, vor allem über die Rolle, die für Schäuble im nächsten Jahrzehnt darin vorgesehen ist.

Ein »Stern«-Porträt war geplant. Arbeitstitel: »Kohls Kronprinz«. Als ich ihm unsere Absicht vortrug, lachte er: »So ein Quatsch.« Aber ausgesehen hat Schäuble dabei so selbstbewußt, als sei da alles dran.

Hatten ihn die Delegierten des CDU-Parteitages wenige Wochen zuvor in Hamburg denn nicht mit Ovationen als den wichtigsten Architekten der deutschen Einheit neben Kanzler Kohl gefeiert und ihn dann mit dem weitaus besten Ergebnis aller Bewerber in den Parteivorstand gewählt? Kein Zweifel, die CDU hatte da ihren neuen Liebling gekürt. Und im Kanzleramt sagte Eduard Ackermann, der immer weiß, was Kohl denkt: »Er ist der tüchtigste, der begabteste, energischste und intelligenteste Mitarbeiter des Kanzlers.«

Wir hatten ihn fotografieren wollen. Zusammen mit Ehefrau Ingeborg und den Kindern, mit Christine, Hans-Jörg, Juliane und Nesthäkchen Anna im Haus am Hang hoch über Gengenbach. Beim Sport, den er liebt und der viel zu kurz kam, seit die Probleme der deutschen Einheit den bundesdeutschen Innenminister täglich auf Touren hielten. Und der Hund sollte ins Bild, den er meist auf seinen ausgedehnten Wochenendwanderungen durch die Wälder rund um Gengenbach mitnahm.

Anderthalb Stunden redet der Wahlkämpfer Schäuble am Samstagabend in der »Brauerei Bruder«. Ein Heimspiel. Die Oppenauer mögen ihren Wahlkreisabgeordneten, der ihre Interessen seit achtzehn Jahren in Bonn vertritt. Und mächtig stolz sind sie darauf, daß der »Wolf«, wie viele ihn nennen, jetzt Minister und Helmut Kohls wichtigster Mann ist.

Schäuble ist müde an diesem Abend. Tagsüber war er in Berlin, auf Hetzjagd von Termin zu Termin, und auf dem Weg zum Flugplatz ist er wieder einmal im Stau hängengeblieben. Die Wahlplakate im Brauereisaal zeigen ein sehr viel jüngeres Gesicht, als »Stern«-Fotograf Cornelius Meffert es zu sehen bekommt, wenn er den Redner mit dem Zoom der Kamera zu sich heranholt. Noch sieht man Schäuble seine achtundvierzig Jahre nicht an, aber über den Augen kerben sich erste Linien ein, und das straffgescheitelte Haar beginnt, grau zu werden.

Er hält seine Standardrede an diesem Abend, mit sehr viel weniger Polemik, als er bieten könnte, denn er hat, wie die Leute im Badischen respektvoll sagen, eine »Saugosch«, wenn er nur will, und er will oft.

Oskar Lafontaine allerdings nimmt er hart ran. Ihn hat Schäuble in der Nacht der deutschen Einheit vor dem Berliner Reichstag genau beobachtet. »Wenn einer Kanzler werden will, der beim Deutschlandlied die Lippen nicht einen Millimeter auseinanderbringt, dann ist der vielleicht doch nicht der richtige Kandidat für diese Zeit.«

Das Publikum, etwa zweihundertfünfzig Menschen, ist begeistert, und der CDU-Kreisvorsitzende Gerd Hoferer dankt dem Redner mit einer Flasche Kirschwasser: »Möge das Wahlergebnis im Dezember so viele Prozente haben wie dieser Schnaps – nämlich fünfzig Prozent.« Bundesweit, kontert Schäuble, wäre ihm ein solches CDU-Ergebnis schon recht, in Oppenau allerdings zu mickrig. Hier hat er beim letzten Mal siebenundfünfzig Prozent der Erststimmen geholt.

Für die Oppenauerin Bärbel Doll, die in der Saalmitte sitzt, ist die Kritik Schäubles an Lafontaine das Stichwort. So ein Attentat, wie die verrückte Frau es gegen den SPD-Politiker verübt habe, sagt sie über den Tisch hinweg zu ihrer Freundin, wäre hier in Oppenau ganz unmöglich. »Das kann hier nicht passieren.«

Natürlich ist ihr der mittelgroße, dunkelhaarige Mann in der schwarzen Lederjacke nicht aufgefallen, der weiter hinten im Saal an einem der letzten Tische sitzt und Schäuble den ganzen Abend lang ruhig zugehört hat. Zwar zählt er zu den wenigen, die nicht klatschen, er blättert lediglich ab und zu in den CDU-Prospekten, die vor ihm auf dem Tisch liegen. Aber was soll es: Vielleicht ein Sozialdemokrat, der irgendwie doch von diesem leibhaftigen CDU-Minister beeindruckt ist?

Der Mann in der schwarzen Lederjacke heißt Dieter Kaufmann, ist siebenunddreißig Jahre alt und entschlossen, an diesem Abend Wolfgang Schäuble zu töten. Zwar wollte er, so erzählt Kaufmann später, eigentlich Kanzler Helmut Kohl ermorden, weil er den für den Hauptverantwortlichen dafür hält, daß ihn der »Staatsterror gefoltert hat«.

Es ist purer Zufall, daß es Schäuble ist, der dafür büßen muß, was der Psychopath Kaufmann »Anschläge auf mein Innenleben« nennt. Anfang Oktober hat er ein Veranstaltungsplakat entdeckt, das zu einem Wahlkampfabend mit Schäuble einlädt. Da war ihm klar: »Jetzt ist der Mann fällig.«

Am Abend des 12. Oktober hat er lange geduscht und sich sorgfältig angekleidet. Er nimmt eine »Smith & Wesson« samt Fangschußmunition aus dem Waffenschrank des Vaters. Mit dem Bus fährt er von Appenweier nach Oppenau. Als er dann Schäuble zuhört, ist er verunsichert. Irgendwie kommt ihm der Mann »ganz in Ordnung vor«, aber andererseits – ist da nicht auch wieder die »Stimme aus dem Staatsrundfunk«, die ihn beschimpft? »Deshalb habe ich auf ihn geschossen«, gibt er später der Polizei zu Protokoll.

Wolfgang Schäuble redet im Stehen noch ein paar Worte mit Parteifreunden und gibt Autogramme. Ein Wahlkampfabend als CDU-Familienfest. Dann gehen wir zum Ausgang. Die Menschen bilden auf dem Weg zum hinteren Saalende Spalier und klatschen freundlich. Zwei Schritte vor dem Ausgang wartet rechts der Mann in der Lederjacke. Als Schäuble und sein dichtauf folgender hünenhafter Bodyguard Klaus-Dieter Michalsky ihn fast schon passiert haben, macht er eine schnelle Bewegung, schiebt den rechten Arm von oben zwischen Michalsky und Schäuble hindurch. Es knallt zweimal kurz hintereinander, hell und schmerzhaft laut, dann ein drittes Mal. Menschen stolpern übereinander. Sie reißen Bilder von der Wand. Glas scheppert. Ein dummer Scherz mit Knallfröschen? Hat jemand die CDU-Luftballons im Eingang zum Saal angestochen? Viele glauben es im ersten Augenblick. Andere im Saal erkennen die Situation schneller. Sie verkriechen sich unter den Biertischen.

Michalsky steht neben den Männern, die Kaufmann auf den Fußboden drücken und dabei schimpfen: »Verdammt, hat denn hier keiner Handschellen?« »Daß uns das passieren muß«, stöhnt Michalsky und preßt den rechten Unterarm auf seinen Bauch. Das Jackett ist dort dunkel gefärbt. »Ich habe einen Streifschuß«, sagt er mit kreidebleichem Gesicht. Michalsky hat sich in den dritten Schuß geworfen. Er hört, wie die Menschen um ihn herum kommentieren: »Die haben geschlafen, die Leibwächter.«

Es dauert und dauert, bis der Attentäter endlich abgeführt wird. Im

Laufschritt zerren sie ihn durchs Foyer der Gaststätte. Die Lederjacke hat man ihm heruntergerissen, ebenso die Hose. »Totschlagen sollte man dich!« rufen ihm die Menschen hinterher.

Schäuble liegt noch immer in seinem Blut. Der Rettungswagen habe das Dorf Oberkirch schon passiert, ruft einer. Tröstlich ist das nicht. Noch zehn kurvenreiche Kilometer das Renchtal hinauf sind es von dort, weitere zehn Minuten.

Genau eine halbe Stunde nachdem ihn die erste Kugel getroffen hat, trägt man den Schwerverletzten endlich in den Rettungswagen hinaus.

Stumm bleiben die Menschen zurück. Das war kein Attentat, wie sie es aus dem Fernsehen kennen, zuletzt beim Anschlag auf Lafontaine. Da hat ihnen das Fernsehen den Anschlag zwar immer wieder in Zeitlupe nahegebracht, in ruckelnder Präzision. Das hier aber war live. Ohne Distanz. Geknallt hat es, und Wolfgang Schäuble ist umgefallen. Das Blut lief aus ihm heraus. Jetzt ist Schäuble weg, die Blutlache ist immer noch da. Einer kann es nicht mehr sehen und deckt eine grüne Tischdecke darüber. Es gibt nichts mehr zu tun.

»Nur zwei Leibwächter«, klagt einer an. »Warum haben sie ihn nicht besser geschützt?«

Später, am Tag danach, behauptet die Kriminalpolizei, es seien die bei einer Veranstaltung mit einem so gefährdeten Politiker wie dem Bundesinnenminister »üblichen« Sicherheitsvorkehrungen getroffen worden. Leibesvisitationen gehörten bei den Besuchern einer Wahlkampfveranstaltung allerdings nicht dazu.

»Üblich« ist bei einem Politiker der Gefährdungskategorie I, in die jeder Bundesinnenminister vom Bundeskriminalamt (BKA) eingeordnet wird, daß er bei jedem Auftritt von vier BKA-Leibwächtern beschützt wird. Doch in Oppenau waren nur zwei vor Ort, als Kaufmann in der Gaststätte auf Schäuble schoß. Bis heute verstand es das BKA, eine öffentliche Diskussion über diese Panne zu verhindern.

Und was heißt »üblich« aus der Sicht der normalen Schutzpolizei? Im Saal selbst saß während der Rede Wolfgang Schäubles lediglich ein einziger Polizist, Armin Schneider aus Oppenau, und der war privat gekommen. Zwei Ortspolizisten befanden sich kurz nach dem Attentat nur deshalb in der Gaststätte, weil sie mit ihrem Streifenwagen zufällig an der »Brauerei Bruder« vorbeigekommen waren. Ehe der systematische Versuch der Spurensicherung begann, vergingen zwei Stunden, obwohl bis dahin die Frage nach einem möglichen Helfershelfer noch offen war. Die Polizei hatte einfach nicht einkalkuliert, es könne ausgerechnet in Oppenau mit Schäuble etwas passieren.

Er selbst auch nicht, denn rund um Gengenbach fühlte er sich sicher, sogar dann, wenn er mal ganz ohne Personenschutz unterwegs war. Zwei Wochen ehe ihn die Schüsse des Psychopathen niederstreckten war er in der Nacht und viel später als angekündigt auf dem Löcherhansenhof eingetroffen, der hoch oben im Schwarzwälder Peterstal liegt. Er hatte sich im Wald verlaufen. »Hend Se denn koi Angst so ganz alloi?« hat ihn der Bauer gefragt. »Man muß halt damit leben«, antwortete ihm Schäuble und bedankte sich freundlich für die Fürsorge.

Niemand weiß, ob vorschriftsmäßiger Personenschutz Schäuble vor dem Leben im Rollstuhl hätte bewahren können. Der Mann könne von Glück sagen, daß er ihn nicht richtig erwischt habe, prahlt der Attentäter später vor den Ermittlern. »Denn wenn ich einmal marschiere, hält mich nichts mehr auf.«

Hegt er Haß- oder Rachegefühle gegen den Attentäter? »Nein, ich kenne ihn ja nicht«, antwortet Schäuble. »Ich habe später mal in unserer Lokalzeitung ein Foto von ihm gesehen. Nein, für mich ist das keine Täter-Opfer-Beziehung. Für mich ist das ein Unglücksfall. Mir ist etwas passiert, was jedem bei einem Verkehrsunfall auch passieren kann. Gefühle wie Rache verspüre ich überhaupt nicht. Das ist mein Schicksal, das mich getroffen hat, mit dem muß ich leben. Ich gebe allerdings zu: Mitleid habe ich mit dem Mann auch nicht.«

Wiedersehen mit Wolfgang Schäuble. Ein Wiedersehen mit Kloß im Halse. Fast auf den Tag genau fünf Monate nach dem Attentat am 12. Oktober 1990. Geschickt bugsiert er den Rollstuhl durch die schmale Türe zwischen seinem Amtszimmer im elften Stock des Innenminsteriums und der angrenzenden Bibliothek. Ein Zentimeter Platz nur zwischen den Knöcheln an den Handrädern des Rollstuhls und dem Türrahmen. Ich bewundere seine Technik, schließlich ist er unterhalb der Schulterblätter gelähmt. »Na ja«, wehrt er ab, »rollstuhltechnisch bin ich Mittelklasse – höchstens.« Zu früh habe er sich wieder voll in die Politik gestürzt und deshalb zu wenig Zeit auf Rehabilitation verwandt. »Aber dafür bin ich kreislaufmäßig gut drauf, und so wie ich im Rollstuhl sitzen und arbeiten kann, bin ich viel weiter als die meisten Patienten in vergleichbarer Lage. Viel weiter, als die Ärzte und ich es für möglich hielten.« Wieder voll politikfähig? »Heute sitze ich seit sieben Uhr dreißig ohne Pause am Schreibtisch, und der Abend geht noch lang.«

Er ist schmal geworden. Im Rollstuhl leben zu lernen hinterläßt Spuren im Gesicht, zumal dann, wenn die schnelle Rückkehr ins politische Geschäft zu einem Teil der Therapie erklärt wird. Er hat sich damit selbst unter Druck gesetzt.

Noch im Krankenbett begann er, unterstützt von den »Spiegel«-Journalisten Dirk Koch und Klaus Wirtgen, die Arbeit an seinem Buch zur deutschen Einheit. Am schlimmsten waren die Tage Anfang Februar 1991, da hing er physisch und psychisch durch, ausgelaugt von den Koalitionsverhandlungen, in die er sich noch vor Weihnachten gestürzt hatte. Die Beifallsstürme der ersten öffentlichen Auftritte waren verrauscht, Schäuble mußte sich im Alltag einrichten. »Im Rollstuhl ist man entsetzlich klein. Sie müssen mal als Rollstuhlfahrer einen Stehempfang besuchen oder im Bundestag oder in der Fraktion sprechen, dann sehen Sie, wie klein Sie sind. Da merken Sie dann schnell, wie hilflos Sie sind.« Den Willensmenschen deprimierte, daß der Körper sich der neuen Situation so schnell nicht anpaßte.

Der zeitlebens stets körperbewußte Mann zog eine erste Konsequenz: »Wenn ich weiter am politischen Leben teilhaben will, dann muß ich auch bereit sein, mich mit meiner weitgehenden Hilflosigkeit und dem Angewiesensein auf die Hilfe anderer der Öffentlichkeit zu stellen.« Leichter gesagt als getan.

Früher, in seinem ersten Leben, da war Wolfgang Schäuble Kanzler Kohls Flitzemann und Feuerwehr, Einpeitscher und Antreiber. Mit der Spannkraft einer Stahlfeder zog er täglich mindestens zwei Dutzend Termine durch, auf die Sekunde pünktlich. Jetzt bestimmt die Querschnittlähmung, vom dritten Brustwirbel an abwärts, den Terminkalender. »Ich muß Rücksicht nehmen auf meinen behinderten, nur noch sehr unvollkommen funktionierenden Körper«, sagt er. »Man muß jemanden rufen, wenn etwas auf den Boden fällt. Man muß genügend Zeit einkalkulieren, für all die Dinge, die man früher nebenbei erledigt hat. Und man muß mehr in sich hineinhorchen ...«

Das ist nicht leicht zu akzeptieren für einen, dem es früher nie schnell genug gehen konnte.

Was empfand Schäuble, als er im »Stern« die Bilder von sich betrachtete, die unmittelbar nach dem Attentat gemacht wurden? Ein langes Zögern und eine sehr leise Antwort. »Wenig. Sehr wenig. Erstaunlich. Ich denke kaum darüber nach, vielleicht interessiert es mich später einmal. Als ich in der Klinik am Mittwochabend aufgewacht bin – am Freitag war es passiert –, wußte ich sofort, du bist gelähmt. Ich kann es mir nur so erklären, daß ich nach den Schüssen zwischendurch bei Bewußtsein war.«

Er erinnert sich an die Tage auf der Intensivstation in der Freiburger Uniklinik. »Du liegst da, kannst dich nicht rühren und und bist am Ende. Nur gut, daß der Mensch vorher nicht weiß, was er auszuhalten vermag.« Eine Glücksstunde erlebte er, als der Pfleger, der Nachtwache hatte, ihn fragte, ob er ihm nicht mal die Haare waschen sollte. »Das Gefühl, diese verklebten Haare nach zehn Tagen los zu sein, war unbeschreiblich.«

Technisch war die Rückkehr Schäubles in den Politikbetrieb des Bonner Hamsterrades schnell bewerkstelligt. Von der zerknautschten Aktentasche mußte er sich freilich trennen, denn ein feines Diplomatenköfferchen eignet sich besser als Schreibunterlage auf den Knien. Das Rednerpult im Bundestag kann hydraulisch auf Rollstuhlhöhe abgesenkt werden. Am Kabinettstisch sägte man für ihn die Schublade unter der Tischplatte weg.

Die Seele freilich läßt sich nicht so leicht neu zuschneiden. Im Kopf, räumt Schäuble ein, ist ihm seit langem klar, daß er auf Dauer gelähmt sein wird. »Den Wunderglauben habe ich gleich gar nicht an mich herangelassen.« Und dennoch taucht in ihm immer wieder die Hoffnung auf, es müsse nicht für immer sein. Und natürlich kehrt in den Nächten der Traum aller Querschnittgelähmten regelmäßig wieder: gehen und laufen zu können. Dann wandert er über Wiesen und Wege, und sein Hund tollt um ihn herum.

Vor dem Attentat kannte Wolfgang Schäuble Krankenhäuser nur von außen. Jetzt muß er sich tragen lassen, und die Krankengymnastin bewegt regelmäßig seine Beine, um dem Muskelschwund vorzubeugen. »Hätte man mir das vorhergesagt, ich hätte wahrscheinlich geantwortet, das ist unmöglich, das ist nicht zum Aushalten. Aber wenn du erst mal daliegst, dann bist du sehr glücklich, wenn einer kommt und dich vom Rücken auf die Seite dreht.« Nie habe er sich früher vorstellen können, »wie froh und dankbar man ist, wenn einem geholfen wird«.

Das alte Leben ist unendlich weit weg. Tennis? Leidenschaftlich gerne drosch er auf die Filzkugel ein. Tennis ist nicht mehr wichtig. Aufs geliebte Skifahren kann er verzichten. »Ich möchte nur mal wieder spazierengehen. Oder aufstehen. Aber man weiß, es geht nicht. Und es wird vermutlich auch nie wieder gehen.«

Er weiß aus Gesprächen mit anderen Behinderten, daß es Jahre dauert, bis einer seine Querschnittlähmung als unwiderruflich akzeptiert. Behinderten-Bonus? Nein, danke! »Mitleid ist keine tragfähige Grundlage im politischen Geschäft.«

Der Politiker Schäuble hat neu reden gelernt. Mit der durch die Lähmung beschränkten Lungenkapazität muß er haushalten. Hüsteln kann er, aber nicht mehr husten. Laute Töne lassen sich nicht mehr beliebig abrufen, daher setzt er mit unterschiedlich leisen Tönen inhaltliche Effekte. Ausholende Gesten sind verboten, weil er sonst im Rollstuhl immer tiefer rutscht. Der »Rolli« verlangt stets Haltung: Ellbogen gehören auf die Armstützen, vor dem Körper verschränkte Hände geben Halt. Alle fünfzehn Minuten muß er sich mit den Armen kurz hochdrücken, um die Sitzmuskeln zu entlasten.

»Warum nur«, hat ihn seine Frau drei Monate nach dem Attentat gefragt, »machst du schon wieder so viel? Muß das denn sein?« Er antwortete: »Willst du wirklich, nachdem ich schon diese dramatische Veränderung in meinem Leben verkraften muß, und die du ja auch verkraften mußt, denn du mußt mich aushalten, willst du eine zweite dramatische Veränderung aushalten, nämlich die, daß ich aus dem aktiven, engagierten Leben ausscheide und in ein sehr zurückgezogenes Leben umsteige – mit der Gefahr, daß meine Unzufriedenheit wächst? Ist es vielleicht für dich und für mich und für die Familie nicht besser, wenn ich auf diese Weise ein Stück weit abgelenkt werde?«

Daraufhin hat Ingeborg Schäuble zugestimmt.

Den weiteren Gang der Dinge betrachtet Schäuble in Ruhe. Der Gedanke, man könnte einen Karriereknick erleiden, sei in seiner Situation nicht mehr sehr aufregend. Man reagiere gelassener.

Der Kronprinz Kohls ist Schäuble schon vor dem Attentat gewesen.

Daran hat sich nichts geändert. »Der wird mein Nachfolger, ob Rollstuhl oder nicht«, pflegt der Kanzler vertrauten Gesprächspartnern zu prophezeien. Ob einer die Ehrenformation bei Staatsbesuchen abschreite oder abrolle, sei schließlich egal.

Früher beschrieb Schäuble die Wertschätzung, die er bei Kohl genießt, burschikos mit dem Satz: »Er weiß, daß ich ihn nicht bescheiße.«

»Er hat mir in der Phase, in der ich in der Klinik lag«, erinnert sich Schäuble heute, »das Gefühl gegeben, ich werde gebraucht, ich gehöre dazu und ich bin dabei. Ich werde nicht vergessen, in welchem Maße er sich um mich gekümmert hat. Ohne jeden Eigennutz, einfach aus seinem Gefühl und seiner Betroffenheit heraus.«

Der Weg Wolfgang Schäubles hinein in sein zweites Leben, das sieht er genau, ist noch weit. Aber ein schönes Stück sei er inzwischen schon vorangekommen, meint er. Längst ist ihm sarkastischer Spott über sein Schicksal wieder möglich. Bei einem der Koalitionsgespräche, die Christdemokraten standen mit den Liberalen zusammen, frotzelte er zum gehbehinderten Graf Lambsdorff hinüber: »Sehen Sie, ich bin auf Stehparties der Bevorzugte.« Es belastet ihn nicht mehr, wenn er in die Fraktion rollt oder vor ein größeres Publikum. Und daß er von der Krankengymnastin »beturnt« werden muß, ist ihm eine willkommene Zwangspause. »Da komme ich anders als früher wenigstens einmal in Ruhe zum Nachdenken.«

Behinderte, sagt Schäuble, seien Menschen wie du und ich und könnten ganz normal am Leben teilhaben. »Um das Verständnis dafür zu verstärken, möchte ich der Öffentlichkeit einen rollstuhlfahrenden Politiker zumuten.«

»Euer Mitleid tut mir gut«, hat er zu seinen Freunden gesagt, dann jedoch gemeint, daß man nun gefälligst wieder ganz normal miteinander umgehen müsse.

Kanzler Kohl hat damit kein Problem. Mit jener derben Fürsorge, aufgrund deren die engere Umgebung des Kanzlers oft nicht weiß, ob sie ihn dafür lieben oder darunter leiden soll, drückte er Wolfgang Schäuble schon bald nach dem Attentat eine Biographie des ehemaligen US-Präsidenten Franklin D. Roosevelt in die Hand. Eine überaus nützliche Lektüre sei das, belehrte er ihn, und damit die

Botschaft auch verstanden wurde, hatte der Kanzler gleich noch die ihm wichtigen Passagen markiert.

Roosevelts Leben im Rollstuhl, Folge einer Kinderlähmung, habe dem US-Präsidenten durchaus auch Vorteile gebracht. Es zwang ihn »zu gelassenem Denken in längerfristigen Perspektiven«, bot ihm eine »unangreifbare Entschuldigung, dort nicht zu erscheinen, wo er es politisch für inopportun hielt«. Vor allem aber: »Sein tapferer Kampf brachte ihm eine Welle von Mitleid und Sympathie entgegen.«

Da wird die persönliche Tragödie fast zum politischen Glücksfall, der Rollstuhl schier zum Karrierevehikel. Jetzt muß Schäuble nur noch das bestehen, was Kohl salopp »Wolfgangs Härtetest« zu nennen pflegt, dann ist das Amt des CDU/CSU-Fraktionsvorsitzenden ein letzter Zwischenstopp auf dem Weg zur eigenen Kanzlerschaft.

Persönlich hat sich Schäuble im Alltag eines Querschnittgelähmten ganz passabel eingerichtet. Vom Bett in den Rollstuhl und umgekehrt schafft er es lange schon ohne fremde Hilfe, er duscht alleine, und – auf dieses zusätzliche Stück Freiheit freut er sich besonders – bald wird er wieder Auto fahren können. Zu Hause in Gengenbach sind die Kinder, so scherzt er, »ein wenig netter zum Alten als früher«. Fernsehen hat er fast ganz gestrichen, ihm ist die Zeit dafür zu schade, da unterhält er sich lieber oder liest. Ein – fast – normales Leben.

Politisch freilich, mehr als jeder andere Spitzenpolitiker, lebt er unter der Lupe. »Früher, als ich noch nicht in dem Ding hocken mußte«, sagt er beim abendlichen Gespräch im Bungalow auf dem Gelände des Verteidigungsministeriums, wo er die Woche über wohnt, »da hat keiner geguckt, wenn ich in der Fraktion mal eingeschlafen bin.« Jetzt allerdings, da macht er sich keine Illusionen, beobachten ihn die Unionsabgeordneten luchsäugig. Schlechte Tage und schwache Auftritte könne man sich im Rollstuhl nicht leisten. Sonst werde sofort getuschelt. Ob der sich nicht übernehme? Ob das wirklich gutgehe – ein Behinderter an der Schlüsselstelle zur Sicherung der Macht der Regierungskoalition?

Schäuble weiß, daß er in der Fraktion nicht nur Bewunderer hat. Schnoddrig-schroff hat er vor dem Attentat in der Fraktion einige vorgeführt, und diese haben das nicht vergessen. Mißtrauen vor allem im CSU-Teil der Fraktion, wo man sich bei passender Gelegenheit für Schäubles abschätziges Wort von der »Regionalpartei CSU« zu revanchieren gedenkt. »Die Chance, das Geraune jemals loszuwerden, ist gering«, das ist ihm klar.

Angriffslustig, polemisch und trickreich: Kohls neuer parlamentarischer Libero versteht sich für den politischen Ernstfall auch im Rollstuhl auf die Rolle als Raufbold. »Der Rollstuhl macht stärker, obwohl man auf fremde Hilfe angewiesen ist«, hat Schäuble schnell erkannt. Schonung? »Geschenkt«, sagt er. »Mitleid ist keine tragfähige Grundlage für politische Beziehungen und Diskussionen.«

Abgesehen von seiner Anfälligkeit für Infektionskrankheiten (»Ich komme zu selten an die frische Luft«), ist er längst wieder glänzend in Form. Seine Mitarbeiter im Fraktionsgeschäft können ihm durch seinen Arbeitstag, der wie früher häufig genug über vierzehn Stunden umfaßt, auch auf zwei gesunden Beinen kaum folgen.

Streß, der seinen Preis hat. Die unerbittlich disziplinierte Lebensleistung, die Schäuble sich seit dem Attentat abverlangt, physisch wie psychisch, kerbt immer tiefer die Linien ein, die von den Nasenflügeln zu den Mundwinkeln laufen.

Weshalb das alles und für wen? »Politik«, antwortet Schäuble, »ist nun einmal ein gutes Stück erbarmungslos.« Der Sprung an die Spitze der Fraktion war schon vor dem Attentat sein Ziel. »Reizt dich das jetzt wirklich noch?« hat er sich danach zwar gefragt. Aber dann sei der Fraktionsvorsitz mit einer »gewissen Zwangsläufigkeit« auf ihn zugekommen, zumal er seine Politikfähigkeit mit der schnellen Rückkehr ins Innenministerium schon im Frühjahr bewiesen hatte.

Überzeugend klingt das nicht, schon gar nicht, wenn man sich erinnert, wie gerne Schäuble früher über Politiker vom Schlag des Helmut Schmidt gelästert hat, »die mehr über die Last der Verantwortung jammern, als daß sie die Lust an der Verantwortung schätzen«. Hinter allem verbirgt sich ein anderes Erklärungsmuster: Politik als Lustgewinn, Faszination des Machens und der Macht – deshalb strebt Wolfgang Schäuble weiter voran.

Wie auch aus der Politik aussteigen, da er sich nie auf ein Leben ohne Politik vorbereitet hat?

Fragen an Christine Schäuble

Ortenau, 12. Oktober 1990: Können Sie erzählen, wie dieser Tag gelaufen ist?
Wir hatten während des Bundestagswahlkampfes ein Team, das die Auftritte von meinem Vater und anderen Politikern in seinem Wahlkreis vorbereitet hat. Diesem Team gehörten hauptsächlich Leute aus der Jungen Union an. Wie sonst auch, ich glaube, es war der dritte Einsatz, haben wir uns zwei Stunden vor Beginn der Veranstaltung getroffen und alles vorbereitet. Es wurde ein Infostand aufgebaut, Luftballons wurden aufgeblasen und Prospekte ausgelegt. Eigentlich war alles wie immer, und wir waren auch sehr fröhlich. Während der Veranstaltung selbst war ich überhaupt nicht im Raum, sondern draußen beim Infostand. Dort bin ich auch mit einer Frau ins Gespräch gekommen, die unbedingt ein Autogramm von meinem Vater wollte. Am Ende der Veranstaltung wollte ich dann gerade mit dieser Frau zu meinem Vater gehen, als ich die Schüsse hörte. Den Mann und die Pistole habe ich nicht gesehen, nur meinen Vater, wie er zusammenbrach. Ich bin sofort nach draußen gelaufen, eigentlich in der Annahme, er sei tot. Vor der Tür standen einige Polizisten, die nicht mitbekommen hatten, daß drinnen geschossen worden war. Die Schüsse klangen nämlich wie das Geräusch von zerplatzten Luftballons.

Was ging in Ihnen vor?
Ja, das ist eigentlich ganz merkwürdig. Ich habe nur daran gedacht, daß ich meine Mutter anrufen muß, damit sie schnell herkommen kann. Ich stand so unter Schock, daß ich schon wieder völlig normal reagierte.

Sie haben Ihre Mutter informiert?
Ja. Das ist keine sehr schöne Aufgabe gewesen. Und dann bin ich mit dem Fahrer und dem angeschossenen Sicherheitsbeamten nach Offenburg ins Krankenhaus gefahren. Wir warteten dort vergebens auf meinen Vater, der ja in der Zwischenzeit schon nach Freiburg in die Universitätsklinik geflogen wurde. Als meine Mutter dann kam, bin ich zu meinen Geschwistern nach Hause gefahren. Wir sind dann die

ganze Nacht alle zusammen im Wohnzimmer gesessen und haben den Nachrichten gelauscht. Wir wußten ja überhaupt nicht, was eigentlich nun mit Papa ist. Ab und an habe ich mit Frau Heyden, Papas Sekretärin, telefoniert, um so einige Informationen zu bekommen. Gleich am nächsten Morgen kamen, glaube ich, Polizeibeamte, die einige Dinge über den Tathergang von mir wissen wollten. Irgendwann bin ich dann nach Freiburg ins Krankenhaus gefahren.

Noch einmal zurück zu dem Abend. Wie hat das Publikum reagiert?
Es entstand zuerst ein unglaublicher Tumult. Man wußte ja gar nicht, wer geschossen hatte. Auch glaubten wohl viele, daß die RAF wieder einen Anschlag verübt hat.

Als dann die Polizei den Attentäter abführte, wurde die Stimmung sehr aggressiv. Einige wollten sogar handgreiflich werden.

Da gibt es ein Zitat, daß Sie mit Ihrem Vater im Krankenhaus gesprochen haben?
Ich bin einige Male über Nacht im Krankenhaus geblieben, um meine Mutter abzulösen. Dann habe ich immer mit meinem Vater geredet. Er war zwar meistens nicht bei Bewußtsein, aber der Krankenpfleger meinte, daß es ihm bestimmt helfe, eine vertraute Stimme zu hören. Ich habe ihm dann von meinen Geschwistern erzählt, wie es dem Hund gehe und sonst irgend etwas von Zuhause.

In der Presse wurde ein bestimmtes Zitat veröffentlicht, können Sie sich daran erinnern?
Ich vermute, Sie meinen das, als er mich nach seinen Beinen gefragt hat. Nun, ich habe ihm erzählt, daß jemand auf ihn geschossen habe und daß er zumindest für den Moment gelähmt sei. Er war sehr niedergeschlagen und meinte, daß er dann lieber nicht mehr leben wolle. Ich bin dann etwas heftiger geworden und meinte, daß uns allen sehr viel daran gelegen sei, daß er weiterlebe, weil seine Familie ihn brauchen würde. Dann habe ich ihm von den vielen Menschen erzählt, die Anteil nehmen und für ihn beten.

Das hat er mitgekriegt?
Ja, ich glaube schon. Ich habe ihm auch von den Rollstuhlfahrern

erzählt, die tagsüber mit einem riesigen Transparent gekommen waren, um zu zeigen, daß auch sie an ihn denken.

Wahrscheinlich hat es ihn sehr beruhigt, daß ich schon wieder mit ihm schimpfte.

Dann wurde Ihr Vater wieder gesund und ging wieder in die Politik zurück, und das fanden Sie gut so?
Klar, warum denn nicht? Seine Behinderung beeinträchtigt ja seine Arbeit nicht. Meine Tante hat immer gesagt, daß es viel schlimmer gewesen wäre, wenn er Maurer von Beruf sei, denn dann hätte er seinen Beruf nicht mehr ausüben können. Aber so braucht er ja hauptsächlich seinen Kopf, und der funktioniert ja sehr gut.

Was glauben Sie, was Ihr Vater für die Behinderten bedeutet?
Er ist für viele ein großes Beispiel, daß man es auch mit einer solchen Behinderung schaffen kann, in seinen Beruf zurückzukehren. Wahrscheinlich sehen sie auch die Chance, daß man dadurch, daß er sehr in der Öffentlichkeit steht, mehr auf ihre Probleme aufmerksam wird.

Wie lebt man eigentlich mit so einem berühmten Vater?
Seine Berühmtheit berührt mich eigentlich kaum. Ich studiere im Moment an der Uni Freiburg Jura. Da wir uns alle nur mit Vornamen anreden, kennt fast keiner meinen Nachnamen, so daß ich hier sehr ungestört lebe. In Gengenbach wohnen wir schon so lange, daß uns alle kennen und wir einen völlig normalen Umgang miteinander pflegen.

Sie sagten, Sie hätten noch nie geweint seit diesem Anschlag. Sind Sie manchmal zumindest traurig?
Es belastet mich sicher mehr, als ich zugebe. Aber traurig bin ich wirklich sehr selten. Wer unsere Familie kennt, weiß, wie fröhlich wir sind. Der Rollstuhl hat unser Leben sicher verändert, doch das bedeutet noch lange nicht, daß wir niedergeschlagen sind.

Wie denken Sie über den Attentäter?
Über diesen Menschen sprechen wir in unserer Familie nie. Ich weiß nicht einmal mehr, wie er heißt.

Hat sich Ihr Vater sehr verändert?
In gewisser Weise schon. Er ist viel ruhiger und nachdenklicher geworden. Natürlich ist er auch manchmal traurig. In seinem Willen, Probleme zu lösen, ist er ganz der alte.

Ihr Vater hat einmal gesagt, daß Ihre Mutter praktisch auch an den Rollstuhl gefesselt sei.
Sicher ist diese Situation für meine Mutter nicht einfach. Mein Vater war noch nie viel zu Hause, so daß meine Mutter uns vier Kinder fast allein großziehen mußte. Nachdem wir nun so langsam alle aus dem Haus gehen und sich für sie eigentlich die Chance bieten würde, etwas mehr ihr eigenes Leben zu leben, kommt nun die Aufgabe auf sie zu, ihr Leben nach dem Rollstuhl zu richten.

»Das Beste daraus machen«
Jürgen Leinemann

Wenn Wolfgang Schäuble nach knapp einem halben Jahr im Amt des Bonner Fraktionsvorsitzenden der Union von Schwierigkeiten spricht, dann meint er nur politische. Einmal präsentiert sich seine eigene Partei nach den Wahlen in Baden-Württemberg und Schleswig-Holstein »in keiner guten Gesamtverfassung«. Zum anderen hat »die gesamte politische Klasse schweren Ansehensverlust erlitten«, das FDP-Gerangel um die Nachfolge Genschers sei nur der letzte Beitrag in einer lang anhaltenden Entwicklung.

Und er selbst, der Neuling im Amt? Hat er keine Schwierigkeiten? Wolfgang Schäuble versteht es, fast schon ein bißchen verwundert zu gucken beim Nachfragen; und nur wer ihn ein bißchen kennt, nimmt das leicht sarkastische Lächeln in seinen Augenwinkeln wahr, als er sagt: »Nichts ist schwieriger, als ich gedacht habe.«

Bevor einem das Ausmaß der fast schon anmaßenden Bescheidenheit in dieser Relativierung bewußt wird, redet er schon wieder von der Lage der Union, deren schlechte Wahlergebnisse ihn nicht überraschen. Mußte das nicht so kommen nach dem historischen Hoch der Vereinigung? »Das lag in der Logik der Legislaturperiode«, findet der

Unionspolitiker. Und natürlich hat Genschers Ausscheiden aus dem Kabinett – von dessen Rücktrittsabsicht der Kanzler nur ihn als seinen Vertrauten informiert hatte, was beide mit insgeheimen feixenden Kommentaren genossen – die Lage der Koalition nicht verbessert. »Im Ablauf war das katastrophal«, findet Schäuble. Die Schäden, die daraus für das Ansehen der Politiker insgesamt entstünden, seien nicht leicht zu reparieren.

Der schmächtige Mann hat sich am Tisch in seinem Fraktionschefzimmer plötzlich gestrafft. Das Thema »Ansehensverlust« beschäftigt ihn. »Das hat viel mit den Medien zu tun«, sagt er herausfordernd, aber dann richtet er den Vorwurf eher an die eigene Adresse: »Jeder muß bei sich selbst anfangen, wir führen uns ja manchmal auch auf wie die Akteure in einem Kasperltheater.«

Es fehlt an Distanz. Die Omnipräsenz der Medien, sagt Schäuble, verführe zu Grenzüberschreitungen. In allen Lebenslagen seien Politiker im Fernsehen – beim Reden, Rauchen, Biertrinken und nun sogar beim Heiraten. Sei es da ein Wunder, daß jeder zweite Bürger den Bundespräsidenten als »Herr Weizsäcker« anredet? Schäuble jedenfalls weist freundlich, aber bestimmt manche Zumutung zurück, hält auf Abstand und sei, sagt er, ja sowieso »keiner, der immerzu seine Aura vor sich hertragen will«.

Spätestens an dieser Stelle freilich erkennt der Mann, der gelähmt ist vom dritten Brustwirbel abwärts, daß er seine Sonderrolle nicht länger leugnen kann. Natürlich hat Wolfgang Schäuble keine Schwierigkeiten, seine Umwelt – auch die Medien – auf Distanz zu halten. Natürlich genießt er als Person jenen Respekt, den die politische Klasse insgesamt verloren hat. Doch er weiß: »Es wird dem Rollstuhl zugeschrieben.«

Macht ihn das bitter? Aber überhaupt nicht. Der Fraktionschef im Rollstuhl – das sei eben sein Sonderfall von Normalität, dessen Gelingen er vor einem Jahr viel skeptischer beurteilt habe als heute. »Meine Behinderung wird in einem erstaunlichen Maße nicht berücksichtigt«, sagt er und lacht, als hätten die anderen einen Taschenspielertrick durchschaut. In Wahrheit ist er froh, daß nun niemand mehr erschrickt und sich entschuldigt, wenn er im Gang vor Schäubles Rollstuhl dahinbummelt, ohne den hinter sich zu bemerken. »Es reicht ja auch, wenn er Platz macht.«

Im Fraktionssaal ist es jetzt leiser als zu Alfred Dreggers Zeiten, das erleichtert den Chef, »weil ich ja nicht brüllen kann und nicht aufstehen«. Für die Rücksichtnahme ist Schäuble dankbar, aber er hat ihr durch eine straffere Organisation nachgeholfen. Und außerdem: »Andere sind ja auch froh, wenn ihnen zugehört wird.« Am liebsten aber redet er in kleinem Kreis. »Durch Gespräche eine vernünftige Balance herzustellen, das ist mein Credo.« Und »Balance« ist sein Schlüsselwort geworden.

Physisch fühlt sich Wolfgang Schäuble seinem Amt derzeit voll gewachsen, es belaste ihn weniger als der Job als Innenminister – wenigstens in sitzungsfreien Wochen. Er habe »furchtbar viel Wahlkampf gemacht«, der Fraktionsalltag erfordere eine genaue Zeiteinteilung, viel Disziplin und Gelassenheit: »Wer was von mir will, der kommt, wer nicht, der läßt es.«

Selbst seine Kinder bestätigen Wolfgang Schäuble inzwischen, daß er das Zuhören gelernt habe. Das macht ihn als Diskussionspartner zugleich angenehmer und gefährlicher. Mit seinem Kontrahenten von der SPD, Hans Ulrich Klose, kommt er »im Stil« gut zurecht. Sie respektieren einander, auch wenn der Unionschef in der Sache vielen Sozialdemokraten zu aggressiv ist. Das freilich ist Absicht, ist kalkulierter Stil, sorgsam geprobt vor Amtsantritt. Zum Beispiel bei einer Justizministerkonferenz im November 1991, als der Stuttgarter Innenminister Dietmar Schlee vor der Presse mit dem Bruston satter Selbstzufriedenheit eine Erfolgsmeldung verkündet: Baden-Württemberg wird die erste Sammelunterkunft für Asylbewerber eröffnen. Beifallheischend blickt der schwere Mann im Schloß von Saarbrücken in die Fernsehkameras, als neben ihm, von schräg unten, plötzlich eine leise, scharfe Stimme dazwischenfährt.

Mit einem einzigen Wort zerfetzt sie die ölige Suada des Schwaben. »Wo?« – »Im Wahlkreis des Bundesinnenministers«, antwortet Schlee nach einer Schrecksekunde fast devot.

Wolfgang Schäuble nickt und grinst dann breit. Brav, heißt dieses triumphierende Lächeln; er braucht das Wort nicht erst auszusprechen. Jeder konnte sehen, wie der Chef aus Bonn das Stöckchen hochgehalten hat und wie der Parteifreund aus dem heimischen Ländle drübergehupft ist. Jetzt kuscht der, bewundernd den kleinen herrischen Mann anstarrend, neben ihm in der Reihe.

Es dauert Minuten, bis das Erfolgsstrahlen im kantigen Gesicht Wolfgang Schäubles erloschen ist. Für ihn, der schon wenige Wochen nach den lähmenden Schüssen eines geistesverwirrten Attentäters beschlossen hat, seine politische Karriere fortzusetzen, und der in dieser Woche im Rollstuhl aus dem Amt des Bundesinnenministers an die Spitze der Unionsfraktion im Deutschen Bundestag fährt, sind solche Gesten überlebenswichtig.

Es geht ihm ja nicht nur darum, sich bei der Verwirklichung der unpopulären Asylbeschlüsse von niemandem übertreffen zu lassen. Schäuble will zeigen, daß er – obwohl unterhalb der Schultern gelähmt – noch ganz der alte ist: kämpferisch, quick, erfolgsorientiert, hart.

Rollstuhlfahrer? Querschnittgelähmt? »So ist es eben«, befindet der Pragmatiker Schäuble. Das ist nun seine »Normalität«. Zu der gehört, daß er so kühl über sich und seine Situation zu reden versteht, als analysiere er einen politischen Sachverhalt. Gewiß, anstrengender ist sein neues Leben, schmerzhaft bisweilen, unbequem. Phasen der Resignation und Bitterkeit bestreitet er nicht.

Aber auch darüber referiert er eher, als daß er sich ausdrückt. Nur kein Mitleid, bloß keine Schonung, könne er nicht wieder bis zu vierzehn Stunden am Tag arbeiten? Daß seine schnelle Intelligenz und sein Ehrgeiz ungebrochen sind, sein Wille eher gewachsen ist – wem hätte das verborgen bleiben können in den vergangenen Monaten?

Normalität also. Am Abend zuvor hat Schäuble bei einem Empfang bis weit nach Mitternacht mit Oskar Lafontaine, dem anderen Attentatsopfer des vorvergangenen Jahres, über diesen Begriff philosophiert. Daß der sinnenfrohe Saarländer nach dem Messerstich, an dem er fast verblutet wäre, darüber zu grübeln begann, ob er sein ganzes Leben ändern solle, kann sich Wolfgang Schäuble nur damit erklären, daß Lafontaine die Todesnähe ganz bewußt erlebt und erfahren habe. Er hingegen hat einen brennenden Schmerz im Nacken gespürt und ist fünf Tage später im Krankenbett wieder aufgewacht. Gelähmt.

Keine Todesangst? Keine. Der fünfzigjährige CDU-Mann hat sich nie wirklich vor der Alternative gesehen, ein Leben ohne Politik zu führen. Sein Leben ist Politik. Schäubles Zweifel kreisen um die Frage, wie sich die alten Ziele unter den neuen Umständen verwirklichen lassen.

Dafür scheinen die Chancen im allerersten Augenblick minimal zu sein. Er weiß ja nicht einmal, ob er je aufrecht im Rollstuhl wird sitzen können. Dennoch: Einen Anflug von Verzweiflung, ob es sich unter diesen Umständen überhaupt weiterzumachen lohne, verwirft er. Wie er oft erzählt, dank der energischen Einrede seiner Tochter Christine: »Maul hier nicht rum. Weißt du, wie viele Millionen Menschen für dich beten?«

Da spricht die Stimme des Vaters aus der Tochter, die auch in die Politik will. Immer schon hatte Schäuble die simple und lebenspraktische Einsicht gepredigt, daß man »mehr leisten und mehr verkraften« könne, wenn man das, was so ist, »als unvermeidlich akzeptiert und im übrigen versucht, das Beste daraus zu machen«. Jetzt hält er sich daran, mit zäher, selbstschinderischer Energie.

Das Beste daraus machen – das heißt für den körperlich zerschlagenen Wolfgang Schäuble: nur nicht zurückstecken. Ist er nicht der von Helmut Kohl gekürte »Kronprinz« der Union, dessen Weg über die Fraktionsspitze ins Kanzleramt als programmiert gilt? So soll es bleiben. Daran glaubt er – »ohne Wenn und Aber«, wie er zu sagen pflegt.

Heute weiß Wolfgang Schäuble – und mit dem instinktiven Klammern an sein altes Lebenskonzept hat er es sich und seiner Umwelt eingestanden –, daß er mit der Politik einen unverbrüchlichen Lebenspakt abgeschlossen hat wie Faust mit dem Teufel.

»Politik ist eine Sucht«, bekennt er. Und die Droge heißt Macht.

In der Lebenskrise nach dem Attentat wirkt sie als rettende Medizin, die Ärzte nutzen Schäubles Ehrgeiz als Therapie. Schon achtzehn Tage nach den Schüssen, die ihn ins Mark trafen, beginnt er, sein Buch über die Verhandlungen zur deutschen Einheit vorzubereiten.

Denn die Erinnerung an die Vertragsverhandlungen, die seinen Ruhm für das Geschichtsbuch sichern, unabhängig vom gefeierten Staatskünstler Kohl, belebt den Schwerkranken. Röchelnd, die nässende Kieferwunde abtupfend und noch unfähig, sich auch nur aufzurichten, spricht er auf Band. Selbst seine Frau Ingeborg, die zunächst protestiert und Überforderung befürchtet hatte, muß erkennen, daß ihm die Arbeit hilft. Die Stunden danach seien immer die schönsten gewesen – nie habe sie ihren Mann wacher und aufgeschlossener erlebt.

Auch an seiner körperlichen Genesung arbeitet er bis zur Erschöpfung, um bald in Bonn wieder mitmischen zu können. Zwischendurch wühlt er sich durch Akten, telefoniert mit seinem Ministerium, bereitet die Koalitionsverhandlungen vor. Nach fünf Wochen, nun schon im Rollstuhl, bekennt er: »Wenn ich bisher schnell vorangekommen bin, hat es sicher auch damit zu tun, daß ich eben so rasch wie möglich meine Tätigkeit wiederaufnehmen will.«

Ein bis zwei Jahre Rehabilitation brauchen Querschnittgelähmte, die weniger privilegiert sind und nicht so getrieben wie Schäuble, bevor sie in den Alltag zurückkehren können. Er sitzt sechs Wochen nach dem Schicksalsschlag wieder in Bonn am Kabinettstisch.

Der knapp 1,70 Meter große Mann ist bleich und schmal geworden. Er wiegt nur noch fünfundsechzig Kilo. Klein kommt er sich vor im violetten Rollgestell mit dem aufmunternden Markennamen »Easy«, sehr klein. Die Züge seines Jungengesichts haben sich verhärtet. Oft wirkt er müde. Doch unbeirrt hält er an seiner früheren Zielsetzung fest. Erste Etappe: Als Innenminister funktionieren. Zweite Etappe: Fraktionsvorsitzender.

Wenn der Minister jetzt, am Vorabend seiner Wahl, zu überlegen vorgibt, ob das wohl eine sinnvolle und notwendige Aufgabe sei für einen in seiner Situation, stellt er sich mit lauter Überzeugungskraft als eine Art Opfer halbautomatischer Abläufe dar. Er sei halt in einen gewissen »Zugzwang« geraten, weil die Fraktion seinen Vorgänger Alfred Dregger im vergangenen Dezember nur auf ein Jahr wiedergewählt habe. Nun könne er nicht nein sagen. Dann würden alle glauben, er sei dem Amt nicht gewachsen.

Wolfgang Schäuble murmelt diese Sätze halblaut vor sich hin, als spiele er eine Platte ab. Wenn solcher Argwohn sich erst einmal einniste in den Köpfen, sagt er, würden gewiß auch bald Zweifel auftauchen, ob er denn wirklich noch ein so guter Innenminister sei wie früher. Dann, das sagt er freilich nicht, lieber läßt er eine vieldeutige Pause sprechen, ist es vorbei mit dem Lebensplan – als Chef ins Kanzleramt, wohin er nach wie vor will, käme er nie.

Diesen »Zugzwang« gibt es wohl vor allem im Kopf Wolfgang Schäubles. Seine Logik hat Züge von Besessenheit. Der Kanzler jedenfalls hat ihm zu verstehen gegeben, daß er Regierungschef auch ohne den Umweg über die Fraktion werden könne.

Wolfgang Schäuble aber will sich beweisen, wie stets in seinem Leben. Am 18. Oktober führt er seiner Fraktion vor, daß der schneidende Polemiker von einst, der verläßliche Law-and-Order-Anwalt der schweigenden Mehrheit im Lande, im Rollstuhl seinen Biß nicht verloren hat.

Tatsächlich sind die Unions-Christen im Bundestag hellauf entzückt, wie ihr künftiger Chef die Debatte über ausländerfeindliche Hetze und rechtsextreme Gewalttaten umfunktioniert zu einem populistischen Appell für eine Verfassungsänderung, die den Zuzug von Asylbewerbern einschränken soll.

Verantwortungslos? Schäuble hat nicht das geringste Verständnis für solche Vorwürfe. Zuspitzungen und Härte in der Auseinandersetzung gehören zum politischen Geschäft. Und habe er die rechten Extremisten nicht laut und deutlich verurteilt? Er habe doch gesagt: »All dies ist eine Schande für unser Land.« Er ist stolz darauf, daß er damit nur wiederholt, was er schon lange vor dem Bundespräsidenten und dem Kanzler öffentlich so formulierte.

Allerdings – mehr als vier Absätze seiner Rede verschwendet er im Plenum nicht auf diesen Aspekt. Die anderen dreißig umspielen die Frage: »Wieso eigentlich wollen wir von unseren Mitbürgern verlangen, daß sie ertragen und verstehen sollen, daß Hunderttausende von Asylbewerbern mit erheblichen finanziellen Belastungen für die Steuerzahler für Jahre untergebracht und versorgt werden sollen, obwohl von vornherein klar ist, daß die allermeisten nicht als politisch verfolgt anerkannt werden können, und daß sie nach jahrelangen Verfahren am Ende unser Land dennoch nicht verlassen?«

Ein langer Satz, ein sorgsam ausgetüfteltes böses Kunstwerk demagogischer Aufheizung. Zweimal wird er – laut Bundestagsprotokoll – von »Unruhe bei der SPD«, Zwischenrufen und »Beifall bei der CDU/CSU« unterbrochen. Im Grunde ergänzt er die Aussage von der »Schande« um den Zusatz: Aber verstehen kann man die Leute schon.

Mit milder Stimme und suggestiver Polemik bringt Schäuble die Opposition gegen sich in Rage. Nie, sagt hinterher ein Beobachter dieses Auftritts, habe er jemanden leiser lärmen hören.

Kann Wolfgang Schäuble mit seiner Show zufrieden sein? Ja und nein. Einerseits beweist der Beifall seiner Parteifreunde dem Mann im Rollstuhl, daß es ihm geglückt ist, den »Fetzer« Schäuble, der am Polemisieren seine Freude hat, wieder vorzuführen.

Immer schon hat der äußerlich kühle Mann, der seine latente Aggressivität früher in Waldläufen und auf Sportplätzen abzureagieren pflegte, Politik als eine Art Kampfsport betrieben. Daß es ihm jetzt gelungen ist, die Opposition aus ihrer den Behinderten schonenden Reserve herauszulocken, betrachtet er als ein Stück wiedergewonnener Normalität: Er ist noch ein Gegner.

Andererseits dürfte ihn der Tumult, den er mit seiner Rede auslöst, auch ein wenig genieren. Gerade der in sportlichen Kategorien denkende Schäuble weiß natürlich, daß man auf einen Mann im Rollstuhl nicht einprügelt. Er hat schon früh Verständnis für die Hemmungen seiner Gegner geäußert. »Persönliche Auseinandersetzungen« könne er sich nun nicht mehr leisten, sagt er bedauernd. Eigentlich will er es aber versuchen, so »losgelöst wie früher zu polemisieren«.

Denn wahr ist auch, daß er sich geändert hat – erheblich und tiefgreifend, wie Freunde glauben; notgedrungen, wie er abwiegelt. Alle, die ihn von früher kennen, entdecken heute nicht nur den alten Schäuble wieder, sondern erleben auch einen – einen, der geduldiger, leiser, nachdenklicher und menschlich zugänglicher geworden ist. Er selbst will das zunächst einmal nur als eine Art technische Verhaltenskorrektur verstanden wissen, aufgenötigt von den veränderten Umständen.

Er rede leiser? Ja, wie solle er denn brüllen, wenn er nicht mehr aus dem Bauch atmen könne. Das Reden im Sitzen strengt ihn an. »Aber es gibt ja Mikrofone«, tröstet er sich.

Und natürlich dauert heute alles länger, geht langsamer, was er früher – zack, zack! – erledigt hat. Immer braucht er dazu die Hilfe anderer; erzwungenes Warten ist für den früher so agilen Politmanager inzwischen Teil der Alltagsroutine geworden. Verloren sitzt er dann herum, verletzlich und unendlich einsam. Er nutzt solche Zeiten als Geduldstraining.

Natürlich ist es dem Juristen, der sich selbst und seine Situation beobachtet wie ein Wissenschaftler ein Experiment, nicht entgangen, daß sich diese Veränderungen verdichten zu einem neuen Image seiner Person. Um den Mann, der so große Anstrengungen unternimmt, alles Gefühlige wegzudrängen, ist eine emotionale Aura entstanden, die eine bewegende Wirkung auf jeden hat, der ihm begegnet.

Seine Zuhörer unterfüttern die Sätze Schäubles mit der eigenen persönlichen Betroffenheit über sein Schicksal. Das bindet. Kein Wunder, daß es immer knistert, wenn Schäuble redet – aggressiv wie im Bundestag oder aufrüttelnd wie unlängst auf einem Kreisparteitag der CDU in Gladbeck.

Dort wirkt Schäubles Rede »wie eine nachdenkliche Fastenpredigt«. Erwin Marschewski, CDU-Bundestagsabgeordneter aus Recklinghausen, muß lange überlegen, bevor er für die Art und Weise, wie Schäuble vorträgt – »er hat aufgeklärt, ins Gewissen geredet und tief überzeugt« –, die richtigen Worte findet.

Wie bei Schäubles Berlin-Rede im Bundestag, die allen Zuhörern als emotional und pathetisch in Erinnerung geblieben ist, würde auch die schriftliche Wiedergabe seiner Rede von Gladbeck nur höchst unzureichend Auskunft geben über die emotionale Wucht seines Auftritts. »Im Grunde«, wundert sich Marschewski, »waren es ja ganz normale Sätze. Aber wie die wirkten ...«

Wolfgang Schäuble spricht in Gladbeck ohne Manuskript. Er plaudert. Seine zögernde, leise Stimme, die Pausen, die er sich leistet, den Kopf sinnend auf eine Hand gestützt oder beide Hände wie zur Meditation vor das Gesicht gehoben, die Neigung, sich korrigierend, oft selbstironisch ins Wort zu fallen: Diese Rhetorik verdichtet sich zu einem höchst persönlichen, fast intimen Stil von eindringlicher Wirkung.

Nichts, was er den Parteifreunden mitzuteilen hat, ist sonderlich originell. Welcher CDU-Politiker sagte nicht, daß es »schneller und besser vorangeht, als die meisten geglaubt hätten«? Wen risse es schon vom Stuhl, wenn Helmut Kohl forderte: »Man muß manche Dinge anpacken, auch wenn man den Ausgang nicht kennt«? Wer hielte es nicht für eine billige Floskel, wenn Norbert Blüm sagte: »Ich bin kein Träumer und habe die meisten Illusionen inzwischen auch noch verloren«?

Wenn aber Wolfgang Schäuble solche Sätze sagt, wird es totenstill in der Stadthalle. Manches Auge näßt, wenn der schmächtige Mann – von den letzten Zuschauerreihen auf der riesigen Bühne kaum noch zu erkennen und nur mit Anstrengung zu verstehen – ins Mikrofon haucht: »Wir sind erwachsen geworden. Wir haben ganz große und neue Möglichkeiten, aber auch eine ganz neue Vergangenheit.« Wir? Das ist, so kommt die Botschaft an, zunächst einmal und vor allem dieser kleine Mann im Rollstuhl, dessen Auffahrt zum Podium sie mit betretener Ehrfurcht beobachten und dem sie später aus ergriffener Distanz zujubeln. »Wir« – das ist aber auch die CDU und damit jeder im Saal.

Schließlich sind »wir« die Deutschen: unzufriedene, ängstliche, ärgerliche Bürger eines Landes, das noch immer gespalten ist, malade, entzündungsanfällig und keineswegs besonders gehtüchtig. Alle drei Ebenen bindet Schäuble zusammen zu einer Botschaft, die jeder getrost nach Hause tragen darf: »Wir haben riesige Probleme und Aufgaben. Aber wir haben keinen Grund zum Pessimismus, wenn man sieht, was wir schon alles geschafft haben.«

Es gibt Parteistrategen in Bonn, innerhalb und außerhalb der Union, die nennen diese Wirkung den Mitleidseffekt. Sie sind überzeugt, daß er sich abnutzt. Das könnte wohl sein, wäre dieser Effekt allein das Ergebnis kühler Inszenierung. Seit Uwe Barschel, der die Benutzung eines Krückstocks im Wahlkampf unmittelbar nach seinem Flugzeugunglück allein nach den Kategorien des »Unterhaltungswertes« bestimmte, sind uns derartige Zynismen ja auch in der Bundesrepublik vertraut.

Keine Frage, daß auch der »alte« Schäuble die politischen Chancen erkennt, die im Sympathie-Bonus für den »neuen« liegen. Natürlich instrumentalisiert er seine Behinderung, übt den Redestil, kostet seine Wirkung aus.

Gleichwohl ist nicht verstimmt, wer die Absicht merkt. »Die meisten Menschen wollen nicht mehr unanständig sein, als unvermeidlich ist«, sagt der Minister in Gladbeck, »aber manches ist ja unvermeidlich, seien wir doch ehrlich.«

Ein solcher Satz, so zynisch er klingt, hört sich bei Schäuble eher traurig an. Bei allem kalkulierten Geschick, eine Not in eine Tugend umzustilisieren, bleibt der Eindruck beherrschend, daß diesem Manne Neues noch immer mehr widerfährt, als daß er es gestaltete.

In den Tagen vor seiner Wahl zum Fraktionsvorsitzenden wirkt er denn auch mehr irritiert als glücklich über sein neues Image. Hat Wolfgang Schäuble Angst, daß zu einer anderen menschlichen Qualität wird, was eigentlich nur als technische Anpassung an sein Rollstuhlleben gedacht war? Fürchtet er sich davor, zum Softie gestempelt zu werden? Schlagen die neuen Erfahrungen gar auf seine politischen Vorstellungen durch?

»Nein, den Zusammenhang will ich eigentlich so nicht sehen«, hat er unlängst auf die Frage geantwortet, ob ihn sein eigenes Schicksal empfindsamer dafür mache, wie viele Lebenskarrieren und Lebensläufe in den neuen Ländern mit der Vereinigung zerstört worden seien.

Er will nicht. Eigentlich. Die Ambivalenz, die in diesen Worten mitschwingt, die Unentschiedenheit im Widerstreit zwischen den rational gesteuerten Willensakten des alten und dem emotionalen Druck des neuen Schäuble drängt sich im Gespräch mit ihm geradezu als Hauptmerkmal seiner gegenwärtigen Verfassung auf.

Den Ton gibt nach wie vor der alte Tat- und Machtmensch an, der sich von seinesgleichen in Bonn allein dadurch unterschied, daß er den »Sachzwängen« schneller, effektiver und fleißiger gehorchte. Das brachte ihn an die Spitze, bis das Schicksal zuschlug.

Bis heute hat Wolfgang Schäuble die gefühlsmäßige Verarbeitung dieser Lebenskatastrophe abgewehrt, mußte es wohl, um zu überleben. Ein Unglück sei ihm zugestoßen, ein Unfall, wie er jedem täglich im Verkehr widerfahren könne, basta. Zähne zusammenbeißen, nicht jammern. Weitermachen unter extrem erschwerten Bedingungen. Er hat keine seiner alten Positionen geräumt. Weder hat er seine Erfolgskriterien überprüft, noch seine juristischen Denkmodelle erweitert. Schon gar nicht hat er an dem bieder-nüchternen Weltbild des protestantischen Kleinstädters aus Baden gerüttelt, der – ordentlich, fleißig, hierarchisch und konservativ – die Welt, wie sie ist, für hell hält. Zur Not muß man ein bißchen reparieren und ausschmükken.

»Begreifst du aber, wieviel andächtig schwärmen leichter als gut handeln ist?« fragt er gern mit Lessings »Nathan«. Sein Mißtrauen gegen den »Irrationalismus« der Grünen und den »ideologischen Anspruch« der Sozialdemokraten ist ungebrochen.

Aber es ist ein Unterton dazugekommen, der sich aus den Erfahrungen des Behinderten speist. Und dieser Ton ist gefühlsgeladen, entzieht sich oft auf beunruhigende Weise rationaler Kontrolle. Zögernd kommen ihm sogar Worte wie »zärtlich« und »Demut« über die Lippen.

Wolfgang Schäuble sperrt sich zwar dagegen, sich von Emotionen übermannen zu lassen, aber verdrängen könnte er sie nicht, selbst wenn er es wollte. Wie denn auch?

Er erlebt Glücksgefühle bei Anlässen, die er früher als Nichtigkeiten abgetan hatte. Er feiert als Siege, was er gut vier Jahrzehnte lang getan hat, ohne nachzudenken – sich allein ankleiden, aus dem Bett kommen, sich ohne Hilfe duschen.

Die kleinen Rücksichtslosigkeiten des Alltags erfährt der Rollstuhlfahrer manchmal als nackte Brutalität – so den Kollegen, der ihn im Vorübereilen fragt, wie es ihm denn gehe, und schon auf und davon ist, ehe er »bescheiden« murmeln kann. So den Wohlmeinenden, der ihm herzhaft von hinten »alles Gute« auf die Schulter haut, was weh tut und zornig macht: Er hat ihn nicht einmal gesehen.

Manchmal, wenn Wolfgang Schäuble im Hubschrauber über die Wälder seiner Heimat zur Familie nach Gengenbach fliegt, drohen ihn die Entbehrungen und Verluste zu übermannen. Das Wandern und Spazierengehen fehlt ihm mehr als Tennis oder Skifahren. Mit Vernunftappellen ist diesem Schmerz schwer beizukommen.

Noch aber beschränkt sich Wolfgang Schäuble darauf, seine beiden Erlebniswelten nebeneinander auf sich einwirken zu lassen. Er verknüpft sie nicht bewußt, integriert nicht Altes und Neues zu einem veränderten Ganzen.

So kommt es oft zu abrupt wechselnden Eindrücken, mit denen der Mann im Rollstuhl seine Umwelt irritiert. Der triumphierende Minister, der in Saarbrücken den Parteifreund Schlee in die Schranken weist, weicht Minuten später einem grübelnden, müden Mann, dessen Gesicht den Ausdruck eines verletzten, todtraurigen Kindes annimmt.

Sekunden darauf greift er schon wieder witzelnd ins Geschehen ein. Bei längeren Gesprächen oder interessanter Arbeit am Schreibtisch vergißt er sogar, daß er im Rollstuhl sitzt. Wenn er träumt, sieht er sich immer auf zwei Beinen.

Hält er durch? Auszurechnen ist an diesem Mann derzeit nur seine stählerne Entschlossenheit, sich auf der nächsten Karrierestufe zu halten. Ob er aber dem Amt des Fraktionschefs auf Dauer gewachsen ist und wie er es letztlich gestaltet – das sind offene Fragen für ihn und alle anderen in Bonn. Derzeit sei seine Gesundheit stabil, gelegentliche Fieberschübe empfindet er nicht als Bedrohung. Das muß genügen.

Er kennt die Risiken. Werden es die Abgeordneten seiner Fraktion ertragen, daß sie sich ihm, wenn er im Rollstuhl sitzt, stets in gebückter Haltung zu nähern gezwungen sind? Wird ihm, weil sich viele aus Befangenheit nicht zu ihm trauen, eine eisige Aura der Distanz nachgesagt werden? Wird er in Einsamkeit verhärten, sich verschließen vor der Welt jenseits seiner Zugzwänge? Oder wird er seine Autorität gefährden, weil er sich zu freundlich bemüht um jedermann?

Weder das Verhältnis zur Opposition noch das zum Kanzler läßt sich verläßlich voraussagen, wenn er – wie angekündigt – versuchen wird, die Fraktion zum eigenen Gestaltungsinstrument der Regierungspolitik zu formen. Ein überaus heikler Balanceakt wartet auf den Mann, der sein Gleichgewicht im Rollstuhl derzeit beim Tischtennisspiel mit seiner Tochter zu stabilisieren sucht. Wolfgang Schäuble arbeitet weiter an sich, immer.

Denn soviel wenigstens ist sicher – die Chancen, die ihm winken, sollte er diese Etappe bewältigen, kennt er auch. Dazu bedarf es der Erleuchtung nicht, die ihm in Gladbeck in Form einer Grubenlampe überreicht wird. Grübelnd, wie aus weiter Ferne, starrt er in das zitternde Licht.

Kriegt er überhaupt mit, was der Kreisvorsitzende Lothar Hegemann da – nach hörbar hinuntergeschluckter Überwindung – in den Saal donnert? »Aus solchem Holz sind Kanzler geschnitzt.«

O ja, Wolfgang Schäuble hört es wohl. Vielleicht hört er es immer, wenn er wie verloren dasitzt.

Nur ist, sagt er ein halbes Jahr später, »die Vorstellung, dieses Amt zu tragen, ein Alptraum, kein Traum«. Wieviel Kraft das braucht. Wieviel Bösartigkeit man aushalten muß, wieviel Häme ertragen. Und wie einsam man wird.

Also würde er es nicht mehr wollen? Wolfgang Schäuble feixt. Er ist froh, sagt er, daß er bewältigt, was er jetzt betreibt, und bei ihm kriegt der Kanzler jedenfalls keine Kekse. Damit er noch lange lebt und regiert.

»Andererseits«, Schäuble zögert, »sagt ein Politiker niemals nie?« Er will es lieber so ausdrücken: Wer hörte den Wolfgang Schäuble, wenn er sagte, er wolle das Amt nicht? Dann könnte ja jeder glauben, er fühle sich dieser Aufgabe nicht gewachsen. Und davon könne nun wirklich keine Rede sein.

(Dieser Beitrag erschien am 25. November 1991 in der Zeitschrift »Der Spiegel«. Er wurde für dieses Buch überarbeitet und ergänzt.)

Jeder hungert nach Macht

Von vielen, die Wolfgang Schäuble genau kennen wollen, wird er als aktiv, dynamisch, diszipliniert, willensstark und zäh eingestuft. Das alles stimmt. Und doch sind es immer nur unzureichende Beschreibungen. Jeder verkörpert stets auch das Gegenteil, selbst wenn er es manchmal unterdrückt.

Heute abend sind wir wieder mit Wolfgang Schäuble verabredet. Nie läßt er uns lange warten. Fast immer versucht er, pünktlich zu sein. Jedenfalls bei unseren Begegnungen. So, als hätte er Sorge, unpünktlich genannt zu werden. Er verbirgt seine Verletzbarkeit. Das fällt auf. Jeder Ausdruck, den wir bei ihm erleben, zeigt auch den anderen Wolfgang Schäuble. Einer, der sich von seinen Träumen, seinen Illusionen gelöst hat. Er weiß, daß er behindert ist, daß er zeitlebens an den Rollstuhl gebunden bleiben wird, daß vorhandene Größenphantasien abgebaut werden müssen. Er hat sich korrigiert, mußte sich neu einstellen, neu deuten, neu bewegen lernen.

Jeder Politiker hungert nach Macht, nach Größe, nach Anerkennung. Jeder versteht es, und zwar in stets neuen Verkleidungen, Menschen in seine Einflußsphäre zu ziehen. Auch Schäuble weiß das, kann das, will das. Nach dem Attentat schärfte sich sein Blick für die eigene Existenz. Der Anschlag ergänzte die gewohnte Blickrichtung durch eine neue, für ihn ungewohnte existentielle Wahrnehmung. So bitter es war, so gut wurde es. Er gewann einen neuen Freiraum für sich.

Oft sind Enttäuschungen, die uns bereitet werden, Vorboten neuer

Wahrheiten. Schäuble hat lange gebraucht, um seine Behinderung als Tatsache, als Wahrheit zu akzeptieren, den Rollstuhl als Begleiter zu ertragen. Wie andere Behinderte, die wir befragten, erlebte auch er, daß diese Erkenntnis nicht in die Hoffnungs- und Aussichtslosigkeit führte. Seine Behinderung brachte ihm die Ehrlichkeit zu sich selbst. Und dieser Weg kennzeichnet den neuen Wolfgang Schäuble.

Seine Behinderung zeigte ihm jäh die Machtlosigkeit des Menschen, verschaffte ihm Rückbesinnung, veränderte seine Ansichten, Einstellungen und Hoffnungen, ließ ihn sich selbst in Frage stellen, und zwar rücksichtslos. Vor uns liegt das Magazin der »Süddeutschen Zeitung«: Peter Radtke und Wolfgang Schäuble im Gespräch. Zwei Behinderte diskutieren miteinander. Das Foto zeigt die beiden Rollstuhlfahrer. Schäuble schaut den anderen Behinderten auf dem Foto nicht an. Als wir ihn darauf ansprechen, meint er: »Dieses Bild finde ich problematisch. Der Fotograf hatte eine Leinwand hergerichtet, wir hatten gemeinsam zu Abend gegessen . . ., und dann entstand dieses etwas künstliche Foto!«

Wir deuten auf das Bild. »Was hat Ihre Frau gesagt, als sie dieses Foto sah?«

»Wir reden nicht viel über Bonn«, sagt er zunächst abwehrend, »aber über diesen Abend haben wir ausführlich miteinander gesprochen. Ich zeigte ihr das Foto. Sie fand es gut. Mich stört, daß ich Peter Radtke nicht anschaue. Aber gut, jeder wird ja sehen, daß es gestellt ist . . .«

Wir sprechen über Peter Radtke, seine Glasknochenkrankheit, Osteogenesis imperfecta. Schäuble hält Radtke für »hochgescheit«, hat seine Bücher gelesen. Beeindruckt hat ihn besonders das Buch über Radtkes Theaterarbeit mit George Tabori. Schäuble spricht ruhig und konzentriert. Daß ein langer Arbeitstag hinter ihm liegt, sieht man ihm nicht an.

»Sie sind für die Behinderten so etwas wie ein Hoffnungsträger geworden?«

»Ja, ich bin auch einer. Bin auch Behinderter, allerdings entwickelt man nicht automatisch das Bedürfnis, viel mit anderen Behinderten zusammenzusein. Eher das Gegenteil ist der Fall. Aber andererseits, wenn ich auf Veranstaltungen Behinderte sehe, fühle ich mich irgendwie verbunden.«

»Was denken Sie, wenn Sie Behinderte sehen?«

»Das ist auch so ein armes Schwein! Ich habe – soweit ich das erkennen kann – keine Befangenheit oder Scheu.«

»Wie war das vor dem Attentat?«

»Berührungsängste hatte ich nie. Hemmungen auch nicht. Als Innenminister habe ich oft mit Behinderten gesprochen, zum Beispiel bei den Würdigungen erfolgreicher Behindertensportler. Auch als Abgeordneter kam ich viel mit Behinderten zusammen, lernte mit ihnen umzugehen ... Nein, Scheu hatte ich auch vor dem Attentat nicht!«

»Haben Sie früher gelegentlich festgestellt, daß Gesunde beim Anblick von Behinderten erschrecken?«

»Erschrecken ist hart, ist zuviel gesagt. Aber Zurückhaltung. Manche gehen lieber auf die andere Straßenseite. Das kenne ich. Bei mir habe ich das so nie empfunden. Eher ist da eine Rührung zu registrieren. Vor allem ältere Menschen, die mich sehen, zeigen Betroffenheit. Menschen aus meinem Wahlkreis. Ich kenne viele, die bekommen heute noch feuchte Augen, wenn sie mich sehen; manche weinen vor Rührung. Darin liegt sicher Mitleid. Aber Erschrecken, nein! Vielleicht liegt es auch daran, daß ich mich kaum verändert habe, daß ich nicht abstoßend wirke.«

Wer mit Wolfgang Schäuble spricht, wird von seiner schwäbischen Ehrlichkeit berührt. Wir kennen ihn seit acht Jahren. Früher traute man ihm solche Qualitäten nicht unbedingt sofort zu. Ein außergewöhnlicher Technokrat war er immer, ein glänzender Macher nach Kohls Zuschnitt. Meistens zielsicher, zielbewußt, zielorientiert. Heute spürt man Reife, menschliche Wärme. Er beeindruckt durch seine Energie. Ausstrahlung und Denken scheinen eins geworden zu sein.

»Erleben Sie noch viel Anteilnahme?« Schäuble hat sich im Rollstuhl für einen Moment nach hinten durchgedrückt, gereckt.

»Ja, ich erhalte immer noch viele Briefe. Nicht mehr so viele wie kurz nach dem Attentat. Aber die Menschen schreiben mir, daß sie für mich beten, daß sie Anteil nehmen. Einige bieten mir gezielt Hilfe an. Denen schreibe ich, daß es mir an nichts fehle!«

Wir blättern in dem Interview, das er mit Dr. Peter Radtke führte, stoßen auf eine Feststellung von Radtke »Die Kälte ist Mist, für Sie auch?« Schäuble antwortet: »Furchtbar, für mich auch!« Wir fragen, was damit gemeint sei.

»Wahrscheinlich ist Ihnen aufgefallen, daß es in meinem Zimmer etwas wärmer ist. Bei normaler Raumtemperatur würde ich Spannungen verspüren, nicht mehr steuerbare Muskelreaktionen. Beispielsweise wenn ich eine Weile sitze, wie jetzt bei diesem Gespräch, zuckt es gelegentlich hin und her. Das nennt man Spastik, also nicht beherrschbare Zuckungen oder Muskelreaktionen.«

Lange Zeit trug er einen Pullover, war relativ warm angezogen. Er spürte die Kälte. »Die kalte Jahreszeit ist nicht so günstig für mich«, sagt er während des Gespräches. Nicht vorstellbar, wenn er im kalten Moskau verhandeln müßte. Einer, der lernt, die Grenzen zu kennen. In sein Leben hat sich der Satz eingenistet: Handle so, daß die Wirkungen deiner Handlungen verträglich sind. Im Zweifel sei er unbefangen genug zu sagen, hier zieht's! Läßt sich nicht das Fenster schließen? »Ich weiß auch«, schiebt er nachdenklich in unser Gespräch ein, »daß ich morgens weniger empfindlich bin als abends.«

Unser Gespräch kreist immer wieder um die Frage: Wie hält es Wolfgang Schäuble mit seiner politischen Zukunft? Er weicht aus, will sich nicht festlegen. Aus dem Kanzleramt wissen wir, daß Helmut Kohl ihn als seinen Nachfolger betrachtet. Sollte mir was passieren, hat der Kanzler gesagt, wäre Schäuble mein Nachfolger. Schäuble schmunzelt wissend: »Bis dahin ist es noch lang hin«, er winkt ab, will nicht festgelegt werden.

Was ihn selbst fasziniere, sei die Tatsache, daß er sich schneller mit seiner Lebenswirklichkeit abgefunden habe, als er das früher für wahrscheinlich gehalten hätte, »psychisch und physisch«, betont er. »Eigentlich bin ich gar nicht so furchtbar viel weniger glücklich und unzufriedener als früher!« Schäuble lächelt. »Unglaublich, ich hätte mir das früher nicht zugetraut. Wirklich nicht. Ich bin eher wehleidig und ängstlich . . .; würde das jedenfalls selbstkritisch so einschätzen.« Seine Hände liegen ruhig und entspannt vor ihm. Er sucht Blickkontakt. »Ich bin ein Stück kontemplativer geworden«, schwäbelt er, »geduldiger! Allerdings bestreitet das meine Frau. Sie meint, ich sei ungeduldiger geworden.«

Er hat Warten gelernt. Wartet auf sich, wartet auf andere, wartet auf Hilfe. Heute bilanziert er: »Man kann ja nicht auf alles zurennen, gleich alles anpacken. Man sitzt da, guckt sich das Treiben an. Allerdings ist auch wahr, daß die Zeit kostbarer wird. Man muß sorgfältiger planen, mehr einteilen. Zeit wird knapper, weil von den vierundzwanzig Stunden eines Tages weniger Arbeitszeit übrigbleibt.«

Schäuble hört mehr zu als früher. Geduldiger, verständnisbereiter. »Ich habe wieder Spaß am Leben. Manchmal träume ich, ich könnte wieder gehen!«

Mit seiner Frau spricht er öfter. »Ich brauche jemanden, der mir zuhört. Sie erbringt eine Dienstleistung, obwohl sie das Bonner Treiben nicht so arg interessiert«, witzelt er.

Wenn er in Bonn arbeitet, wacht er meistens gegen sechs Uhr dreißig auf. »Aufstehen ist ja zuviel gesagt«, danach Körperpflege.

»Normalerweise kommt kurz nach sieben Uhr eine Krankengymnastin, eine Therapeutin!« Mit ihr übt er eine Stunde lang. Wenn er bereits um acht Uhr einen dienstlichen Termin hat, fällt diese Fitneß-Stunde aus. Seine Tochter fragte ihn vor einigen Jahren, was er eigentlich in Bonn arbeite: »Sieht man dich im Fernsehen, liest du oder redest oder telefonierst. Arbeiten tust du nicht!« Er lächelt in der Erinnerung an die Vorhaltungen seiner Tochter. »Ja, aber das ist der Tagesablauf. Und irgendwann gehe ich ins Bett.« Ob er selbst aufstehen oder sich ins Bett bewegen könne, wollen wir wissen.

»Ich komme allein aus dem Rollstuhl ins Bett und, wenn der Rollstuhl in Reichweite ist, auch aus dem Bett.«

»Welcher Verlust von Funktionen schmerzt Sie am meisten?«

»Es ist nicht nur der Verlust des Gehens. Sie müssen sich das klarmachen«, er zeigt mit der Hand auf seine Brust, etwa eine Handbreit unter dem Kinn, »ab hier wird kein Organ mehr vom Hirn gesteuert. Man empfindet den Körper als etwas Fremdes, jedenfalls teilweise. Dabei ist es nicht so, daß ich meinen Körper nicht spüre, langes Sitzen ist durchaus mit Schmerzen verbunden. Und Spastik ist auch nicht gerade angenehm.«

»Gab es für Sie in der letzten Zeit eine Situation, in der Sie verzweifelt waren?«

»Verzweifelt ist zuviel gesagt. Ich bin anfälliger für Infektionen geworden. Vor allem der Harnwege. Natürlich ist die Blase ein Problem, eines der größeren. Infektionen sind manchmal mit Fieber verbunden. Dann muß man ins Bett. Zunächst ist das angenehm bei dem Streß, den ich habe. Aber die Aussicht, wieder tagelang Antibiotika nehmen zu müssen und zu wissen, daß man es nicht zu oft machen darf, ist nicht gerade rosig.«

Wiederholt wurden seine Leberwerte kontrolliert. Einige Wochen lang im Sommer 1991 – so schien es – hatten seine Ärzte einen Verdacht auf Leberentzündung. Schäuble war verzweifelt. Gott sei Dank blieb es beim Verdacht. Seither weiß er, was der Satz »Ihm ist eine Laus über die Leber gelaufen« bedeutet. Er spürt die Abhängigkeit seiner Psyche von diesem lebenswichtigen Körperorgan.

»Manchmal ist man sauer«, sagt er, »das ist halt normal. Am Freitag beispielsweise saß ich mit einem Kollegen zusammen, der sich verabschiedete, um nach Lech zum Skifahren zu gehen. Dann habe ich gemeint, das hätten Sie jetzt besser nicht gesagt, denn früher bin ich immer nach Lech gefahren, um Ski zu laufen. Gelegentlich denke ich halt an zwei Meter Schnee und schönes Wetter, sage zu mir, das wäre jetzt nicht schlecht. So ist das eben.«

»Wie ist das, wenn Sie im Fernsehen Tennisspiele sehen, Sie waren doch ein recht guter Tennisspieler?«

»Ja, ja... Ich weiß noch, als der Kinkel, mit dem ich früher gelegentlich spielte, mal zu mir sagte, drüben auf der anderen Rheinseite gebe es eine Halle, wo auch Rollstuhlfahrer spielten; ach, Herr Kinkel, das ist nun etwas, was mich überhaupt nicht mehr reizt. Jedenfalls nicht heute. Ich fahre, wann immer es möglich ist, mit dem Rollstuhl für eine halbe Stunde in der frischen Luft. Das tut gut. Im Laufe des Sommers möchte ich das Pensum steigern. Ansonsten hält sich mein Bedürfnis nach Sport in Grenzen.«

»Färbt die erlebte Hilflosigkeit nicht doch die Seelenlage eines Querschnittgelähmten?«

»Bei mir hält es sich in Balance. Ich bin allerdings auch weniger als vermutlich jeder andere Querschnittgelähmte in einer Situation, wo man nicht immer ›bitte, bitte‹ machen muß. Meine Mitarbeiter sind sehr besorgt und bemüht. Und daheim kümmert sich meine Frau um mich. Und die ist zum Glück nicht zimperlich. Wenn eben möglich, versuche ich, bei vielen Dingen allein zurechtzukommen. Nur wenn ich unter Zeitdruck gerate, weil ich einen Termin nicht verpassen möchte, hilft sie. Im übrigen: Viele Rollstuhlfahrer fahren quer durch die Welt. Vielleicht nicht schon nach anderthalb Jahren, sondern etwas später.«

»Welcher Rat nach dem Attentat war Ihnen der nützlichste?«

»Da gab es einige! Vielleicht war der Rat des Chefarztes der Klinik in Langensteinbach der wichtigste. Er bestärkte mich, in der Politik weiterzumachen, nicht ängstlich zu sein. Ich glaube, das war der beste Rat, obwohl er umstritten war. Ja, und ein anderer Rat war wichtig, den mir eine Krankengymnastin gab. Sie sagte, ich müsse meine Situation akzeptieren. Natürlich habe auch ich an ein Wunder geglaubt. Sie aber meinte, ich solle mich auf das Leben konzentrieren. Man könne auch als Querschnittgelähmter selbständig leben und ohne fremde Hilfe auskommen, wenn man bestimmte Dinge halt anders einrichte beziehungsweise sich selbst einrichte. Immer wieder sagte sie, es mache wenig Sinn, auf Wunder zu hoffen. Ich solle aus meiner Lage das Beste machen, auch wenn sie mir unabänderlich erscheine.«

»Wie wichtig war nach dem Attentat Ihre Glaubensüberzeugung?«

»Auch, auch, ja, vielleicht, ich glaube schon. Ja!«

Eine tägliche Plagerei ist sein Leben geworden. Die Autotür seines Dienstwagens wurde eigens für ihn angefertigt mit übergroßem Öffnungswinkel. Seine Spannkraft bewundern alle. Er hat gelernt, seine Zeit besser einzuteilen. Er horcht intensiver in sich hinein. »Es ist nicht leicht für einen, nur zu akzeptieren, dem es früher nicht schnell genug ging.«

Schäuble ist schmal geworden. Das Leben im Rollstuhl hat Spuren hinterlassen. Die zeitige Rückkehr in die Politik war Teil einer geglückten Therapie. Der Szenenapplaus der ersten politischen Auftritte nach dem Anschlag ist vergessen. Längst hat ihn der politische Alltag vereinnahmt. »Im Rollstuhl ist man entsetzlich klein.« Er hat es gemerkt bei Stehempfängen, im Bundestag, bei Versammlungen.

Gelegentlich erinnert er sich an die Schelte seiner Tochter kurz nach dem Anschlag. Damals hatte er sich gefragt, ob es einen Sinn mache, den Rest seiner Tage im Rollstuhl zu sitzen. Seine Tochter hielt ihm eine Standpauke. Er solle gefälligst nicht so einen Blödsinn reden. Wie er überhaupt dazu komme, so zu reden, so zu denken! Entschuldigend sagt Schäuble: »Meine Situation war ja doch einigermaßen hilflos, damals, als ich wieder zu Bewußtsein kam. Na ja, jeder macht Lernprozesse durch. Ich habe bei Null angefangen. Oft habe ich gedacht, wenn mir das vorher einer gesagt hätte, was auf mich zukommt ...« Er unterbricht sich. Wartet einen Augenblick. »Ich war ja nie in meinem Leben Patient im Krankenhaus. Die Vorstellung, ins Krankenhaus zu müssen, war für mich früher furchtbar.«

Die erste Nacht nach dem Attentat muß schlimm gewesen sein. Er beschreibt die dumpf wahrgenommenen Schmerzen. »Ich war offenbar ein unruhiger Patient. Alles tat weh. Luft kriegen Sie kaum. Sie hängen an Geräten. Die Nächte waren besonders lang.« Er denkt zurück, erinnert sich an Ärzte, Krankenschwestern, Pfleger, an die Morgenprogramme des Südwestfunks.

»Ich durfte längere Zeit ja nur flüssige Nahrung zu mir nehmen, hatte zwei Schußverletzungen.« Er würdigt die Arbeit der Ärzte. Bewundert das Pflegepersonal. Ihre fachlichen und menschlichen Qualitäten. »Nein, falsch gemacht wurde nichts! Das alles hätte nicht besser sein können!«

»Wenn heute Ihr Gesundheitszustand öffentlich diskutiert wird, schmerzt Sie das?«

»Ich habe eine relativ dicke Haut. Allerdings denke ich hin und wieder, ob einer, der so etwas sagt oder schreibt, auch daran denkt, wie es beim Betroffenen ankommt.«

Nur wenige sagen offen, was sie denken. Manche Abgeordnete haben ihn bereits abgeschrieben, warnen wegen seines Gesundheitszustandes, wegen seiner Anfälligkeit. Andere verdrehen vielsagend die Augen, wenn Schäuble Termine absagen muß. Fast alle aber haben Respekt vor der Energie und Willenskraft des Fraktionsvorsitzenden, der dem Kanzler den Rücken freihält, Mehrheiten beschafft, ihn unterstützt, wo er nur kann.

Immer wieder versucht Schäuble, seinen Gesundheitszustand zu verbessern, über den hinter vorgehaltener Hand diskutiert wird. Mit einem israelischen Arzt probierte er eine besondere Rehabilitationsmethode. Ärzte bestätigen, daß er im Verhältnis zu anderen Patienten mit vergleichbarer Verletzung und nach vergleichbarem Zeitraum »überdurchschnittlich gut« dastehe. In der Intensivklinik haben sie ihm gesagt – damals, als er nach dem Anschlag eingeliefert worden war –, er habe »vermutlich auch deswegen überlebt, weil er eine gute sportliche Konstitution gehabt habe«. Schäuble verläßt sich in wesentlichen Fragen seiner Gesundheit auf die ihn beratenden Mediziner. Zunächst befürchteten die Ärzte, daß sich seine Wirbelsäule verkrümmen würde, weil durch die Schußverletzung auch das Rükkenmark beschädigt war. Im Januar 1992 wurde sein Körper nochmals gründlich geröntgt. »Das ist phantastisch!« bilanzierten die Experten. Auch sein Sitzfleisch entwickelte sich gut. Normalerweise läßt sich bei Behinderungen seiner Art und dem Arbeitspensum, das er sich abverlangt – nicht selten vierzehn Stunden im Rollstuhl zu sitzen –, Wundsitzen nicht verhindern.

»Wann hatten Sie das Gefühl, nach dem Attentat wieder politisch mitmischen zu können?«

»Während der Koalitionsverhandlungen, bei denen ich zumindest zeitweilig dabei war.«

»An Ihrem Krankenbett war Lafontaine. Und es spricht für ihn, daß er diesen Besuch nicht für Wahlkampfzwecke nutzte, haben Sie seitdem eine andere Beziehung zu Lafontaine?«

»Ja, schon; ja, schon!«

»Worüber sprechen zwei Menschen, die fast durch Attentate ums Leben gekommen wären?«

»Wir hatten ja vorher noch heftige politische Auseinandersetzungen gehabt, hatten im September ganz schön miteinander abgerechnet. Aber sein Besuch war ganz normal, ganz unprätentiös. Wir erzählten einander von unterschiedlichen Erfahrungen. Er besitzt ja seine eigenen, verlor nicht das Bewußtsein nach dem Anschlag. Er spürte Todesnähe anders als ich, denn ich habe kaum bewußte Todesahnungen gehabt. Also die Erfahrung von der Nähe des Todes. So sprachen wir mehr über Probleme, mit den Folgen des Attentats leben zu können.«

»Sie sagen, Sie besäßen nicht die unmittelbare Todeserfahrung wie Lafontaine. Nun ist allerdings die Nähe des Todes für Sie eine Tatsache gewesen.«

»Ja, das ist wahr!«

»Verändert sich dadurch das Leben?«

»Wohl schon!«

»Gibt es so etwas wie eine zweite Geburt?«

»Das habe ich so nicht empfunden. Mag sein, daß es das gibt, aber ich empfand es so nicht! Nein. Natürlich denkt man mehr darüber nach, wie relativ alles ist, wie vergänglich. Was soll's! Ich plane noch. Allerdings rege ich mich weniger auf.«

»Haben Sie Sorge, daß sich Ihr körperliches Befinden verschlechtern könnte?«

»Es geht nicht immer nur vorwärts. Als Querschnittgelähmter ist man anfälliger. Man muß mit organischen Rückschlägen rechnen.«

»Hat man nach einem Attentat Angst vor einem neuen?«

»Ich hatte vorher keine und habe sie auch jetzt nicht!«

»Würden Sie auch wieder nach Oppenau gehen, wo es passierte?«

»Es gibt nur einen Grund, es nicht so schnell zu machen, da es als etwas interpretiert würde, was es nicht ist – als eine Art Heldentum.«

»Wie denken Sie heute über den Attentäter?«

»Manchmal habe ich ein schlechtes Gewissen, weil er mir eigentlich gleichgültig ist, was ja auch nicht ganz stimmt. Aber zu mehr habe ich mich bislang nicht aufraffen können. Mein Mitleid ist auch nur begrenzt, obwohl er sehr krank ist. Dabei bin ich nie böse oder zornig auf ihn gewesen. Wenn ein Verrückter auf der Autobahn Sie anfährt, haben Sie auch Pech!«

»Spielen Sie den Sachverhalt nicht runter?«

»Ich habe kein Problem, das Wort ›Attentat‹ auszusprechen. Ich möchte es auch nicht überhöhen. Mir ist etwas passiert, was jedem passieren kann. Natürlich ist es bei Politikern ein typisches Berufsrisiko!«

»Gab es von den Eltern des Attentäters eine Zeile des Bedauerns?«

»Seine Eltern haben geschrieben, und zwar gleich nach Freiburg in die Klinik. Also wenige Tage nach dem Anschlag. Ich habe ihnen auch zurückgeschrieben, sinngemäß: Wir hätten jeder unser Teil zu tragen, aber ich sei nicht böse. Wie gesagt, manchmal denke ich, ich müßte ein gewisses Mitgefühl für diesen Menschen haben. Aber dazu reicht's nun auch nicht, was ich nicht in Ordnung finde. Aber mehr kriege ich nicht zustande.«

»Wann haben Sie aufgehört, bei Hilfeleistungen Scham zu empfinden?«

»Ja, man fängt bei Null an, erlebt sich im Zustand völliger Hilflosigkeit. Schläuche hängen einem aus Mund und Nase. Man kann nichts selbst machen. Aber mit den Wochen wird es weniger. Und da man den Körper zunächst als etwas Fremdes erlebt, das man neu entdekken muß, wächst man langsam in diese Situation hinein. Sicher, manchmal denke ich, so ein Mist. Aber man gewöhnt sich an alles.«

»Wie aber ist es mit der ständigen Abhängigkeit von anderen?«

»Nicht so arg. Aber ich will es auch nicht als geringfügig abtun. Noch genieße ich ja als Fraktionsvorsitzender – und vorher als Innenminister – besondere Privilegien an Hilfe und Betreuung, wie man eben auch besondere Belastungen und Verantwortlichkeiten hat. Deswegen schreckt es mich nicht. Außerdem habe ich noch meine Familie. Zwar habe ich gelegentlich zu meiner Frau gesagt, sie müsse sich das überlegen, ob sie sich das zumuten könne, aber die hat mir – ähnlich wie meine Tochter – gesagt: ›Red' kein so dummes Zeug!‹«

»Der Verlust an Sexualität – bewegt Sie der?«

»Ja, sicher, sicher. Aber dieser Verlust ist für einen Zwanzig- oder Dreißigjährigen einschneidender als für einen Fünfzigjährigen. Natürlich müssen Querschnittgelähmte nicht unter allen Umständen völlig auf Sexualität verzichten, aber ich glaube wirklich, daß diese Frage bei jungen Leuten eine andere Rolle spielt als bei jenen im vorgerückten Alter.«

»Es hat mir viel gegeben«

Peter Radtke

»Möchten Sie mit Wolfgang Schäuble ein Gespräch führen?« Am Telefon ist eine Redakteurin des Magazins der »Süddeutschen Zeitung«. »Wir glauben, Sie beide hätten sich viel zu sagen.« Wolfgang Schäuble – der Name weckt in mir unentschiedene Gefühle. Jeder spricht von ihm, jeder bewundert seinen Mut. Weil ein Mensch, auch im Rollstuhl, seine Pflicht erfüllt, wird er zum Helden idealisiert. Andererseits geht tatsächlich etwas von dieser Persönlichkeit aus, das zumindest für einen Politiker ungewöhnlich ist. Ich kann es schwer definieren. Er sagt »wir«, wenn er von behinderten Menschen spricht, obwohl er erst seit etwas mehr als einem Jahr zu dieser Gruppe dazugehört. Er scheint seit seinem Unfall nachdenklicher geworden zu sein, nicht mehr so ganz in das Bild des kompromißlosen Hardliners zu passen.

Trotzdem frage ich mich, was wir uns zu sagen hätten. Unsere politischen Anschauungen sind nicht deckungsgleich. Er dürfte wenig Verständnis für das übrig haben, was den gewöhnlichen Behindertenalltag ausmacht. Dabei kann ich selbst nicht einmal als typischer Betroffener gelten, mit meinem Beruf, meiner Ehe, meinem selbständigen Leben in eigenen vier Wänden. Wahrscheinlich jedoch noch mehr als er. Der Kampf um Arbeitsplatz, Partnerschaft, gesellschaftliche Anerkennung ist ihm fremd – wenigstens aus der Perspektive des Behindertseins. Seine Karriere führte steil bergauf, bis zu jenem Unglückstag im Oktober 1990. Selbst danach wurden ihm noch alle Wege geebnet. Andere mußten sich härter durchbeißen. Ist er sich dessen bewußt? In Fernsehinterviews verwendet er über sich selbst immer die gleiche stereotype Formel: »Ich bin ein besonderer Fall. Meine Situation können Sie überhaupt nicht vergleichen.« Er hat recht, aber die stetig wiederholte Behauptung macht stutzig. Ist die Wendung ein Abwehrmechanismus, ein Selbstschutz? Je länger ich über diese Fragen nachdenke, desto neugieriger werde ich. Nach kurzer Bedenkzeit sage ich meine Teilnahme an dem Gespräch mit Dr. Wolfgang Schäuble zu.

Das Treffen ist in einem Restaurant der Bonner Innenstadt angesetzt. Das erste, was mir bei meiner Ankunft auffällt: vor der Eingangstür sind Stufen. Wird man den Ex-Innenminister und neu gewählten Vorsitzenden der CDU/CSU-Bundestagsfraktion dort hinaufzerren? Die Frage ist schnell beantwortet. An der Rückseite des Hauses gibt es eine Rampe für Bierlieferungen und andere Lasten. Einer der wichtigsten Männer Deutschlands über den Hintereingang – ich schmunzle still in mich hinein. Solche Erfahrungen sind für behinderte Menschen bei uns Alltagswirklichkeit. Dabei hat Schäuble noch Glück, daß man ihn nicht des Lokals verweist. Manchen spastisch Gelähmten geht es schlechter. Später wird mein Partner bestreiten, daß in der Bundesrepublik Behinderte diskriminiert werden. Als wir den Gastraum betreten, warten schon Sicherheitsbeamte, Journalisten, der Fotograf. Wie vorauszusehen, ist Schäuble noch nicht da. Er läßt auf sich warten. Taktische Kampfführung, sage ich mir, psychologische Strategie. Warum bewegen sich meine Gedanken stets in militärischen Kategorien? Vielleicht, weil andere von uns einen Schaukampf erwarten. Nicht umsonst wurde uns Archivmaterial über den jeweiligen Kontrahenten zugesandt. Dabei würde ich am liebsten ganz privat, ohne Zeugen . . . Doch dann säße ich sicher nicht hier.

Schäuble kommt hereingerollt. »Wo muß ich mich hinstellen? Wie lange wird das Interview dauern? Welche Fragen soll ich beantworten?« Meine Neugier weicht der Ernüchterung. »Doch nur der typische Politiker«, denke ich. Der verantwortliche Redakteur versucht, die Spielregeln des Treffens zu erklären. »Es ist kein Interview. Sie sollen sich einfach unterhalten.« Schäuble wirkt für einen Augenblick irritiert. Ich glaube, er ist eher an Monologe gewöhnt, selbst dort, wo er zuhört. Plötzlich fühle ich mich ihm sehr nah. Wenn man prominent ist, wird die Luft dünn. Aber der Profi fängt sich sofort, überspielt den Moment der Unsicherheit. Die nächste halbe Stunde ist er wieder glatt, ohne Haken und Widerstände, der perfekte kommende Bundeskanzler.

Nur eine kleine Episode erinnert daran, daß er doch nicht völlig »normal« ist. »Wissen Sie, ich komme etwas spät, aber ich mußte noch zum Arzt. Ich habe Probleme mit der Blase.« Die meisten Anwesenden schauen peinlich berührt zu Boden. Selbst ich bin überrascht, aber auch wiederum nicht. Die Themen Harnausscheidung und Verdauung spielen bei Rollstuhlfahrern eine wesentliche Rolle. Blutvergiftung, Wundsitzen, Verstopfung können lebensbedrohend werden. Warum sollte man nicht darüber sprechen. In Reha-Kliniken drehen sich die meisten Gespräche Querschnittgelähmter um diese Fragen. Schäuble ist querschnittgelähmt.

Als wir am weißgedeckten Tisch sitzen, nach unseren Essenswünschen gefragt werden, fällt mir auf, daß es sich bei unserem Lokal um ein badisches Spezialitätenrestaurant handelt. Schäuble wurde, wie ich, in Freiburg im Breisgau geboren. Er blieb der Heimat verhaftet. Bonner Politiker leben im Exil, heißt es. In der Fremde suchen sie ein Stück Vertrautheit. Wieweit ist meinem Gegenüber schon bewußt, daß er in eine zweite Fremde gestoßen wurde? Hier ist keine Rückkehr mehr möglich. Ich fühle mich nirgendwo völlig zu Hause, auch nicht dort, wo ich scheinbar integriert bin. Vielleicht sympathisiere ich deshalb mit Ausländern, Juden, Minderheiten. Schäuble will den Begriff nicht gelten lassen – »Minderheit«, noch weniger »diskriminierte Minderheit«. Er wird zynisch: »Auch Tennisspieler sind eine Minderheit; sie werden von Naturschützern diskriminiert.« Mir bleibt der Bissen im Hals stecken. Meint er es ehrlich? Ich besinne mich. Schäuble repräsentiert eine Volkspartei, die Mehrheitsfraktion im Deutschen Bundestag. Im politischen Credo seiner Organisation sind Minderheiten nicht vorgesehen. Wie wird er in den kommenden Jahren mit dieser Diskrepanz leben: selbst Außenseiterrolle annehmen zu müssen, offene oder auch versteckte Benachteiligung zu erfahren und doch ein Bild des bewahrenden Konservativismus zu vertreten? Wenn er intelligent und sensibel ist, wird er an diesem Widerspruch zerbrechen, wenn nicht . . .

Wir kommen auf die Erwartungen zu reden, die von einem Teil der Bevölkerung gerade in einen behinderten Schäuble gesetzt werden. Mein Gesprächspartner scheint sich der neuen Verantwortung bewußt zu sein. Doch sieht er sie, wie ich meine, zu äußerlich. Als ginge es nur darum, gewissen politischen Forderungen einer Splittergruppe Gehör zu verschaffen. Selten hat sich in unserem Land einem Menschen eine ähnlich einmalige Chance geboten. Ein einzelner wird in den Stand versetzt, Bewußtsein zu beeinflussen, womöglich gar umzukehren. Ich weiß, was man in Deutschland über »Krüppel« denkt, wieder denkt, vielleicht nie aufgehört hat zu denken. Auch wenn ich Personenkult ablehne, mitunter kann er Gutes bewirken. Vor mir sehe ich ein Gleichnis der Bibel: »Die anvertrauten Pfunde«. Ist uns zum Wuchern vielleicht unser Schicksal, unsere Behinderung aufgetragen? Schäuble wird sehr nachdenklich. Sein Blick senkt sich, wandert in sich zurück. Die Sätze kommen langsam, einzeln abgewogen, als fürchte der routinierte Mann der Öffentlichkeit bei jedem Wort, es könne seine geheimen Gefühle verraten. Ich weiß nicht, wie viele meiner Gedanken bei ihm hängenbleiben. Aber etwas bewegt sich hinter der unbeweglichen Stirn meines Gegenübers.

Ich gehe noch einen Schritt weiter. Ich spreche das Glück an, das Schäuble nach dem Attentat und der medizinischen Rehabilitation hatte, als er sogleich wieder in Beruf und Arbeit einsteigen konnte. Wo aber bleibt der Raum für seine Trauer? Für einen Augenblick wird Schäuble heftig: »Sie wollen mir eine Krise herbeireden. Es gibt keine Krise.« Warum wehrt er sich so dagegen? Sie wird kommen, muß kommen, wenn auch der seelische Heilungsprozeß erfolgreich verlaufen soll. Je früher, desto besser. Am Anfang kann man noch leichter damit fertigwerden. Ich bin kein Psychologe, wünsche ihm aber, daß er zur rechten Zeit einen Freund an der Seite hat. Politiker dürfen keine Schwäche zeigen. Wie tief der Stachel der Behinderung wirklich sitzt, wird deutlich, als Schäuble sein Geschick mit dem des gestürzten Lothar Späth vergleicht. »Ich in meiner Situation, er in der seinen – ich möchte lieber mit Lothar tauschen.«

Das Gespräch hat seine Richtung geändert. Aus dem anregenden Alleinunterhalter, dem Small-talk-gewandten Konversationsführer ist im Laufe von zwei Stunden ein aufmerksamer Zuhörer geworden, der seinerseits Bälle auffängt und zurückwirft. Noch immer interessiere ich Schäuble wahrscheinlich wenig als Autor, Schauspieler, Behindertenvertreter. Doch er hat eine neue Dimension entdeckt, die des behinderten Menschen. Ich habe ein Buch über meine Theaterarbeit mitgebracht, Erfahrungen eines Behinderten auf der Bühne. Wenn das Gespräch positiv verläuft, will ich es ihm quasi als nachträgliches Gastgeschenk geben. Während der Unterhaltung selbst nehme ich mir vor, es in der Tasche zu lassen. Was hat die Unterredung schon gebracht, außer ein paar Zeilen für neugierige Journalisten? Es kommt zum Aufbruch. Wir geben uns die Hand. Anders als bei der Begrüßung schaut mir jetzt der Vorsitzende der CDU/CSU-Bundestagsfraktion Dr. Wolfgang Schäuble direkt in die Augen. »Es wäre schön, wenn wir uns einmal wiedertreffen, in anderer Umgebung, ohne Journalisten.« Spontan löse ich mich von ihm und sage: »Ich habe da noch etwas für Sie.« Wenige Tage später erhalte ich von Schäuble ein Buch zugesandt über seine Rolle beim Wiedervereinigungsvertrag und die kurze Notiz: »Unser Gespräch hat mir viel gegeben.«

Wunderwirkungen und unser Selbstbewußtsein
Ilja Seifert

Der Bote mag sich vielleicht ein wenig gewundert haben. Zur PDS? Aber er tat, was ihm aufgetragen war: In eine ausgelassene Runde von PDS/LL-Mitgliedern sowie deren Mitarbeiterinnen und Mitarbeitern des zwölften Deutschen Bundestages brachte er am Abend des

11. März 1991 eine freundliche Botschaft des Innenministers. Die Gruppe feierte im Bonner Opernrestaurant. Dr. Wolfgang Schäubles Grüße galten meiner Frau Iris-Cornelia und mir. An diesem Tag hatten wir – zwei Berliner – uns im Bonner Stadthaus das Jawort gegeben. Was könnte uns ein Christdemokrat Besseres wünschen als »Gesundheit, Glück und Gottes Segen«?

Doch: Halt! Es war nicht einfach der CDU-Politiker, der da einem PDSler schrieb. Es war vor allem der Mensch Wolfgang Schäuble, der uns alle guten Wünsche mit auf den gemeinsamen Lebensweg gab. Es war ein aufmunternder Gruß zwischen den beiden Männern im Parlament, die die gleiche Art der Fortbewegung haben: Wir rollen. Weil wir querschnittgelähmt sind. Dr. Schäuble infolge eines Attentats seit Herbst 1990. Ich seit einem Badeunfall im Jahre 1967. Bei mir ist der Bruch etwas höher, im Halswirbelbereich. Bei ihm sind wenigstens die Hände und Arme noch voll funktionsfähig. Aber eine ramponierte Wirbelsäule ist nicht mit einem gebrochenen Rückgrat gleichzusetzen. Mit der sehr raschen Rückkehr ins aktive politische Leben – immerhin trat er noch vor dem Wahltermin am 2. Dezember 1990 wieder öffentlich auf – machte Wolfgang Schäuble das auch einer breiten Öffentlichkeit klar.

Für uns Betroffene ist das keine umwerfende Erkenntnis. Das ist unser tägliches Leben. Aber es ist eben doch auch wichtig, daß andere, unbeteiligte Menschen das wissen. Welch abenteuerlichen Vorstellungen kann man doch noch begegnen, wie mit Menschen umzugehen sei, die sichtbar behindert sind! Wie oft fragt eine Verkäuferin über meinen Kopf hinweg meine Frau: »Was will *er* denn?« Wie selbstverständlich findet man es in vielen Amtsstuben, daß Rollstuhlfahrer nur über Neben- oder Hintertüren ins Haus gelangen? Wie häufig werden solche Umbauten sogar als große Erfolge ausgegeben? Wie oft hören wir von mehr oder weniger starken Männern den gutgemeinten Satz: »Das macht uns doch nichts aus, Sie über diese Treppe zu tragen«? Warum fragt keiner, ob es mir vielleicht unangenehm ist? Und wie viele Bürger sind bereit, für Sonderschulen, Sonderkrippen oder Sonderwohnheime in der aufrichtigen Annahme zu spenden, uns so auf jeden Fall etwas Gutes zu tun? Dort sei doch alles so schön speziell für uns eingerichtet. Dort stehe besonders geschultes Personal zur Verfügung. Dort werde also bestens für uns gesorgt. Ein gelegentlich zum Sarkasmus neigender Freund aus der emanzipatorischen Behindertenbewegung wundert sich in diesem Zusammenhang immer, warum es (noch) keine Sonderfriedhöfe für uns gibt. Aber: Vielleicht wollen viele von uns für sich selbst sorgen. Vielleicht wollen viele von uns selbst darüber entscheiden können, wer uns wann welche Unterstützung leistet. Vielleicht wollen viele von uns gar keine speziellen Lebensräume?

Die Spenden werden dringend gebraucht! Aber sie sollten der Integration dienen. Selbsthilfegruppen und andere Betroffenenorganisationen benötigen dringend Geld für ihre gemeinnützige Tätigkeit. Ist es nicht viel logischer, viel menschenwürdiger, alles in der Welt so einzurichten, daß es von jedem uneingeschränkt genutzt werden kann? Und daß es jedem die ihm gemäßen Entfaltungsmöglichkeiten bietet? Das schließt individuelle Förderung selbstverständlich ein. Schließlich sind viele Dinge, die für uns unabdingbare Voraussetzungen für ein gleichberechtigtes Leben darstellen, auch für andere durchaus hilfreich. Rampen werden von kinderwagenschiebenden Eltern genauso dankbar benutzt wie von Rad- oder Skateboardfahrern. Busfahrer, die die Stationen deutlich ansagen, helfen nicht nur Blinden bei der Orientierung. Zumindest stört es niemanden, wenn an Toiletten stabile Haltegriffe sind oder wenn Banknoten auch in Braille-Schrift über ihren Wert Auskunft geben.

Um all das und etliches mehr kämpfen Menschen mit den verschiedensten Behinderungen seit langem. Immer wieder traten sehr engagierte Gruppen mit teilweise spektakulären Aktionen an die Öffentlichkeit. Schritt für Schritt erreichten sie immer etwas mehr Akzeptanz. Immer etwas mehr an Freiraum. Immer etwas mehr an Bewegungsmöglichkeit. Und dennoch blieben wir im öffentlichen Bewußtsein eine »Randgruppe«. Daß ungefähr zwölf Prozent aller Menschen in der einen oder anderen Weise direkt von Behinderungen betroffen sind, wird häufig noch immer übersehen. Höchstens vor Wahlen erinnern sich Politiker gelegentlich, daß wir mit unseren Angehörigen, den Freunden und ständigen Helfern, die ebenso existentiell von unseren Handicaps betroffen sind, mehr als ein Viertel der Bevölkerung ausmachen.

Die Tatsache, daß Wolfgang Schäuble jetzt zur Fortbewegung ebenfalls auf den Rollstuhl angewiesen ist, löst natürlich keines unserer spezifischen Probleme von sich aus. Aber sie erleichtert uns manches. Es ist geradezu erstaunlich, welche »Wunder« gelegentlich allein die Erwähnung des Innenministers oder jetzt des CDU/CSU-Fraktionsvorsitzenden auslösen kann. Ob Bürgermeister oder Polizeireviervorsteher, ob Bibliotheksleiterin oder Platzanweiserin im Kino – jahrelang hielten sie sich das »Nörgeln« ortsansässiger Menschen mit Behinderungen mit den alles erklärenden Hinweisen auf leere Kassen, fehlende Kapazitäten, Auflagen des Denkmalschutzes oder einfach auf »geringen Bedarf« erfolgreich vom Halse. Jetzt aber könnte es ja immerhin sein, daß einer der einflußreichsten Politiker des Landes ins Rathaus will. Soll er etwa über den Dienstboteneingang kommen? Oder er weilt zufällig in der Stadt und benötigt eine Toilette, ein Hotelzimmer. Vielleicht möchte er am Ort ins Theater gehen? Oder in ein nettes Lokal? Es wäre doch peinlich, ihn über den Gemüseaufzug und durch die Küche geleiten zu müssen . . .

Gesetzliche Vorschriften erscheinen mitunter durch die Nennung des Namens Schäuble in einem ganz anderen Licht. Es gab auch vor dem Attentat schon viele, die – wo immer sie konnten – behindertengerecht bauten, die Bordsteine absenkten und akustische Ampeln installierten, die ambulante soziale Dienste einrichteten. Auch vor dem Attentat versuchten engagierte Menschen – ob in politischer Verantwortung oder einfach aus Humanismus –, Freiräume für diejenigen zu schaffen, denen sie bis dato aufgrund ihrer Behinderungen vorenthalten blieben. Auch vor dem Attentat gelang es manchen, uns so weit zu akzeptieren, daß sie tatsächlich nicht nur für uns dachten und handelten, sondern mit uns redeten und überlegten. Einige begriffen auch, daß wir durchaus selbst handeln können. Daß wir selbst sagen können, was wir benötigen und wann. Daß viele von uns ihren Tagesablauf selbst organisieren wollen und können. Daß wir in der arbeitsteiligen Welt einen ebenso geachteten Platz einnehmen wollen und können, wie jeder andere es für sich auch beansprucht. Deshalb gelang es ja, bereits etliche Vorschriften zu erzwingen, die unseren Bewegungsraum erweiterten.

Aber was nützt das beste Gesetz, wenn es unterlaufen werden kann? Was nützt die Festlegung, daß Menschen mit Behinderungen beruflich besonders zu fördern sind, wenn man sich von der Verpflichtung zur sinnvollen und gleichberechtigten Beschäftigung freikaufen kann? Was nützt behindertengerechter Wohnraum, wenn man ihn sich – aufgrund des erhöhten Platzbedarfs – nicht »leisten« kann? Was nützen Zuschußmöglichkeiten für ein Kraftfahrzeug, wenn die Gewährung an eine Berufstätigkeit gekoppelt ist, die unter Umständen aufgrund der Art und Schwere der Behinderung nicht aufgenommen werden kann? Was nützen behindertengerechte öffentliche Toiletten, wenn sie verschlossen gehalten werden und der Schlüssel erst an einer Theke oder einer Pförtnerloge abgeholt werden muß? Was nützt die allgemeine Deklaration des Gleichheitsgrundsatzes, wenn man aufgrund einer Behinderung von vielen Bereichen des öffentlichen Lebens einfach ausgeschlossen bleibt? Angesichts dessen, daß immer die Möglichkeit, ja die »Gefahr« besteht, daß Wolfgang Schäuble auftauchen könnte und man sich vor ihm schließlich nicht blamieren möchte, finden wir in der Praxis bei Verantwortlichen jetzt eher ein offenes Ohr für unsere Probleme als früher.

Es gibt innerhalb der Behindertenbewegung durchaus geteilte Meinungen zu Dr. Schäuble. Es gibt durchaus Stimmen, die mit einer gewissen Verachtung von den Privilegien reden, mit denen er lebt. Es gibt durchaus Äußerungen, die seine Situation in keiner Weise für vergleichbar mit der irgendeines anderen Menschen halten, der mit einem Handicap lebt. Und es gibt auch unter der nichtbehinderten Bevölkerung teilweise merkwürdige Vorstellungen von dem, was Wolfgang Schäuble als Rollstuhlfahrer zu erleiden habe. Ich halte nichts von derartigen Übertreibungen. Weder werfe ich ihm vor, daß er als Spitzenpolitiker bewacht wird, noch überschlage ich mich vor Beteuerungen, wie sehr ich seine Willenskraft bewundere. Keiner von uns beiden käme auf den Gedanken, die politischen Positionen des anderen nur deshalb sympathischer zu finden, weil sie eben auch von einem Rollstuhlfahrer vertreten werden. Und dennoch mache ich kein Hehl daraus, daß – wenn schon ein CDU-Politiker Kanzler ist – es mir am liebsten wäre, er hieße Wolfgang Schäuble. Das würde uns zumindest in den Bereichen des barrierefreien Bauens und einigen anderen Fragen – zum Beispiel der Akzeptanz, daß wir in Konzertsälen nicht wie Aussätzige auf weit abgelegenen Sonderplätzen abgestellt werden wollen, zum Beispiel im Ernstgenommenwerden, im Abbau beleidigenden Mitleids usw. – weitere Fortschritte wahrscheinlich ein wenig erleichtern.

Etwas anderes steht für mich allerdings auch fest: Daß Wolfgang Schäuble trotz seiner deutlich sichtbaren, schweren Behinderung relativ problemlos weiterhin hohe politische Ämter bekleiden kann, verdankt er auch der zähen, häufig unbeachteten, teilweise jahrzehntelang erfolglosen Arbeit unzähliger »namenloser« Menschen mit Behinderungen, von engagierten Angehörigen und Selbsthilfegruppen. Immerhin war das öffentliche Bewußtsein schon lange vor dem Attentat so weit entwickelt, daß nicht von vornherein jedwede weitere politische Arbeit eines »Krüppels« für ausgeschlossen gehalten wurde. Wer hat das erreicht, wenn nicht wir? Daß es in der Öffentlichkeit noch immer Meinungen, Vorurteile, Aversionen und dergleichen gibt, die uns an den Rand drängen (wollen), ist eine unbestreitbare Tatsache. Hier wirken jahrtausendealte Traditionen, es gibt die Angst vor dem Unbekannten, es gibt auch Kaltschnäuzigkeit. Das ist nicht von heute auf morgen zu überwinden. Eine ebenso unübersehbare Tatsache ist aber auch, daß die Akzeptanz von Menschen mit den verschiedensten Behinderungen in der Öffentlichkeit heute weitaus höher ist als noch vor zwanzig oder zehn Jahren. Vor allem aber ist sehr deutlich, daß wir inzwischen selbstbewußt auftreten. Viele von uns betrachten ihre Handicaps längst nicht mehr als einen Mangel, den es möglichst zu verheimlichen, zu verschleiern oder zumindest zu verniedlichen gilt, sondern nehmen die Behinderung als Teil ihrer Persönlichkeit an. Wenn man das nicht mehr als Makel begreift, gewinnt man die Souveränität, gleichberechtigt leben zu wollen. Wer nicht ständig – auch nicht im Unterbewußtsein – mit sich hadert, daß er die Behinderung nicht ursächlich beseitigen kann, gewinnt die Freiheit, das eigene Ich als Teil der gesamten Menschheit zu sehen, für die es nun einmal keine »Norm« gibt. Jeder ist anders. Und dieses Selbstbewußtsein, das viele von uns sich erarbeiten, birgt die Potenz in sich, daß wir alle – ob behindert oder nicht – einander besser verstehen lernen. Daß wir einander ernster nehmen. Das war beispielsweise einer der Gründe, die uns im Herbst 1989 unter den Hunderttausenden auf DDR-Straßen mitrollen und -humpeln ließen: »Auch wir sind das Volk!« Und deshalb fanden wir in der untergehenden DDR die Kraft, innerhalb weniger Monate eine eigene Organisation quasi aus dem Boden zu stampfen, die uns bis dahin unter fadenscheinigen Vorwänden von Politbürokraten verwehrt worden war: den ABiD, den Allgemeinen Behindertenverband in Deutschland e. V., der heute in inhaltlicher Übereinstimmung oder sachlicher Konkurrenz zu anderen, seit langem etablierten Verbänden für Selbstbestimmung und Würde derjenigen streitet, die gemeinhin zu den »Schwächsten der Gesellschaft« gezählt werden.

Wir kennen jetzt unsere Kraft. Sie entsprang anderen Quellen als die der westdeutschen Behindertenbewegung. Aber sie mündet – wie auch andere internationale Strömungen – in wachsendem Selbstbewußtsein. Aus diesem Selbstbewußtsein kann auch Dr. Wolfgang Schäuble schöpfen. Die Achtung, die sich »namenlose« Menschen mit Behinderungen in vielen Jahrzehnten mühsam errangen, ist eines der Fundamente, auf denen er steht.

Dieses Einanderernstnehmen, diese Achtung voreinander schließt beispielsweise auch ein, daß wir – ob behindert oder nicht – es lernen, einander in Sachfragen zu kritisieren und Kritik entgegenzunehmen, ohne falsche Scheu, aber auch ohne persönliche Verletzungen. Wolfgang Schäuble und ich begegnen uns im Wasserwerk relativ selten. Er ist zu anderen Themen präsent als ich. Und auch wenn wir beide im Plenum sitzen, kommt es nicht oft zu einem Gespräch. Wir gehen beide unserer Arbeit nach. Aber wenn wir einander zufällig begegnen, dann gibt es zumindest ein aufmunterndes Lächeln hinüber und herüber, eine grüßende Geste. Unterschiedliche politische Meinungen tragen auch wir im Plenum aus. Beispielsweise als ich ihn in einer Verfassungsdebatte im Berliner Reichstagsgebäude mit einer Zwischenfrage zur Rede stellte, wie er denn zur Festschreibung des Diskriminierungsverbots für Menschen mit Behinderungen im Grundgesetz stehe, und er antwortete, daß seiner Auffassung nach der allgemeine Gleichheitsgrundsatz des Artikels 3 ausreiche. Das hindert mich nicht daran, weiterhin mit aller Kraft um Mehrheiten zu ringen, daß ein Passus aufgenommen wird, der die Bevorzugung oder Benachteiligung wegen körperlicher, geistiger oder seelischer Eigenschaften ächtet. Vielleicht gelingt es meinen Freunden und mir doch noch, auch den mit körperlichen Handicaps lebenden CDU/CSU-Fraktionsvorsitzenden von der Notwendigkeit eines Antidiskriminierungs- und Gleichstellungsgesetzes zu überzeugen. Und auch wenn es vorläufig kein Zeichen dafür gibt, daß er schon eingesehen hätte, daß Pflege, Begleitung und Assistenz für Menschen im höheren Lebensalter und/

oder mit Behinderungen nur dann wirklich im Interesse der Betroffenen, also würdevoll und weitgehend selbstbestimmt organisiert werden können, wenn sie über ein steuerfinanziertes Pflege-Assistenz-Gesetz geregelt werden, werde ich mich auf politischer Ebene stets auch weiterhin bemühen, ihn von der Stichhaltigkeit der Argumente zu überzeugen, die die emanzipatorische Behindertenbewegung seit Jahr und Tag zusammenträgt.

Doch wenn wir in der Lobby die Zeit für ein kleines Wort finden, dann reden eben zwei Rollstuhlfahrer miteinander, nicht in erster Linie der CDU-Mann und der PDSler. Denn wir wissen voneinander, daß die eigentlichen Probleme nicht darin liegen, daß wir uns rollend fortbewegen. Sie liegen auch nicht nur in aufdringlichem Mitleid oder der Demütigung, bei Stehempfängen gelegentlich übersehen zu werden. Manche Probleme beginnen erst zu Hause. Wenn alle Kameras ausgeschaltet sind. Wenn man die Schlafzimmertür hinter sich geschlossen hat. Wenn man allein ist. Und wenn man denen, die man liebt, ansieht, wie abgespannt sie sind.

Vielleicht hat sich der Bote gewundert, als er zu jener PDS-Feier geschickt wurde? Dabei brachte er doch nur Grüße von Mensch zu Mensch.

Sonderstellungen

Ernst-Dieter Berthold

Ich möchte gerne der Versuchung widerstehen, die spontan geäußerte Hoffnung vieler behinderter Menschen einfach zu übernehmen, daß nun doch ein Minister, oder inzwischen der Fraktionsvorsitzende einer großen Partei, durch sein eigenes Schicksal ein besseres Verständnis für die Probleme behinderter Menschen bekommen könnte.

Ich möchte mir gerne das Schicksal von Herrn Dr. Schäuble bewußt machen und nicht den Minister oder Spitzenpolitiker als Rollstuhlfahrer sehen, sondern wirklich den Menschen erkennen, dessen Leben sich im Bruchteil einer Sekunde grundsätzlich geändert hat. Der, als ihm seine neue Lebenssituation bewußt werden konnte, sich außerdem auch noch sehr schnell damit auseinandersetzen mußte.

Nicht nur mit seiner beruflichen Situation, deren Bewältigung jetzt sicherlich viel komplizierter geworden ist, sondern auch mit den vielen Fragen, die seine Familie, insbesondere seine Frau und seine Kinder, betreffen und von diesen verarbeitet werden müssen. Dieses neue Lebensschema von Dr. Wolfgang Schäuble erlebe ich vordergründig, wenn ich an ihn denke.

Andererseits stellt sich mir natürlich die Frage, inwieweit ein Mensch mit diesen Erlebnissen nach einer relativ kurzen Zeit schon so sensibilisiert sein könnte, daß er die Probleme anderer Menschen mit sehr verschiedenen Behinderungen besser als zuvor wahrnehmen, besser nachvollziehen und verstehen kann.

Bauen sich für ihn durch seine besondere Situation nicht unwillkürlich Barrieren vor einem erweiterten Verständnis auf?

Ist Dr. Wolfgang Schäuble doch ein Rollstuhlfahrer, für den es im praktischen Leben kaum Mobilitätsprobleme und kaum Kommunikationshindernisse gibt. Da für ihn sowieso vierundzwanzig Stunden am Tag alle gewünschten Hilfs-(Schutz-)Kräfte unabhängig von seiner Behinderung zur Verfügung stehen, wird kein defekter behindertengerechter Fahrstuhl vor dem Ministerium oder in einem anderen Gebäude ihn daran hindern, wenn er es will, dieses Gebäude zu betreten. Keine fehlende Einstieghilfe beim ICE wird für ihn ein Problem darstellen, keine während seiner beruflichen Tätigkeit plötzlich zu bewältigende schmale Tür wird ihn an der Erledigung seiner Aufgabe hindern. Keine zu hohe Bordsteinschwelle würde für ihn ein Hindernis darstellen. Jede Entfernung ist für ihn durch einen besonderen Flugdienst zu überbrücken.

Ist er selbst doch ein behinderter Mensch mit einer sehr hohen Intelligenz, der nicht die Probleme eines geistig behindert geborenen Menschen erleiden und erdulden muß, dem keine angeborene Sprachbehinderung die natürliche Kommunikation mit Freunden versagt, der nicht das Auge oder das Ohr eines Mitmenschen zur Bewältigung der kleinsten Alltagshilfen benötigt.

Trotz dieser Sonderstellungen, die er als Mensch mit einer plötzlich aufgetretenen und sehr schweren Behinderung hat, glaube ich – und möchte es ihm auch persönlich wünschen –, daß er gerade wegen oder aufgrund seiner Möglichkeiten doch ein Bewußtsein dafür entwickeln kann, mit welch schwierigen Lebenssituationen sich einige hunderttausend Menschen mit Behinderungen und chronischen Krankheiten in der Bundesrepublik auseinandersetzen müssen – und daß er erkennen kann, wie wichtig es für alle behinderten Menschen, eben auch für ihn selbst, wäre, wenn in der Allgemeinheit die Erkenntnis wachsen würde, daß Behinderung auch nur eine bestimmte Form des Menschseins darstellt und Menschen mit Behinderungen nicht mehr als eine besonders zu betrachtende, zu bewertende und nach Möglichkeit abzusondernde Minderheit zu gelten brauchten.

Vielleicht verhilft die bewundernswerte Energie von Dr. Wolfgang Schäuble, mit der er nach seinem Schicksalsschlag seine Situation angenommen und gemeistert hat und doch noch als der gleiche Mensch wie vorher zu erleben ist, einigen Menschen zu einer solchen Erkenntnis.

Mit diesen Überlegungen schleicht sich natürlich auch ein bißchen Hoffnung auf die Verbesserung der Lebenssituation der vielen durch die Bundesarbeitsgemeinschaft »Hilfe für Behinderte« vertretenen behinderten Menschen mit in meine Überlegungen ein.

Der Politiker im Rollstuhl

Herbert Krah

Gewöhnlich teilen Rollstuhlfahrer die Menschheit in zwei Gruppen ein; in Fußgänger und Rollis. Wenn auch letztere in einer verschwindend kleinen Minderheit sind – bei den gleichfalls Betroffenen finden sie stets besondere Beachtung. Ihr Selbstbewußtsein ist gut ausgeprägt. Fußgänger zu sein, sich mit den eigenen Füßen fortzubewegen, das ist schließlich keine Kunst. Jeder lernt es als kleines Kind ohne Anstrengung, und wenn er nicht im Laufe seines Lebens in die Lage kommt, Rollstuhlfahrer werden zu müssen, dann verlernt er es auch nicht mehr.

Rollstuhlfahren jedoch muß man lernen. Widerwillig zuerst, denn man möchte ja wieder gehen können. Doch irgendwann fängt es an, Spaß zu machen. Den Rollstuhl richtig zu beherrschen, Gefälle und Bordsteinkanten allein zu bewältigen, ohne Hilfe den Rollstuhl ins Auto ein- und auszuladen, das sind für Paraplegiker erreichbare Ziele.

Das Zauberwort heißt »Rehabilitation«. Wenn auch das ersehnte Ziel, selbständig wohnen, unabhängig reisen, kurzum: körperlich aktiv sein zu können, zunächst fast unerreichbar zu sein scheint – das Beispiel anderer, seit längerer Zeit in gleicher Weise Betroffener spornt an, und schon der kleinste eigene Erfolg macht stolz und mutig.

Dr. Wolfgang Schäuble ist seit 1990 querschnittgelähmt. Etwa 60000 Deutsche teilen dieses Schicksal mit ihm, so wie ich seit 1965. Eine komplette Querschnittlähmung ist nicht irgendeine Behinderung. Diese Lähmung – in ihrer Auswirkung nur mit wenigen Behinderungen vergleichbar – beeinträchtigt das Leben in vielfältiger Weise – physisch und psychisch. Sichtbar wird diese Behinderung durch den Rollstuhl. Hier gibt es nichts zu kaschieren, der Rollstuhl ist nicht zu übersehen. Es gilt also, ihn gesellschaftsfähig zu machen. Völlig normal muß es sein, wenn Rollstuhlfahrer am gesellschaftlichen Leben teilnehmen – überall.

Ich erinnere mich daran, als Wolfgang Schäuble in der Reha-Klinik Langensteinbach zum ersten Mal als Rollstuhlfahrer an die Öffentlichkeit trat. Sportlich, im Trainingsanzug, den Rollstuhl selbst fahrend. Für mich und wohl auch für alle anderen Mitbetroffenen, die sein Interview im Fernsehen erleben konnten, war dies ein bewegender Moment. Er, der medienerfahrene Vollblutpolitiker, wie wird er diese Ausnahmesituation, so kurz nach dem Ereignis, bewältigen? Er meisterte seine Lage mit Bravour, fast wie ein alter Hase. Schon zu diesem Zeitpunkt hatte er alles begriffen: Diese Behinderung ist eine Herausforderung! Entweder ich nehme sie an, oder ich werde für den Rest meines Lebens nicht mehr froh. Für den Spitzenpolitiker war die Herausforderung natürlich noch viel größer als für jeden anderen – aber auch die Chance. Die politische Konstellation konnte besser nicht sein. Welcher Bundeskanzler hätte es wagen können, einen Minister in dieser Situation zu entlassen? Nicht jeder, der einen solchen Schicksalsschlag erleidet, hat soviel Glück. Wolfgang Schäuble war sich seiner Chance bewußt und nutzte sie.

Inzwischen ist einige Zeit vergangen. Zeit, die ein jeder braucht, um mit seiner neuen Lebenssituation fertigzuwerden. Der politische Alltag hat Wolfgang Schäuble wieder. Die Menschen haben sich an den Mann im Rollstuhl gewöhnt – er wohl auch. Um eine Erfahrung ist er sicher reicher geworden; eine Körperbehinderung, und mag sie noch so schwerwiegend sein, muß nicht zwangsläufig ein Hindernis sein für eine politische Karriere. Hoffentlich ist nicht nur er davon überzeugt.

Im Herbst 1991, bei der Feier zum vierzigjährigen Bestehen des Deutschen Behinderten-Sportverbandes, hatte ich Gelegenheit, Wolfgang Schäuble persönlich zu erleben. Als Bundesminister des Innern hielt er die Festrede. Wohl unter dem Eindruck der vielen anwesenden Rollstuhlsportler wich er von seinem Manuskript ab: »Wir Rollstuhlfahrer...«, sagte er, an die Sportler im Rollstuhl gewandt. Das tut gut. Spätestens von da an dürften ihn die »Rollis« als einen der ihrigen vereinnahmt haben.

Was erwarten behinderte Bürger vom behinderten Spitzenpolitiker Wolfgang Schäuble? Was dürfen sie erwarten? Die Erwartungen sind vielfältig, zum Teil unrealistisch. Das Paradies für Behinderte wird auch er nicht herbeizaubern können. Ich denke, daß das, was er durch seine Präsenz, durch seine objektiven Äußerungen für die Behinderten bewirkt hat, schon sehr viel ist. Wahrscheinlich mehr als ein »Jahr der Behinderten«, mehr als alle gutgemeinten Sonntagsreden zusammengenommen. Bei allem Streben nach Normalität dürfen die besonderen Probleme behinderter Mitmenschen nicht aus dem Bewußtsein verdrängt werden. Integration sollte als Forderung endlich abgehakt werden können. Sie muß eine Selbstverständlichkeit werden, über die niemand mehr spricht. Wolfgang Schäuble ist der Exponent, der mit überzeugenden Argumenten das Bewußtsein der Öffentlichkeit verändern kann. Von der »Randgruppe« der Behinderten wird wohl niemand mehr sprechen. Daß ein Spitzenpolitiker sich nicht vor einen der vielen Verbandskarren spannen läßt – zumindest nicht in seiner aktiven Zeit – ist selbstverständlich. Schließlich ist er ein behinderter Politiker, kein politischer Behinderter. Trotzdem wird er die Behinderten bei der Durchsetzung ihrer berechtigten Belange unterstützen können. Er wird es tun, wenn er davon überzeugt ist, daß er damit einer guten Sache dienen kann.

Als es noch ein Novum war, einen bekannten Politiker im Rollstuhl zu sehen, ließ sich ein Journalist zu der Bemerkung verleiten: »Wenn der am Tisch sitzt, sieht er eigentlich ganz normal aus.« Nun, Presseleute sind auch Menschen. Wahrscheinlich ist auch diesem inzwischen bewußt geworden, daß Rollstuhlfahrer nicht nur am

Tisch sitzend ganz normale Mitmenschen sind. Bestimmt, wenn er Wolfgang Schäuble öfter erlebt hat.

Um es auch noch anzusprechen: Mitleid war und ist es nicht, was wir, die gleichermaßen Betroffenen, für Wolfgang Schäuble empfinden. Das würde er sich auch verbitten. Es ist schon eher Bewunderung. Wie er in seiner besonderen Situation – hier die eigene Rehabilitation, dort das Öffentlichkeit verlangende politische Amt – immer das Richtige tat, das verdient Hochachtung. Beurteilen kann dies wohl nur, wer selbst von dieser Behinderung betroffen ist.

Ich bin sicher, eines nicht mehr fernen Tages wird Wolfgang Schäuble sich auch zusehen lassen, wenn er ins Auto steigt, wird Stehempfänge nicht mehr meiden. Es wird ihm nichts mehr ausmachen. Rehabilitation braucht jedoch Zeit. Und jeder braucht sie. Zeit, die ein Politiker eigentlich nicht hat. Wolfgang Schäuble wird sie sich nehmen müssen.

Über die Gesellschaftsfähigkeit des Rollstuhls

Heinz Preis

Ein rollstuhlfahrender Verantwortlicher wie Wolfgang Schäuble ist zunächst nichts Außergewöhnliches. Es gibt Tausende von Rollstuhlfahrern, die ein ähnliches Schicksal (Querschnittlähmung nach einem Unfall) erlebt haben und die in ihrem Beruf und/oder ihrer Familie ihren Mann oder ihre Frau »sitzen«.

Ein bedeutsamer Entscheidungsträger wie Wolfgang Schäuble, der auch als Kanzlernachfolger gehandelt wird, ist aber ein Schub nach vorn in der »Gesellschaftsfähigkeit« des Rollstuhls. Was meine ich damit?

Ich selbst sitze seit zwanzig Jahren im Rollstuhl und bemühe mich als Vorsitzender eines Selbsthilfeverbandes körperbehinderter Menschen, den Rollstuhl als etwas Selbstverständliches und Normales darzustellen. So ein Rollstuhl ist ja einfach nur ein Hilfsmittel, und er ist sehr gut nutzbar, solange sich ihm in der Umwelt keine Barrieren entgegenstellen. Andere laufen mit ihren Beinen, ich laufe mit meinen Rädern, ansonsten bin ich kein anderer Mensch.

Dies ist eigentlich eine triviale Feststellung, doch leider gibt es in unserer Gesellschaft das weitere Vorurteil, daß ein Mensch, der körperlich beeinträchtigt ist, sich zum Beispiel mit dem Rollstuhl fortbewegt, auch geistig beeinträchtigt sein muß. Diese Haltung schimmert in vielen Presseberichten der letzten Zeit über Schäuble durch. Ein Beispiel von vielen: »Hält er durch?« fragt sich bang der »Spiegel« vom November 1991 auf der Titelseite und spricht im Text sogar von »Schäuble in der reduzierten Fassung«!

Schäuble kann nicht laufen, das ist richtig, aber nur in dieser körperlichen Funktion ist er reduziert, sonst nicht! Nebenbei bemerkt: Für seine politische Tätigkeit *vor* dem Attentat war das »Laufenkönnen« meines Erachtens weniger bedeutend. Bei einem Fußballspieler hätte man eher von »Reduzierung« sprechen können.

Jeden Tag, an dem Schäuble nun ganz normal in seinem Rollstuhl seinen Aufgaben nach»rollt«, macht er damit gewollt oder nicht gewollt deutlich: »Es gibt überhaupt keinen Grund, daß ich nicht das tue, was ich tue, und mein Rollstuhl gehört ganz normal zu mir.« Das meine ich mit der »Gesellschaftsfähigkeit« des Rollstuhls, die durch sein öffentliches Auftreten hervorgerufen wird.

Dies unterscheidet ihn auch von anderen politischen Persönlichkeiten in der Vergangenheit, die ebenfalls in bestimmten Phasen ihres Lebens auf einen Rollstuhl angewiesen waren, von denen es aber kaum bekannt ist. Dies liegt natürlich auch daran, daß das Fernsehen noch keine beziehungsweise keine so gravierende Rolle spielte.

Ein Beispiel aus der jüngeren Vergangenheit ist der ehemalige amerikanische Präsident Franklin D. Roosevelt: Im August 1921 erkrankte er an Kinderlähmung und blieb in der Folge auf den Rollstuhl angewiesen. 1932 wurde er erstmals US-Präsident und brachte es auf vier Amtszeiten. Doch man achtete streng darauf, ihn in der Weltöffentlichkeit nicht als Rollstuhlfahrer zu zeigen. Fotos, auch das der Konferenz von Jalta 1945, zeigen ihn, neben Churchill und Stalin, nur am Tisch sitzend.

Wenn wir noch etwas weiter in die Vergangenheit zurückschauen, so stellen wir fest, daß eine Reihe von Monarchen, meistens aufgrund von Gichtkrankheit, auf den Rollstuhl angewiesen waren: Philipp II. von Spanien, in Preußen der »Soldatenkönig« Friedrich Wilhelm I. und Friedrich II. Giuseppe Garibaldi landete nach einer Rheumaerkrankung im Rollstuhl, Lenin 1922 nach einem Schlaganfall. Tolstoi, Edison, Renoir, Shaw, Matisse, Frieda Kahlo – alles Persönlichkeiten, deren Biographien mit der Nutzung eines Rollstuhles verknüpft waren. Doch die wenigsten Menschen wissen davon, und so konnten diese Lebensläufe auch nicht dazu beitragen, den Rollstuhl als normalen Gebrauchsgegenstand in der Gesellschaft anzusehen.

Bei der Eingrenzung des Begriffes »Gesellschaftsfähigkeit« lege ich Wert auf die Feststellung, daß ich Schäuble nicht als »Vorbild« ansehe. Dies hat er auf immer wieder an ihn gestellte Fragen auch selbst betont. Er sagte, daß viele andere Rollstuhlnutzer, die bereits schon Jahre oder Jahrzehnte auf den Rollstuhl angewiesen sind, seine »Vorbilder« seien. Er selbst sei noch ein Lernender: »Aber mit dem großen Maß an öffentlichem Interesse, das ich erfahre, kann ich bei vielen Menschen das Verständnis dafür fördern, daß Behinderte ganz normale Menschen sind wie du und ich und ein ganz normales Leben führen können«, sagte er selbst in einem Zeitungsinterview über sich.

Und da kann ich ihm nur zustimmen. Ferner hat er aufgrund seiner Position ja stets fleißige Helfer dabei, die dafür sorgen, daß Barrieren für ihn verschwinden, die »Otto und Ottilie Normalrolli« zum Verhängnis werden: Stufen, hohe Bordsteine, nicht vorhandene Aufzüge, nicht vorhandene Toiletten.

Ein »Vorbild« wäre er erst dann, wenn er seine Position und seine Persönlichkeit engagiert und konsequent dazu nutzen würde, Menschen mit einer Behinderung ihre volle rechtliche Gleichstellung zu verschaffen und jegliche Diskriminierung Behinderter abzuschaffen.

Daß Schäuble das nicht tut, kann ich ihm nicht vorwerfen, er ist ja der Politiker geblieben, der er auch vorher war: Vor dem Attentat wollte er Fraktionsvorsitzender der Union werden, nach dem Anschlag ist er es geworden. Gut so! Warum sollte er plötzlich Behindertenpolitik machen? Es muß normal sein, daß Frauen Wirtschaftspolitik machen und Rollstuhlfahrer sich nicht um soziale Belange kümmern. Die Person und ihre Interessen sind es, auf die es ankommt, und nicht ein äußeres Merkmal wie Geschlecht oder körperliche Beeinträchtigung!

Wenn also der Rollstuhl, oder, genauer gesagt, »Leistung im Rollstuhl« durch Wolfgang Schäuble ein Stück normaler geworden ist, dann verdanken wir es diesem Mann. Nicht mehr, aber auch nicht weniger.

Was noch zu tun bleibt: Auch nicht leistungsfähige Menschen im Rollstuhl, schwer mehrfach behinderte Menschen müssen »gesellschaftsfähig«, müssen normaler Bestandteil des Alltages werden. Diese »Gesellschaftsfähigkeit« des behinderten Lebens haben wir trotz Schäuble noch nicht erreicht.

Kapitel XII

Der Fraktionschef

Ein neuer Führungsstil

Gunter Hofmann

Jahrmarkt der Eitelkeiten, Aufstiegs- oder Abstiegsleiter, Hort der Eifersüchtelei, der Hierarchie, des Jubels und der Depression – wer je Abgeordnete ehrlich darüber erzählen hörte, was eine Parlamentsfraktion ausmacht, kann nicht daran zweifeln, daß es kompliziertere psychologische Gruppenbildungen kaum gibt.

Das alles wird nicht dadurch erleichtert, daß Parlamentsfraktionen oft ein Schattendasein führen wie das Parlament selbst, ganz im Gegenteil. Es macht den Streit darum, wer ans Licht darf, nur unerbittlicher, die Niedergeschlagenheiten der Unterlegenen und der Nobodies in den Reihen der Volksvertreter nur bitterer.

Seit dem 26. November 1991 leitet Wolfgang Schäuble ein solches kompliziertes polit-psychologisches Gebilde, die CDU/CSU-Fraktion, mit insgesamt 318 Abgeordneten aus West- und Ostdeutschland und nicht zuletzt eben aus Bayern. Schäuble löste Alfred Dregger ab, der die politische Kraft nicht mehr hatte, die für dieses Amt unerläßlich ist. Wenige Tage vorher hatte auch die SPD die Vorsitzenden ausgetauscht. Dort folgte Hans-Ulrich Klose auf Hans-Jochen Vogel, der aus heiterem Himmel nach dem Parteivorsitz auch den Fraktionsvorsitz aufgab.

Die schönen Tage des stolzen Beginnens waren bald vorbei für Wolfgang Schäuble, noch mehr aber für seinen sozialdemokratischen Widerpart Klose. Die Verhältnisse haben sich längst normalisiert. Ganz abgesehen davon, daß der Überschwang, mit dem Schäuble als Dregger-Nachfolger begrüßt wurde, vor allem ein Medienprodukt war. Das Wahlergebnis in der Fraktion relativierte nämlich gleich einiges: Zwar erhielt er 261 von 278 Stimmen (12 Nein, 5 Enthaltungen), aber eine überraschend große Gruppe von Abgeordneten nahm an der Wahl – zu der es keine Alternative gab – erst gar nicht teil. Angeblich hatte Schäubles Haltung im Asyl-Streit dazu beigetragen.

Von dem Prozeß der Normalisierung – oder sollte man von Ernüchterung sprechen? – und von seinen Ursachen soll hier die Rede sein. Das ist nicht mehr als eine Momentaufnahme aus dem Frühsommer 1992.

Merkwürdige Parallelen zeigen sich, wenn man auf diese erste Runde der beiden Fraktionsvorsitzenden Schäuble und Klose zurückblickt. Vor allem: beide gelten (oder galten) gleichermaßen als potentielle Kronprinzen. Während Schäuble als denkbarer Nachfolger für Helmut Kohl ins Gespräch kam, nicht zuletzt aufgrund einer öffentlichen Bemerkung des Kanzlers, löste Klose eine Diskussion über den Kanzlerkandidaten der SPD aus, mit der Folge, daß er bald selber als Aspirant galt.

Ursprünglich hatte Klose nur darauf gedrängt, die SPD und ihr Vorsitzender, Björn Engholm, sollten sich bald in der Kandidatenfrage entscheiden, damit die Opposition nicht von Führungsquerelen belastet werde. Aber Engholm zögerte, vor allem, um sich nicht zu früh zu verschleißen, während das öffentliche Prestige der Opposition – mit entsprechender Rückwirkung auch im Parlament – rapide sank. Auf die Frage eines Interviewers, ob er denn selber Interesse an der Rolle des »Kandidaten« hätte, falls Engholm ablehne, erwiderte Klose seinerzeit ganz ehrlich: Aber natürlich habe er Lust, »wer wäre ich denn«, um etwas anderes zu sagen? Eine Opposition und ein Oppositionsführer, fügte er noch hinzu, könnten doch nicht ewig sagen, sie seien an der Macht desinteressiert oder ließen sich nur zum Jagen tragen.

Auch im Rückblick muß man sagen, der Vorstoß hat einiges bewirkt. Engholm entschied sich, und Klose hatte immerhin vorgeführt, daß man sich zu einer Kanzlerkandidatur nicht nur quälen darf, als sei es ein Gottesurteil, das damit bevorsteht. Man müsse auch wollen. Der Preis, den Klose zahlte, war allerdings hoch, denn von dem Moment an begannen die Schwierigkeiten für ihn, er dachte schon bald an Resignation.

Die Rede ist von den politisch-psychologischen Ausgangsbedingungen für die neuen Fraktionschefs seit ihrem Amtsantritt. Schäuble brachte das Etikett des einzigen Anwärters auf die Kanzlernachfolge beim Wechsel vom Innenministerium in die Fraktion bereits mit. Ob Helmut Kohl, in Machtfragen instinktsicher wie wenig andere, das im Auge hatte oder nicht, als er davon sprach, Wolfang Schäuble sei für ihn der allererste Name, wenn er an einen möglichen Nachfolger denke? In Wahrheit hat der Kanzler damit die schwelende Debatte um seine Nachfolge gestoppt. Gegen Schäuble auch nur ein bißchen »Lust« zu zeigen an dem Amt, verbot sich von Anfang an.

Es verbot sich, weil Schäuble, der so oft nach dem Attentat davon gesprochen hatte, nun müßten auch für ihn wieder ganz »normale« Bedingungen und Maßstäbe gelten, eben doch mit einer anderen Elle gemessen wird – ganz unvermeidlich. Vieles kommt dabei zusammen. Es ist nicht nur Respekt vor der Courage, mit der er sich ohne langes Zögern trotz seiner Lähmung wieder in die Politik stürzte, als wär's ein Lebensrettungsanker. Es ist auch nicht nur das Mitleid, das er auf allen Seiten erweckte.

Das alles läßt sich zwar nicht ausblenden, aber Schäubles Name verbindet sich seit seiner Zeit im Kanzleramt und an der Spitze des Innenressorts mit einem gewissen Mythos. Sagen wir: der Mythos von Sachlichkeit, Effizienz und purer Professionalität. So kurios das klingen mag, da sich sein Name eben in keiner Weise mit Charisma verbindet – als Schäuble an die Spitze der Fraktion kam, stand sein Name dafür, daß man die Kohl-Politik sozusagen auch ohne ihre Schattenseiten und Defizite haben könnte. Die gleiche Politik also, aber reibungsloser und plausibler begründet.

Mit der Vorstellung von einer substantiellen politischen Alternative hingegen hat sich Schäubles Name nicht verbunden. Auch in der Fraktion, die ihn herzlich willkommen hieß, war durchaus haften geblieben, daß Schäuble im Dauerstreit zwischen Kohl und Heiner Geißler noch als Kanzleramtschef zu den leidenschaftlichen Kritikern des damaligen Generalsekretärs gehört hatte. Geißler war es gerade, der mehr politische Vorgaben, mehr begründete Politik aus dem Kanzleramt anmahnte. Geißler ist es übrigens auch wieder als einer der Stellvertreter an Schäubles Seite in der Fraktion, der sich als eines der raren politischen Temperamente ausweist.

In die Fraktion kam Schäuble also schon als der Mann, der sein

Geschäft versteht. Die staatliche Einheit hatte nicht zuletzt er organisiert. Das Bild verfestigte sich, als er in der denkwürdigen Sitzung des Parlaments über die künftige Hauptstadt, Berlin oder Bonn, nach verbreiteter Meinung die Rede hielt, mit welcher die Wende zugunsten der alten Hauptstadt erreicht wurde. Endgültig schien Schäuble damit der Mann geworden zu sein, der Farbe bekennt auch im Streitfall, den Status quo zu verändern vermag und obendrein auch noch obsiegt.

Das alles und sein persönliches Schicksal spiegelten sich wider in der Art, wie über Schäuble als möglichen Kohl-Nachfolger diskutiert worden ist. Er gilt nicht als der junge Mann der nächsten Generation, der für eine andere Politik bürgt, sondern als einer, dem man den Anspruch auf die Kanzlerschaft, wenn sich die Chance denn noch bietet, einfach nicht streitig machen kann. Kuriose Konsequenz: seitdem wird über eine Nachfolge für den Amtsinhaber nicht mehr wirklich nachgedacht.

Die Frage, ob die CDU über einen ernsthaften Anwärter verfügt, wird also gar nicht mehr gestellt. Stand: Juni 1992! Man hatte sich obendrein ja auch angewöhnt, Schäubles Wort hinzunehmen, Politik sei eine »Droge« – und diese Droge ließ ihn doch offenkundig nicht los. In einem gewissen Sinne blieb somit auch die Frage tabuisiert, ob der schwerbehinderte Schäuble sich mit einer Kanzlerschaft nicht schlicht überfordern würde. Helmut Kohl hatte ihm auch offeriert, im Innenministerium zu bleiben, als er hörte, Schäuble wolle zurückkehren in die Politik. Wahlweise hat er ihm den Stuhl Dreggers angeboten. Im Zweifel eben sogar das Kanzleramt. Aber hat er ihn auch gefragt (und wird über derlei gesprochen?), ob das ungewöhnlich strapaziöse Amt des Bundeskanzlers neben der eisernen Disziplin, über die auch Schäuble verfügt, überhaupt auf ihn zugeschnitten sein könnte? Daß die »Droge« Politik Schäuble gottlob auch hilft, läßt sich ohne viel psychologische Grundkenntnisse vermuten. Aber würde auch das Kanzleramt als »Droge« in dem Sinne wirken?

Wie auch immer man darauf antwortet – die Ernüchterung, die sich bald nach Schäubles Amtsantritt offenbarte, hängt vielleicht doch auch damit zusammen, daß die Fraktion ahnt, mit Schäuble einen Kohl-Nachfolger zu haben, der vermutlich gar keiner ist.

Beide, Schäuble wie Klose, haben sich vorgenommen, ihre Fraktionen wieder stärker zum politischen Tatort zu machen und Verantwortung zurückzuholen ins Parlament. Ein guter Vorsatz aus gutem Grund, ganz gewiß. Fraktionsvorsitzende wurden sie ja in einem Augenblick, in dem die Politik ratlos oder hilflos den Ereignissen vom Tage hinterherhinkte, aber weder zu klären (oder zu entscheiden) vermochte, was hätte geklärt werden müssen, noch sich von den Alltagsproblemen frei genug machte, um sich angemessen mit den großen nationalen und globalen Problemen zu befassen. Der Katalog der Hausaufgaben im Fraktionsalltag lautete: Zuwanderung und Asylsuche, Reform des Paragraphen 218, Pflegeversicherung für Alte und Kranke, die öffentlichen Finanzen und der ausbleibende Aufschwung im Osten. Der Katalog der Hausaufgaben, die zugleich aber zur Debatte gestellt werden müßten: die neue Zerissenheit des geeinten Europa, die Zukunft der Lebenswelt, das Elend im Süden der Erde, Klima, Hunger, Überbevölkerung.

Klose wurde also Fraktionsvorsitzender zu einer Zeit, in welcher die Politik schon die bloßen Hausaufgaben kaum noch zu bewältigen vermochte – von den globalen Problemen gar nicht zu reden. Die Politiker in Deutschland wirkten überfordert. *Overstretch*, nicht nur in finanzieller Hinsicht, wurde zum Wort der Stunde, um die Ausgangslage zu beschreiben. Wer in diesem Moment dazu beitragen wollte, die Politik wieder handlungsfähig und problembewußt zu machen, nahm sich viel vor. Das aber ist der Kontext, in dem Schäuble wie Klose antraten.

Beide – auch darin stimmt die Parallele – waren klug genug, die großen Erwartungen nicht noch mit großen Worten zu schüren. Der erste Auftritt von Schäuble und Klose im Wasserwerk – »das Duell«, hieß es hinterher in den Medien – verlief eher moderat, nüchtern, tastend. Ins Parlament ziehe eine neue Sachlichkeit ein, urteilten die Leitartikler eilig.

Klose korrigierte auf nachdenkliche Weise schon in diesem Auftritt vorsichtig einige Positionen der SPD, vor allem in der Absicht, sie endgültig von dem Verdacht zu befreien, sie habe sich auf die deutsche Einheit so richtig gar nicht einlassen wollen. Er verzichtete auf scharfe, aggressive Töne. Seit Kloses Amtsantritt liegt noch ein bißchen mehr Kooperationsstimmung in der Luft als zu Zeiten Vogels.

Schäubles erste Bestandsaufnahme, zu welcher er seinen Auftritt nutzte, behielt gleichfalls den Kammerton bei. Dieses Parlando mag auch damit zusammenhängen, daß ihm die großen Gesten versagt sind – und ganz gewiß gehört Schäuble zu denen, die differenziert zu argumentieren vermögen. Aber gleichwohl steckte auch in diesem Auftritt schon eine kleine Überraschung. Schäuble hütete sich nämlich, Positionen zu markieren, die auch nur andeutungsweise vom Pfad der herrschenden Regierungslehre abwichen. Das Parlament jedenfalls, so konnte man ihn verstehen, das öffentliche Forum soll nicht der Ort sein, wohin er ein Stück eigenständiger Politik zurückholen will.

Der erste Auftritt hat sich als Muster erwiesen, das Schäuble beibehält: Nach außen, zumal im parlamentarischen Wettstreit, bleibt Schäuble bei seiner Linie. Er stellt sich ohne viele Nuancen, oft auch mit einem aggressiveren Unterton, schützend vor die Regierenden – in der Absicht, wie seine Getreuen versichern, dafür aber intern politische Spielräume zu öffnen und in die Fraktion ein Stück von der verlorenen Politik, vor allem aber Selbstbewußtsein zurückzuholen.

Vielleicht wäre es auch zu viel verlangt, von dem Vorsitzenden der größten Fraktion, die die Regierung stellt, eine öffentlich sichtbare, eigene Rolle zu erwarten. Diese Gratwanderung beherrschte der Fraktionsvorsitzende Herbert Wehner, auch Helmut Schmidt, aber sonst ist sie in der Geschichte der Fraktionsvorsitzenden eben nur wenigen geglückt.

Auch Schäuble hat also nicht damit begonnen, öffentlich darüber zu räsonieren, was diese Regierung bei der Vereinigung richtig und zugleich auf eine katastrophale Weise falsch machte. Auch er hat nicht darüber gesprochen, was versäumt wurde, als zu Beginn des Vereinigungsprozesses keiner der Verantwortlichen offen darauf hinwies, was der notwendige Preis dafür sein werde. Keiner hatte den Augenblick genutzt, um eine Stunde der deutschen und vor allem europäischen Solidarität daraus zu machen. Mit einer solchen Wehner-Rede hat auch Schäuble nicht begonnen. Der große alte Mann der SPD hatte die außenpolitische Wende seiner Partei, weg von der Konfrontationspolitik, hin zur Kooperationspolitik, 1960 im Parlament eingeleitet.

Während Klose unüberhörbar eine Politik der vorsichtigen Annäherung in den großen Problembereichen betrieb, blieb Schäuble auch später noch dabei, nach außen hin jedenfalls jeden Verdacht zu vermeiden, die Union könne womöglich tabufrei und sachorientiert mit der Opposition kooperieren. Nur konsequent, lehnte Schäuble folglich im Frühjahr 1992 also auch jeden Gedanken an eine Große Koalition ab. »Faktisch gibt es für eine Große Koalition keinerlei Anlaß.« Die Diskussion werde nur von denen geschürt, die »eine Wende in der deutschen Politik herbeiführen« möchten. Hans-Ulrich Klose zum Beispiel hatte zu dem Zeitpunkt den Gedanken an eine neue Große Koalition aus sachlichen Gründen längst nicht mehr für abwegig gehalten.

Wolfgang Schäuble laviert also. Wie könnte es auch anders sein, denn im Kanzleramt wird mit unübersehbarer Eifersucht alles beobachtet, was der Kohl-Freund im Parlament macht. Wer das Bonner Pflaster kennt, kann im übrigen über die Politik des Lavierens ohnehin nicht mehr lächeln. Ein Pragmatiker und Kompromißpolitiker zu sein (was Schäuble beschreibt), heißt in den Fraktionsalltag übersetzt: Man muß den Laden zusammenhalten, der soviel desintegrative Neigungen hat (die Neulinge aus Ostdeutschland komplizieren das noch), auf faire Kooperation mit den Regierenden achten, und im besten Fall kann man selber ein wenig in die richtige Richtung steuern, wenn man sie kennt, und wenn den Regierenden das nicht mehr gelingt.

Auf dieser Ebene zeigt Schäuble sich von seiner besten Seite. Und dennoch ist es auch ihm nicht geglückt, wie gewünscht schon in den allerersten Monaten eine einvernehmliche Asylregelung auszuhandeln. Eine Annäherung zwischen ihm und der Opposition war zwar bereits in Sicht, als Schäuble ankündigte, auf eine Änderung des Grundgesetzartikels 16 könne verzichtet werden. Aber in dem Augenblick legten sich wieder seine Parteifreunde quer.

Auf diese Weise holte Schäuble der Alltag ein. Es kam zum ersten großen Konflikt zwischen ihm und Abgeordneten der baden-württembergischen CDU-Landesgruppe, vor allem aber mit Stuttgarts Ministerpräsident Erwin Teufel. Ein exemplarischer Fall: Schäuble wollte verhindern, daß die südwestdeutschen Parteifreunde – immerhin aus seinem eigenen Landesverband – demonstrativ vor der Landtagswahl am 5. April 1992 einen Antrag auf Änderung des Grundgesetzartikels 16 im Parlament einbringen und zur Abstimmung stellen, um die Sozialdemokraten vorzuführen. Klare Fronten müßten geschaffen werden, die Öffentlichkeit solle erfahren, wer verantwortlich dafür sei, daß die Zahl der Asylbewerber immer weiter ansteige, meinte gut populistisch Erwin Teufel. Der Streit zwischen ihm und Schäuble, hieß es später, sei im Zustand äußerster Erregung geführt worden, zum Teil fast irrational. Die Herren haben sich angeschrien.

Ungewöhnlich für Schäuble wie für Teufel gleichermaßen, aber der Stuttgarter Regierungschef witterte vermutlich bereits, wie viele Stimmen er am Wahltag an die ultrarechten Republikaner verlieren werde. Er taktierte aus Eigennutz. Schäuble wiederum dachte daran, daß die Asylpolitik nun einmal auch ein Test für ihn ist. Bloßes »Vorführen« der SPD, die man zu Grundgesetzänderungen braucht, werde die Chance auf einen Kompromiß aber verbauen.

Den Konflikt scheut er nicht. Dennoch bleibt die Frage, wie es dann kommt, daß Schäuble trotz seines streitbaren Pragmatismus sich nur zu oft beteiligt an der populistischen Rhetorik und Angstmacherei über die Fremden im eigenen Land. Die Geister, denen er in dem Streit mit Teufel abschwören wollte, hat Schäuble gelegentlich auch selber gerufen. Und das, obwohl ihm klar ist, daß eine Grundgesetzänderung an der Zuwanderung in der Praxis soviel gar nicht ändern würde. Schäuble war es, der im Parlament während einer Debatte über Hoyerswerda, die Ausländerhetze und den wachsenden Terrorismus von rechts nur sehr kurz beklagte, das alles sei eine »Schande für unser Land«, um dann sehr lang darüber zu reflektieren, warum man Volkes Stimme folgen solle.

Der Politologe Claus Leggewie bilanzierte nach längerer Beobachtung des Konflikts um die Asylsuchenden in Deutschland und Schäubles Rolle dabei, Schäuble habe in der Asylpolitik »vollständig versagt«, er sei phantasielos und kleinkariert. Ein hartes Urteil nach strengen Maßstäben, die man dann auch an viele andere anlegen müßte, aber ist das ein Trost?

Schäuble, der Mann mit legitimen Ambitionen, ist ganz gewiß klug genug um zu spüren, wie sich das Echo auf ihn verändert hat. Vielleicht ist es gerade das, was ihn dazu verleitet, auf subtile Weise aggressiv nach außen oder autoritär nach innen aufzutreten?

Der zweite große Test für ihn (in dem Fall hatte Klose es viel leichter) kam mit dem Streit um den Paragraphen 218. Wolfgang

Schäuble, der sich selber in dieser Frage zum Mainstream seiner Fraktion rechnet, sah sich damit einem Konflikt konfrontiert, der an die Substanz rührt und die eigene Fraktion ernsthaft erschüttert. Zwar hatte die Koalition früh vereinbart, in diesem Streitfall auf jeden Fraktionszwang zu verzichten und der Gewissensfreiheit absoluten Vorrang zu lassen. Aber in den letzten Wochen vor der parlamentarischen Abstimmung vermischten sich dann eben doch politisch-taktische Interessen, Machtfragen, Sorgen um die Erosion in der Koalition und ethische Probleme zu einem schier unentwirrbaren Knäuel. Nicht nur die CSU führte Krieg um den Paragraphen 218, um eine Gruppenloyalität zu erzwingen, es schlug eben auch die Stunde der Fundamentalisten aller Couleur. Zumal von Abgeordneten aus den Ostländern häuften sich die Klagen, sie fühlten sich unter Druck gesetzt. Schäuble hingegen, das haben auch die Wortführer derjenigen in der CDU/CSU-Fraktion, die gemeinsam mit SPD und FDP einen Fristenregelungsentwurf befürworteten, stets beteuert, Schäuble also habe mit keinem Wort in eine bestimmte Richtung zu drängen oder zu zwingen versucht. In diesem Streit hat er sich als Krisenmanager mit kühler Arbeit hinter den Kulissen profiliert. Sein nüchternes Motto: besser, die Angelegenheit wird überhaupt entschieden, als den Konflikt vollends ausufern zu lassen und noch länger zu vertagen.

Das Ergebnis der Bemühungen: Mit einer überraschend soliden Mehrheit stimmte das Parlament einem Gruppenantrag zum Paragraphen 218 zu, den Abgeordnete der SPD, der FDP und einer Minderheit der CDU/CSU-Fraktion mittrugen. Er sieht eine Fristenregelung mit starkem Beratungsanteil vor. Für die CDU-Mehrheit eine Entscheidung, die ihr zutiefst widersprach.

Schäuble, der für die Mehrheitsvorlage der eigenen Fraktion plädiert hatte, eine modifizierte Indikationsregelung, befand sich damit auf Seiten der Unterlegenen wie Helmut Kohl auch. In den letzten Wochen hatte er das so kommen sehen.

Auch im Rückblick allerdings wird Schäuble, anders als Kohl, durchaus bescheinigt, das Verfahren bis zuletzt fair begleitet zu haben. Immerhin hatte er dafür gesorgt, daß einer der einflußreichsten Wortführer der Minderheit, Horst Eylmann, Vorsitzender des Rechtsausschusses wurde – und daß er es auch bleibt. Schäuble, der auf der anderen Seite auch eine starke Minderheitsgruppe besänftigen mußte, der selbst die Indikationsregelung zu weit ging, hat sich also als Integrator betätigt. Er kann sich durchaus zugute halten, auch Rita Süssmuth, der prominenten Christdemokratin, die dem Gruppenantrag zustimmte, die Rolle erleichtert zu haben, während Helmut Kohl die Parteifreundin noch kurz vor der Abstimmung öffentlich und streng an die Parteiloyalität erinnert hatte.

Das Ziel Schäubles war es am Ende, den Schaden zu begrenzen. Schon das aber ist nicht wenig in einem Konflikt, der tatsächlich an die Substanz rührt, besonders bei den Christdemokraten. Aus dem Grund auch schrieb der Fraktionschef am Tag nach der Abstimmung allen Abgeordneten einen Brief in versöhnlicher Absicht, in dem er bat, die unterschiedlichen Meinungen nun auch zu respektieren und den Streit zu beenden. Die »Funktionsfähigkeit« der Union, so Schäubles Argument, dürfe in dieser Sache nicht Schaden leiden. Schäuble wies auch darauf hin, daß es kaum realistisch sein könne, von der Union in diesem Konflikt ein größeres Maß an Geschlossenheit zu erwarten, als es in den Kirchen vorhanden ist.

Den Kölner Erzbischof Joachim Meisner hatte er zuvor schon bedrängt, seine Androhung zurückzunehmen, daß derjenige kein Christ mehr sein könne, der der Fristenregelung zustimme. Fraktionsvorsitzende haben in solchen Streitfragen eben an vielen Fronten zugleich zu kämpfen. Das bekam auch Schäuble zu spüren. Eine undankbare Rolle, denn nach außen wird nicht richtig sichtbar, was nach innen alles zu leisten ist.

Während der Debatte hat er darauf verzichtet zu intervenieren. Denn, so Schäuble im nachhinein, von ihm wäre dann vermutlich erwartet worden, mit einer Rede wie im Hauptstadt-Streit vielleicht gar eine große Wende herbeizuführen – aber es habe doch festgestanden, daß diesmal nicht eine einzige Stimme zu bewegen sei. Und im übrigen, so sein Argument, hätte es auch so ausgesehen, als wolle er doch Druck ausüben. Also schwieg er.

Andererseits kündigte Wolfgang Schäuble am Tag danach bereits an, er werde eine Klage in Karlsruhe gegen den Mehrheitsbeschluß unterstützen. Dieses demonstrative Vorgehen erklärte er wiederum ganz pragmatisch: Wer denn sonst außer ihm hätte sich an die Spitze der Klagebewegung setzen sollen? Etwa die Hardliner? Das mag ja richtig sein, aber das Beispiel zeigt eben auch, wie der Alltag aussieht.

Ohne viel Taktik und Winkelzüge geht es einfach nicht. Das ist keine Rolle, in der man glänzen kann.

Für Klose bildete den größten Stolperstein zunächst einmal sein Plan, die Fraktionsspitze neu zu organisieren. Das rührt an Besitzstände und Eitelkeiten, wer so etwas wagt, greift in ein Wespennetz. Die Folgen hatte Klose zu tragen. Aber immerhin – er hat das Dezernentensystem abgeschafft (das gar nicht so schlecht funktionierte), wonach sämtliche Stellvertreter des Fraktionsvorsitzenden zugleich zuständige Fachleute für bestimmte Sachbereiche waren. Und er verkleinerte damit den Kreis der Stellvertreter auf vier.

Solche Umstrukturierungen erregen die Gemüter, auch wenn sie bekanntlich nicht gerade den Lauf der Weltgeschichte verändern. Außer eben, daß sie zeigen, ob der neue Besen überhaupt kehrt. CDU/CSU- und SPD-Fraktion haben damit im Grunde jetzt wieder eine vergleichbare Organisationsstruktur.

Politisch interessanter wird es bei der Frage, wie weit es gelingen kann, den Fraktionen ein Stück Selbständigkeit zurückzuerobern. Insbesondere die CDU/CSU-Fraktion hatte sich im Laufe der Jahre still klagend enteignen lassen. Wolfgang Schäuble entschloß sich, nicht viel umzustrukturieren (beim Versuch einer personellen Erneuerung blieb er vielfach stecken), aber mit kleinen Korrekturen verlorenes politisches Gelände wiederzurückzuerobern. Seine Devise auch dabei: »Nur keine Beunruhigungen!«

Schäuble selbst verzichtet darauf, zu Beginn der Fraktionssitzungen das Publikum mit langatmigen Einleitungen zu langweilen, wie es Alfred Dregger glänzend gelungen ist. Damit zwingt er aber auch den Kanzler zu einer gewissen Zurückhaltung, der zu Zeiten des Fraktionsvorsitzenden Dregger gern intervenierte, um die Zügel selber in die Hand zu nehmen – einer muß es ja machen. Jetzt teilen auch die Minister der staunenden Fraktionsversammlung nicht mehr ausführlich mit, was sie zu tun oder zu lassen gedenken. Die Abgeordneten werden gebeten, zur Sache zu sprechen.

»Früher wurde von vorne lange geredet«, schildert der Parlamentarische Geschäftsführer Jürgen Rüttgers seine Erfahrungen mit dieser Neuerung, »jetzt wird von hinten lang geredet«. So soll es auch sein. Statt des Minister Spranger spricht eben der Abgeordnete Pinger. Die Überdominanz der Regierung schwindet. Dazu trägt auch bei, daß die

Beamten aus den Ministerbüros – die stummen Kontrolleure – und aus den Ressorts an den Fraktionssitzungen nicht mehr teilnehmen.

All das scheint der Gesprächs- und Streitlust gut zu bekommen. Den Rest besorgen abendliche Sondersitzungen mit Experten, bei denen dann die Zukunft der elektrotechnischen Industrie, die Stellung der Frauen in der Verfassung, die Politik der Treuhand, die Entwicklungshilfe oder die Umwelt debattiert werden. Ein Planungsstab entsteht. Ein kleines Stück Repolitisierung, wie Schäuble es sich wünscht, bahnt sich an.

Dann kommt es immer noch vor, daß ein Minister die Fraktion vor vollendete Tatsachen stellt. So geschehen, als beispielsweise Finanzminister Theo Waigel sein Papier vorlegte, das über die Haushaltslage und die Finanzierung der fünf ostdeutschen Länder Auskunft gibt. Und dann stimmen am Ende die allermeisten immer noch zu. Aber immerhin – dreißig Abgeordnete der Fraktion verweigerten sich der höheren Einsicht, wollten die Eingriffe in den Sozialstaat nicht akzeptieren und verlangten erfolgreich ein Mitspracherecht, wenn es später darum gehe, das Sparprogramm wirklich zu konkretisieren. Solche Überfälle von seiten der Exekutive sind seltener geworden, in die Fraktion kehrt Selbstbewußtsein zurück. Das allerdings zu einer Zeit, in der die Erosion der Macht fast unaufhaltsam geworden zu sein scheint.

Hinter den Kulissen arbeiten Wolfgang Schäuble und Hans-Ulrich Klose inzwischen sogar auf eine unangestrengte und sachliche Weise zusammen, um wenigstens die Hausaufgaben zu erledigen. Man mauschelt nicht, aber tauscht sich darüber aus, wie die Interessen, die Einschätzungen und die Chancen sind. Beide wissen, daß es ihnen gelingen muß, in den großen Streitfragen Nägel mit Köpfen zu machen. Schäuble und Klose: Das ist kein Duo wie Plisch und Plum, aber doch finden sie eine Arbeitsbeziehung, auf der sich aufbauen läßt. Am großen Stillstand der Politik allerdings können die beiden alleine nicht wirklich etwas verändern.

Allerdings muß man sagen: Zu Beginn der parlamentarischen Sommerpause war klar, daß Wolfgang Schäuble in seinem Rahmen erreicht hatte, daß wenigstens einige der offenen Fragen beantwortet wurden. Er spricht nicht ohne Stolz darüber, daß sich die Koalition, deren Fachleute eineinhalb Jahre lang vergebens einen Konsens gesucht hatten, sich nun sogar auf ein Modell für die Pflegeversicherung verständigten – auf sein Modell.

Die Idee, die Kosten für diese Versicherung – übrigens ein zentrales Projekt der Koalition – wieder hereinzuholen, indem Karenztage im Krankheitsfall neu eingeführt werden, unterstützten Wolfgang Schäuble, Heiner Geißler und Norbert Blüm. Aber auch in diesem Fall hagelte es Kritik von allen Seiten. Die Nagelprobe im Streit um die Pflegeversicherung steht dem Fraktionschef erst noch bevor.

Gelegentlich hat Schäuble darüber geseufzt, daß man gegenwärtig den Ereignissen und aktuellen Fragen von heute nur nacheilen könne – aber so sei das Geschäft eben. So ist es in der Tat. Ob es darum geht, in welcher Form deutsche Soldaten an Blauhelmaktionen oder gar an Militäreinsätzen in Jugoslawien beteiligt werden; ob es um die Aufnahme von Flüchtlingen aus Bosnien geht; um das Militärprojekt »Jäger 90« oder um Autobahngebühren – alles verlangt jeweils für sich eine kluge Regie, die nicht nur den Knoten in der Sache entwirren muß, sondern einfach auch den ganzen Laden zusammenzuhalten hat.

Schäuble jedenfalls wurde es immer häufiger, der in seiner Fraktion etwas zu leisten hatte, was der Regierung nicht glückte. Er sollte Entscheidungen durchsetzen, zu denen sie zu schwach war. Und zugleich mußte er nach außen hin überaus loyal den Kanzler herauspauken, wann immer es nötig schien. So zum Beispiel, als die großen Wirtschaftsverbände im Frühsommer der Regierung wegen ihrer unklaren Wirtschafts- und Finanzpolitik Versagen auf ganzer Linie vorhielten.

Zum wirklichen Tatort großer Politik sind die Fraktionen allerdings nicht zu machen, selbst wenn Schäuble auf eine stille Weise im Hintergrund Regie zu führen gelernt hat und die Diskussionslust wieder erwacht. Zum Tatort in diesem Sinne wird auch nicht das Parlament. Das wäre auch kaum zu erwarten, dafür ist die Politik- und Demokratiekrise, die sich anbahnt, zu groß. Schäuble und Klose, das hat sich gezeigt, sind nicht die wahren Chefs, heimlicher Kanzler der eine oder einziger Oppositionsführer der andere. Ihnen sind Grenzen gesetzt. Aber in diesem Rahmen funktioniert's. Das ist außerordentlich wenig? Es ist außerordentlich viel.

Mit ungeduldiger Härte

Hans Klein

Als die Fraktion der Unionsparteien im Deutschen Bundestag Dr. Wolfgang Schäuble fast einstimmig zu ihrem Vorsitzenden wählte, war der studierte Jurist und kurzzeitige Finanzbeamte bereits seit neunzehn Jahren Mitglied des Deutschen Bundestages, und er hatte drei Jahre als Parlamentarischer Geschäftsführer seiner Fraktion, über vier Jahre als Bundesminister für Besondere Aufgaben und Chef des Bundeskanzleramtes sowie zweieinhalb Jahre als Bundesminister des Innern hinter sich.

Die länger gedienten Abgeordneten kannten ihn als umgänglichen Kollegen, der mal jungenhaft freundlich, mal kalt kalkulierend seine politische Kompetenz, sein parates Sachwissen und seine rhetorischen Fähigkeiten gezielt einzusetzen weiß. Den Neuen, vor allem den Abgeordneten aus der ehemaligen DDR, galt er als einer der engagiertesten Konstrukteure der Einigung Deutschlands.

Es war wenige Monate nach dem Anschlag auf sein Leben, als ich ihm auf dem Flur des Bundestags begegnete, wo er mit dem Rollstuhl zum Plenarsaal unterwegs war. »Kann ich dir helfen?« fragte ich. Seine – völlig unsentimentale – Antwort: »Mir kann keiner helfen.«

In dieser Aussage steckte nichts Mitleidheischendes. Sie spiegelte eher Vertrauen auf die eigene intellektuelle, charakterliche und mithin auch physische Kraft. Was mich damals bewegte, entsprach zweifellos auch der Stimmungslage der Fraktion, die das überwältigende Ergebnis bei der Wahl von Wolfgang Schäuble zu ihrem Vorsitzenden bewirkte: nicht Mitleid, sondern Bewunderung.

Hinter solchem Gefühl verbargen sich freilich hohe Erwartungen. Das wußte er. Und er gab sich alle Mühe, ihnen vom ersten Tag an zu entsprechen.

Seit Beginn der Kanzlerschaft Helmut Kohls ist die Fraktion zunächst bei der Aufarbeitung der sozial-liberalen »Erblast«, dann bei zahlreichen gesetzlichen Maßnahmen wie etwa der Gesundheitskostenreform oder dem Hin und Her mit der Quellensteuer, besonders aber im deutschen Vereinigungsprozeß immer wieder gezwungen gewesen, Entscheidungen zu endossieren, die in einem von der Verfassung gar nicht vorgesehenen Gremium, dem Koalitionsausschuß, getroffen worden waren. Um des gemeinsamen Erfolgs willen hat sie, von ganz wenigen Ausnahmen abgesehen, diese Entscheidungen dann nicht nur mitvollzogen, sondern häufig genug unter schärfstem Zeitdruck die nötige parlamentarische Zuarbeit geleistet. Blieb der Erfolg aber aus oder zog sich der Koalitionspartner nachträglich von solcher Entscheidung zurück, stieg das Unbehagen, wuchs das Gefühl bei manchem Fraktionsmitglied, nur als »Präsenzler« und »Armaufheber« gebraucht zu werden.

Unbeschadet des Umstandes, daß er in früheren Funktionen mit außergewöhnlicher taktischer Versiertheit wesentlichen Anteil daran hatte, nahtlose Übereinstimmung zwischen Fraktion und Regierung zu halten, trat Wolfgang Schäuble sein neues Amt mit der Ankündigung von mehr Eigenständigkeit und Mitwirkung der Unionsparlamentarier an. Damit drückte er die Befindlichkeit der Fraktionsmehrheit aus, die – und das ist für Außenstehende schwer nachvollziehbar – einerseits vor ihren Wählern, vor ihrer Partei und vor sich selbst den Mitgestaltungsraum als frei gewählte Abgeordnete zu nutzen trachten, andererseits aber den Erfolg ihrer Regierung nicht in Frage stellen wollen. Auch für dieses zweite Motiv bot Wolfgang Schäuble als unbestreitbarer Mann von Kohl optimale Gewähr.

So mancher Fraktionsneuling, der – angesichts des selten überfüllten Plenarsaals – seinen Platz zudem noch auf den hinteren Bänken hat, aber auch mancher Arbeitsgruppen- oder Ausschußvorsitzende, an dem Regierungsämter in den vergangenen Jahren vorbeigegangen war, erhielt jetzt umfangreichere Möglichkeiten, der Fraktion seine Vorstellungen und Kenntnisse darzulegen. Der neue Fraktionsvorsitzende bot mit einer Serie von Sondersitzungen zu politischen Einzelbereichen Gelegenheiten dazu an. Bei behutsamen Strukturveränderungen dagegen nahm er größte Rücksicht auf personelle Besitzstände.

Und er vermittelt Sicherheit durch Führung. Dabei entfaltet er das ganze Arsenal seiner Begabungen. Seine einleitenden Berichte zu Beginn der Sitzungen von Fraktionsvorstand oder Fraktion sind prallvoll mit aktuellen Informationen und realistischen Einschätzungen. Seine Artikulationsfähigkeit ermöglicht ihm indes, mit jenen Teilen des Herrschaftswissens sorgsam umzugehen, deren vorzeitige Veröffentlichung politischen Schaden anrichten könnte.

Er ist ständig um äußerste Präzision in der Formulierung bemüht. Er kann Entschlossenheit auch mit originellen polemischen Metaphern signalisieren. Wortmeldungen, die seiner Auffassung diametral zuwiderlaufen, begegnet er – je nachdem, wer sie abgibt, und je nachdem, wie sie formuliert sind – mit einem leidenschaftslosen Hinweis auf Hintergründe und Zusammenhänge des betreffenden Gegenstands, mit leichter, von spitzbübischem Lächeln unterfütterter Ironie oder mit ungeduldiger Härte.

Versucht er, den Verhandlungen durch einleitende Vorgaben oder abschließende Zusammenfassungen die Richtung zu geben, so ist er aber auch durchaus bereit, ernstzunehmende abweichende Vorstellungen oder zusätzliche Sachargumente zu akzeptieren. Frontbegradigungen erfolgen dann mit Hilfe scheinbar spontaner Zwischenbemerkungen.

Seine Tonlage vermag er zu variieren zwischen emotionsfreier Klarheit und teilnehmungsvoller Wärme. Zu seinen Lieblingsfloskeln gehört »Ich will dafür werben«. Eine lange geübte Sprachgewohnheit, die tiefenpsychologische Schlüsse auf den illusionslosen Politiker Schäuble erlaubte, nämlich die Formel »ein Stück weit«, gab er auf, nachdem er darauf hingewiesen worden war.

Seit einiger Zeit liegt das stenographische Protokoll der ersten Sitzung der CDU/CSU-Fraktion nach den Bundestagswahlen im Herbst 1949 als Broschüre vor. Die Art und Weise, wie Konrad Adenauer (mit der ihm eigenen autoritären Selbstverständlichkeit hatte er den Vorsitz übernommen) diese Sitzung leitete, mutet bei nachträglicher Lektüre wie eine Handlungsanweisung für Fraktionsvorsitzende an. Heinrich von Brentano, Heinrich Krone, Rainer Barzel, Karl Carstens, Helmut Kohl und Alfred Dregger, die diese Funktion in den darauffolgenden zweiundvierzig Jahren innehatten, haben sich die Adenauerschen Methoden nur teilweise zu eigen gemacht. Am meisten noch Helmut Kohl. Und neuerdings Wolfgang Schäuble.

Sein erster Stellvertreter und wichtigster fraktionsinterner Partner, der Vorsitzende der CSU-Landesgruppe Dr. Wolfgang Bötsch, hat kurz nach Schäubles Wahl zum Fraktionsvorsitzenden einmal gesagt: »Bei dem muß man ganz genau hinhören.«

Neben all seinen eindrucksvollen Talenten ist wohl eines, das

Schäubles politischen Weg am deutlichsten befördert und des Kanzlers Gunst am nachhaltigsten bestärkt hat, seine Meisterschaft in der geräuscharmen Erreichung von Kompromissen. Kritiker in der CSU und in Teilen der CDU rügten dabei gelegentlich die Inkaufnahme von Verlusten an Grundsatzsubstanz oder an parteipolitischem Profil. Doch in den ersten Monaten seiner Tätigkeit als Fraktionsvorsitzender hat Wolfgang Schäuble gezeigt, daß er das Zeug hat, diesen Vorwurf zumindest mittelfristig zu entkräften.

Seine Helfer

Wolfgang Schäuble ist kein Personalpolitiker wie Helmut Kohl. Im Kanzleramt traf er kaum eine nennenswerte Personalentscheidung. Er übernahm die Personalstruktur von seinem Vorgänger und beließ es dabei bis zu seinem Ausscheiden. Nur einmal »legte er sich ins Zeug«, um eine wichtige Entscheidung zu verhindern. Es war sein Werk, daß Kohls außenpolitischer Berater Horst Teltschik nicht Staatssekretär wurde. Schäuble stoppte die Beamtenkarriere des Kanzler-Vertrauten, übrigens zum Wohlgefallen des Bundesaußenministers.

Schäuble verließ sich in seinen Ämtern meistens auf die Sachkenntnis seiner Spitzenbeamten, im Bundeskanzleramt ebenso wie im Bundesinnenministerium. Seine Staatssekretäre und die Experten auf Direktorenebene gehörten zu seinen wichtigsten Beratern. Spürbaren Einfluß konnten sie allerdings nur bei Sachentscheidungen ausüben. Die eigentlichen Linien der Politik bestimmte Schäuble in Absprache mit Kohl. Schäuble nahm beim Wechsel in neue Verantwortungsbereiche selten vertraute Zuarbeiter mit. Er bediente sich meistens eingefahrener Strukturen und verließ sich im übrigen auf seinen politischen Sachverstand und geübten Instinkt.

»Meine wichtigste Mitarbeiterin ist nach wie vor Frau Heyden«, sagt der Fraktionsvorsitzende.

Helga Heyden arbeitet für den Badener seit August 1981. Als Parlamentarischer Geschäftsführer suchte er eine neue Hilfe und fand in der jungen Bonner Sekretärin jene Bürochefin, die er dringend brauchte.

Helga Heyden, 1944 als einziges Kind einer Bonner Handwerkerfamilie geboren, kam nach Mittlerer Reife und Höherer Handelsschule 1961 als Bürokraft ins Bundeskanzleramt. Sie arbeitete in der »Kanzlei«, dem Schreibbüro des Kanzleramtes. Nach drei Jahren kam Helga Heyden als zweite Kraft in das Vorzimmer eines einflußreichen Abteilungsleiters. Die sympathische hochgewachsene, blonde Rheinländerin machte 1966 einen Karrieresprung. Sie wurde in das Sekretariat von Bundeskanzler Kurt-Georg Kiesinger berufen, für den sie bis zu seinem Ausscheiden 1969 arbeitete. Als zweite »Kraft« hatte sie viel zu schreiben und begleitete den Kanzler gelegentlich auch auf Auslandsreisen wie nach Paris, Washington, New York oder London.

Helga Heyden gehört keiner Partei an. Vom Elternhaus konservativ geprägt, steht sie aber der CDU näher als jeder anderen politischen Gruppierung.

Nach dem Machtwechsel in Bonn 1969 bemühte sich Regierungssprecher Conny Ahlers erfolgreich um Kiesingers Vorzimmerdame. Helga Heyden wechselte ins Bundespresseamt und wich nicht mehr von Ahlers Seite, der 1972 Mitglied des Deutschen Bundestages wurde. Conny Ahlers nahm seine Sekretärin auch mit ins Kölner Funkhaus, als er die Intendanz der Deutschen Welle übernahm. Dem asthmakranken Politprofi blieb nicht einmal ein Jahr für seine Rundfunkarbeit. Im Dezember 1980 starb der erfolgreiche Journalist an Herzversagen. Für Helga Heyden begann eine schwere Zeit. Sie hatte unter Intrigen im Haus der Deutschen Welle zu leiden und wollte schließlich zurück nach Bonn. Juliane Weber, enge Mitarbeiterin des damaligen Oppositionsführers Helmut Kohl, vermittelte ihr den Job bei Wolfgang Schäuble.

Helga Heyden war eigenständiges Arbeiten gewöhnt, kannte alle Arbeitsabläufe »von der Pieke auf«, besaß Personenkenntnis und hatte die Parlamentsarbeit jahrelang »verinnerlicht«. Schäuble nahm sie aus der Fraktion mit ins Kanzleramt, von dort ins Bundesinnenministerium und dann wieder in die Unionsfraktion. Sie ist Schäubles rechte Hand, organisiert für ihn auch persönliche Dinge, stellt die Kontakte zu den Mächtigen in Bonn her. Sie besitzt das »blinde Vertrauen« ihres Chefs. Ihr Einfluß ist nicht unwesentlich. Er bezieht sich weniger auf politische Entscheidungen, als auf Ratschläge im Umgang mit Journalisten und anderen »Wichtigtuern«. Wer zu

Schäuble will, muß an Frau Heyden vorbei. Sie macht die Termine und organisiert den Tagesablauf. Zusammen mit ihrer Kollegin Elke Hartmann, die seit 1987 in Schäubles Sekretariat sitzt, managt sie den Arbeitsalltag.

Die Schäuble-Vertraute gehörte zu den wenigen Menschen, die wochenlang an seinem Krankenbett saßen und das schreckliche Ausmaß des Attentats miterlebten. Noch heute kommen ihr die Tränen, wenn sie an die ersten Nächte in der Klinik denkt.

Leiter des Fraktionsbüros ist der 1952 in Frankfurt am Main geborene Jurist Michael Wettengel. Nach seinen Studien in Kiel legte er 1982 ein »befriedigendes« zweites juristisches Staatsexamen ab. Zuvor hatte er über den »Streit um die Vogtei Kelkheim 1276 – ein kanonischer Prozeß« mit »summa cum laude« promoviert. Der Kaufmannssohn aus Hessen stieß im Dregger-Wahlkampf 1970 zur CDU. In der Kieler Landesregierung arbeitete er mit kurzen Unterbrechungen von 1983 bis 1988. Wettengel war Pressereferent im Sozialministerium und ging 1986 in die Staatskanzlei von Ministerpräsident Uwe Barschel. Er betreute dort die Referate Sozial- und Innenpolitik. Zuletzt wurde er Protokollreferent und mußte in dieser Funktion auch die organisatorischen Vorbereitungen für Barschels Beerdigung treffen. Im Frühjahr 1988 wechselte Wettengel ins Bonner Bundeskanzleramt und schrieb für Schäuble Reden zu Fragen der Deutschland-, Wirtschafts- und Innenpolitik.

»Ich war Häuptling ohne Indianer«, sagt der sympathische Hesse. Im Einmannbetrieb produzierte er Redevorlagen für den Badener, der gerne frei formuliert und sich selten an vorgeschriebene Texte hält. Der verheiratete Jurist wechselte mit Schäuble ins Innenministerium und auch in die Unionsfraktion. Heute leitet er Schäubles Büro, eine Aufgabe, die starke Nerven und höchste Kraftanstrengung erfordert. Mit seinem Organisationstalent gehört er zu den wichtigen Zuarbeitern, auf die der Einzelkämpfer Schäuble nicht verzichten kann.

Schäuble hat die Fähigkeit und die Eigenart, sich des Beamtenapparates »in seiner Gänze« zu bedienen. Deshalb verläßt er sich nicht allein auf enge Berater oder auf ein Küchenkabinett wie andere Spitzenpolitiker. Doch verzichten mag er nicht auf seine kleine Crew von Helfern, zu denen auch der Rheinländer Anton-Josef Cremer gehört. Der 1957 geborene Bauernsohn studierte in Bonn Jura und legte 1987 sein zweites juristisches Staatsexamen ab. Schon vor der Prüfung war er bereits wissenschaftlicher Mitarbeiter Schäubles. Diese Funktion übernahm er auch beim Wechsel ins Innenministerium. Heute arbeitet er dem Fraktionsvorsitzenden Schäuble zu. Von Anfang an gehörte zu Cremers Aufgabenbereich auch die Wahlkreisbetreuung. Die hält der Offenburger Parlamentarier für außerordentlich wichtig. Es vergeht kein Monat, in dem sich Cremer nicht vor Ort umsieht. Er hält für Schäuble regelmäßige Sprechstunden ab und informiert seinen Chef laufend über die wichtigsten Probleme seines Wahlkreises. Cremer hat für Schäuble seine Augen und Ohren an der Parteibasis. Nichts entgeht dem intelligenten politischen Kopf, der mit einer Journalistin verheiratet ist und zwei Kinder hat. Der Referent im Büro des Vorsitzenden der Unionsfraktion ist für Schäuble ein umsichtiger Zuarbeiter, der bisher erfolgreich Wahlkreisarbeit leistete.

Beim Forschungsinstitut der Konrad-Adenauer-Stiftung in Sankt Augustin suchte und fand Schäuble Helmut Fogt, Jahrgang 1952, sein wichtigster Redenschreiber. Der promovierte Oberregierungsrat studierte Politikwissenschaft, Soziologie, Philosophie und Geschichte. Er war Assistent am Seminar für Wissenschaftliche Politik der Universität Freiburg, dann Forschungsbereichsleiter bei der CDU-nahen Bonner Stiftung. Im Bundesinnenministerium übernahm er die Referentenstelle in der Abteilung »Innenpolitische Grundsatzfragen«. Derzeit ist er zur CDU/CSU-Fraktion beurlaubt. Fogt, verheiratet und Vater von zwei Kindern, schreibt für Schäuble Reden und Aufsätze, macht Entwürfe. Der sachkundige und belesene Wissenschaftler kennt sich vor allem auf dem Gebiet der Parteienforschung aus. Fogt gilt als strebsamer und effizienter Helfer. Seine Leistungen werden vom »Chef« hoch eingeschätzt.

Jürgen Rüttgers wurde 1951 in Köln geboren; er ist verheiratet und hat ein Kind. Er fungiert als Erster Parlamentarischer Geschäftsführer der CDU/CSU-Bundestagsfraktion. Wenn es heute einen Menschen gibt, der politischen Einfluß auf Schäuble hat, dann ist es dieser Mann, der seit 1987 dem Deutschen Bundestag angehört.

Rüttgers studierte Rechtswissenschaft und Geschichte und ging nach der Promotion als Referent zum Städte- und Gemeindebund Nordrhein-Westfalen. Er arbeitete in der Kommunalpolitik und sammelte erste politische Erfahrungen als Beigeordneter der Stadt Pullheim vor den Toren Kölns. Sechs Jahre lang war er einflußreicher Landesvorsitzender der Jungen Union Rheinland. 1989 stieg er auf zum Parlamentarischen Geschäftsführer und wurde 1991 Obmann seiner Fraktion im Untersuchungsausschuß »Kommerzielle Koordinierung«. Im September 1991 übernahm er das Amt des Ersten Geschäftsführers. In dieser Eigenschaft arbeitet er mit Wolfgang Schäuble sehr eng zusammen. Beide entwickelten ein gutes Arbeitsklima und verstehen sich bestens. »Rüttgers ist ein Mann, der politisch denken kann«, sagt ein Bonner Parlamentarier. »Er geht mit den Fraktionskollegen geschickt um. Der Kölner hat klare Standpunkte und kann auch neue Gedanken entwickeln. In den vergangenen Jahren produzierte er immer wieder konzeptionelle Beiträge von hohem Gewicht. Rüttgers ist wach und schnell im Erkennen politischer Entwicklungen und Probleme. Was in seiner Funktion heute wichtig ist: Er neigt nicht zu Aufgeregtheiten, sondern zu einer heilsamen, jedenfalls äußeren Ruhe.«

Wie er sich verändert hat

Eigentlich kann man ihm nicht mehr gerecht werden. Wolfgang Schäuble fährt nicht mehr – wie ein Bonner Insider formuliert – auf der Autobahn, sondern auf einer Sonderspur. »In der Art, wie mit ihm umgegangen wird, was er sich leisten kann, was er auf sich zieht, ist eine Sonderbeziehung zu erkennen. Das weiß er auch und will es nicht.«

Schäuble war ein zupackender, ungeduldiger, seine intellektuelle Überlegenheit nützender Pragmatiker der Macht. Jetzt – so konstatieren Mitglieder der Fraktion – hat er Ruhe, Weitblick und Abstand und damit in sich ruhende Sicherheit gewonnen. Das hatte er vor dem Attentat so nicht. »Er hat persönlich gewonnen«, sagt ein Vertrauter, »und er hat an Statur zugenommen, auch an noch mehr Einfluß.« Das soll nicht heißen, daß er nicht mehr »schneidend verletzen« könnte. Im Gegenteil. Er nimmt die Verletzung anderer nur schneller zurück als früher. Der disziplinierte und intelligente Schäuble zeigt nach außen selten Verbitterung. Doch ab und an kommt sie heraus: seine persönliche Bitterkeit. Mit nahestehenden Menschen spricht er über die Auswirkungen seiner Behinderung, über die Grenzen, die ihm auferlegt sind.

In die gleiche Richtung gehen die Beobachtungen eines anderen Fraktionsmitgliedes: Schäuble sei ruhiger und gelassener, ja duldsamer geworden. Er höre mehr zu als vorher. Er sei auch toleranter gegenüber Leuten geworden, die nicht sofort auf den Punkt kommen, die langsamer und nicht so präzise sind wie er. »Schäuble nimmt heute auch mehr Anteil an der Lage anderer Menschen. Er sieht mehr den Menschen und die Person. Das war vor dem Attentat seltener.«

Durch die Zwangspausen, die Schäuble einlegen muß, formte sich für ihn ein anderer Lebensrhythmus. Er läßt manches langsamer angehen und beschäftigt sich ausführlicher mit Menschen, wenn auch die Sachfragen der Politik sein Leben bestimmen.

»Macht kann betäuben«, sagt ein Vertrauter. »Macht betäubt so sehr, daß man nicht hinlänglich dazu kommt, über seine eigentliche Situation richtig nachzudenken.« Bonn wurde für den behinderten Schäuble so etwas wie eine Überlebensstrategie. Sein praller Terminkalender hilft ihm über manche Schmerzgrenze hinweg.

Schäuble erschien vorübergehend weniger streitlustig und nachdenklicher, auch menschlicher in seinen Anforderungen an die Umwelt. Inzwischen haben wir den Eindruck, daß er wieder »voll eingestiegen« ist. Die Schonfrist für ihn ist abgelaufen. Zwar »prügelt« er immer noch nicht ganz so hart wie manche gesunde Politiker. Doch einige Wesenszüge, die fast ein Jahr lang verschüttet schienen, sind wieder da: Härte, Ungeduld und gelegentlich intellektuelle Arroganz.

Seine Krankheit – die von ihm akzeptierte Behinderung – hat ihn geformt. Er durchlebte verwirrende Widersprüche, begegnete dem Irrationalen in seinem Leben, den eigenen tief verwurzelten Ängsten. Wenn Schläuche, an die man angeschlossen ist, das Leben regulieren helfen, wenn Apparate die eigene Ratlosigkeit verstärken, erleidet jeder, der es erlebt, trostlose Verlassenheit, Gefühle der Ungeborgenheit.

Auch Schäuble entdeckte nach dem Attentat seine innere Alarmanlage neu. Legitime Ängste stimmten ihn nachdenklich, veränderten ihn. Der Unmut der sozial Abgehängten schlich in sein Leben. Vorher hatte er diesen Unmut zwar rational wahrgenommen, nicht aber in den tiefen Schichten seines Lebensgefühls. Ein Panikmacher war er nie. Sein Leben sollte nach dem Kopf verlaufen, vom Verstand bestimmt werden. Seit er die destruktive Gewalt eigener Behinderung erlebte, die quälenden Nebenwirkungen spürte, die Situation des Sterbenskranken, besitzt Wolfgang Schäuble ein eingeschüchtertes Negativbild. Er hat sich »gefühlt«. Das Fühlen – die lähmende Angst der Hilflosigkeit – riß seine nüchterne Sachlichkeit auf, veränderte sein zweckbestimmtes Fortschrittsdenken.

Verzweiflung – obwohl er darüber kaum spricht – nistet auch in seinem Leben. Er weiß vom Tode, kann heute stärker denn je Folgen abschätzen, Symptome einschätzen. Gelegentlich beengen ihn – wie andere auch – unheimliche Gefühle. Bei ihm sind sie konstanter, stärker. Auch wenn er es nicht nach »außen« läßt. Gefühle haben sich in sein Handeln gedrängt. Das weiß er, das ahnen andere. Dies vor allem hat ihn verändert: eigene Ängste zuzulassen; sie nicht zu verdrängen; damit zu leben; sie konstruktiv ins Leben zu integrieren. Das alles prägt Wolfgang Schäuble. Er gewann dadurch eine neue Konzentration, nämlich die Fähigkeit, seine Umgebung, seine Umwelt noch intensiver wahrzunehmen. Seine Veränderung, die durch die Behinderung herbeigeführt wurde, steigerte seine Wachheit, seine Umsicht, seine Leistungsintensität.

Wer Schäuble kennt, weiß um die Schufterei, weiß um die schwere, zeitraubende und undankbare Aufgabe, den berufspolitischen Alltag durcheilen zu müssen. Über »viel« Arbeit klagt er nie. Er leistet sie. Manchmal von ihr besessen, selten als Idealist, oft als Treuhänder. Wer ihn betrachtet, erkennt den Typ eines pragmatischen Politikers, der selten lautstark, meistens aber den Grundsätzen des Gemeinwohls verhaftet, seinen Weg geht.

Vielleicht wollte er früher – obwohl eher zierlich – zu den Starken gehören, zu den Mutigen, den Siegern. Heute läßt ihn seine Behinderung fragen: Mut zu was? Siegen worüber? Früher erschien es ihm natürlich, daß Leben Kampf sei, und daß dieser nur Sieger oder Unterlegene kenne. Seit er sich als Behinderter erlebt, weiß er, daß Leben auch aus der Schwäche kommt und existiert. Er hat keine Angst mehr vor eigener Angst. Ängste zulassen zu können ist die eigentliche Veränderung im Leben des Wolfgang Schäuble.

Kapitel XIII

Der andere Blick

Wie ich ihn erlebte

Rainer Eppelmann

Dreimal bin ich Wolfgang Schäuble vor dem Attentat, das sein Leben so nachhaltig verändert hat, begegnet. Als ich ihn zum ersten Mal traf, war ich noch nicht Bundestagsabgeordneter in Bonn, sondern Gemeindepfarrer in der DDR. Wolfgang Schäuble gehörte zu den Bonner Politikern, die schon vor unserer friedlichen Revolution Zeit fanden, um mit dem Pfarrer aus Ostberlin zu sprechen.

Die zweite Begegnung fand 1990 im Juni beim Kanzlerfest statt. Ich war damals Minister für Abrüstung und Verteidigung der DDR. Wir zogen uns mit einem Glas Wein in eine Ecke zurück und redeten lange über das sich verändernde Deutschland.

Das dritte Mal trafen wir uns zum Mittagessen im Bundesinnenministerium. Wolfgang Schäuble nahm sich Zeit, hörte zu und gab mir das Gefühl, daß er verstand. Es ging um die Wendezeit und die Vorwendezeit, um mein Bemühen, mit den Angehörigen der Nationalen Volksarmee (NVA) fair und gerecht umzugehen. Ich fand Gehör; auch dafür, daß es darum gehen mußte, daß sich die NVA nicht als besiegte Armee verstehen dürfe. Die Angehörigen der NVA sollten die Chance erhalten, ebenfalls mit Hoffnung auf Zukunft im vereinten Deutschland leben zu können – auch ohne Schuldgefühle, wenn sie nicht anderen Menschen direkt und nachweisbar geschadet haben.

Ich lernte Wolfgang Schäuble bei diesen Gesprächen als einen fröhlichen, lockeren, klugen und bestens informierten Minister kennen und schätzen.

Ich erinnere mich noch, was ich empfand, als ich vom Attentat auf Wolfgang Schäuble erfuhr. Mich erfaßte eine tiefe und nachhaltige

Traurigkeit. Einmal, weil ich den Menschen persönlich kannte und mochte, dem dieses grausame Schicksal widerfuhr. Zum anderen, weil es ein Mensch in der Mitte des Lebens war, mit einer Frau und vier Kindern, die noch zu Hause waren und ihren Vater brauchten. Sollte sein Leben jetzt zu Ende sein – oder zumindest nachhaltig verändert?

Der gesunde Wolfgang Schäuble hatte für mich Zeit und Verständnis gehabt. So war es für mich besonders wichtig, Wolfgang Schäuble im Krankenhaus zu besuchen. Bei allem traurigen Anlaß war es für mich eine gute Stunde und ein wichtiges Gespräch. Ich hatte den Eindruck, daß der Besuchte ähnlich empfand.

Wir haben lange miteinander geredet, länger, als wir uns ursprünglich vorgenommen hatten. Ich erlebte einen nachdenklichen, gefühlvollen und sensiblen Wolfgang Schäuble, einen Wolfgang Schäuble, der reden wollte.

Ich erinnere mich noch daran, wovon Wolfgang Schäuble an diesem Tag sprach: Es war vor allem die Frage, wie seine Frau und seine Kinder die Kraft und die Liebe füreinander würden aufbringen können, den neuen Wolfgang Schäuble als Krüppel zu akzeptieren, wie sie bereit sein könnten, das private Leben umzuorganisieren, auf Dinge verzichten zu lernen und zugleich die Fähigkeit entwickeln zu können, dafür Neues im Leben zu entdecken und zu gewinnen.

Ich erinnere mich noch, welche Erfahrungen er in dieser Situation als die für ihn am wichtigsten und stärkendsten, die am meisten tröstenden und am meisten heilenden empfunden hat.

Es waren dies zum ersten die Besuche Helmut Kohls, die ihn stärkten. Es war die Art und Weise, wie Helmut Kohl mit ihm geredet, wie er sich um ihn väterlich gekümmert hatte. Nach meinem Eindruck hat Helmut Kohl Wolfgang Schäuble entscheidend dazu verholfen, sich wieder aufzurichten und als Politiker weiterzumachen. Und die Zuwendung Helmut Kohls hat dafür gesorgt, daß das politische Leben des Wolfgang Schäuble anders als vorher weitergehen konnte. Wolfgang Schäuble schien mir – auch dadurch – entschlossen, einen Neuanfang zu wagen. Er hatte neues Zutrauen zu sich selbst gewonnen, nach anfänglich tiefer Trauer.

Das zweite war ein Brief mit Kinderzeichnungen aus einem Kindergarten. Diese Wahl Wolfgang Schäubles hat mich besonders angesprochen. Es rührte mich an, daß dieser Bundesminister, der bekannte und erfolgreiche Politiker, das Wesentliche sah, vielleicht sogar durch seinen »Unfall« es viel deutlicher als früher erkannte. Die hohe Bewertung der Kinderbilder durch ihn zeigte mir, daß er mit dem Herzen sah und dadurch das eigentlich Wichtige, das Wesentliche im Leben wahrnehmen konnte. Und so bin ich damals sehr zuversichtlich in bezug auf das, was Wolfgang Schäubles Leben und seine Zukunft anbelangte, wieder nach Berlin zurückgefahren.

Als drittes habe ich gespürt, daß er die Herausforderung und den Anspruch vieler Behinderter hörte und annehmen wollte. Er stellte sich der Anforderung, als Behinderter eine Spitzenposition auszufüllen. Wolfgang Schäuble nahm die vielen Briefe als Zeichen der Verbundenheit, sah dahinter Menschen, die er nicht enttäuschen wollte. Er wollte ein Signal setzen. Wolfgang Schäuble will zeigen: Das können Behinderte auch.

Er sollte und wollte als ein »Jetzt-auch-Behinderter« verdeutlichen, daß er in der Welt der Gesunden und Erfolgreichen leistungs- und durchsetzungsfähig ist. Er wollte beweisen, daß er auch als Behinderter zu den gestaltenden, zu den schöpferischen und kreativen Politikern in Deutschland gezählt werden kann.

Wolfgang Schäuble ahnte wohl, daß er mit seiner zuhörenden, nachdenklichen und geduldigen Art gebraucht wurde und gebraucht wird.

Meine Erlebnisse am Krankenbett mit Wolfgang Schäuble haben meine Hoffnung geschürt, die ich auch heute noch habe: Der Vorsitzende der CDU/CSU-Fraktion im Deutschen Bundestag, der Vertraute Helmut Kohls und wichtige Mann im Zentrum der Macht in Bonn, wird sich den Blick – auch mit dem Herzen – für das Wesentliche, aber auch für das Kleine, das scheinbar Unwichtige bewahren.

Nur dann wird es in der Fraktion eine gesunde Synthese aus Erfolgreichen und weniger Erfolgreichen, aus Zuhörern und Vielrednern, aus denen, die sich zur Verantwortung drängen, und denen, die sich zurückhalten, aus Menschen aus dem Osten und dem Westen, aus Katholischen und Evangelischen geben. Wenn Wolfgang Schäuble seine oben beschriebene Fähigkeit innerhalb der Fraktion einsetzt, wenn er Bindeglied und Katalysator ist, wird die CDU/CSU-Fraktion im Deutschen Bundestag konkrete, glaubwürdige und weiterführende Politik für Deutschland mitgestalten können.

Nur als einer, der das Wesentliche und das scheinbar Unwichtige auch mit dem Herzen sieht, wird er den Prozeß des Zusammenwachsens der beiden Teile Deutschlands beflügeln und befördern können. Nur wer mit dem Herzen sieht, kann die Ungeduld der Ostdeutschen und ihre Angst vor übereilten Schritten der Westdeutschen verstehen.

Meine Hoffnung wäre, daß der mit einer ganz neuen Qualität von menschlichem Leiden konfrontierte Wolfgang Schäuble sich die Sensibilität für menschliches Leid, menschliche Sorgen und menschliche Angst und Schmerzen erhält. Als Mensch und Freund möchte ich ihm überall, wo er das wünscht, dabei behilflich sein.

Der Finanzfachmann

Gerhard Stoltenberg

Meine erste nachhaltige Begegnung mit Wolfgang Schäuble fiel in die Endzeit der Regierung Schmidt/Genscher. Im Dezember 1981 berieten wir, die Vertreter des Bundesrates, mit den Kollegen und Kolleginnen des Bundestages mehrere Tage bis in die Nacht hinein über das Haushaltssicherungs- und Steueränderungsgesetz der damaligen Koalition im Vermittlungsausschuß. Es war die sogenannte »Operation 82«, der dritte Versuch einer in großer Bedrängnis agierenden Regierung, unter den Vorzeichen von Rezession und Finanzkrise harte Maßnahmen zur Sanierung der Staatsfinanzen durchzusetzen.

Neben den aus früheren Runden gut bekannten Mitstreitern und Kontrahenten aus den Fraktionen engagierte sich ein junger Kollege erstmals mit Umsicht und besonderem Sachverstand in den internen Koordinierungsgesprächen der Länder- und Bundestagsvertreter der Union. Es war Wolfgang Schäuble, seit kurzem einer der Parlamentarischen Geschäftsführer der CDU/CSU-Fraktion.

Ihm kam schon damals zugute, daß er aus seiner beruflichen Erfahrung als Steuerjurist in der Finanzverwaltung Sachkenntnisse wie nur wenige einbrachte, dazu ein bemerkenswertes politisches Gespür für die entscheidenden Punkte, die wir bei einem Kompromiß mit der Regierungskoalition durchsetzen wollten und konnten.

Als ich im Oktober 1982, aus Kiel kommend, als Finanzminister in die Regierung Helmut Kohl eintrat, wurde die Zusammenarbeit enger. Die Ersten Parlamentarischen Geschäftsführer der Fraktion stehen in Bonn nicht ständig im Rampenlicht. Aber ihre Rolle für den Zusammenhalt der eigenen Fraktion, bei den Abstimmungsprozessen innerhalb der Koalition und vor allem – mit Blick auf die Planungen für die Bundestagsarbeit – auch mit der Opposition ist außerordentlich hoch zu veranschlagen. Wolfgang Schäuble, Wolfgang Bötsch und Torsten Wolfgramm wurden schnell zu einem effizienten, meistens unauffällig arbeitenden Team, das für die Planung und Umsetzung der Fülle politischer Initiativen der folgenden Jahre große Bedeutung gewann.

Ein erheblicher Teil der Vorlagen und Vorschläge kam in den Jahren nach der Wende aus dem Finanzministerium. Es gehörte zur Praxis des Bundeskanzlers Helmut Kohl, bereits vor den Kabinettsberatungen bei allen wichtigen Punkten früh die Führung und die Experten der Koalition zu beteiligen. So kam es in jeder Sitzungswoche in der Koalitionsrunde beim Bundeskanzler zu intensiven Debatten und für mich sehr oft auch zu Vorgesprächen mit der Fraktionsführung, in denen Wolfgang Schäuble zunehmend als einer der Meinungsführer hervortrat. Ein beachtliches Maß an Detailkenntnissen, gesunder Menschenverstand, Offenheit gegenüber ernsthaften Argumenten im Für und Wider, die Freude an der Politik und die besondere Fähigkeit, Vertrauen zu erwerben, zeichneten ihn besonders aus. Er gewann an Statur als engagierter Politiker, der niemals völlig im politischen Tagesgeschäft aufging, sondern seine Eigenständigkeit und menschliche Spontaneität bewahrte.

Im November 1984 berief der Bundeskanzler Wolfgang Schäuble als Bundesminister zum Chef des Bundeskanzleramtes. Die zuvor auch öffentlich laut gewordene Kritik an der Administration in der Regierungszentrale verstummte in wenigen Wochen. Nicht nur die Mitglieder der Bundesregierung registrierten ein wesentlich effizienteres Management in der Vorbereitung der Kabinettsarbeit, in den Verbindungen zu den Koalitionsparteien und den Länderkabinetten.

Im Herbst 1984 waren ernste Spannungsfelder zwischen Franz Josef Strauß in München und der FDP erkennbar geworden. Aus unseren persönlichen Gesprächen weiß ich, wieviel Zeit und Kraft Wolfgang

Zur Wahl zum neuen Fraktionsvorsitzenden der CDU im November 1991 erhält Wolfgang Schäuble die Glückwünsche seines Amtsvorgängers Alfred Dregger.

Haushaltsdebatte im Bundestag: Unter den Augen der Bundestagspräsidentin Rita Süssmuth hält Schäuble seine erste Rede als frischgebackener Fraktionsvorsitzender.

Bis zu vierzehn Stunden täglich arbeitet er wieder an seinem Schreibtisch im Bundeshaus, unterstützt von seiner langjährigen Sekretärin Helga Heyden, die mit Umsicht seinen Büroalltag managt.

as Leben im Rollstuhl hat ihn verändert, hat ihn auch dazu gezwungen, neue Ausdrucksmittel zu fin-
en. Laute Töne und große Gesten waren jedoch nie seine Sache.

u Hause in Gengenbach mit Ehefrau Ingeborg und Töchtern Christine und Anna. Die Familie hält usammen und unterstützt den ab dem dritten Brustwirbel Querschnittgelähmten, wo sie nur kann.

Die Geborgenheit in seiner Familie ist ein wesentlicher Grund dafür, daß sich Wolfgang Schäuble wieder mit bewundernswerter Energie und mit Optimismus an seine politische Arbeit gemacht hat.

Schäuble für die Kontakte mit der Münchner CSU-Führung und der FDP einsetzte, um Sachthemen möglichst im Vorfeld der Entscheidungen zu lösen und zugleich das menschliche Klima mit all seinen Imponderabilien zu pflegen. Loyalität zum Bundeskanzler verband er mit der Vertretung eigener Auffassungen, fair und – wenn nötig – diskret, ohne sich selbst zu verleugnen. Ungeachtet seiner erheblichen Arbeitsleistung fand er die Zeit, in informellen Gesprächsrunden mit Wissenschaftlern und anderen Persönlichkeiten von Format über den Tag hinaus Zukunftsthemen zu diskutieren. Eine Reihe wichtiger Publikationen war der Ertrag dieser Debatten.

Nach der trotz einiger Verluste erfolgreichen Bundestagswahl 1987 ergaben sich für die Regierungskoalition große und schwierige Aufgaben. Steuerreform, Kostendämpfung im Gesundheitswesen und Rentenreform waren die wichtigsten Stichworte. Manche der von der Union geführten Landesregierungen gingen auf einen betont eigenständigen Kurs im Bundesrat. Auf ihr Drängen mußte fast der ganze Bereich der Krankenhäuser aus der Reform des Gesundheitswesens herausgenommen werden, ein wesentlicher Grund für die jetzt wieder steigenden Kosten. Auch die Steuerreform blieb bis zu den Schlußverhandlungen im Frühjahr 1988 umstritten. Beamtete Experten in Länderfinanzministerien berechneten viel zu hohe Einnahmeausfälle, weil sie die wachstums- und beschäftigungsfördernden Wirkungen dieser Konzeption nicht verstanden. Um den Abbau von Steuersubventionen, vor allem bei den Arbeitnehmern der Automobilindustrie und in der Berlin- und Zonenrandförderung, wurde bis zum Schluß kräftig gerungen. Wolfgang Schäuble hat mit mir in den letzten Wochen vor den Abstimmungen vom April bis Juli 1988 sehr viele Verhandlungen, vor allem mit den befreundeten Ländern, geführt, um die Hindernisse aus dem Weg zu räumen. In einem langen Abendgespräch am 7. Juli 1988 fanden Helmut Kohl, Wolfgang Schäuble, Ernst Albrecht und ich schließlich die Kompromißformel, die zu einer Mehrheit im Bundesrat führte.

Die Beziehungen zur damaligen DDR-Führung waren eine ungewöhnlich wichtige und schwierige Aufgabe, die der neue Chef des Bundeskanzleramtes, Wolfgang Schäuble, von Philipp Jenninger übernahm.

Die überkommenen Spannungen waren nach 1983 aufgrund der

konsequenten Umsetzung des NATO-Doppelbeschlusses durch den Bundeskanzler noch größer geworden. Erst nach dem offenkundigen Scheitern ihres Versuchs einer Einschüchterungs- und Isolierungspolitik stellten sich die Führungen der Sowjetunion und der damaligen DDR auf die Tatsachen ein. Sie waren vor allem unter dem Vorzeichen ihrer sich weiter erheblich verschlechternden wirtschaftlichen Lage an vertraulichen Gesprächen über eine umfassendere Kooperation interessiert. Wie problematisch dabei vor allem die empfindlichen Status- und Prestigevorstellungen der SED-Führung waren, wie mühsam es wurde, mit extrem mißtrauischen und schwer kalkulierbaren Gesprächspartnern von Honecker über Fischer bis Schalck-Golodkowski zu Ergebnissen zu kommen, hat Wolfgang Schäuble in seiner Darstellung vor dem Untersuchungsausschuß des Bundestags am 6. November 1991 deutlich gemacht. Es war für ihn eine Gratwanderung, unverzichtbare Grundpositionen der Bundesregierung, vor allem den Anspruch auf Selbstbestimmung für alle Deutschen, in der historischen Perspektive zu behaupten und zugleich konkrete Absprachen über erheblich verbesserte Besuchs- und Begegnungsmöglichkeiten für die Menschen im geteilten Deutschland wie Lösungen für den Umweltschutz bei Elbe und Weser und verbesserte Verkehrsbedingungen nach Berlin zu erreichen.

Wolfgang Schäuble berichtete mir von Zeit zu Zeit über diese ebenso heiklen wie wichtigen Kontakte. Als Bundesminister der Finanzen war ich für die Erhöhung der Transitpauschale, die Erweiterung des Swing und die aufsehenerregende Verbürgung des ersten Kredites an die DDR mitverantwortlich. An dieser letzten Entscheidung, die maßgeblich durch persönliche Gespräche zwischen Franz Josef Strauß und Schalck-Golodkowski vorbereitet war, entzündete sich bis in die CSU hinein ein beträchtlicher Meinungsstreit.

Es war für mich unproblematisch, der damals umstrittenen Bundesbürgschaft für den Milliardenkredit deutscher Banken zuzustimmen. Denn der Finanzminister der damaligen DDR hatte schriftlich in einer Rückbürgschaft vereinbart, vertragliche finanzielle Verpflichtungen der Bundesrepublik Deutschland aus der Transitpauschale für den Fall einer nicht fristgerechten Verzinsung oder Rückzahlung des Kredites zum Ausgleich abzutreten.

Rückblickend kann man feststellen, daß der Kurs einer festen

Position in den Grundsatz- und Statusfragen und zugleich einer erheblichen Ausweitung praktischer Vereinbarungen außerordentlich erfolgreich war. So nahm die Zahl der Besuchsreisen in dringenden Familienangelegenheiten aus der damaligen DDR nach Westdeutschland in nie erwartetem Umfang von 64000 im Jahr 1983 auf 794000 im Jahr 1988 zu. Erstmals konnten also auch die Landsleute unterhalb des Rentenalters in sehr großer Zahl in den Westen reisen. Der Zusammenhalt der Deutschen in Ost und West wurde nach Jahrzehnten der Teilung gefestigt, die Erosion des kommunistischen Systems erheblich beschleunigt, und die freiheitlichen Kräfte in der DDR wurden ermutigt und gestärkt.

Der Innenminister Wolfgang Schäuble war also hervorragend auf die große Aufgabe vorbereitet, als er im Frühjahr und Sommer 1990 in wenigen Wochen gemeinsam mit Günther Krause die entscheidenden Verhandlungen über den Einigungsvertrag zu einem guten Ergebnis brachte. Er bezog dabei von Anfang an auch die sozialdemokratisch regierten Bundesländer in die Gespräche mit ein. Ungeachtet aller heftigen Kontroversen über den Weg zur Einheit im Bundestagswahljahr fand dieser historische Vertrag im Bundestag und Bundesrat eine sehr große Mehrheit.

Auf einem Höhepunkt seines öffentlichen Wirkens und Ansehens wurde Wolfgang Schäuble am 12. Oktober 1990 das Opfer eines Attentates. Viele werden mit mir die Bilder jenes Tages nicht vergessen. Bei jeder Begegnung mit ihm in den folgenden Monaten waren die innere Kraft und der Wille spürbar, das mögliche zu tun, um wieder seinen Beitrag für eine gute Politik im nun vereinten Deutschland leisten zu können. Das hat Wolfgang Schäuble als Innenminister bis zum November 1991 verwirklicht und seitdem als Vorsitzender unserer Bundestagsfraktion. Er gibt damit ohne viele große Worte ein eindrucksvolles Beispiel.

Gewiß kein Freund und dennoch kein Feind
Dietmar Keller

Wir sind ein Jahrgang, ich bin Wolfgang Schäuble zeitlich ein halbes Jahr voraus. Vielleicht ist das im Augenblick, von außen betrachtet, das einzige, worin ich ihm gegenüber »voraus« bin. Das entpflichtet mich nicht, sondern fordert geradezu die gewiß provokante Frage heraus: Was wäre wohl aus Wolfgang Schäuble geworden, wenn er nicht im Schwarzwald, sondern in Sachsen geboren wäre? Und was wäre aus mir geworden, wenn ich nicht in Sachsen, sondern im Schwarzwald zur Welt gekommen wäre? So einfach die Fragen, so schicksalbestimmend wohl die Antworten.

»Trotz aller Schwierigkeiten steht das Regime in der DDR nicht vor dem Zusammenbruch.« So Wolfgang Schäuble in einem Vortrag in der Evangelischen Akademie Bad Boll immerhin noch am 25. Februar 1989. Der dies sagte, war in Herz, Seele und Verstand für die möglichst schnelle Wiedervereinigung beider deutschen Staaten. Aber aus seiner Kenntnis, seiner realistischen Sicht vom Boden der Bundesrepublik aus stand die historische Chance dieses Wunsches wohl mehr in den Sternen.

Auch ich wußte, daß die Vereinigung, oder besser Konföderation, beider deutscher Staaten objektiv auf der Tagesordnung stand, aber ehrlich gesagt, so richtig und schnell wollte ich sie wohl auch nicht. Trotzdem hatte ich in einer mitternächtlichen Diskussion mit Kunstwissenschaftlern und Museumsdirektoren aus Nordrhein-Westfalen Ende 1987 in Bonn geäußert, die DDR werde wohl das Jahr 1989 nicht überleben. Das resultierte aus meiner Kenntnis, aus meiner realistischen Sicht vom Boden der DDR aus. Auch diese Erinnerung gehört zum Verständnis deutscher Geschichte der letzten Jahre.

Wir hatten nach der Wende eine persönliche Begegnung. Im Januar 1990, im Vorfeld der Eröffnung der Ausstellung von Bernhard Heisig in Bonn, erhielt ich in meiner damaligen Funktion als Minister für Kultur der Deutschen Demokratischen Republik eine Einladung zu einem Gespräch beim damaligen Bundesinnenminister Wolfgang Schäuble.

Ohne Zweifel, ich hatte ihm gegenüber Vorbehalte. Mein »Feindbild« war Widerspiegelung meines Lebens und der auf mich wirkenden Umwelt von Partei, Medien und Öffentlichkeit. Ich war nicht frei im Denken, obwohl ich mich um Freiheit, auch meiner eigenen, mühte und anders dachte und sprach, wie es in meinen Kreisen alltäglich und üblich war. Ich war Gefangener, ohne mir meines Gefängnisses bewußt zu sein, glaubte an Utopien und an eine Lehre wie an eine Religion, obwohl mir deren Verfälschungen von Jahr zu Jahr immer klarer wurden. Die kalte Atmosphäre im Innenministerium, die langen, schier unendlichen Korridore und die vielen Uniformierten verstärkten eher meine Vorbehalte.

Über das Gespräch schrieb ich drei Monate später, und ich zitiere, um die Authentizität meines damaligen Empfindens heute nicht zu verfälschen: »Während ich in den Begegnungen mit dem Bundesminister für Innerdeutsche Beziehungen, Frau Dr. Dorothee Wilms, und dem Ministerpräsidenten, Dr. Johannes Rau, an vielfältige frühere Gespräche anknüpfen konnte, kam es zur ersten Begegnung mit dem Bundesinnenminister Dr. Wolfgang Schäuble auf dessen Einladung. Er informierte über die Aufgaben des Innenministeriums zur Kulturförderung im Gesamtrahmen der BRD. Doch sehr schnell waren wir beim politischen Alltag.

Ich verwies, daß in der Woche zuvor mehr als 12700 Bürger aus der DDR in die BRD übergesiedelt waren, daß es im Interesse der Beruhigung der politischen Lage in unserem Land dringend notwendig sei, daß die Bundesregierung Vorschläge unterbreite, damit sich die Bürger der DDR mit Hoffnung und Zuversicht für ein Verbleiben in der DDR entscheiden könnten, daß dies ein wirtschaftliches und soziales Grundsatzprogramm erfordere und soziale Sonderleistungen für Übersiedler geradezu eine Aufforderung und Einladung zu diesem Schritt des Verlassens der DDR seien.

Ich unterbreitete den Vorschlag, eine gemeinsame Expertenkommission zu bilden, um im Interesse beider Seiten akzeptable Möglichkeiten zur Eindämmung der Auswanderungswelle zu prüfen. Der Innenminister ging auf meine Vorschläge nicht ein. Er hinterließ bei mir trotzdem den Eindruck eines ehrlich besorgten Politikers, der Vor- und Nachteile verschiedener Entscheidungen abwog und trotzdem aus seiner Denkstruktur nicht auszubrechen gewillt war. Nach seiner Auffassung würden Veränderungen der Bedingungen für Übersiedler die Massenflucht aus der DDR nur noch steigern. Dieser

Logik konnte ich nicht folgen. So wertete er die vom Ministerpräsidenten des Saarlandes, Oskar Lafontaine, unterbreiteten Vorschläge zum Abbau der Vergünstigungen für ehemalige DDR-Bürger als ungeeignetes Mittel, dem Zustrom entgegenzuwirken.

Ich war in größter Sorge über die Entwicklung in meinem Land nach dem Gespräch mit Dr. Schäuble, die auch nicht nach dem sich anschließenden Informationsgespräch mit Ministerpräsident Dr. Rau gemildert wurde. Der Zug der Zeit lief auf eine schnelle Aufgabe der Eigenständigkeit der DDR. Die beiden großen Parteien der BRD dachten schon mehr an die großen parteipolitischen Chancen bei den bevorstehenden Wahlen in der DDR als an die Gefahren der Tage und Wochen bis dahin.«

Heute, mit dem Abstand von zwei Jahren, muß ich mein Denken und meine Urteile von damals prüfen. In Person auf Wolfgang Schäuble bedarf es kaum einer Korrektur. Obwohl er unter großem Druck in der Ausreiseproblematik in der eigenen Partei stand, dieser Druck bis zu Widersprüchen und Konflikten sogar im Präsidium seiner Partei führte, blieb er seiner bodenständigen konservativen Haltung treu und hat mit dieser Haltung vor der Geschichte scheinbar oder vorübergehend recht behalten.

Er ist mir auch heute noch in Erinnerung als durchaus kompromißfähig, kooperativ, angriffslustig, in mancher Schwarzmalerei auch leise herablassend, grob vereinfachend und lächelnd verletzend. Aber: Ohne Zweifel, sein Leben hat sich seit dem Oktober 1990 verändert. Er ist härter und weicher zugleich geworden. Das nicht zu verstehende Attentat und seine Folgen, die von ihm bestimmt nicht gewünschte Welle des Mitleids und Mitgefühls, haben bei ihm Spuren hinterlassen.

Interessant erscheint mir, daß er schon vor dem Beitritt der DDR zur BRD die geistigen und moralischen Dimensionen eines solchen, in der zeitgenössischen Weltgeschichte wohl einmaligen Prozesses erkannte, zurückhaltend bis warnend darauf verwies und heute vorsichtig mahnt. Es gelte, so in einem Interview im September 1990, »einen Weg zu finden, der auf der einen Seite Recht und Gerechtigkeit bringt, aber zugleich auch den notwendigen befriedigenden Schlußstrich zieht«. Gegenüber der »Taz« sprach er im Mai 1991 aus: »Wir sollten jedem die Chance geben dazuzulernen. Wir sollten bereit sein, einander Fehler und Schuld zu vergeben. Und zum Vergeben gehört vielleicht auch der Verzicht auf ein Übermaß an rechthaberischer Erinnerung.« In einem »Spiegel«-Interview von September 1991 meinte er: »Ich habe auch darüber nachgedacht, ob man nicht in bestimmten Fällen einen Schlußstrich ziehen sollte ...«

So ist es kein Zufall, sondern konsequente Fortsetzung seines Denkens, daß er im März 1992 in einem Interview mit dem Hessischen Rundfunk meines Wissens zum ersten Mal das Wort »Versöhnung« gebrauchte. Die Aufarbeitung der DDR-Vergangenheit müsse Grundlagen dafür schaffen, daß geschlagene Wunden wieder heilen könnten. Versöhnung, im Sinne politischer Vernunft gemeint, ist ein annehmbares Wort. Muß es doch auf etwas anderes hinauslaufen als das, was ein Teil der Bevölkerung der Ex-DDR zum gegenwärtigen Zeitpunkt erlebt. Es paßt nicht zusammen mit der Pauschalverurteilung der DDR als »Unrechtsstaat«, die die Mehrheit der ehemaligen Bürger einem permanenten Rechtfertigungszwang aussetzt, der auf die Dauer unerträglich wird.

Wolfgang Schäuble könnte in die deutsche Geschichte des zu Ende gehenden zwanzigsten Jahrhunderts als ein christdemokratischer Politiker eingehen, der die viel größeren Gefahren der geistigen Mauern rechtzeitig erkannte und den Weg zu ihrer behutsamen Entfernung wies. Das wäre auf jeden Fall eine größere historische Leistung als das Aushandeln des Einigungsvertrages, obwohl auch diese Wertung sich erst noch vor der Geschichte beweisen muß.

Und natürlich noch ein Wort in eigener Sache: In seinem Verhalten zur PDS drücken ihn ganz offensichtlich seine demokratischen »Schuhe«, reiben Blasen und schmerzen: »Am meisten empört mich«, so in einem Interview der »Welt« vom April 1990, »daß sich die alte SED, auch wenn sie jetzt PDS heißt, eine Rolle als Moralapostel anmaßt, das waren doch die Herren der Staatssicherheit.« Und im März 1991: »Wenn ich das richtig weiß, war die PDS unter dem früheren Namen SED Täter, Haupttäter sogar.«

Hier verläßt gewollt oder ungewollt der Christ und Demokrat Wolfgang Schäuble seine Persönlichkeit und steigt in eine Rolle, in der er nicht mehr souverän als Christ und Demokrat wirkt. Ein Teil der linken deutschen Opposition wird von ihm kriminalisiert, dem politischen Gegner wird ohne Rücksicht auf Verluste die Demokratiefähigkeit abgesprochen. In einigen seiner Reden im Deutschen Bundestag während der letzten Monate kam es so zu mancher Peinlichkeit. Hier begeht Wolfgang Schäuble aus meiner Sicht Fehler, die schon die DDR-Geschichte markierten – die Wirklichkeit, die Freiheit der Andersdenkenden und das letzte Wort der Wissenschaften zu mißachten. Mein »Feindbild« hat sich seit der Vereinigung der beiden deutschen Staaten verändert, ich weiß nicht, ob das auch für ihn zutrifft.

Menschlich und historisch ist manches durchaus verständlich. Wie jeder Politiker ist auch Wolfgang Schäuble einer Rolle und einer Partei verpflichtet und hat deshalb auch verständlicherweise Schwierigkeiten, die damit verbundenen Mauern zu überwinden. So wie ich dies mühsam lernen mußte, so bin ich überzeugt und wünsche es ihm, wird auch er dies leisten müssen. Davon könnte die deutsche Demokratie nur profitieren.

Ich wünsche Wolfgang Schäuble – an einer der Schnittstellen des Menschenlebens –, daß in ihm auch in komplizierten Situationen zuerst der Christ und Demokrat und erst dann der Parteipolitiker beherrschend wird. Nicht zu meinem oder anderer Vorteil, sondern um des inneren Friedens in Deutschland willen, mit dem Blick auf dessen Rolle im künftigen vereinten Europa.

Mein politischer Gegner

Harald B. Schäfer

Es ist jetzt zwanzig Jahre her, daß Wolfgang Schäuble und ich uns das erste Mal trafen. Ich war neugierig auf ihn. Als Kandidaten für die Bundestagswahl 1972 im selben Wahlkreis hatten wir viele Gemeinsamkeiten. Er wie ich waren innerparteiliche Außenseiter, die sich gegen favorisierte Platzhirsche durchsetzen konnten. Er kam von der Jungen Union und dem Ring Christlich-Demokratischer Studenten, ich von den Jungsozialisten und dem Sozialdemokratischen Hochschulbund. Sein Vorgänger im Bundestag war der langjährige Abgeordnete und Europapolitiker Hans Furler, meine Vorgängerin die langjährige Abgeordnete Martha Schanzenbach, Sozialpolitikerin,

Mitglied des SPD-Präsidiums und dreiundzwanzig Jahre lang ununterbrochen Mitglied des Deutschen Bundestages.

Unsere erste Begegnung war eine Podiumsveranstaltung in Offenburg in der »Alten Pfalz«. Im »Willy-Jahr« 1972 hatten es die CDU und ihre Vertreter schwer. So auch Wolfgang Schäuble an jenem Abend! Was mir auffiel: seine Kaltschnäuzigkeit, seine scharfe Rationalität, seine eher unterkühlte, beherrschte Rhetorik, seine Fähigkeit, sich schnell auf Gegebenheiten einzustellen, auch seine Fähigkeit, durchaus Polemik und Injurien gegenüber politisch Andersdenkenden nüchtern kalkuliert einzusetzen.

Mein erstes Urteil über ihn – ein Mensch ohne politische Ecken und Kanten, geschickt, mit analytischem Verstand, mit wenig politischer Emotionalität, aber mit großer politischer Machttechnik, dabei durchaus fähig, Umgänglichkeit und Offenheit als Machtmittel einzusetzen – habe ich bis heute nicht zu korrigieren. Die politische Macht für die CDU zu erwerben und zu erhalten ist der Impuls für Schäubles Politik. Inhalte sind nachrangig. Eigene Positionen, zumal wenn sie gegen den Mainstream in der Union gerichtet sind, bleiben absolute Mangelware. Ein guter Administrator, Organisator. Ein Polittechniker und Technokrat, durchaus mit Gespür für politische Entwicklungen, aber immer in öffentlichen Äußerungen mit der Mehrheitsmeinung. Mir ist aus der Wahlkreisarbeit nicht *eine* einzige öffentliche Äußerung von Schäuble bekannt, mit der er sich in Gegensatz zur CDU-Fraktionslinie gesetzt hätte – und Anlässe dafür gab es seit 1972 ja wahrlich genügend.

Mir war auch bald klar, daß Schäuble das intellektuelle, organisatorische, rhetorische und analytische Vermögen besitzt, innerhalb der CDU Karriere zu machen. Was mich überraschte, war, mit welcher Eindeutigkeit und Konsequenz Schäuble von Anfang an auf Helmut Kohl setzte, ein Indiz mehr, daß Schäuble machtpolitische Entwicklungen und durchsetzungsorientierte Machtpolitiker erkennt, anerkennt und für sie und mit ihnen arbeitet.

Neben Schäubles präziser Logik, seinem analytischen Verstand und seinem guten Gedächtnis zählt seine Verläßlichkeit. Auf Abreden mit ihm kann man sich verlassen.

Im Wahlkreis hat sich nach anfänglichen Turbulenzen und persönlichen Angriffen bald ein vernünftiger Umgang zwischen uns entwikkelt. Dieses sachbezogene Verhältnis wurde zweifelsohne durch die Tatsache erleichtert, daß Schäuble und ich uns und unsere politische Arbeit nicht durch Attacken auf den politischen Gegner vor Ort legitimieren müssen. Unser Verhältnis zueinander ist, so denke ich, von wechselseitigem Respekt geprägt.

Durch die Verhandlungen zum Einigungsvertrag bekam Schäuble viel Zustimmung, und durch die Ereignisse im Herbst 1990 fand er parteiübergreifend Sympathie. Die Anteilnahme der Menschen an dem schweren Schicksalsschlag und die Art, wie Schäuble damit umgeht, haben die Achtung, den Respekt, ja die Bewunderung für ihn in der Öffentlichkeit weiter wachsen lassen.

Mit der Übernahme der CDU/CSU-Bundestagsfraktion und seinem taktischen Verhalten bei Grundsatzfragen, wie zum Beispiel bei seiner Haltung zur Asylfrage, ist der Parteipolitiker Schäuble wieder deutlicher erkennbar geworden.

Der Anschlag auf Schäuble fiel mitten in den Bundestagswahlkampf 1990. Ich habe sofort nach dem Attentat alle Wahlkampfaktivitäten storniert. Als feststand, daß Schäuble sich nicht mehr in Lebensgefahr befand, er aber nach menschlichem Ermessen nicht mehr aktiv in den Wahlkampf eingreifen konnte, habe ich den anderen Parteien vorgeschlagen, auf jede Wahlkampfaktivität in unserem Wahlkreis zu verzichten. »Statt dessen«, so schrieb ich, »sollten sich die Parteien und Kandidaten darauf beschränken, die Bürger aufzurufen, von ihrem Wahlrecht Gebrauch zu machen.«

Ich war mehr als überrascht, daß Schäuble selbst antwortete. Einige Passagen aus dem Brief will ich zitieren: »Ich danke Ihnen auch für Ihre faire Überlegung, auf den Wahlkampf im Wahlkreis 188 zu verzichten. Ich habe Ihren Vorschlag sorgfältig bedacht.

Ich werde mich in der Tat wohl kaum noch im Wahlkampf aktiv in diesem Jahr beteiligen können. Aber ich finde, daß die Sache der Demokratie und damit auch die Sache von Wahlen zu wichtig ist, als daß man wegen des Schicksals eines einzelnen darauf verzichten sollte. Deswegen habe ich meine Freunde gebeten, mit den verbleibenden Kräften auch bei uns im Wahlkreis Offenburg um das Vertrauen der Wähler zu werben. Wir beide haben ja seit 1972 Wahlkämpfe ohne persönliche Belastungen führen können, und vielleicht ist ein solches Zeichen der Besonnenheit gerade jetzt wichtig.«

Damit war mein Angebot abgelehnt. Der Wahlkampf fand statt, wenn auch ohne Wahlkreisbezug, da ich alle Themen aussparte, bei denen Schäuble und ich kontroverse Positionen einnahmen. Auch die CDU hat einen Wahlkampf auf Sparflamme geführt. Über die Medien wurde die Öffentlichkeit von den Genesungsfortschritten Schäubles unterrichtet. Sie nahm großen Anteil. In den Kirchen wurde für Schäuble gebetet. Wie sehr für Schäuble das Wohl seiner Partei im Vordergrund steht, zeigt die Tatsache, daß er an der bundesweiten CDU-Schlußkundgebung »Für Wolfgang Schäuble« am 29. November 1990 in Offenburg trotz seines erkennbar schlechten Gesundheitszustandes teilnahm. Die Medien berichteten live.

Bei der Bundestagswahl drei Tage später errang die Bonner Koalition einen großen Wahlsieg. Absoluter Wahlsieger mit einem ungeheuren Erststimmenzuwachs war Wolfgang Schäuble. Wie schrieb er: »Aber ich finde, daß die Sache der Demokratie und damit auch die Sache von Wahlen zu wichtig ist, als daß man wegen des Schicksals eines einzelnen darauf verzichten sollte.«

Ich wünsche Wolfgang Schäuble, daß er die Kraft und das Durchhaltevermögen hat, seine schwierige Aufgabe bewältigen zu können. Ich bin sicher, daß er sich an keiner Palastrevolution gegen Helmut Kohl beteiligen wird. Was ich für möglich halte, ist, daß ihn Helmut Kohl als seinen Nachfolger vorschlägt. Schäuble wird ja sagen, wenn er davon überzeugt ist, daß diese Entscheidung zum Machterhalt der Union beiträgt.

Pragmatik statt Programmatik?

Reinhard Göhner

Wolfgang Schäuble – ein Programmatiker? Die meisten, die den Menschen und Politiker Wolfgang Schäuble flüchtig kennen oder sich nur am Rande mit ihm beschäftigt haben, werden diese Frage mit Erstaunen zur Kenntnis nehmen und sie möglicherweise eher verneinen denn positiv beantworten. Auch Öffentlichkeit und veröffentlichte Meinung sehen in ihm teilweise weniger den Programmatiker als den Macher, den Pragmatiker und Politmanager.

Merkwürdig mutet diese Meinung, dieses Image, schon an, wenn man andererseits die Attribute sieht, mit denen die Medien Person und politisches Wirken Wolfgang Schäubles charakterisieren: Ruhe, Bedachtsamkeit und Gelassenheit, die Worte wohl wägend, mit präzise formulierten Gedanken zukünftige politische Probleme akzentuierend und Lösungen konzipierend. All dies müßten eigentlich die besten äußeren Voraussetzungen sein, in der Öffentlichkeit auch als Programmatiker zu gelten.

Die wichtigsten Funktionen, die Wolfgang Schäuble im letzten Jahrzehnt ausgeführt hat, forderten von ihm beides: politisches Management und politische Konzeption. Als Erster Parlamentarischer Geschäftsführer der CDU/CSU-Bundestagsfraktion und als Kanzleramtsminister standen das Organisieren, Zusammenführen, Integrieren und Managen von Politik im Vordergrund. Aber das alles geht nicht ohne strategische und inhaltliche Konzepte. In der Zeit als Erster Parlamentarischer Geschäftsführer war er der »Kopf« der Fraktion – mit einem Fraktionsvorsitzenden Alfred Dregger, der seinem Geschäftsführer zumindest im gesamten Bereich der Innenpolitik freie Hand ließ. Schäuble nutzte diese Freiräume auch zur politischen Gestaltung. Als Kanzleramtsminister war Schäuble Denker und Lenker nicht nur des Kanzleramtes; er entwarf vor allem die Deutschlandpolitik. Als Bundesminister des Innern erfüllte Schäuble schließlich die anspruchsvollste politische Aufgabe der letzten Jahrzehnte, nämlich mit dem Einigungsvertrag die staatliche Wiedervereinigung herbeizuführen. Auch diese große Aufgabe war gewiß mit politischem Management verbunden, aber sie setzte vor allem eine langfristige Perspektive voraus. Manager und Macher stehen selten in dem Ruf, programmatisch vorausgedacht zu haben. Wer aber ein solches Jahrhundertwerk wie den Einigungsvertrag zu konzipieren hat, muß auch programmatisch vorausgedacht haben. Gewiß waren die Stationen – Fraktionsgeschäftsführer, Kanzleramtsminister, Einigungsvertragsarchitekt – jeweils mit Aufgaben verbunden, die pragmatisches Vorgehen forderten. Aber Pragmatik und Programmatik müssen keine Widersprüche sein, zumindest dann nicht, wenn man Programmatik als politisches Konzipieren versteht.

Auch in seiner neuen Funktion als Vorsitzender der CDU/CSU-Bundestagsfraktion versteht sich Schäuble als »Konzepteur« der Politik. Nicht nur, daß die Fraktion unter seiner Führung an Stärke gewonnen hat, sondern früher als bisher üblich wird die Fraktion auch von der Regierung in den Prozeß der Meinungsbildung einbezogen. So gewinnen die Fraktion und vor allem der Fraktionsvorsitzende stärkeren Einfluß auf das Vorbereiten und Konzipieren der Politik. Es überrascht daher auch nicht, daß der neue Fraktionsvorsitzende mittlerweile eine eigene Planungsabteilung der Fraktion eingerichtet hat. Wer Politik nicht aus der Atemlosigkeit des Tagesgeschäftes betreiben will, muß sich eine eigene Planungs- und Zuarbeitungskapazität schaffen, ohne die kein führender Politiker auskommen kann. Daß der Fraktionsvorsitzende sich bei dieser Zuarbeit nicht allein auf die »eigene« Regierung verlassen will, entspricht nicht nur seinem Politikverständnis, sondern ist vor allem Ausdruck des Anspruchs, über die Regierungsgeschäfte hinausdenken zu wollen. Wo immer Wolfgang Schäuble Politik betreibt oder betrieben hat – sie ist geprägt von langfristig angelegten politischen Entscheidungen. Das ist zweifellos alles andere als Pragmatismus.

Es stellt sich in diesem Zusammenhang die Frage, was bedeutet Programmatik und wie äußert sie sich in der politischen Arbeit. Programmatik braucht Prinzipien. Sie setzt diese zwingend voraus, um als Gerüst politisch weittragenden Entscheidungen die notwendige Sicherheit, Stabilität und Beständigkeit zu geben. Politik ohne Prinzipien ist inhaltsleer und richtet sich mehr nach dem Machbaren denn dem Wünschens- und Erstrebenswerten. Parteiprogramme werden nicht um ihrer selbst willen geschrieben, sondern in ihnen werden die grundlegenden Werte und Prinzipien auf Politikfelder übertragen.

Eine programmatische Politik zu entfalten und durchzusetzen heißt, von grundsätzlichen Wertüberzeugungen aus neue Gedanken, neue Konzepte und Lösungen drängender Probleme in die politische Alltagsarbeit einzubringen. Darüber hinaus gehören Visionen zukünftiger Politik zum programmatischen Vordenken. Visionen müssen sich nicht heute oder morgen in die Praxis umsetzen lassen; sie zu haben bedeutet nicht, Illusionen oder gar Utopien nachzulaufen. Visionen weisen über den Tag hinaus auf wünschenswerte Ziele einer Politik, in deren Mittelpunkt der Mensch und das Wohl der Allgemeinheit stehen. So bewegt sich programmatische Politik zwischen den beiden Pfeilern: Wertüberzeugungen und Prinzipien auf der einen und Visionen zukünftiger Politik auf der anderen Seite.

Wolfgang Schäuble, ein Programmatiker? Kann man angesichts dieses zweifellos enormen Anforderungskatalogs die Frage bejahen und in ihm einen programmatischen Kopf der CDU Deutschlands sehen? An seinen Prinzipien aus der politischen Praxis möchte ich meinen Eindruck von ihm auf diesem grundlegenden Feld der Politik aufzeigen.

Wer nach dem Programmatischen in Wolfgang Schäubles Politik fragt, muß die Prinzipien kennen, die seine Politik in den vergangenen dreißig Jahren geleitet und beeinflußt haben. Mir scheinen zwei Grundüberzeugungen beispielhaft für seine politische Praxis zu sein:

Solange ich Wolfgang Schäuble kenne, legt er erstens immer wieder großen Wert auf den Nutzen geschichtlicher Erfahrung. Wer öfter die Gelegenheit hat, ihn zu hören und zu beobachten, dem fallen seine Kenntnisse der europäischen Geschichte und Kulturtradition auf. Sein Wissen nutzt er jedoch nicht als eine abstrakte und verbindungslose Ansammlung von Fakten, um Gesprächspartner und politische Gegner zu verblüffen oder zu verunsichern – es sei denn gegenüber dem politischen Gegner. In Abwandlung des alten lateinischen Sprichworts ist für ihn die Geschichte die Lehrmeisterin der Politik.

»Nichts in der Geschichte der Menschheit hat sich als unabänderlich erwiesen«, lautet einer der zentralen Sätze, die sein politisches Handeln beeinflussen. Historisch zu denken heißt für ihn nicht, die Realität zu verkennen oder gar zu ignorieren. Bei ihm paart sich das Wissen um das Machbare mit dem Vertrauen auf die Macht historischer Prozesse zu einer Politik, die das Überschaubare regelt, ohne die Visionen aus den Augen zu verlieren.

»Die Deutschlandpolitik der Bundesregierung will Freiheit für alle Deutschen. Die Freiheit ist der Kern der deutschen Frage. Friede und Freiheit sind für uns untrennbar.« Hier äußert sich ein zweites Prinzip seiner Politikauffassung. Ohne Freiheit ist Frieden nicht zu erlangen. »Wenn wir die Einheit wollen, so wollen wir sie mit Freiheit und nicht auf Kosten der Freiheit.« Das Prinzip der Freiheit, Ausfluß der personalen Würde aller Menschen, nimmt für ihn eine zentrale Rolle bei der Bestimmung der Zielkoordinaten seiner Politik ein. In den vierzig Jahren deutscher Teilung war die Freiheit immer Maxime zur

Erlangung der Einheit. »Freiheit geht vor Einheit.« Dieses Zitat bringt die Prinzipienhaftigkeit seiner Deutschlandpolitik auf die knappste Formel.

Historische Erfahrung und Freiheit sind zwei der tragenden Grundpfeiler eines Politikverständnisses, das auf das Allgemeinwohl ausgerichtet ist. Dazu tritt eine notwendige Portion Realismus. Realismus darf jedoch nicht mit Pragmatismus verwechselt werden. Realismus heißt für Wolfgang Schäuble, sich auf das Machbare zu konzentrieren. Der »Macher« Schäuble richtet seinen Blick immer auf das Ganze und die Durchsetzbarkeit politischer Positionen, wodurch manchesmal scheinbar Konzessionen in Hinsicht auf Prinzipien und Wertüberzeugungen gemacht werden.

Die Nachdenklichkeit des Programmatikers Schäuble reicht über parteipolitisches Nachdenken hinaus: In dem gesamten Zeitraum seines politischen Wirkens für die Bundesrepublik Deutschland ist die Deutschlandpolitik für Wolfgang Schäuble ein Feld gewesen, dem er sich mit besonderer Aufmerksamkeit und Hingabe gewidmet hat.

Deutschlandpolitik bedeutete für ihn immer das Ringen um die nationale Einheit. Die Vision der Verwirklichung eines geeinten Deutschlands in Frieden und Freiheit hat er niemals aufgegeben, und sie hat sein Handeln und politisches Wirken neben der Solidarität für die Menschen in der ehemaligen DDR geleitet.

In einer Zeit, in der viele – selbst in den eigenen politischen Reihen – schon den Gedanken an die Einheit Deutschlands aufgegeben hatten, verfolgte Wolfgang Schäuble mit Standfestigkeit, Nachdruck und Beharrlichkeit eine Politik der Einheit und Einigung der Nation, denn nichts ist so, daß es nicht von den Veränderungen der Geschichte erfaßt werden könnte. Dieser Wille zur Einheit in Freiheit hat dann auch den Flüchtlingen in Prag und Budapest in der Mitte des Jahres 1989 den Weg nach Deutschland erst ermöglicht. Hätte man die Einheit aufgegeben, die Nation verleugnet, wäre ihnen der Weg versperrt gewesen.

Gerade weil Wolfgang Schäuble in der Deutschlandpolitik immer auch das Machbare im Blick hatte, ist ihm verschiedentlich der Vorwurf des Pragmatismus gemacht worden. Das »Management der Teilung« habe längst das große Ziel der Einheit der Nation aufgegeben. Dieser Vorwurf ging aber weit an der Realität, dem Eigentlichen seiner Politik vorbei. Ziel und handlungsleitende Maxime waren für ihn immer die Einheit, die es auf dem verschlungenen Pfad deutsch-deutscher Alltäglichkeit zu verwirklichen galt. Als Chef des Bundeskanzleramtes war die Deutschlandpolitik sein Aktionsfeld. Gegen manche innerparteiliche Kritik hat er seinen Kurs und sein Konzept durchgesetzt – der Erfolg hat ihm recht gegeben. Das Machbare leisten, ohne die darüber hinausgehenden Ziele aufzugeben – das war der Erfolgspfad zur Wiedervereinigung.

Nicht nur in der Deutschlandpolitik, sondern auch in vielen anderen Bereichen des gesellschaftlichen und politischen Lebens hat Wolfgang Schäuble programmatisch vorausgedacht. Ich möchte zumindest zwei Beispiele noch kurz anführen.

Die demographische Entwicklung Deutschlands ist hinreichend bekannt. Schon jetzt sind zwanzig Prozent der Bevölkerung älter als sechzig Jahre, und im Jahre 2000 werden ein Viertel aller Deutschen dieses Alter überschritten haben. Die Analyse ist klar: Es fehlen die Kinder, die nicht nur unsere Renten sichern, sondern vor allem auch unserer Gesellschaft die notwendige Wärme geben. »Kinder sind der lebendige Impuls für den Zukunftswillen unserer Gesellschaft«, hat Wolfgang Schäuble 1987 formuliert.

Eine kinderfreundliche Gesellschaft muß staatlicherseits die Gründung von Familien erleichtern und finanzielle Anreize geben. Schon in den siebziger Jahren als Oppositionsabgeordneter forderte Schäuble deshalb eine Neugestaltung und Verbesserung des Familienlastenausgleiches. Er wehrte sich gegen die Abschaffung der Kinderfreibeträge durch die damalige SPD/FDP-Regierung und forderte ein differenziertes Familiensplitting, damit Familien mit Kindern weniger Steuern zahlen als Ehegatten ohne Kinder. Ein solches Familiensplitting hat er als einer der ersten Politiker in der Union als eine mögliche Alternative familienfreundlicher Politik erwogen. Ermutigung und staatliche Förderung kinderreicher Familien sind Ausdruck von Wolfgang Schäubles Grundüberzeugung, daß die Familie Keimzelle des Staates und Grundlage zukunftsweisender Politik ist.

Familienpolitik ist für ihn nicht allein ein Anliegen der Sozialpolitik, sondern vor allem Ausdruck einer Lebenskultur. Schon bei den Koalitionsverhandlungen 1983 hatte Wolfgang Schäuble gemeinsam mit Heiner Geißler die neue Familienpolitik durchgesetzt: die Anerkennung von Erziehungszeiten im Rentenrecht, die Einführung des Erziehungsurlaubes und Erziehungsgeldes, die Wiedereinführung von Kinderfreibeträgen. Seine Vorstellungen zur Einführung eines Familiensplittings konnten damals nicht durchgesetzt werden, sind aber auch heute noch richtungsweisend und wieder Gegenstand perspektivischer Politik der CDU.

Ein zweites, mehr theoretisches Feld politischer Programmatik sind seine Überlegungen zur Steuerungsfähigkeit politischer Prozesse sowie zu Stellung und Aufgaben der Parteien. Vielleicht äußert sich in diesem Bereich am deutlichsten die programmatische Nachdenklichkeit Wolfgang Schäubles. Politik ist für ihn eine Reaktion auf von außen an das Steuerungssystem herangetragene Entwicklungen. Die Konfrontation mit den Fakten verlangt von den Politikern Perspektiven, Gestaltungswillen und Zielvorgaben. Politik ist nicht simple Machterhaltung, sondern an dem Allgemeinwohl orientiert und ihm verpflichtet.

Politische Entscheidungen unterliegen immer öffentlicher Kontrolle, Diskussion und Rechtfertigung, die das Elixier lebendiger Demokratie sind. Politische Positionen, Parteien und Politiker sind für Wolfgang Schäuble nicht beliebig auswechselbar, da das Unverwechselbare Ausfluß programmatischer Standortbestimmung ist. So allgemeingültig und allgemein verbindlich diese grundsätzliche Haltung erscheint, so ist doch Wolfgang Schäuble immer einer derjenigen Politiker, der sie auch als Korrektiv seines politischen Handelns heranzieht.

Dem äußeren Bild von Wolfgang Schäuble mit Ruhe, Bedachtsamkeit und Gelassenheit sowie der Fähigkeit des aufmerksamen Zuhörens entsprechen auch seine inhaltlichen Positionen. Sie sind Ausdruck einer tiefen Grundwerteüberzeugung und Prinzipienhaftigkeit. Mag das hektische Alltagsgeschäft oftmals Grundwerte und Maximen überdecken und nicht sichtbar werden lassen, so sind sie doch Richtschnur und Handlungsanleitung seiner politischen Arbeit und Überzeugung. Wolfgang Schäubles Politik ist durch Realismus, Zielorientierung und Programmatik gekennzeichnet; das eine ist ohne das andere für ihn nicht denkbar. Nur derjenige betreibt realistische und erfolgreiche Politik, der das Machbare im Visier hat, der vorher auch programmatisch Position bezogen hat. Das hat Wolfgang Schäuble eindeutig getan: Er gehörte nie zu denen, die den Gedanken der deutschen Einheit aufgegeben hätten, auch nicht in den Zeiten, als die Entfernung zwischen beiden deutschen Staaten größer schien denn je. Gerade in der Unnachgiebigkeit und Standfestigkeit in diesem sowie in anderen Grundsätzen äußert sich seine programmatische Linie. Dem Zeitgeist und sich über viele Jahre verfestigenden Umfragen widerstehen zu können würde einem »Nur-Pragmatiker« nicht gelingen.

Wolfgang Schäuble hat den Blick für Zukunftsfragen und Herausforderungen, die an Politik und Gesellschaft herangetragen werden. Zur Analyse und Bewältigung der Aufgaben versteht er es, sich den Sachverstand und das Wissen anderer zu erschließen. Mit gezielten Fragen, genauem Zuhören und einer schnellen Auffassungsgabe nutzt er Potential und Fachwissen der Spezialisten. Diese Fähigkeiten Schäubles habe ich in einigen Diskussionsrunden erlebt, die sich weit über die Tagespolitik hinaus mit grundsätzlichen und zukunftsweisenden Fragen, Problemen und ihren Lösungen beschäftigen.

Das programmatische Profil Wolfgang Schäubles läßt sich am besten mit dem Vor- und Nachdenker beschreiben. Nur derjenige kann neue Lösungswege aufzeigen, der über die anstehenden Probleme intensiv nachgedacht hat. Vordenker zu sein setzt Nachdenken zwingend voraus. Programmatische Politik braucht auch Methode. In seiner Politik offenbart sich immer wieder ein Dreischritt mit Bestandsaufnahme, Analyse und politischer Handlungsanleitung, oder medizinisch gesprochen, folgt auf Anamnese und Diagnose die Therapie.

Pragmatik statt Programmatik? Das ist für Wolfgang Schäuble keine Frage. Programmatik bedeutet in erster Linie, Inhalte zu setzen und politische Zukunftsentwürfe Staat und Partei ins Stammbuch zu schreiben. Programmatische Politik resultiert aus Wertüberzeugungen, Maximen und Prinzipien, die auf neue Probleme und Herausforderungen angewandt werden müssen. Wer nach den konkreten Handlungsfeldern von Politik fragt, ist nicht deshalb schon nur Pragmatiker. Sowohl Vordenken und Perspektiven für die Zukunft aufzeigen, als auch konkrete Vorschläge für die Aufgaben der Politik geben und verwirklichen können, muß von Führungspersönlichkeiten in der Politik verlangt werden. Pragmatik mit politischer Beliebigkeit ist für politische Führung ungeeignet. Programmatiker, die Hochglanzbroschüren für die Schublade erstellen, ohne sich zu fragen, wie man seine politischen Ziele verwirklicht, sind aber ebenso unpolitisch. Es scheint, als hätten in den letzten Jahren die »Nur-Pragmatiker« Konjunktur. Wolfgang Schäuble ist allerdings eher der Gegenbeweis dieser Entwicklung.

Ein Stück weit realistisch

Hartmut Büttner

Weihnachtsfeier der CDU/CSU-Bundestagsfraktion 1990 im großen Saal des Hotels »Maritim« in Bonn. Unter großem Beifall wird ein Mann im Rollstuhl an den Tisch des Bundeskanzlers gefahren: Wolfgang Schäuble.

Bei dem furchtbaren Attentat ist er dem Tod mit knapper Not entkommen. Am Hals trägt er noch einen Verband. Er wirkt kleiner und hagerer als im Fernsehen. Es ist das erste Mal, daß ich persönlich dem Innenminister der Bundesrepublik Deutschland, Dr. Wolfgang Schäuble, begegne. Als frischgewählter Abgeordneter eines Wahlkreises aus den neuen Bundesländern empfindet man die direkten Begegnungen mit den führenden deutschen Politikern als spannend, interessant und auch als etwas aufregend.

Die tragischen Ereignisse um Wolfgang Schäuble haben dabei besonders betroffen gemacht. Bereits während des Wahlkampfes kam es immer wieder zu spontanen Solidaritätsbekundungen von Bürgern der neuen Länder. Sie in diesem Moment der ersten Begegnung direkt zu übermitteln erschien mir deplaziert. Zumal die Ovationen der Fraktionskollegen das ausdrückten, was auch die Bürger mitteilen wollten: Sympathie, Freude über die Abwendung des Schlimmsten, Solidarität und die Bewunderung darüber, daß er sich nach wenigen Genesungswochen bereits wieder den politischen Aufgaben stellen wollte.

Was muß in diesem Mann für eine innere Kraft stecken?

Im Verlauf der Konstituierung der Bundestagsgremien werde ich Mitglied des Innenausschusses und Vorsitzender eines neugeschaffenen Unterausschusses zur Bewältigung der Stasi-Problematik. In dieser Eigenschaft durfte ich an den bereits laufenden Diskussionen einer fraktionsübergreifenden Arbeitsgruppe teilnehmen. Sie setzte sich zusammen aus den innenpolitischen Sprechern der einzelnen Fraktionen Gerster (CDU), Penner (SPD), Dr. Hirsch (FDP), dem Vorsitzenden des Innenausschusses Bernrath (SPD), den Innenpolitikern Wartenberg (SPD), Zeitlmann (CDU) und den ostdeutschen Abgeordneten Dr. Schmieder (FDP) und Schwanitz (SPD). Ungewöhnlich war, daß auf Drängen des Innenministers auch die Bürgerrechtlerin Ingrid Köppe (Bündnis 90/Die Grünen) ebenfalls mit am Tisch saß. Die Arbeitsgruppe wollte den Auftrag erfüllen, gesetzliche Regelungen für den Umgang mit den Bergen von Stasi-Akten zu erarbeiten. Ebenso wurden Überlegungen zur Sicherung der Akten des Parteiarchivs der SED/PDS, der anderen DDR-Parteien und der Massenorganisationen dieses untergegangenen Staates einbezogen.

Wolfgang Schäuble lotete die Möglichkeit nach einer Mehrheit im Parlament in diesen Fragen aus. Deshalb förderte er geschickt die Diskussion zwischen den Vertretern der drei etablierten Parteien und der Köpenicker Bibliothekarin Ingrid Köppe.

Die anfangs weit auseinanderklaffenden Standpunkte näherten sich im Laufe zahlreicher Sitzungen an. Unter dem Einfluß der Abgeordneten aus den jungen Bundesländern kam es zu neuartigen Gesetzesvorschlägen. Der Wunsch der Menschen, ihre Akte selbst einsehen zu können, die Rehabilitierung von Opfern, die Ahndung von Straftaten und die verantwortungsbewußte Aufarbeitung dieses Teils deutscher Geschichte standen dabei im Zentrum der Gespräche. Alle Seiten lernten dazu. Die westlichen Vertreter akzeptierten bald die Sondersituation einer ehemals sozialistisch-diktatorischen Gesellschaft. Sie erkannten, daß die alleinige Meßlatte des in vierzig Jahren gewachsenen Rechtsstaates Bundesrepublik Deutschland nicht anzuwenden war.

Auch die Ostabgeordneten mußten sich für Themen öffnen, die mancher gern verdrängt oder nicht berücksichtigt hätte. Besonders sensibel reagierte Frau Köppe auf Nutzungsmöglichkeiten von Stasi-Akten aus dem Bereich Spionage und Terrorismus durch deutsche Nachrichtendienste. Wolfgang Schäuble legte mit der Formulierung von Eckpunkten ein Regelwerk vor, das als Diskussionsgrundlage bald zu praktischen Kompromissen führte. Der Innenminister lenkte die Verhandlungen geschickt. Er hielt sich oft lange zurück und überließ den Matadoren der Innenpolitik, Gerster, Hirsch und Penner, die aktuelle Diskussion. Seine behutsame Lenkung wurde immer dann wirksam, wenn die Diskussion sich festzufahren schien. Die Erfahrung und das Fingerspitzengefühl des Architekten des Einigungsvertrages führten fast immer zu einer Übereinkunft. Schon nach kurzer Zeit konnte man als Neuling die Bewunderung für den Mann im Rollstuhl nicht mehr unterdrücken. Man glaubte zu fühlen, daß er unter Schmerzen litt, sich quälte, aber gleichzeitig mit Willensstärke und Energie sich auf die zu lösende Aufgabe konzentrierte.

Die medizinische Behandlung wurde in dieser Zeit fortgesetzt. In Sitzungspausen bekam Wolfgang Schäuble offensichtlich Anwendungen und unternahm therapeutische Übungen. Mir wurde klar: Hier kämpfte ein Mann, um sich die alte Leistungskraft zurückzuerobern. Die Arbeit schien dabei ein wichtiger Teil der kraftzehrenden Therapie zu sein. Die Achtung vor diesem Kampf prägte auch den Stil der Arbeitsgruppe. Konzentriert, als wolle man sich vom Innenminister nicht beschämen lassen, wurden die Grundzüge eines Gesetzes zu den Stasi-Unterlagen und Vorschläge für eine Veränderung des Bundesarchivgesetzes erarbeitet. Selbst das Wunder einer inhaltlichen Integration von Bündnis 90/Die Grünen schien sich einzustellen.

Gemeinsam mit Ingrid Köppe stellten die innenpolitischen Sprecher ihre Ergebnisse der Presse vor. Kompromisse in allen sensiblen Einzelbereichen waren vorformuliert. Leider konnte Frau Köppe das gemeinsame Kompromißpapier nicht durchhalten. Nach der gemeinsamen Pressekonferenz muß es zu Auseinandersetzungen zwischen Basis und Abgeordneten der Bürgerbewegung gekommen sein. In nicht gerade fairer Weise setzte sich die Bündnis-90-Abgeordnete wenige Stunden vor einer weitergehenden Verhandlung vom ehemals mitgetragenen Ergebnis ab.

Jetzt erlebte man den anderen Wolfgang Schäuble. Freundlich im Ton, aber messerscharf im abgewogenen Wort, gab er seinem Bedauern über den inhaltlichen Rückzug von Ingrid Köppe Ausdruck. Genugtuung für alle Beteiligten bei der Schlußabstimmung über das Gesetz im Plenum des Bundestages: Bis auf die PDS und drei Bündnis-90-Abgeordnete (darunter Ingrid Köppe) stimmte das ganze Haus dem Gesetz über die Stasi-Unterlagen zu. Selbst die halbe Fraktion der ehemaligen Bürgerrechtler stützte durch Stimmenthaltung die neuen Möglichkeiten für die Bürger der jungen Bundesländer.

Die Bonn-Berlin-Debatte: Sie hing uns schon zum Hals heraus. Kein Argument, das nicht schon einmal gehört worden war, kein Stimmungsbild aus Berlin oder Bonn, dessen Absicht nicht erkannt war, kein Bonner Taxifahrer, der sich nicht als Botschafter seines Oberbürgermeisters sah. Wenige Tage vor der Entscheidung hätte ich einen knappen Sieg für Bonn vorhergesagt. Zu viele Ostabgeordnete unserer Fraktion hatten die lauschige Atmosphäre Bonns kennen- und schätzengelernt. Alte Vorbehalte gegen den aussaugenden Moloch Berlin wurden lauter. Die Hätschelrolle der SED gegenüber der sozialistischen Hauptstadt wurde in den Gesprächen erneut hervorgehoben. Andere Abgeordnete aus den jungen Ländern reagierten auf diese Diskussion empfindlich. Eine Entscheidung für Bonn wäre als Kapitulation einer gleichberechtigten Rolle beider Teile Deutschlands verstanden worden. Das Selbstwertgefühl vieler Ostbürger war bereits stark angeschlagen. Jetzt auch noch von Bonn aus weiterregiert zu werden, wurde als Trick derer gewertet, die vier Jahrzehnte lang die Hauptstadt Berlin auf der Zunge trugen.

Die Nervosität bis zum Tag der Entscheidung wuchs. Auch die Zahl der unentschiedenen Abgeordneten schien sich zu erhöhen. Gerade von Berlin und Bonn weit entfernt wohnende Kolleginnen und Kollegen machten sich die Entscheidung nicht leicht. Die Debatte hat für sie noch einiges bewegt. Nach den Eingangsstatements konnte man feststellen: Die Bonn-Befürworter gerieten in die Defensive. Der sonst so wortgewaltige Norbert Blüm erwischte einen schwachen Tag. Die Berlin-Befürworter schienen die besseren Trümpfe in die Redeschlacht zu schicken. Willy Brandt bildete mit seinem Vichy-Vergleich dabei eine peinliche Ausnahme. Dann kam Schäuble. Leise, aber mit eindringlicher Stimme ließ er alle Diskussionen im an Zwischenrufe gewohnten Haus verstummen.

Gebannt lauschten alle Abgeordneten der Argumentation des Innenministers. Man hätte eine Stecknadel fallen hören können. Eine solch intensive Aufmerksamkeit habe ich bisher niemals wieder im Deutschen Bundestag beobachten können. »Stimmen Sie mit mir für Berlin«, dieser schlichte Schlußsatz wurde als Endpunkt einer hervorragenden Rede mit minutenlangem Applaus bedacht. Stehend klatschten Abgeordnete aller Fraktionen Wolfgang Schäuble zu. Diese Rede brachte die Wende. Zahlreiche Zweifler hatten sich nun entschieden. Besonders einige baden-württembergische Abgeordnete erklärten, jetzt für Berlin stimmen zu wollen. Ich habe die Rede noch einmal nachgelesen. Fast war ich etwas enttäuscht. War das dieselbe eindringliche Sprache, die auch bei mir Emotionen ausgelöst hatte? Ja, sie war es wohl – aber sie ist nur wirksam gewesen durch die Art und Weise des Vortrags. Einfache Sätze – in der knappen Sprache Konrad Adenauers – haben die deutsche und europäische Geschichte beeinflußt.

Kann er dieses aufreibende Amt mit seiner Behinderung ausfüllen? Die Diskussion hinter den Kulissen der CDU/CSU-Bundestagsfraktion war eine Mischung aus wohlmeinender Skepsis und neugieriger Zustimmung. Die Sorge, ob Wolfgang Schäuble sich nicht mit dem Amt des CDU/CSU-Fraktionsvorsitzenden gesundheitlich übernehmen würde, bestimmte die Zwischentöne vor seiner Wahl in das neue Amt. Nach einigen Wochen ist klar: Wolfgang Schäuble hat diese Aufgabe mit solcher Energie und Intensität angepackt, daß seine Kontrahenten im Parlament nur wie blasse Statisten wirken. Mit akzentuierten Beiträgen findet sich die CDU/CSU als eigenständiger Faktor endlich wieder. Wohlgesetzt wird auch gegenüber wackelnden Positionen des liberalen Koalitionspartners deutlich, daß es eine Unionsmeinung im deutschen Parlament wieder gibt. Auch die Fraktionsarbeit hat sich geändert. Sonderfraktionssitzungen zu langfristig wichtigen Themen, Werkstattgespräche, sorgfältige inhaltliche Vorbereitungen auf die anstehenden politischen Auseinandersetzungen haben frischen Wind in die Fraktionsarbeit und das Selbstverständnis der CDU/CSU-Fraktion gebracht. Kritisch ist zu bemerken, daß die Rolle der Arbeitskreise beschnitten wird.

Wolfgang Schäubles Stil setzt sich durch. Für die Abgeordneten aus den neuen Bundesländern ist er dabei ein wichtiger Verbündeter: Treuhandkritik wird gebündelt in einem Arbeitskreis, der Verbesserungen erarbeiten soll. Im ständigen Diskussionsprozeß zwischen neuen Anforderungen und finanziellen Möglichkeiten versucht Schäuble den politischen Ausgleich. Mit stets offenem Ohr für alle Fraktionsgruppierungen will Wolfgang Schäuble der Unionsfraktion ein neues Gesicht geben: »Ein Stück weit realistisch.« Den Rollstuhl haben wir dabei völlig vergessen.

Professionelle Politik
Claudia Nolte

»Ihre Person und der damit verbundene politische Kurs genießt auch in unserem Teil des noch geteilten Deutschlands viel Sympathie«, schrieb ich im Sommer 1990 an Bundesinnenminister Dr. Wolfgang Schäuble, den ich für September zu einem Besuch nach Südthüringen einlud.

Ihm nahm man ab, daß ihm die Wiedervereinigung Deutschlands ein Herzensanliegen war. Wer die Entwicklung in der Bundesrepublik Deutschland mit Interesse verfolgte, der wußte, wie verschwommen sich die Politiker dort zum Ziel der staatlichen Einheit der Nation äußerten. Man schob Europa und die Nichteinmischung vor und erweckte bei uns schon den Eindruck, die Einheit Deutschlands abgeschrieben zu haben, zumindest aber auf unbestimmte Zeit verschieben zu wollen.

Von Wolfgang Schäuble wußten wir – er war ja als Kanzleramtsminister mit der Deutschlandpolitik betraut –, daß er es ehrlich meinte, wenn er, auch schon vor dem 9. November 1989, von der Wiedervereinigung sprach.

Er war erwiesenermaßen kein Wendehals. Zwar mußte auch er mit den ungeliebten kommunistischen Machthabern im Interesse humanitärer Lösungen verhandeln, aber er ließ keinen Zweifel daran entstehen, daß er seinen Grundsätzen treu blieb und daß er Erleichterungen für die Menschen hier wollte.

Bei den Verhandlungen zum Einigungsvertrag sah ich – und es ging nicht nur mir so – Wolfgang Schäuble auch als Interessenvertreter der Menschen in den neuen Bundesländern. Er war für uns nicht Gegenseite, sondern Partner, ja mehr noch – er war Vertrauensperson.

Ich weiß noch, wie froh, ja zugegebenermaßen auch stolz ich war, als der Bundesinnenminister meine Einladung annahm und sein Kommen für den 24. September 1990 zusagte. Über tausend Menschen besuchten die Kundgebung mit Wolfgang Schäuble in der Suhler Philharmonie, zu der wir im Rahmen des Landtagswahlkampfes eingeladen hatten. Am 14. Oktober 1990 sollten ja die fünf Landtage der dann neuen Bundesländer gewählt werden, und die Stadt Suhl galt nicht gerade als CDU-Hochburg. Wolfgang Schäuble wurde begeistert empfangen. Er sprach frei, überzeugte mit Argumenten, verzichtete auf Polemik. Trotz der vielen Besucher stellte sich der Minister der anschließenden Diskussion, in der er mit großer Geduld die gestellten Fragen anhörte und auf alle einging.

Westpolitikern, die frei und ohne Manuskript sprechen konnten, die ganz anders über Politik sprachen, als wir es früher gewohnt waren, hörte man gerne zu. Es war ein Zeichen der neugewonnenen Freiheit, große politische Reden zu hören und dann offen darüber zu diskutieren, kritisch nachzufragen.

Wolfgang Schäuble hatte schon bevor er kam die Mehrheit der Versammlungsteilnehmer auf seiner Seite. Er enttäuschte sie nicht, ja, er überzeugte selbst politische Gegner. Und er gewann, was Politikern heute immer seltener gelingt und was man dem Herrn Bundesinnenminister, den man im Fernsehen sah, so auch nicht zugetraut hätte, die Herzen der Menschen. Hier hatte ein Mann nicht nur politische Zustimmung gefunden, sondern auch als Person überzeugt. Fast zehn Monate nach dem Fall der Mauer war das für einen Wessi im Ossi-Land keine Selbstverständlichkeit mehr.

Es war schon eine interessante Konstellation. Als DDR-Volkskammerabgeordnete und jugend- und sportpolitische Sprecherin der CDU/DA-Volkskammerfraktion begrüßte ich den Bundesinnenminister und damit Sportminister der alten Bundesrepublik Deutschland, und beide waren wir gleichzeitig Direktkandidaten unserer Partei – er für seinen südbadischen, ich für meinen südthüringischen Wahlkreis – bei den ersten gesamtdeutschen Bundestagswahlen am 2. Dezember 1990.

Am 4. Oktober tagte der erste gesamtdeutsche Bundestag der neuen Bundesrepublik Deutschland in Berlin. Ich war Bundesbürgerin und Mitglied des Deutschen Bundestages der elften Legislaturperiode. Für eine junge Frau, die erst im Februar 1990 in die CDU eintrat, ein faszinierender Weg.

Da saß ich nun im Reichstag, lauschte den Reden der Bundestagspräsidentin und des Bundeskanzlers, und mir ging die wohl meistzitierte Frage des Jahres 1990 durch den Kopf: »Wer hätte das gedacht?«

Um einen herum nahmen viele fremde Kolleginnen und Kollegen Platz, die Damen und Herren vorne auf der Regierungsbank kannte ich größtenteils aus dem Fernsehen, und dann sah man hin und wieder ein vertrautes Gesicht aus der ehemaligen Volkskammer. Während ich zuhörte und meine Nachbarn musterte, setzte sich Wolfgang Schäuble neben mich. Erst zehn Tage zuvor hatte ich ihn das erste Mal persönlich kennengelernt.

Er fragte, wie es mir gehe, und wir sprachen über die gemeinsame Veranstaltung in Suhl. Mit seiner lockeren Art und mit seiner Verbindlichkeit half er mir beim Einstieg in die Bundespolitik. Die Scheu vor »denen da oben«, die Unsicherheit vor dem Unbekannten – er vermittelte einem das Gefühl, ernstgenommen zu werden, dazuzugehören.

Keine vierzehn Tage danach geschah der schreckliche Anschlag auf das Leben von Wolfgang Schäuble. Dieses Unglück hatte mich sehr mitgenommen, mir war, als wäre einem nahen Verwandten etwas zugestoßen. Ich fühlte mich wie gelähmt. Es war Wahlkampf; drei, vier oder mehr Veranstaltungen am Tag waren keine Seltenheit. Die Menschen suchten das Gespräch, berichteten über ihre Probleme. Ich versuchte zu informieren, soweit möglich zu helfen. Immer wieder wurde ich auf Wolfgang Schäuble angesprochen, sein Besuch in Suhl war unvergessen und die Anteilnahme der Menschen echt.

Nach den ersten gesamtdeutschen Bundestagswahlen übernahm Wolfgang Schäuble erneut das Bundesministerium des Innern; ich kam als direktgewählte Abgeordnete des Wahlkreises 307 in den Deutschen Bundestag und wurde frauen- und jugendpolitische Sprecherin meiner Fraktion. Seitdem begegnete ich Wolfgang Schäuble im Fraktionsvorstand, in der Fraktion und im Plenum. Ich war wirklich sehr froh, daß er wieder die Aufgaben seines Amtes meistern konnte.

Für mich war Wolfgang Schäuble als Minister immer auch ein Interessenvertreter der jungen Bundesländer, und er blieb dieser Haltung auch als Fraktionsvorsitzender der CDU/CSU treu. Er wirbt um Verständnis für die Schwierigkeiten in Mitteldeutschland, und ihm war vor vielen anderen klar, daß die größten Herausforderungen nicht die materiellen Probleme, sondern die menschliche, die geistige Einheit, das Zusammenfinden der Menschen sind.

Es soll die Leistung anderer nicht mindern, aber bei allen Schwierigkeiten des Zusammenwachsens, ohne Wolfgang Schäuble sähe es um die innere Einheit in Deutschland wohl nicht so gut aus. Wenn wir über die Schwierigkeiten bis zur wirtschaftlichen oder gar politischen Einheit von EG-Europa hören, dürfen wir nicht vergessen, daß es sich um dieselben Gesellschaftssysteme handelt. In unserem Teil Deutschlands gab es eine totalitäre kommunistische Diktatur, einen Unrechtsstaat, der friedlich in einem freiheitlichen demokratischen Rechtsstaat aufging.

Auch nach dem 3. Oktober 1990 zeigt Wolfgang Schäuble bei der Schaffung der inneren Einheit Deutschlands ein besonderes Einfühlungsvermögen: Bei der Aufarbeitung der DDR-Vergangenheit gilt es, den *Opfern* des SED-Staates gerecht zu werden, aber auch gegenüber den Tätern Rechtsstaatlichkeit walten zu lassen. Noch mehr verlangt die Problematik des Staatssicherheitsdienstes solch eine differenzierte Betrachtungsweise. Und bei der Rückgabe enteigneter Immobilien gilt es, eine Gratwanderung zwischen Eigentumsschutz und notwendigen Investitionen zu bestehen.

Als Wolfgang Schäuble Fraktionschef wurde, erlebte ich ihn noch häufiger. In der Fraktion, im Vorstand, bei der Runde mit den Fraktionssprechern, bei Gesprächen mit den Arbeitsgruppen. Ohne Zweifel will er das Gewicht der Fraktion stärken – die Fraktion soll Seismograph für die politische Stimmung an der Basis sein. Wie wichtig das ist, beweisen die jüngsten Wahlen und die allgemeine Parteienverdrossenheit. Es ist die Chance einer großen Volkspartei, Stimmungen früher aufzufangen, Inhalte »flächendeckend« rüberzubringen. Wolfgang Schäuble will sie nutzen.

An Wolfgang Schäuble als CDU/CSU-Fraktionsvorsitzenden sind große Erwartungen geknüpft. Er ging sein neues Amt zielstrebig an. So sind innerhalb kurzer Zeit aktuelle Themen in Sondersitzungen der CDU/CSU-Bundestagsfraktion behandelt worden. Dadurch können Abgeordnete auch außerhalb ihres Spezialgebietes ihre Gedanken einbringen und Querschnittsaufgaben ressortübergreifend besprochen werden. Ich hoffe, daß durch diese offene Fraktionsarbeit es auch leichter sein wird, die großen politischen Themen nach unten zu transportieren und mit Hilfe des örtlichen Bundestagsabgeordneten die Verbindung zwischen Bürger und Fraktion zu intensivieren. Dies wirkt identitätsstiftend und schafft Glaubwürdigkeit.

Wenn ich Wolfgang Schäuble kurz charakterisieren müßte, würde ich ihm zusprechen, daß es ihm in der Politik zuerst um den Menschen geht und ihm auch die scheinbar kleinen Dinge wichtig sind, wenn sie die Leute bewegen.

Professionell Politik zu gestalten, sie aber so zu erläutern, daß die Menschen sie verstehen, das ist der Stil eines Wolfgang Schäuble. Er schaut dem Volk aufs Maul, aber er will ihm nicht nach dem Munde reden, wie er es auch nicht wünscht, daß man ihm kritiklos zustimmt. Es bereitet ihm Genugtuung, um Inhalte sachlich zu streiten. Lösungsorientierte Konzepte und Kompromißsuche, das sind seine Stärken. Wie für Otto von Bismarck ist für Wolfgang Schäuble Politik »die Kunst des Möglichen«.

Wolfgang Schäuble ist ein Glücksfall für die Bundesrepublik Deutschland. In einer komplizierter werdenden Zeit mit großen Aufgaben sind sein analytischer Verstand, seine Sachkompetenz, seine Behutsamkeit ein wichtiges Kapital.

Arkanpolitik zur Problemlösung?

Renate Damus

1990 gingen die Grünen vor das Bundesverfassungsgericht wegen des Wahlgesetzes, das die Bürgerrechtsbewegungen in den fünf neuen Bundesländern benachteiligte. Uns war klar, daß ein Sieg der Grünen vor dem Verfassungsgericht eine Niederlage bei den Bundestagswahlen bedeuten könnte. Nur: Demokratie ist unteilbar. Man kann sich nicht nur dann auf sie berufen, wenn es einem paßt. Als eine der Vorsitzenden der Grünen war ich in Karlsruhe anwesend. Mir ging vorher durch den Kopf, ob wohl der Innenminister, Dr. Wolfgang Schäuble, selbst anwesend sein würde – wir waren nämlich 1960/61 zusammen Studenten an der Universität in Freiburg. Ich saß schon im Sitzungssaal, da kam Herr Schäuble mit seinem Troß herein, sah mich und rief laut durch den Saal: »Hallo, Renate, wie geht es dir?« Ich hatte Wolfgang Schäuble in sehr guter Erinnerung aus unserer gemeinsamen Zeit in Freiburg und von einer Begegnung 1972 bei uns zu Hause in Berlin. Ich schätzte seine unabhängige Souveränität, war mir aber nicht sicher, ob er dazu in Karlsruhe auch fähig sein würde. Er war es. Und damit begann das Wiederaufleben der alten Beziehung. Wir verabredeten uns zu einem Essen in Bonn – nur dann kam das Attentat dazwischen. Dazu später.

Wolfgang Schäuble ist für mich ein anderer, als er in der Regel gerne in den Medien beschrieben wird: Pragmatiker, Diener der eigentlichen Machtbesitzer. Diese Beschreibung suggeriert, daß es sich um einen Menschen handele, der zwar intelligent, energisch, leistungsbesessen, aber lediglich von den Tagesaufgaben bestimmt sei. Meines Erachtens trügt dieser Eindruck.

Wolfgang Schäuble verfügt, nicht nur in den Bereichen, in denen er bisher gewirkt hat, über ein ausgesprochenes Problembewußtsein, und damit kann von Eintagspolitik schon keine Rede mehr sein. Nur hat die Sache zwei Haken. Der erste Haken ist der, daß die Probleme jeweils als einzelne gesehen werden und nicht in ihrem systematischen Zusammenhang, wie dies zum Beispiel der in der CDU so ungeliebte Querdenker Biedenkopf hervorragend vermag. Biedenkopfs Buch »Die neue Sicht der Dinge«, in dem er die Probleme in ihrem Zusammenhang und damit auch die Lösungen in ihrem Zusammenhang formuliert, sucht selbst in der SPD – was heißt schon »selbst«? – seinesgleichen. So kann es auch nicht verwundern, wenn jemand, der so weit oben an der Macht angesiedelt ist, nicht begreift, sondern nur beklagt, daß die öffentlichen Medien bestimmte Gedankengänge problemorientierter Natur nicht hinlänglich wiedergeben. Die öffentlichen Medien sind Teil unseres Gesellschaftssystems. Und das heißt: Ihr Kennzeichen ist das Nullsummenspiel. Einer gewinnt, und weil einer gewinnt, muß einer verlieren. Das charakterisiert das Leistungsprinzip. Und so denken die öffentlichen Medien auch nicht daran, außer an schönen Feiertagen, diskursive Gedankengänge zu bringen, sondern sie picken sich irgendeinen Aspekt aus einer Rede heraus, der sich als Konflikt aufbauen läßt. Die Sensation muß her. Am besten Konflikte in der eigenen Partei, wenn nicht wenigstens mit der anderen großen. Das würde Wolfgang Schäuble sicherlich nicht bestreiten, er säße jedoch nicht so hoch an den Schaltstellen der Macht, wenn er begriffe, daß das Verhalten der öffentlichen Medien kein Zufall ist, nicht nur der Sensationsgier genügt, sondern das Strukturmerkmal unserer Gesellschaft wiedergibt.

Und noch ein anderer Schönheitsfehler ist zu verzeichnen bei einem Politiker, der eben nicht – wie gerne behauptet – pragmatisch Tagespolitik betreibt, oder anders formuliert, nicht über die Tagesprobleme hinausblickt. Wolfgang Schäuble ist schon deshalb nicht der Mann, der Visionen verkündet wie Biedenkopf, weil er befürchtet, daß, so er sie verkündet, von ihnen nichts mehr übrigbleibt. Geht man von der These aus, daß die Verkündung konzeptionellen Denkens, zum Beispiel im Gesundheitswesen, alle politischen und wirtschaftlichen Besitzstände auf den Plan riefe und man deshalb nie erreichen kann, was man erreichen möchte, dann kann man immer nur kleine Vorschläge machen, die gerade im Gesundheitsbereich auch noch asozial wirken. Ein Politikverständnis, das meint, gegen die gesellschaftlich Mächtigen nur zum Ziel zu kommen, wenn das Ziel nicht lauthals verkündet wird, sondern nur in jeweils kleinen Schritten, die zusammenhanglos erscheinen, hat demokratisch katastrophale Folgen. Ein solches Verständnis rechnet nur mit den Mächtigen in Wirtschaft und Politik. Das Volk, der Souverän, kommt nicht vor. Und warum nicht? Weil es eben über keine Macht, über keine Lobby, die permanent in Bonn sitzt, verfügt.

In Anbetracht der Tatsache, daß wir uns an einer Zeitenwende befinden, die nur mit der der Frühen Neuzeit zu vergleichen ist, in Anbetracht der ökologischen Probleme, der Probleme der Dritten Welt, der Probleme des Sozialstaats und seiner Finanzierbarkeit, der Entdemokratisierung durch den Parteienstaat halte ich es gesellschaftspolitisch für fatal, nicht zu versuchen, die Menschen über die Darstellung der Probleme, ihrer Zusammenhänge und ihrer für sie keineswegs negativen Lösungsmöglichkeiten zu gewinnen. Ich, als Linksgrüne, hingegen würde versuchen, die Menschen gegen die konkreten Besitzstände, die jeder zukunftsorientierten Veränderung entgegenstehen, zu gewinnen. Ich bin zutiefst davon überzeugt, daß der Verzicht auf diesen Versuch zu autoritären politischen Strukturen, zu noch autoritäreren politischen Strukturen führen wird. Die Fixierung auf die konkreten Besitzstände, durchaus in der positiven

Absicht, sie für Veränderungen, für die Lösung der anstehenden Probleme zu gewinnen, führt zu undemokratischer Arkanpolitik und ruft den Eindruck hervor, als sei der Betreffende nur an Tagespolitik orientiert. Das letztere ist bezogen auf Wolfgang Schäuble bestimmt falsch, nur ruft er den Eindruck durch die Form seiner Politik selbst hervor.

Diese Form der Durchsetzung von Politik, getragen von der Überzeugung, daß nur so überhaupt die Chance bestehe, anstehende Probleme zu lösen, hat, menschlich betrachtet, auch ihre positiven Seiten. Wolfgang Schäuble will etwas in der Sache erreichen, deshalb haut er zum Beispiel den politischen Gegner nicht in die Pfanne, in der vermeintlichen Hoffnung, dafür für die eigene Partei etwas herauszuholen. Ein Brief wie der von Volker Rühe an die Partei betreffs Asylpolitik ist aus der Feder von Wolfgang Schäuble undenkbar. Dazu ist er viel zu verantwortungsbewußt. Kann ich ein Problem nicht lösen, versuche ich, es in der Öffentlichkeit kleinzuhalten und nicht hochzuspielen, mit dem Erfolg, rechtsradikale Tendenzen zu fördern. Oder: Ich mache den politischen Gegner nicht permanent mies, wenn ich mir ausrechnen kann, wann er – systemverhaftet – meinen Vorstellungen ohnehin weitgehend entgegenkommen wird. Konkret: Warum unnötig Streit mit den Sozialdemokraten, wenn ihre führenden Leute in der Frage des Grundgesetzartikels 16 (Asylpolitik) bis Ende 1992 (Europäisierung der Asylpolitik) ihre Partei auf den rechten, ja rechten, Pfad bringen müssen?

Auch dieses Verhalten wirkt technokratisch, weil nicht schön verbalradikal mal um sich hauend. Auch hier ist das Verhalten ausschließlich am Erfolg in der Sache orientiert. Parteienzwistigkeit, die in der Sache nichts bringt, ihr also schadet, um eventuell ein paar Stimmen zu angeln – dies ist nicht Wolfgang Schäubles Sache. Dies dürfte wohl unter anderem ein Grund dafür sein, daß er das Amt des Fraktionsvorsitzenden im öffentlichen Bewußtsein nicht so ausbauen konnte.

Von meinem Demokratieverständnis her sähe ich Wolfgang Schäuble lieber in der Regierung als in der Funktion des Vorsitzenden der CDU-Bundestagsfraktion. Nun ist es ja ein Ammenmärchen, was an unseren Schulen immer noch gelehrt wird, daß es eine Trennung von Exekutive und Legislative gäbe; dies Verständnis jedoch von Effizienz und der Form, sie umzusetzen, stellt die krude Verlängerung von Regierungspolitik in die Fraktion hinein dar. Bezogen auf die Lösung einzelner Probleme ist dies sicherlich nicht die schlechteste Methode – nur, die Reste von Demokratie bleiben mehr und mehr auf der Strecke. Wahrscheinlich wird Wolfgang Schäuble diese Feststellung sehr treffen, er wird sich anders verstehen. Ich spreche ja auch nicht davon, daß hier bewußt eine Entdemokratisierung vorgenommen werde, sondern ich spreche davon, daß ein Mensch mit Bewußtsein um die Probleme, die sich unserer Gesellschaft stellen, meint, sie nur mit bestimmten Methoden durchsetzen zu können. Als Politikwissenschaftlerin überlege ich, welche Implikationen mit einem solchen Vorgehen verbunden sind.

Den Menschen Wolfgang Schäuble, mit dem ich mich in Freiburg so gut verstand und der in Karlsruhe so ganz der alte war, als Pragmatiker, Technokraten und ausführendes Organ von Dümmeren darzustellen, das gefiele mir gar nicht. Dies wird seiner Intelligenz, seinem Leistungsbewußtsein, seiner moralischen Integrität auch und gerade dem Gegner gegenüber nicht gerecht. Ich denke, ich bin dahintergekommen, wieso dieser Eindruck entstehen kann: Es liegt an der Fixierung auf die Besitzstände in unserer Gesellschaft und auf die Frage, wie man sich am besten ihnen gegenüber durchsetzt.

Wenn diese Überlegungen, die einerseits aus einem tiefen freundschaftlichen Gefühl entspringen und andererseits meinen Beruf als Politikwissenschaftlerin nicht verleugnen können, stimmen, dann sind Überlegungen, Wolfgang Schäuble möge doch Bundespräsident oder Bundeskanzler werden, fehl am Platze. Seit dem Attentat mit seinen schrecklichen Folgen der Querschnittlähmung kommen immer wieder »Fußgänger«, die sich als die »Normalen« betrachten, auf die Idee, daß es doch gesellschaftlich bedeutsam wäre, wenn ein Behinderter an herausgehobener politischer Stelle in der Bundesrepublik Deutschland stünde. Für wen wäre denn dies so bedeutsam? Als jemand, der seit sieben Jahren an einer Krebserkrankung mit Metastasen im Bewegungsapparat leidet, kann ich jedenfalls sagen, daß die Bedeutung nicht für die Behinderten bestünde. Ein Behinderter in Rulle/Wallenhorst, wo ich lebe, acht Kilometer vor den Toren Osnabrücks, hat kaum die Chance, nach Osnabrück zu kommen. Warum sollte er es toll finden, daß jemand in einer Ausnahmesituation ein einigermaßen normales Leben führen kann? Was sonst wäre so bedeutsam daran, daß ein Behinderter an der politischen Spitze der BRD stünde? Die »Normalen« mögen einen solchen Behinderten bewundern und sich darin bestätigen, der oder die Behinderte hat überhaupt keine andere Wahl. Insofern gilt es auch nichts zu bewundern. Wird man in einer herausgehobenen beruflichen Situation – und ich spreche jetzt von Wolfgang Schäuble wie auch von mir – von extremen gesundheitlichen Beeinträchtigungen getroffen, so hat man nur die Wahl: weitermachen oder untergehen. Anders formuliert: Man hat überhaupt keine Wahl. Man/frau hat den Sozialcharakter dieser Gesellschaft internalisiert, schließlich ist man etwas geworden in dieser Gesellschaft. Man stellt diesen Sozialcharakter nicht mehr mit fünfzig Jahren um und gibt sich nun zufrieden, kleine Brötchen zu backen, Rechtsanwalt in Süddeutschland zu werden, die ganze Woche mit der Familie zusammenzuleben, auf die Teilhabe an der Macht zu verzichten, Anerkennung zu genießen, gefragt zu werden usw. usw. Als Wolfgang damals im Krankenhaus lag, habe ich ihm am Telefon aus eigener Erfahrung gesagt: »Du hat keine Wahl, du mußt weitermachen.«

Insofern bauen die »Fußgänger«, die sich als die »Normalen« bezeichnen, für sich selbst einen Popanz auf. Sie, die »Normalen«, haben es offenkundig nötig, einen Behinderten über ihnen anzuerkennen und bestätigen sich darin. Diese Ausführungen mindern selbstverständlich nicht die Leistung schwer gezeichneter Behinderter, die zusätzliche psychische und physische Leistungen aufbringen müssen. Ich wollte nur einmal verdeutlichen, worum es in einer solchen Situation auch geht, nämlich um die Wahrung der eigenen Identität. Was Wahrung der eigenen Identität heißt, welche Anstrengungen dazu erforderlich sind, was man tun und nicht lassen kann, das bestimmt die Kultur, in der man/frau existiert. Wird man ihr nicht gerecht, ist man/frau schnell beruflich und auch persönlich weg vom Fenster.

Wenn ich so überlege, was in einer Medienöffentlichkeit an Qualifikationen eines Bundespräsidenten oder eines Bundeskanzlers – von herausgehobener Gestalt – verlangt wird, dann fallen mir folgende Überlegungen ein. Ein herausragender Bundespräsident muß in der Mediengesellschaft, und zwar in einer Mediengesellschaft, deren

Probleme ständig zunehmen, in der Lage sein, über die Formulierung von Werten zu integrieren. Zwei solche herausragenden Präsidenten waren und sind Heinemann und von Weizsäcker. Heinemann hat die in die Gesellschaft integriert, deren Integration von den bisher Herrschenden behindert worden war (zum Beispiel durch die Betonung der Geschichtsschreibung von unten, der Arbeiterbewegung, der Bedeutung der Friedens- und Konfliktforschung). Von Weizsäcker wiederum ist es gelungen, durch seine spezifische Betrachtung der deutschen Geschichte sowohl im Inland wie im Ausland Wunden zu heilen, eine kritische Betrachtung der deutschen Geschichte, insbesondere ihrer jüngsten Vergangenheit, gesellschaftsfähig zu machen. Ganz im Gegensatz zum Bundeskanzler, der in Bitburg US-Präsident Reagan dazu mißbrauchte, um mittels der Gnade der späten Geburt an NS-Gräbern unter die deutsche Geschichte einen Schlußstrich zu ziehen. Wolfgang Schäuble ist nicht der Typ, um über die Verkündung von Werten, Visionen, also über Verbalisierungen, über die öffentliche Formulierung von Gedanken die Menschen beziehungsweise die Gesellschaft zu integrieren. Er will handeln – handeln in dem Sinne, wie er es versteht.

Dies kann man als Bundeskanzler. Läßt man die drei letzten Bundeskanzler unserer Mediengesellschaft Revue passieren, dann zeichnete sich der eine durch charismatische Qualitäten aus. Er verkündete zum Beispiel in der Regierungserklärung: »Mehr Demokratie wagen« und griff dabei indirekt die Herrschenden in unserer Gesellschaft und Wirtschaft an. Daß dies nur Sprechblasen sein konnten, haben wir erst später erkannt. Der andere stilisierte seine Sekundärtugenden. Er zeigte sich von seiner Überlegenheit so überzeugt, und strahlte dies auch aus, so daß er in der Lage war, autoritäre Bedürfnisse der Menschen zu befriedigen. Da die nicht gewohnt sind, in einer Demokratie sich demokratisch mitzubeteiligen, kommt solches Gehabe der gesellschaftlichen Struktur und dem Sozialcharakter der Menschen sehr entgegen. Es werden Sicherheitsbedürfnisse befriedigt.

Und nun haben wir einen Bundeskanzler, der weder Visionen hat noch das Wissen und die Intelligenz, um sich autoritär gehaben zu können. Der Witz ist, die Intellektuellen in den Medien kommen mit diesem Bundeskanzler so schlecht zu Rande, weil er so sehr der Mediengesellschaft entspricht. Er ist einer zum Anfassen, einer wie ich und du. Man beobachte mal: Er faßt auch tatsächlich alle an, jeder ist gleich sein Freund, es gibt keine bürgerliche Distanz mehr, es herrscht die Unmittelbarkeit, die persönliche Betroffenheit. Dagegen hat sich Wolfgang Schäuble seine bürgerliche Sozialisation bewahrt, so daß er von seinen intimsten Problemen so objektivierend spricht, als ob es um medizinische Probleme und nicht um die Probleme des Menschen Wolfgang Schäuble ginge. Die bürgerliche Sozialisation, in deren Mittelpunkt die kühle, sich nicht stilisierende Leistung steht, die an nichts anderem orientiert ist als am Erfolg, dies zeichnet Wolfgang Schäuble aus. Aber sind das heute Voraussetzungen für die Position eines Bundeskanzlers? Nein. Leider, könnte man hinzufügen. Auf einem anderen Blatt steht, daß mir als Linksgrüne nicht gerade an einer Kanzlerschaft eines CDU-Politikers gelegen sein kann. Nur: Wenn es schon sein müßte, dann lieber einen intelligenten, leistungsorientierten, moralisch integren als einen, der in unverantwortlicher Weise, dumm und unüberlegt, egozentrische Briefe an die Partei schreibt, die die Reste unserer Demokratie gefährden.

Deutschland und Europa

Hartmut Koschyk

Die im wiedervereinigten Deutschland häufig und gläubig zu hörende Einschätzung, daß niemand auf das historische Ereignis der Wiedervereinigung vorbereitet gewesen sei, ist natürlich töricht. Richtig ist vielmehr, daß die mit der Geschichte Deutschlands vertraute politische Führung durchaus in der Lage war, von einem auf den anderen Moment über das Ereignis der Wiedervereinigung als solches hinauszudenken und Deutschland in einem neuen Zusammenhang zu sehen und zu begreifen. Zu denen, die dessen mächtig waren, gehörte zweifellos Wolfgang Schäuble. Illusionslos und pragmatisch hat er die gestellte Aufgabe angenommen, sie definiert und sich mit der Deutschland auferlegten Selbstbeschränkung in Fragen der militärischen Präsenz und der von Deutschland geforderten Abtretung der deutschen Ostgebiete an Polen abgefunden. Die in seiner geistigen Entschlußkraft zum Ausdruck gekommene Rationalität und Sachlichkeit waren Ausdruck seines Geschichts- und Problembewußtseins. Die Wiedervereinigung des Volkes und dessen Selbstbestimmung in Freiheit waren Ziel seines Bemühens, wobei die Solidarität mit allen Deutschen, auch außerhalb der nationalen Grenzen, ihm moralische Verpflichtung war.

Die Sicht für Mittel- und Osteuropa erschloß er sich aus dem Vergleich seines Lebensumfeldes im Grenzbereich zu Frankreich. Die Herausforderung, das Beziehungsgeflecht zu Polen, Ungarn und der Tschechoslowakei sich zu erarbeiten, verstand er als Zugewinn für eine erweiterte Bewußtheit für seine eigene Geschichte und seine Herkunft aus der Nähe zu Frankreich. Daß er sich dabei nicht absetzte vom menschlichen Erleben, sich also nicht auf Theorien, Vorlagen und Literatur zurückzog, zeichnete ihn als Politiker und Menschen aus. Am Schicksal der Vertriebenen machte er sein Verständnis für die Notwendigkeit der Aussöhnung mit den Nachbarn im Osten Deutschlands fest. Die Leidensgeschichte der Rußlanddeutschen begründete seinen Anspruch, diesen Menschen Solidarität zu erweisen. So war seine Entscheidung (»Das Tor bleibt offen!«), den Aussiedlern aus Mittel- und Osteuropa den Zugang zu Deutschland offenzuhalten, in des Wortes ureigensten Sinne radikal. In dieser Haltung hat er sich nicht beirren lassen. Er hat vielmehr um Verständnis für seine Haltung gerungen; er hat dabei sogar seine eigene Familie überzeugen müssen.

Antrieb für sein politisches Handeln war seine Vision, daß ein aus freier Selbstbestimmung gestalteter deutscher Staat eingefügt wird in eine europäische Friedensordnung, die sich auf die Menschenrechte, auf das Selbstbestimmungsrecht der Völker und Volksgruppen gründet. Schließlich kommt es ihm darauf an, den Ausgleich und die Aussöhnung mit den Nachbarn zu suchen.

Seine Forderung nach Solidarität mit den Vertriebenen war somit weder verdächtig noch anrüchig. Es war ein großes Glück für die Vertriebenen, in ihm einen verständnisvollen Partner gefunden zu haben, auch wenn viele Vertriebene in ihrer persönlichen Schicksalsbefangenheit nie frei für die Sicht der politischen Entwicklung waren, wie sie Schäuble sah. Und dennoch muß es bei den Vertriebenen eine Ahnung gegeben haben, daß Schäuble ein ehrlicher Anwalt seiner Vision war und ebenso aufrichtig um Verständigung rang. Während

Bundeskanzler Helmut Kohl vor Vertriebenen in Stuttgart mit einer Aussage zur Endgültigkeit der Oder-Neiße-Grenze auf Widerspruch und Unmut stieß, erntete Wolfgang Schäuble dort Beifall, obgleich er sich einer weitergehenden Formulierung bediente. Schäuble: »Es hat keinen Sinn, nach vierzig Jahren in den alten Schützengräben zu verharren«; die Zeit sei vielmehr reif, sich mit den Polen dauerhaft auszusöhnen, meinte er.

Wahrheit und Wahrhaftigkeit sind offensichtlich die Pfeiler seiner persönlichen Wirkung. Formulierungen wie: »Wir müssen auch uns selbst gegenüber ehrlich sein!« kehren im Dialog mit Wolfgang Schäuble immer wieder. In diesem Geiste erklärte er gegenüber Vertriebenen: »Als Preis für die Wiedererlangung der Einheit mußten wir die Oder-Neiße-Grenze als endgültige Grenze zwischen Polen und Deutschland anerkennen... Entweder wir würden die bestehende Grenze bestätigen oder wir hätten unsere Chance zur deutschen Einheit verspielt.«

Daß diese Darstellung der historischen Wahrheit mit Sicherheit nahekommt und der Einschätzung der politisch interessierten Zeitzeugen entspricht, ist in sich logisch und lehrt die Reaktion der Nachbarn auf die deutsche Wiedervereinigung. Daß diese Darstellung Schäubles gelegentlich angezweifelt und in Frage gestellt wurde, dafür haben jene gesorgt, die meinten, Polen gegenüber versichern zu müssen, der Verzicht auf die deutschen Ostgebiete sei aus freiem deutschen Antrieb erfolgt. Bezeichnenderweise hat die Mehrzahl der Polen diese wohlfeile Gefälligkeitserklärung nicht ernstgenommen. Glaubhaft war in dieser Situation vielmehr der Innenpolitiker Schäuble, der ohne Umschweife und Galanterie erklärte: »Es ist schwer, sich mit dem Gedanken abzufinden, daß diese Gebiete nicht mehr zu Deutschland gehören.«

Die Rolle und die Bedeutung Deutschlands sieht Schäuble aus einem geläuterten Selbstverständnis heraus nicht weniger anspruchsvoll, als sie in der Geschichte aufgrund der geopolitischen Lage war und noch immer ist. Er lehnt es ab, an Oder und Neiße einen Vorhang heruntergehen zu lassen. Er sucht nicht die Zuflucht in der Abgrenzung und Zuordnung zu Westeuropa. Er sieht Deutschland vielmehr in der Brückenfunktion zwischen den Ländern Osteuropas und denen des Westens. Er gedenkt Deutschland aufgrund der geopolitischen

Lage eine verantwortungsvolle Mittlerfunktion zwischen den Ländern der europäischen Wirtschaftsgemeinschaft und den jungen Demokratien in Ostmittel-, Ost- und Südosteuropa zu. »Europa ist mehr als Westeuropa«, sagte er in seiner bewegenden Rede vor dem Deutschen Bundestag, als darüber entschieden werden mußte, ob Berlin Sitz der Regierung sein wird oder Bonn es bleibt. Folgerichtig ist seine Entscheidung für Berlin auch eine Entscheidung für die Überwindung der Teilung Europas; und folgerichtig ist die Entscheidung für Berlin eine Entscheidung für eine aktive Ost-West-Politik Deutschlands.

Verdrängung der Probleme, Wunschdenken – dazu ist Wolfgang Schäuble nicht bereit! Wohl aber ist er jederzeit bereit, sich zur Lösung von Problemen in die Pflicht nehmen zu lassen. Um die Verhandlungen mit Warschau im Falle des Nachbarschaftsvertrages durch die Geste des Entgegenkommens und des Wohlwollens anzureichern, war Schäuble ohne Zögern und Zaudern bereit, die Visapflicht für Polen fallenzulassen. In der damaligen Situation war dies ein mutiger Schritt und eine bemerkenswerte Geste, um die Ernsthaftigkeit des deutschen Willens zur Verständigung zu demonstrieren. Daß diese Verständigung eine vernünftige Regelung der Angelegenheiten der deutschen Minderheit beinhaltete, war für Schäuble Grundbedingung seines Entgegenkommens. Er fühlte sich den Deutschen gleich wo verbunden; er sah sich in einer Schicksalsgemeinschaft mit allen Deutschen.

Er weiß, was er will

Ronald Pofalla

Es war seine letzte Woche als Bundesminister des Innern, als ich den Mann, der heute das Schiff der CDU/CSU-Bundestagsfraktion durch die Klippen des politischen Meeres steuert, kennengelernt habe. Wolfgang Schäuble war schon auserkoren, Vorsitzender der größten Bundestagsfraktion zu werden, als ich als Sprecher der »Jungen Gruppe« der CDU/CSU-Bundestagsfraktion mit ihm zusammentraf.

Ich war gleich fasziniert von dem Mann. Überraschend gut war er über mein politisches Umfeld, aber auch über meine Person informiert. Er schien nahezu alle Einzelheiten von mir zu kennen. Schnell hatte ich begriffen: Dieser Mann bereitet sich intensiv auf seine Gespräche vor. Bei ihm scheint es kein großes Drumherumreden, keine große Vorrede zu geben, er kommt schnell und direkt zum Wesentlichen. So auch bei diesem Gespräch. Noch bevor ich ansetzen konnte, mit ihm über die zukünftige Arbeit der Fraktion zu diskutieren, hatte er seine Vorstellungen präzise und prägnant formuliert. Er legte eine offene und messerscharfe Analyse über die Arbeit und den Zustand der Bundestagsfraktion dar. Doch dabei sollte es nicht bleiben. Noch bevor ich meine Vorstellungen äußern konnte, zeigte er bereits auf, welche Veränderungen aus seiner Sicht notwendig sind.

Und, das ist das Überraschende, die Ankündigungen sind mittlerweile fast alle in die Realität umgesetzt worden. Drei Hauptziele hatte er sich gesteckt: Die Fraktion müsse, so formulierte er engagiert, stärker die politischen Positionen der Union darlegen. Die Fraktion dürfe nicht nur die politischen Vorgaben der Regierung nachzeichnen und umsetzen, vielmehr müsse sie eigene Initiativen ergreifen und gestalterisch mitwirken. Notwendig sei dazu die Stärkung der Fraktion in zentralen Politikfeldern. Er plädierte dafür, die Qualität der Arbeit der Fraktion durch die Hinzuziehung externen Sachverstandes zu erhöhen. Gleichzeitig müßten den Mitgliedern der Fraktion mehr Möglichkeiten zur Mitwirkung gegeben werden.

Schon rasch nach seiner Wahl zum Fraktionsvorsitzenden gab es die ersten Veränderungen in der Fraktionsarbeit. Seit jüngstem legen wir unsere politische Linie zu zentralen Schwerpunktthemen in eigens einberufenen Sonderfraktionssitzungen fest. Fraktionsinterne Anhörungen, Ad-hoc-Gesprächskreise, Fachkongresse der Fraktion und Kamingespräche dienen der Politisierung der Fraktion. Experten aus Politik, Wirtschaft und Wissenschaft referieren über spezielle Themen, zeigen Alternativen auf und helfen so, das Pro und Contra von Vorhaben abzuwägen.

Seit Wolfgang Schäuble die Fraktion führt, hat sie an politischer Dynamik und Durchsetzungskraft gewonnen.

Den Tagespolitiker Wolfgang Schäuble lernte ich im Vorfeld der jugendpolitischen Debatte im Dezember 1991 genauer kennen. Ich gehörte zu dem Personenkreis, der beauftragt worden war, eigens für die Debatte einen Antrag zur Jugendpolitik auszuarbeiten. Auch hier erlebte ich wieder Überraschungen. Hartnäckigkeit, Grundsätzlichkeit, aber auch Spaß an Detailformulierungen erlebte ich bei Wolfgang Schäuble. Auch die nahezu schon akribische Genauigkeit verwunderte mich. Zahlreiche grundsätzliche Aspekte des Antrages beruhten auf den Gedanken Wolfgang Schäubles. Selbst bei scheinbar weniger interessanten Themen hat der Fraktionsvorsitzende seine Hände im Spiel, selbst für Detailformulierungen ist er sich nicht zu schade. Hat er einmal an einer Sache Spaß gefunden, beißt er sich darin fest und verliert sie nicht aus den Augen. Im Gegenteil, er geht seinen Anregungen nach, verliert sie nicht aus den Augen und pocht auf die Umsetzung.

Wolfgang Schäuble weiß, was er will. Die »Junge Gruppe« der CDU/CSU-Bundestagsfraktion hatte vor den Landtagswahlen in Baden-Württemberg und Schleswig-Holstein ein Positionspapier zur Asyl- und Ausländerpolitik der Öffentlichkeit vorgestellt. Wie alles hier in Bonn war auch dieses Papier der Fraktionsspitze und somit Wolfgang Schäuble bekannt. Entgegen den offiziellen Äußerungen der Fraktionsspitze sprachen wir uns dafür aus, daß die Bundesrepublik Deutschland ein Einwanderungsland ist beziehungsweise werden soll. Damit war klar, die »Junge Gruppe« und die CDU/CSU-Bundestagsfraktion hatten gegensätzliche Auffassungen. Komplizierend kam hinzu, daß diese Fragen in einer politisch brisanten Zeit aufgeworfen wurden. Erfreulich war, daß Schäuble nicht halböffentlich in einer Fraktionssitzung auf Konfrontationskurs ging, sondern eher ein ruhiges, klärendes Gespräch suchte. Ohne jegliche Schärfe, aber trotzdem ziemlich deutlich brachte er seine Vorbehalte gegenüber unserem Papier zum Ausdruck.

Das Chamäleon

Hubert Kleinert

Als ich mit den Grünen 1983 in den Bundestag gewählt wurde, war mir der Name Wolfgang Schäuble so wenig geläufig wie die Tatsache, daß die Fraktionen des Hauses eigens Parlamentarische Geschäftsführer wählen und diese im Parlamentsbetrieb wichtige Rollen spielen.

Erst später konnte ich dann nachlesen, daß der dynamische, sportlich wirkende jüngere Mann, der die Aufgabe des Geschäftsführers bei der Union versah, schon in den siebziger Jahren einige politische Meriten im Steiner/Wienand-Ausschuß und vor allem das Wohlwollen von Helmut Kohl erworben hatte.

Meine Unkenntnis des Badensers änderte sich bald: Als parlamentarischer Mittelstürmer der Unionsfraktion war Schäuble für Parlamentsinsider unübersehbar und wurde über diese Funktion natürlich auch rasch zu einer der zentralen Reizfiguren für Leute wie uns, die damals in Bonn eher wie Outcasts behandelt wurden. Es war Wolfgang Schäuble, der stets in Erscheinung trat, wenn es galt, unkonventionelle Initiativen unsererseits schon an den Hürden der Geschäftsordnung scheitern zu lassen. Er war der wichtigste Verhandlungspartner des ersten Grünen-Geschäftsführers Joschka Fischer. Ob es um zumutbare Arbeitsbedingungen für die neue Bundestagsfraktion ging oder ob die Koalition einmal mehr unsere Versuche abblocken wollte, die anstehende Frage der »Nachrüstung« mit amerikanischen Mittelstreckenraketen zum sitzungswöchentlichen Dauerthema im Bundestag zu machen: Stets bekamen wir es mit dem Rechtsanwalt aus Freiburg zu tun.

Dabei habe ich den Parlamentarischen Geschäftsführer Schäuble als cleveren Politmanager erlebt, der mit professioneller Härte und entsprechendem Kalkül, gelegentlich auch rücksichtslos agierte. Austeilen, mitunter auch Holzen, war seine Sache durchaus. Doch eines sah man bei ihm nie, was zu dieser Zeit – 1983 – gerade in Unionskreisen oft zu sehen war: den Schaum vorm Mund, wenn es um – oder besser gegen – die Grünen ging. Wo andere auch schon mal »Gesocks« sahen, manch einer in unserer bloßen Gegenwart im Bundestag eine Art persönlicher Beleidigung zu erblicken schien und ein Parlamentarischer Staatssekretär aus der Union die Grünen im Herbst 1983 ungerügt mit den Nationalsozialisten auf eine Stufe stellen durfte, blieb Schäuble in diesen Dingen eher cool. Für ihn kam es von Anfang an darauf an, die Auseinandersetzung mit politischen Gegnern zu führen und dabei möglichst erfolgreich abzuschneiden – nicht weniger, aber eben auch nicht mehr. Das hört sich nach einer politischen Selbstverständlichkeit an, war es aber damals durchaus nicht.

Im Herbst 1984 folgte dem Sturz des Bundestagspräsidenten Rainer

Barzel das Aufrücken Wolfgang Schäubles zum Kanzleramtsminister. Die folgenden viereinhalb Jahre vor allem sind es dann gewesen, die bei mir das Bild Schäubles als eines Geschäftsführers des Bundeskanzlers, sein leitender Angestellter sozusagen, befestigt haben. Jetzt war Schäuble als Trouble-shooter zu erleben, als Chefunterhändler in Ostberlin, als Koordinator in der Geiselaffäre Cordes oder als Manager des Honecker-Besuchs in Bonn. In dieser Funktion der parteipolitischen Bundestagskontroverse eher ein Stück entrückt, trat uns jetzt erst recht der ausgewachsene Politmanager entgegen, der mal mit sachlicher Kühle, mal diskret und geräuschlos, mal auch mit kalkulierter Vehemenz auftrat. Dieser Mann erledigte Aufgaben, und das gut. Das erschien ihm genug. Das Ringen um ein eigenes politisches Profil war seine Sache demgegenüber kaum. Soweit ein solches doch erkennbar wurde, war es das Profil des nüchternen Realpolitikers, der noch ein knappes Jahr vor dem Fall der Mauer von einer »Stabilisierung der deutsch-deutschen Beziehungen auf hohem Niveau« sprach und mit solchen Äußerungen in die Tradition kabinettsdiplomatischer Entspannungspolitiker einzurücken schien. Die Rolle des Majordomus im Hause Kohl schien Schäuble jedenfalls wie auf den Leib geschneidert zu sein.

Im Frühjahr 1989 zum Innenminister aufgerückt, begann sich Schäubles Profil zunächst zu verändern. Die folgenden anderthalb Jahre begründeten seinen Ruf als liberalkonservativer Unionist. Erstmals schienen dabei eigene politische Konturen sichtbar zu werden.

Wer wie ich in all den Jahren als Abgeordneter viel mit dem Innenministerium zu tun hatte, konnte die Veränderungen, die der Wechsel von Zimmermann zu Schäuble brachte, geradezu riechen. In den Jahren der Amtsführung Zimmermanns hatte ich das Innenministerium eher als Trutzburg eines autoritären Altkonservativismus erlebt. Dabei waren es nicht selten auch bloße Stilfragen, die den wenig flexiblen Friedrich Zimmermann anecken ließen. Das wirkte auch in der Sache: Wo Zimmermann über die Jahre mit seinen freidemokratischen Verhandlungspartnern Baum und Hirsch einfach nicht zurechtgekommen war und nicht einmal eine rationale Gesprächsbasis existierte, steuerte Schäuble jetzt in der Koalition ausländerpolitisch einen moderaten Kompromißkurs und erreichte damit tatsächlich die Verständigung mit der FDP.

Auch Schäubles Fähigkeit zu sachlicher Auseinandersetzung mit der Opposition trug dazu bei, das Innenministerium aus den Schlagzeilen zu bringen und ihm ein neues Image zu verleihen. Darin vor allem hatte Schäubles Aufgabe bestanden. Der neue Amtsinhaber vermittelte den Eindruck, als sei mit ihm durchaus vernünftig zu reden. Genau das hatte sein Vorgänger nie geschafft.

Daß sich damit auch für uns wichtige inhaltliche Fragen verbanden, zeigte sich bereits im Frühjahr 1989 an einer für die Grünen hochbrisanten Stelle. Wo Friedrich Zimmermann trotz anderslautender Beschlüsse des zuständigen Parlamentsausschusses bis zuletzt alles versucht hatte, die Aufnahme des den Grünen nahestehenden Stiftungsverbandes Regenbogen e. V. in die öffentliche Förderung zu unterlaufen, änderte sich diese starre Haltung des Ministeriums unmittelbar mit dem Wechsel. Gewiß hätte auch Zimmermann seinen Widerstand auf die Dauer nicht aufrechterhalten können. Die Rechtslage war zu eindeutig und der Mehrheitswille des Parlaments auch. Dennoch paßt es ins Bild, daß mit dem Wechsel von Zimmermann zu Schäuble auch die Blockadepolitik des Innenministeriums vorbei war. So war für uns der Innenminister Schäuble auch ein ganz praktischer Zugewinn in Sachen innerer Liberalität, die sich nicht nur in schönen Worten, sondern auch in Mark und Pfennig ausdrückte. Fortan ließ sich das Innenministerium mit weniger innerer Beklemmung aufsuchen.

Entsprechend befestigte sich bei mir das Bild von Wolfgang Schäuble als einem eher liberalen Unionspolitiker. Der dynamische und ehrgeizige Machertyp mit dialogischem Politikstil, der zum Kompromiß fähig ist – diesen Eindruck hinterließ dann auch der Chefunterhändler Wolfgang Schäuble, der zusammen mit Wolfgang Clement, dem Vertreter der SPD-Bundesratsmehrheit, den zweiten Staatsvertrag mit der DDR aushandelte und damit gewissermaßen im Windschatten Helmut Kohls im Prozeß der deutschen Einheit Profil hinzugewann.

Ein ganz singuläres Ereignis von allerdings beachtlicher Symbolkraft schien diese Rolle Schäubles als liberale Galionsfigur der Union zu unterstreichen. Als am 3. Oktober 1990 die deutsche Einheit mit einem Festakt in Berlin feierlich begangen wurde, kam es zu einem Zwischenfall. Ein offenbar geistig verwirrter Mann hatte sich trotz scharfer Sicherheitsvorkehrungen Einlaß verschafft, war sogar bis ans

Rednerpult vorgedrungen und hatte nach der Ansprache des Bundespräsidenten von dort einige Worte an das irritierte Auditorium richten können, bevor auf einen Wink des Innenministers Schäuble hin der Sicherheitsdienst eingriff und den Mann verhältnismäßig zivil aus dem Saal expedierte. Wenige Tage später sorgte dieser Vorgang für eine aufgeregte Debatte im Haushaltsausschuß des Bundestages. Einige SPD-Kollegen monierten die mangelnden Sicherheitsvorkehrungen und das späte Einschreiten der Sicherheitskräfte. Was da alles hätte passieren können.

Der dadurch angegriffene Innenminister Schäuble reagierte auf derlei Vorhaltungen mit sympathischer Gelassenheit. Der ganze Vorgang zeige, daß es perfekte Sicherheitsvorkehrungen nun einmal nicht gebe. Wo sein Amtsvorgänger gewiß reagiert hätte, als seien die Grundfesten der Staatsautorität bedroht worden, nahm Schäuble das Ganze mit erstaunlicher Unaufgeregtheit. Mit wachem Sinn für die Symbolik des 3. Oktober 1990 verwies er zudem auf die Sensibilitäten des Auslands. Wie wohl das neue Deutschland schon am ersten Tag beurteilt worden wäre, hätte es sich martialischer präsentiert?

Ich war beeindruckt. Nicht nur wegen Schäuble: Wenn der neue deutsche Staat nach der ganzen Terroristenhysterie vergangener Jahre jetzt mit so viel ziviler Gelassenheit auftrat – eine eher beruhigende Aussicht, wo doch gerade in unseren Kreisen so viele Ängste vor einem vereinigten und damit mächtigeren Deutschland gepflegt wurden. Keiner konnte an diesem 10. Oktober ahnen, daß mit dem Attentäter von Oppenau Schäuble schon achtundvierzig Stunden später eine schreckliche Ironie der Geschichte ereilen würde. Der Innenminister, der eben noch für gelassenen Umgang auch mit solchen Störaktionen plädiert hatte, wurde selbst das Opfer eines Verrückten.

Mein Bild von Wolfgang Schäuble änderte sich in den Folgemonaten nicht. Im Gegenteil festigten der tiefe menschliche Respekt und die Anerkennung, die die unglaublich rasche Rückkehr des Rekonvaleszenten in die Politik auch dem politischen Gegner abforderte, indirekt das Bild des liberalen Wolfgang Schäuble. Im Rollstuhl auch einen mitunter unanständigen Gegner zu vermuten – das fällt schwer.

Der Bestsellerautor Schäuble präsentiert sich in seinem Buch »Der Vertrag. Wie ich über die deutsche Einheit verhandelte« wie ein seriöser Makler und Notar der deutschen Einheit, stets auf der Suche nach Ausgleich, Verständigung und politischem Kompromiß. Wohl irritierte mich seine Rede in der Hauptstadtdebatte. Weniger des Inhaltes als der Form wegen. Hatte Schäuble nicht mit kühler Berechnung die emotionale Wirkungskraft gerade seiner Person eingesetzt? Wer seine Rede nachlas, konnte diesen Eindruck nur bestätigt sehen. Die Rede erhielt ihre Wirkung über den Redner und den eindringlichen Vortrag, weniger über die intellektuelle Kraft der Argumente.

Einen tiefen Sprung erhielt mein eigenes Bild vom modernen und dynamischen Politikmanager Wolfgang Schäuble, der in der Sache doch eher auf dem liberalen Flügel in der Union anzusiedeln sei, erst in den ausländerpolitischen Bundestagsdebatten im Herbst 1991. Die wohlüberlegte, schneidend kalte Schärfe, mit der Wolfgang Schäuble in eher leisem Tonfall in der Asyldebatte im Oktober auftrat und nach einer kurzen Minute des Bedauerns über die Ereignisse in Hoyerswerda eine lange Rede über die berechtigten Sorgen in der Bevölkerung bei allzuviel Ausländerimmigration und die Unfähigkeit der SPD zur Lösung der damit zusammenhängenden Fragen hielt, gehört zu den schlimmsten Eindrücken, die ich in den vergangenen knapp zehn Jahren im und mit dem Bundestag gesammelt habe. Hier wurde durch die kalte Küche mehr als nur polemisiert. Hätte ich im Bundestag reden können, ich hätte Schäubles Rede an diesem Tag einen hetzerischen Beitrag genannt. Und gerade die betont ruhige Intonation sorgte mit dafür, daß die so heftig angegriffene SPD-Opposition der Attacke hilflos ausgesetzt blieb.

Eine solch schneidende Schärfe wiederholte sich bei den folgenden Auftritten nicht. Gleichwohl: Wer so – in der Sache wie in der Form – auftritt, war kaum dem liberalen Flügel der Union zuzurechnen. Tatsächlich hat ja auch Schäuble selbst einer solchen Charakterisierung widersprochen und all jenen, die ihn so sehen wollten, vorgehalten, sie verwechselten wohl seinen politischen Stil mit den Inhalten.

Sein bisheriger Weg als Fraktionsvorsitzender der Union scheint derlei Selbsteinschätzungen eher zu bestätigen. Die ersten beiden wichtigen Bundestagsreden des neuen Unionschefs im Bundestag fielen intellektuell enttäuschend aus. Die erste war sogar regelrecht substanzlos und gewann Kraft und Prägnanz allein dort, wo es ans Austeilen an die Adresse der Sozialdemokraten ging. Die zweite bedeutendere Parlamentsrede variierte im Frühjahr 1992 die bekannten Unionsversuche, der SPD Schuld und Verantwortung für die wachsenden Probleme in der Ausländerpolitik zuzuweisen.

Zustimmung in seiner Fraktion fand der neue Vorsitzende nach meinem Eindruck allein wegen der emotionalen Bindungskraft und dem Gefühl eigener Stärke, die das geglückte Austeilen an den Gegner allemal zu erzeugen vermag. Irgendein konzeptioneller Gedanke oder gar die Entwicklung eines programmatischen Eigenprofils der Unionsfraktion – davon kann bei Schäuble bisher kaum die Rede sein. Als Fraktionsvorsitzender, der eigene politische Akzente setzt, ist Schäuble bis heute eher eine Enttäuschung geblieben.

Wohl zählt auch er zur Reihe jener Unionspolitiker, die den Versuch einer schwarz-grünen Annäherung in Baden-Württemberg unlängst wohlwollend begleiteten. Doch hatte seine Motivlage wenig mit Erneuerung der Union zu tun: Es ging ihm schlicht um den Versuch, eine neue machtpolitische Variante zu eröffnen.

Einen zweiten Ansatz politischer Eigenprofilierung auf einem heiklen Feld mag man in verschiedenen Äußerungen Schäubles zur Vergangenheitsbewältigung in der Ex-DDR erkennen. Noch in seiner Publikation zum Einigungsvertrag voller Anerkennung auch für jene Stützen des einstigen SED-Staates, die immerhin »bereit waren, abzutreten, ohne daß ein Schuß gefallen war«, und noch im Sommer 1991 ein nicht ganz heimlicher Befürworter einer Amnestieregelung, verließ ihn bald die politische Courage, als solche Gedanken in einer immer aufgeregteren öffentlichen Meinung ketzerisch zu wirken begannen. Als dann die Stasi-Debatte in Westdeutschland so richtig entbrannte, war die Stimme Schäubles rasch verstummt. Der Mann, der noch wenige Monate zuvor eine Art Ehrenerklärung für Schalck-Golodkowski abgegeben hatte, hielt sich fortan mit öffentlichen Äußerungen zu diesen Themen auffallend zurück. Mit sicherem Gespür für die öffentliche Meinungskonjunktur hatte er erkannt, daß es für ihn an dieser Stelle politisch nichts zu gewinnen gab.

Wer also ist dieser Wolfgang Schäuble? Ein liberaler Unionsreformer ist er ganz sicher nicht. Das zeigt nicht nur seine Rolle, als im Sommer 1989 die Unionsmodernisierer den Sturz des CDU-Vorsitzenden Kohl erwogen und Schäuble auf der anderen Seite stand. Wo Schäuble als Liberaler auftritt, ist dies Attitüde und Mittel zum

Zweck, nicht aber Programm. Es war zweckmäßig gegenüber einem Amtsvorgänger Zimmermann, sich in dessen Nachfolge liberal zu geben. Zweckmäßig im Dienste der Machterhaltung für die Union wie für den eigenen Ansehensgewinn. Ebensogut freilich hätte das Gegenteil zweckmäßig sein können, sofern der Amtsvorgänger mit allzuviel Laisser-faire politischen Schaden angerichtet hätte.

Eher schon ist Schäuble ein cleverer Politmanager und Pragmatiker der Macht. Ob er eiskalt ist, wie manche ihm das nachsagen, weiß ich nicht. Gewiß aber sind seine politischen Schritte stets kühl kalkuliert. So paßt das jüngst von Glotz kreierte Wort vom »Geschäftsführer des Zeitgeistes« eigentlich besser auf ihn als auf den Kanzler selbst, den Glotz damit im Auge hatte.

Für mich ist dieser Wolfgang Schäuble der Erste und der Beste aus jener Spezies von leitenden politischen Angestellten, die in der Ära Kohl von diesem Kanzler selbst »gemacht« worden sind. Ihre Rolle ist bislang untrennbar verknüpft mit dem politischen Stil dieser Ära, mit ihrer Reduktion der Politik auf Machtverwaltung und Machtpolitik pur. Die Imperative der Machterhaltung als oberstes Ziel aller Politik, dem alle anderen Ziele nachgeordnet werden, der Mangel an programmatischer Kontur und das Fehlen visionärer Kraft – Wolfgang Schäuble ist ein besseres Abbild der Politikvorstellung seines früheren Auftraggebers als dieser selbst. Demnach wäre Schäuble der Musterschüler seines obersten Förderers Kohl. Wo dieser als bräsige »Birne« und »pfälzisches Gesamtkunstwerk« über viele Jahre Lieblingsobjekt der Karikaturisten war, zeigt freilich schon die hartnäckige Ignoranz der Zeichner gegenüber dem Politiker Schäuble, wo dessen Schwächen liegen. Schäuble funktioniert und organisiert, aber ist nur schwer zu identifizieren. Kein Typ also, zu dem durchschnittlichen Fernsehkonsumenten sofort mehr einfiele als – mittlerweile – die Tatsache, daß der Fraktionsvorsitzende der Union auf den Rollstuhl angewiesen ist. Das ist ein Nachteil, wenn man einmal zum obersten Chef aufsteigen will.

Vielleicht ist Schäuble aber auch der Prototyp einer neuen Politikergeneration, für die es vor allem anderen auf eines ankommt: aufs Funktionieren. Mal polternd, mal geräuschlos, aber stets effizient. In einer Dienstleistungsgesellschaft mag so einer am Ende gar einmal selbst Kanzler werden können. Doch ich nehme an, daß er es nicht lange bleiben würde. Helmut Kohl verkörpert selbst schon genug von einer Politik des »Durchwurschtelns«, die sich allein auf Machtverwaltung und Politmanagement stützt. Es gibt keinen Bedarf an weiterer Perfektionierung dieser Reduzierung des Politischen auf die Techniken des Machterhalts. Mit Kohl wird dieses Politikideal auch seine Prägekraft einbüßen, wenn es denn eines Tages mit dem Pfälzer einmal vorbei ist. Das träfe dann auch den stets wandlungsfähigen leitenden Angestellten der Politik, dessen Prototyp niemand in der deutschen Politik gegenwärtig besser verkörpert als eben dieser Wolfgang Schäuble.

Was wir jungen Parlamentarier von ihm erwarten

Friedbert Pflüger

Kurz nach seiner Wahl zum Fraktionsvorsitzenden ruft Wolfgang Schäuble bei mir an. Ihn bewegt das Thema Paragraph 218, zu dem ich mich – zusammen mit fünf anderen Kollegen und Kolleginnen – wenige Tage zuvor geäußert hatte, und zwar abweichend von der Linie der Fraktion: in einer Notlage müsse die Frau das letzte Wort haben.

In ruhigem und sachlichem Ton vermerkt Schäuble kurz, daß er unseren öffentlichen Überraschungsvorstoß nicht billigen könne. Wir hätten die Fraktionsführung vorher informieren müssen. Die Angelegenheit habe viel Staub aufgewirbelt, nun müsse aber Ruhe in die Diskussion einkehren, damit man inhaltlich weiterkomme. Sachlich nehme er unser Anliegen ernst, und deshalb wolle er die sechs »Abweichler« zu einem Gespräch laden.

Wenig später betreten wir das Büro des Fraktionsvorsitzenden. Ganz vorne, in der Nähe des Eingangs, befindet sich ein übergroßer runder Tisch, ganz hinten, links in der Ecke, sitzt Schäuble hinter seinem Schreibtisch, gebeugt über mehrere große Aktenstapel. Zunächst wirkt er ein wenig entrückt, beendet noch schnell die Bearbeitung eines Vorgangs und wendet sich dann unserer Gruppe zu. Er bittet uns, Platz zu nehmen, ob wir Tee oder Kaffee wollten. Dann aber kommt er sofort zur Sache. Wir mögen ihm unsere Position genauer erläutern. Statt der befürchteten Gardinenpredigt über »unsolidarisches Verhalten« läßt Wolfgang Schäuble also zunächst uns reden. Wegen der Dauerkritik, die von den Kollegen in den letzten Tagen auf uns niedergeprasselt ist, sind wir jetzt dankbar, unsere Meinung ausführlich darlegen zu können. Jeder trägt seine Motive für den in dieser Situation sicher ungewöhnlichen Weg in die Öffentlichkeit vor. Die Expertenanhörung zum Thema Schwangerschaftsabbruch hat unserer Auffassung nach klar gezeigt, daß der Unionsentwurf verbessert werden muß. Eine realistische Möglichkeit, intern etwas zu verändern, hatten wir nicht gesehen. Deshalb hatten wir uns entschlossen, mit einer Pressemeldung auf unser Anliegen aufmerksam zu machen. Da zumindest den zuständigen Experten in der Union unsere abweichende Auffassung bekannt war, konnte eigentlich niemand über unsere Initiative verwundert sein.

Schäuble hört genau zu. Nachdem er sich ein Bild von unseren Argumenten gemacht hat, bricht er unvermittelt die Diskussion ab. Er könne uns gut verstehen, bleibe aber dabei, unsere Aktion zu mißbilligen. Nun aber gehe es nicht mehr um die Form, vielmehr müßten wir jetzt über die Sache reden. Wir argumentieren, daß es höchst zweifelhaft sei, ob ein Arzt außerhalb einer medizinischen Indikation als besonders sachkundig angesehen werden könne, etwa eine psychosoziale Notlage festzustellen. Letztlich könne nur die Frau allein das Ausmaß ihrer Not beurteilen. Die Ärzteschaft wehre sich gegen die Dokumentationspflicht, die laut Unionsentwurf vor einer Indikation vorzunehmen sei. Damit würde alle Verantwortung auf den Arzt abgeschoben, er würde bei falscher Indikationsstellung unter Umständen strafrechtlich verfolgt.

Schäuble versteht das Argument sofort und sagt: »Vielleicht kommen wir an dieser Stelle ja weiter.« Er werde sich in den nächsten Wochen dieses Themas annehmen. Wenn wir aber in der Sache einen Fortschritt erzielen wollten, dann dürften wir in den nächsten Wochen keine Interviews mehr zu dem Thema geben. Wir sagen das zu. Das Gespräch hat fast eine Stunde gedauert, war angenehm in der Atmosphäre und konstruktiv. Schäuble hat uns damit zwar »ruhiggestellt«, gleichzeitig aber zugesagt, sich um das Thema zu kümmern und auszuloten, ob er eine Verbesserung in unserem Sinne erreichen kann.

In der Folgezeit spitzte sich die Diskussion um den Paragraphen 218 immer mehr zu. Schäuble zeigte dabei, daß er das verfassungsrechtlich verankerte freie Mandat des Abgeordneten ernst nimmt. In den Fraktionssitzungen diskutierten wir lange und engagiert, und für eine Zeitlang schien Bewegung in die CDU/CSU-Fraktion zu kommen. Man erwog, die Dokumentationspflicht des Arztes aus dem Strafrechtsparagraphen zu streichen. Da jedoch keine Einigkeit erzielt werden konnte, blieb es bei dem alten Unionsantrag.

Unsere Gruppe konnte deshalb nicht zustimmen und verhandelte von diesem Zeitpunkt an mit Vertretern der SPD und FDP über Verbesserungen des von ihnen erarbeiteten Gruppenantrages. Dies erhitzte einige Gemüter in der Fraktion. Claus Jäger etwa forderte den Austritt von Abweichlern aus der Partei. Ganz anders reagierte Wolfgang Schäuble. Er bekannte sich zum Gesetzesantrag der Fraktion, übte uns gegenüber jedoch keinerlei Druck aus, sondern respektierte unsere von der Mehrheit der Fraktion abweichende Auffassung.

So wünscht man sich seinen Fraktionsvorsitzenden: Er muß Raum geben für Diskussionen, sogar für Kontroversen. Er muß sich den Themen von der Sache her zuwenden, nicht von persönlichen (Vor-) Urteilen leiten lassen. Er muß dann aber natürlich auch die Truppe der 317 Politiker und Politikerinnen der Unionsfraktion letztlich wieder auf eine Linie einschwören. Eine Fraktion muß Profil haben. Das geht nur, wenn sie straff geführt wird. Dazu muß der Vorsitzende von allen eine gewisse Disziplin einfordern. Da kann nicht jeder tun, was er will. Aber auf der anderen Seite ist der einzelne Abgeordnete nur seinem Gewissen verantwortlich. Er hat eigene Vorstellungen und eigene Erfahrungen, die er aus seinem Wahlkreis mit nach Bonn bringt. Er wird sich nur dann der Führung unterordnen, wenn er zuvor den Eindruck gewonnen hat, daß er mit seinem Anliegen ernstgenommen wird.

Wenige Tage nach dieser Begebenheit komme ich erneut mit Schäuble zusammen. Diesmal hat er die »Junge Gruppe« der CDU/CSU-Fraktion (fünfundzwanzig Abgeordnete, die am Tage der Bundestagswahl unter fünfunddreißig Jahre alt waren) zum Gespräch geladen: Umweltschutz, Dritte Welt, Frauen- und Jugendpolitik und sicherheitspolitische Fragen werden von uns angesprochen. Schäuble hört geduldig zu, als wir ihm unsere Enttäuschung darüber schildern, daß man in den Fraktionssitzungen kaum inhaltlich diskutieren könne. Lange Berichte der Fraktionsführung und des Kanzlers, dann die Vorbereitung der parlamentarischen Woche – da bleibe kaum noch Zeit zum notwendigen Meinungsaustausch. Wir regen daher Sondersitzungen der Fraktion zu bestimmten Themen an.

Inzwischen haben zwei solcher Sitzungen stattgefunden: zur Außen- und Sicherheitspolitik und zum Umweltschutz. Hier konnte man endlich einmal wirklich debattieren, hier durften auch jüngere Kollegen sprechen – ohne sich den sonst üblichen Vorwurf einzuhandeln, sie wollten sich an älteren »vorbei« profilieren. In diesen Sondersitzungen haben viele von uns jüngeren Abgeordneten ihre Meinung vertreten, von der CO_2-Abgabe und dem Schutz der Regenwälder bis zur Verhinderung der Verbreitung von Nuklearwaffen. Die beiden Sitzungen gehören für manche von uns zu den besten Erlebnissen, die wir in unserer parlamentarischen Arbeit bisher hatten. Wir fühlen uns – zumindest bis jetzt – vom Vorsitzenden gestützt und ermutigt.

Dieser Eindruck bestätigt sich kurze Zeit später erneut. Ein Kollege aus der »Jungen Gruppe« hatte sich in der Fraktion einer Abstimmung gestellt und ein ziemlich vernichtendes Ergebnis erhalten. Man hatte ihm, der sich manchmal etwas vorwitzig äußert, einen Dämpfer verpassen wollen. Der Kollege, ein guter Freund, erzählt mir, wie geknickt er nach der Abstimmung war. Plötzlich aber habe Schäuble ihn angerufen und ihn ermuntert, sich unbeirrt weiter zu engagieren. Es wäre schrecklich, wenn die jüngeren Abgeordneten sich bereits voll angepaßt verhielten. Er wisse, wie wichtig die jüngeren Abgeordneten für die Fraktion seien.

In der Tat: Die CDU/CSU-Fraktion braucht – wie übrigens auch andere Parteien – einen Generationswechsel. Über achtzig Prozent der Wähler wünschen sich neue, unverbrauchte Politikergesichter. Wir in der »Jungen Gruppe« wissen, daß Jugend allein keinen Qualitätsbeweis darstellt. Auch wissen wir, daß man auf erfahrene ältere Kollegen nicht einfach verzichten kann. Wir erwarten nicht, daß der Fraktionsvorsitzende uns von heute auf morgen den Durchmarsch zu den Schaltstellen der Macht organisiert. Wir wissen, daß wir uns selbst durchsetzen und dazu zunächst einmal sachlich ausweisen müssen. Aber wir hoffen, daß der Vorsitzende von Zeit zu Zeit dazu beiträgt, das gängige Senioritätsprinzip zu durchbrechen, und neuen Frauen und Männern eine Chance gibt. Damit würden vielleicht auch Themen stärker ins Blickfeld geraten, die die Öffentlichkeit – manchmal zu Unrecht – nicht immer mit der Union verbindet: Umweltschutz, ein neues Rollenverständnis von Mann und Frau, Jugendthemen, Aids, Entwicklungspolitik, Menschenrechte, humanitäre Hilfe ...

Zum letzten Thema paßt eine andere Geschichte. Vor kurzem traf ich Rupert Neudeck, den Gründer und Motor des Deutschen Notärzte-Komitees Cap Anamur. Ungefragt erzählte mir Neudeck von seinen Begegnungen mit Schäuble. Stets habe dieser verstanden, worum es ihm ging. Einmal habe es Schwierigkeiten gegeben, einen israelischen Arzt als Mitglied eines deutschen Notärzte-Teams nach Vietnam zu entsenden, das keine diplomatischen Beziehungen zu Israel unterhält. Schäuble habe – als Innenminister – versucht, dem Israeli einen deutschen Paß zu beschaffen, sich aber schließlich von seinen Beamten belehren lassen müssen, daß das rechtswidrig sei. Also habe er im Auswärtigen Amt interveniert, so daß dem Israeli schließlich eine Ausnahmeerlaubnis für einen Aufenthalt in Vietnam erteilt worden sei. Neudeck: »Schäuble konnte sofort nachvollziehen, was es heißt, daß ein Israeli in einem Team von Deutschen in Vietnam Krankenhilfe leistet.«

Der Hoffnungsträger

Klaus Thomas Schüle

Seelbach bei Lahr am 30. Juni 1991. Bezirkstag der Jungen Union in Südbaden. Am Vormittag die Neuwahlen zum Bezirksvorstand. Vor dem Höhepunkt des Tages – dem Auftritt von Wolfgang Schäuble – diskutieren die einhundertzwanzig Delegierten der Jungen Union Südbaden über Entwicklungspolitik, das Thema des diesjährigen Bezirkstages. Zehn Entwicklungshilfeorganisationen stellen ihre Arbeit den Delegierten in verschiedenen Arbeitskreisen vor. Dann spricht der Parlamentarische Staatssekretär im Ministerium für Wirtschaftliche Zusammenarbeit, Hans-Peter Repnik, zu Kernfragen der Entwicklungspolitik. Repnik war von 1973 bis 1976 Bezirksvorsitzender der Jungen Union Südbaden und damit Nachfolger von Wolfgang Schäuble, der von 1969 bis 1973 Bezirksvorsitzender in Südbaden war.

Gegen sechzehn Uhr dreißig, eine halbe Stunde vor dem Eintreffen von Wolfgang Schäuble, muß der Bezirkstag unterbrochen werden, damit Sicherheitsbeamte die Halle ungestört überprüfen können. Dann erwarten die Delegierten mit Spannung den Auftritt von Wolfgang Schäuble. Die Delegierten sind stolz darauf, daß es einer der »ihren« in seiner politischen Laufbahn so weit gebracht hat. Obwohl die Zeit von Wolfgang Schäuble als Bezirksvorsitzender schon fast zwanzig Jahre zurückliegt, fühlen sich alle Delegierten mit ihm eng verbunden. Das liegt auch daran, daß Wolfgang Schäuble stets bereit war und ist, sich für die Junge Union in Südbaden einzusetzen, und – soweit es ihm möglich ist – jederzeit als Referent und Gesprächspartner zur Verfügung steht. Jetzt ist es der erste Auftritt in seiner »politischen Heimat« seit dem Attentat im November 1990.

Kurz nach siebzehn Uhr kommt Wolfgang Schäuble durch den Hintereingang der Halle auf das Podium – Standing ovations der Delegierten, minutenlang. Schäuble bedankt sich für den begeisterten Empfang und sagt: »Die Junge Union Südbaden ist eben bis heute etwas Besonderes geblieben. Ich sage dies, auch wenn der Landesvorsitzende hier anwesend ist«, und zwinkert diesem freundschaftlich zu. Damit hat er die Delegierten bereits für sich gewonnen, denn sie spüren, daß es sich nicht um eine der üblichen Eingangsfloskeln handelt, sondern um ein Zeichen echter Verbundenheit.

Schäuble freut sich über das von der Jungen Union Südbaden gewählte Thema des Bezirkstages: »Zur Zukunft der Entwicklungspolitik«. Es sagt ihm zu, daß die Junge Union sich mit diesem innerhalb der CDU noch nicht allzu aktuellen Thema befaßt und daß die Junge Union sich auf diese Art und Weise ihrer Verantwortung stellt. Das Wort »Verantwortung« beherrscht auch die folgende einstündige Rede von Wolfgang Schäuble. Es geht ihm vor allem um die »größere Verantwortung des wiedervereinigten Deutschland in der Welt«. Schäuble spricht eindringlich von der Notwendigkeit, daß Deutschland sich stärker als in der Vergangenheit innerhalb der UNO engagieren muß. Er läßt keinen Zweifel daran, daß zur globalen Friedenssicherung auch bewaffnete Auseinandersetzungen mit lokalen Machthabern notwendig sein können. Das Eingreifen der UNO im Golfkrieg hält er für richtig.

Auch beim Aufbau Europas nach dem Wegfall des Ost-West-Konflikts sieht Schäuble Deutschland nach der Wiedervereinigung in zentraler Verantwortung. Er hält es aufgrund der jüngsten Erfahrungen sowie der wirtschaftlichen und geographischen Lage gleichzeitig für die Pflicht und für eine Chance Deutschlands, zur Vollendung der Einheit Europas maßgeblich beizutragen.

Im innenpolitischen Teil seiner Rede sind die Delegierten gespannt auf die Ausführungen Schäubles zur Finanzierung der deutschen Einheit. Alle wissen genau, daß er fast als einziger Politiker der Union Steuererhöhungen zur Finanzierung der deutschen Einheit vor der Wahl im Dezember 1990 zumindest nicht ausgeschlossen hat. Auch deshalb steht Schäuble bei der Jungen Union »hoch im Kurs«. Schäuble stellt seine eigene Weitsicht jedoch keineswegs in den Vordergrund seiner Ausführungen. Er sagt lediglich: »Es macht keinen Sinn, sich darüber Gedanken zu machen, ob die Steuerfrage im Wahlkampf anders angegangen worden wäre, wenn ich nicht für einige Zeit ausgefallen wäre.« Zu den getroffenen Steuerbeschlüssen der Bundesregierung sieht er keine Alternative.

Bei der Asylfrage stellt Wolfgang Schäuble die Bekämpfung der Ursachen der Fluchtbewegungen und damit die Notwendigkeit verstärkter Anstrengungen im Bereich der Entwicklungshilfe in den Vordergrund. Er betont, daß dies langfristig die einzige Möglichkeit sei, den zunehmenden Strom der Menschen aus der Dritten Welt, aber auch aus Teilen Osteuropas aufzuhalten. Eine Grundgesetzergänzung hält er für dringend erforderlich. Allerdings macht er deutlich, daß hiermit nur ein Teil des Problems in den Griff zu bekommen sei. Bei allen Ausführungen Schäubles fällt auf, daß er bemüht ist, vorhandene Stimmungen gegen die große Zahl der Asylbewerber, die ohne Asylgrund nach Deutschland kommen, nicht zu verstärken. Eine Art moralische Mißbilligung des Verhaltens der Asylbewerber ist den Äußerungen Schäubles nicht zu entnehmen, eher Verständnis für die Menschen, die sich in Armut befinden und deshalb ihre Heimat verlassen.

Während der sich anschließenden Diskussion mit den Delegierten bleibt Schäuble temperamentvoll, nur einmal wird er scharf: Als ein Delegierter vehement den Asylmißbrauch und einige besondere Auswüchse beklagt und schärfere Gesetze fordert – er bekommt hierfür einigen Applaus aus den Reihen der Delegierten –, erwidert Schäuble entschieden, daß Gesetzesverschärfungen in diesem Bereich so lange ein vergleichsweise stumpfes Mittel bleiben, als die Ursachen des Flüchtlingsstroms nicht beseitigt werden.

Wer genau zuhört – und dies tun an diesem Nachmittag alle Delegierten der Jungen Union Südbaden –, der merkt, daß Schäuble keine realitätsfremden Patentrezepte vorträgt, sondern die schlichte Notwendigkeit bestimmter Handlungsweisen beschreibt. Er zeigt Wege auf, zu denen es kaum eine sachlich begründete Alternative gibt. Schäuble sagt öfters: »Das ist die Realität.« Oder: »Das ist die Wahrheit.« Genau dies fasziniert die Delegierten. Sie merken, daß »der da vorne« schonungslos die Probleme der Gegenwart anspricht. Aber das Entscheidende ist, daß Schäuble bei der Analyse nicht stehenbleibt. Seine Zuversicht, daß jede Schwierigkeit gemeistert werden könne, überträgt sich auf die Zuhörer. Er vermittelt das Gefühl und die Einsicht, daß es sich lohne und auch jeder die Verpflichtung habe, Verantwortung zu tragen und bei der Lösung der anstehenden Probleme mitzuhelfen.

Hoffnungsträger ist Wolfgang Schäuble für die Union und gerade auch für alle Mitglieder der Jungen Union deshalb, weil er – mehr als andere Politiker auch innerhalb der CDU – von einer ideologiebefrachteten Politik frei ist. Aus diesem Grunde wirkt seine Kritik am politischen Gegner, insbesondere der SPD, nicht polemisch, sondern enthält bei aller Schärfe auch ehrliche Besorgnis. Schäuble: »In einer Demokratie macht es ja eigentlich nichts, wenn nach der CDU auch mal wieder die SPD regieren würde, wenn ich nur nicht einfach das Gefühl hätte, daß unser Land dann schlechter regiert würde.« Jeder spürt, daß Schäuble die aufgeworfenen Probleme ernst nimmt und daß er keine Selbstdarstellung betreibt. Deshalb ist Schäuble mitreißend, deshalb gelingt es ihm, gerade junge Zuhörer für seine Politik und die Ziele der Union zu gewinnen.

Die Delegierten der Jungen Union Südbaden verabschieden »ihren« Wolfgang Schäuble begeistert. Und noch eins: Als ich ihm beim Abschied mitteile, daß seine Tochter am Vormittag bei den Neuwahlen mit dem besten Stimmenergebnis bei den Beisitzern in den Bezirksvorstand der Jungen Union Südbaden gewählt worden ist, strahlt er und freut sich sichtlich.

Lebensweg und politische Laufbahn

Persönliche Daten

18. 9. 1942	Wolfgang Schäuble wird in Freiburg geboren; Kindheit und Jugend in Hornberg/Schwarzwald.
1961	Reifeprüfung am Gymnasium in Hausach.
1961–1966	Studium der Rechts- und Wirtschaftswissenschaft an den Universitäten Freiburg und Hamburg.
1966	Erstes juristisches Staatsexamen, danach Assistent an der Universität in Freiburg und Beauftragter des Rektors für politische Bildung.
Mai 1969	Heirat mit Frau Ingeborg Hensle; aus der Ehe stammen vier Kinder: Christine (geb. 1971), Hans-Jörg (geb. 1974), Juliane (geb. 1976), Anna (geb. 1981).
1970	Zweites juristisches Staatsexamen.
1971	Promotion über das Thema: »Berufsrechtliche Stellung von Wirtschaftsprüfern in Wirtschaftsprüfungsgesellschaften« zum Dr. jur.; Eintritt in die Steuerverwaltung des Landes Baden-Württemberg, zuletzt als Regierungsrat beim Finanzamt Freiburg I.
1978–1984	Rechtsanwalt mit Zulassung beim Landgericht in Offenburg.

Politische Laufbahn

1961–1977	Mitglied der Jungen Union (JU) Südbaden.
Sommersemester 1963	Vorsitzender des Rings Christlich-Demokratischer Studenten (RCDS) in Hamburg.
1964	Vorsitzender des RCDS Freiburg.
1965	Eintritt in die CDU.
13. 12. 1969 – 3. 2. 1973	Bezirksvorsitzender der JU Südbaden.
23. 10. 1970 – 6. 5. 1983	Beisitzer im Bezirksvorstand der CDU Südbaden (seit 1982 stellv. Vorsitzender des Bezirksvorstands).
19. 11. 1972	Wahl in den Deutschen Bundestag (53,2% der Erststimmen im Wahlkreis Offenburg).
1972–1976	Vorsitzender der Arbeitsgruppe »Sport« der CDU/CSU-Fraktion.
1972–1976	Ordentliches Mitglied im Sportausschuß und Ausschuß für Bildung und Wissenschaft; Stellvertretendes Mitglied im Finanzausschuß; Vertreter der Bundesrepublik Deutschland in der Beratenden Versammlung der Westeuropäischen Union.
1973–1974	Berichterstatter der CDU/CSU-Fraktion im Steiner/Wienand-Untersuchungsausschuß.
seit 22. 6. 1973	Mitglied im Landesvorstand der CDU Baden-Württemberg.
1973–1984	Mitglied des Bundesfachausschusses »Sport« der CDU (ab 1976 als Vorsitzender).
1975–1984	Mitglied in der Parlamentarischen Versammlung des Europarates.
1974–1978	Stellvertretender Vorsitzender des Evangelischen Arbeitskreises Baden.

1975–1984	Mitglied der Arbeitsgemeinschaft Europäischer Grenzregionen (1979–1982 Vorsitzender).
3. 10. 1976	Wahl in den Deutschen Bundestag (59,1% der Erststimmen im Wahlkreis Offenburg).
1976–1980	Ordentliches Mitglied im Sportausschuß und Finanzausschuß; Stellvertretender Obmann der CDU/CSU-Fraktion im Finanzausschuß des Deutschen Bundestages (bis 1981).
Jan. 1978	Berichterstatter des Verteidigungsausschusses der Spionageaffäre »Lutze«.
5. 10. 1980	Wahl in den Deutschen Bundestag (55,8% der Erststimmen im Wahlkreis Offenburg).
1980–1983	Ordentliches Mitglied im Sportausschuß, Ausschuß für Wahlprüfung, Immunität und Geschäftsordnung; Mitglied des Gemeinsamen Ausschusses nach Art. 53a des Grundgesetzes; Stellvertretendes Mitglied im Auswärtigen Ausschuß.
23. 6. 1981 – 4. 10. 1982	Parlamentarischer Geschäftsführer der CDU/CSU-Fraktion.
3. 9. 1981 – 26. 10. 1982	Vorsitzender der Kommission zur Behandlung von Fragen der Zusammenarbeit zwischen dem Europäischen Parlament und dem Deutschen Bundestag.
4. 10. 1982 – 15. 11. 1984	Erster Parlamentarischer Geschäftsführer der CDU/CSU-Fraktion.
6. 3. 1983	Wahl in den Deutschen Bundestag (62,4% der Erststimmen im Wahlkreis Offenburg).
1983–1984	Ordentliches Mitglied im Ausschuß für Wahlprüfung, Immunität und Geschäftsordnung; Stellvertretendes Mitglied im Sportausschuß.
seit 6. 5. 1983	Stellvertretender Vorsitzender des Bezirksverbandes der CDU Südbaden.

15. 11. 1984 – 21. 4. 1989	Bundesminister für Besondere Aufgaben und Chef des Bundeskanzleramtes; Vertreter des Bundeskabinetts im Ältestenrat.
25. 1. 1987	Wahl in den Deutschen Bundestag (58,6% der Erststimmen im Wahlkreis Offenburg).
21. 4. 1989 – 25. 11. 1991	Bundesminister des Innern.
11. 9. 1989	Wahl in den Bundesvorstand der CDU auf dem 37. Bundesparteitag der CDU in Bremen (660 von 715 Stimmen).
7. 2. 1990	Federführung im Arbeitskreis »Staatsstrukturen und öffentliche Ordnung« des Kabinettsausschusses »Deutsche Einheit«.
5. 3. 1990	Erster Bericht des Arbeitskreises »Staatsstrukturen«.
15. 3. 1990	Sondersitzung der Konferenz der Innenminister des Bundes und der Länder (Thema u. a.: Polizeiliche Zusammenarbeit mit der DDR).
10. 5. 1990	Einsetzung des Ausschusses »Deutsche Einheit« durch den Deutschen Bundestag.
29. 5. 1990	Treffen mit Staatssekretär Günther Krause in Ostberlin; Übergabe des Papiers »Grundstrukturen eines Staatsvertrages zur Herstellung der deutschen Einheit« an Staatssekretär Krause bzw. des Papiers »Deutsche Einheit« an Wolfgang Schäuble.
23. 6. 1990	Übergabe eines Diskussionspapiers mit Elementen einer zur Herstellung der deutschen Einheit zu treffenden Regelung und eines Papiers zu Voraussetzungen und Folgen des Beitritts gemäß Art. 23. GG durch Wolfgang Schäuble an Staatssekretär Günther Krause am Rande des Kanzlerfestes in Bonn.
6. 7. 1990	Erste Verhandlungsrunde zum Einigungsvertrag mit der DDR in Ostberlin.

30. 7. 1990	Wolfgang Schäuble und Staatssekretär Krause einigen sich in Ostberlin auf ein Rahmenkonzept zu einem gesamtdeutschen Wahlvertrag und bereiten die zweite Verhandlungsrunde vor.
3. 8. 1990	Unterzeichnung des Wahlvertrages durch Schäuble und Krause in Ostberlin.
6. 8. 1990	Fertigstellung des ersten Entwurfs des Einigungsvertrages.
20. 8. 1990	Dritte Verhandlungsrunde zum Einigungsvertrag in Bonn (bis 24. 8. 1990).
30. 8. 1990	Vierte und abschließende Verhandlungsrunde zum Einigungsvertrag in Bonn.
31. 8. 1990	Paraphierung und Unterzeichnung des Einigungsvertrages durch Bundesinnenminister Wolfgang Schäuble und Staatssekretär Günther Krause in Bonn bzw. Ostberlin.
5./6. 9. 1990	Erste Lesung des Einigungsvertrages im Deutschen Bundestag bzw. in der DDR-Volkskammer.
7. 9. 1990	Erster Durchgang des Einigungsvertrages im Bundesrat.
19. 9. 1990	Abschließende Beratung des Einigungsvertrages im Ausschuß »Deutsche Einheit« des Deutschen Bundestages.
20. 9. 1990	Zweite und Dritte Lesung des Einigungsvertrages im Deutschen Bundestag und abschließende Beratung in der Volkskammer.
21. 9. 1990	Abschließende Beratung des Einigungsvertrages im Bundesrat.
2. 10. 1990	Wiederwahl in den Bundesvorstand der CDU auf dem ersten gemeinsamen Parteitag der CDU Deutschlands (890 von 965 Stimmen).

3. 10. 1990	Wirksamwerden des Beitritts der Deutschen Demokratischen Republik zum Geltungsbereich des Grundgesetzes gemäß Artikel 23 des Grundgesetzes.
4. 10. 1990	Erste Sitzung des um 144 Abgeordnete der ehemaligen DDR-Volkskammer erweiterten gesamtdeutschen Bundestages im Reichstagsgebäude in Berlin.
12. 10. 1990	Attentat durch einen Geistesgestörten bei einer Wahlveranstaltung in Oppenau (Baden).
2. 12. 1990	Erste gesamtdeutsche Bundestagswahl; Wahl in den Deutschen Bundestag (64,32% der Erststimmen im Wahlkreis Offenburg).
seit 25. 11. 1991	Vorsitzender der CDU/CSU-Fraktion im Deutschen Bundestag.

Literatur

Berlin/Bonn, Die Debatte, Alle Bundestagsreden vom 20. Juni 1991, Köln 1991.
Gerhard Besier / Stephan Wolf (Hrsg.): Pfarrer, Christen und Katholiken. Das Ministerium für Staatssicherheit und die Kirchen, Neukirchen 1991.
Karl Dietrich Bracher / Wolfgang Jäger / Werner Link: Republik im Wandel 1969–1974. Die Ära Brandt, Stuttgart 1986 (Geschichte der Bundesrepublik Deutschland, Band 5/I).
Der Vertrag zur deutschen Einheit. Ausgewählte Texte. Erläutert u. a. von Fritz Ullrich Fack, Frankfurt 1990.
Gebhard Diemer / Eberhard Kuhrt: Kurze Chronik der Deutschen Frage, 2. Aufl., München 1991.
Werner Filmer / Heribert Schwan: Helmut Kohl, Düsseldorf 1990.
Werner Filmer / Heribert Schwan: Opfer der Mauer. Die geheimen Protokolle des Todes, München 1991.
Eckhard Fuhr: Geschichte der Deutschen 1949–1990. Eine Chronik zu Politik, Wirtschaft und Kultur, Frankfurt 1990.
David Gill / Ulrich Schröter: Das Ministerium für Staatssicherheit, Anatomie des Mielke-Imperiums, Berlin 1991.
Erich Honecker: Ereignisse. Hamburg 1992.
Wolfgang Jäger / Werner Link: Republik im Wandel 1974–1982. Die Ära Schmidt, Stuttgart 1987 (Geschichte der Bundesrepublik Deutschland, Band 5/II).
Manfred Overesch: Das Dritte Reich 1939–1945, Düsseldorf 1983.
Ralf Georg Reuth: IM »Sekretär«. Die »Gauck-Recherche« und die Dokumente zum »Fall Stolpe«, Berlin 1992.
Wolfgang Schäuble: Der Vertrag. Wie ich über die deutsche Einheit verhandelte, Stuttgart 1991.
Friedrich Schorlemmer: Worte öffnen Fäuste. Die Rückkehr in ein schwieriges Vaterland, München 1992.
Stadt Hornberg (Hrsg.): Hornberg an der Schwarzwaldbahn. Vergangenheit und Gegenwart, 1970.
Manfred Stolpe: Schwieriger Aufbruch, Berlin 1992.
Paul-Ludwig Weinacht / Tilman Mayer: Ursprung und Entfaltung christlicher Demokratie in Südbaden, Sigmaringen 1982.

Die Autoren

Dr. Meinhard Ade, Ministerialdirektor im Bundespräsidialamt, Bonn
Ernst-Dieter Berthold, Bundesarbeitsgemeinschaft »Hilfe für Behinderte e. V.«, Düsseldorf
Jörg Bischoff, »Der Tagesspiegel«, Bonner Büro
Hans Büchler, SPD-MdB, ehem. deutschlandpolitischer Sprecher der SPD-Bundestagsfraktion, Hof
Hartmut Büttner, CDU-MdB, Magdeburg
Prof. Dr. Renate Damus, Politikwissenschaftlerin an der Universität Osnabrück, ehem. MdB »Die Grünen«, Osnabrück
Dr. Alfred Dregger, CDU-MdB, ehem. Vorsitzender der CDU/CSU-Bundestagsfraktion, Fulda
Rainer Eppelmann, CDU-MdB, ehem. DDR-Minister für Abrüstung und Verteidigung, Berlin
Dr. Reinhard Göhner, CDU-MdB, Vorsitzender der CDU-Grundsatzkommission, Düsseldorf
Dr. Gunter Hofmann, »Die Zeit«, Bonner Büro
Dr. Dietmar Keller, PDS/Linke Liste-MdB, ehem. DDR-Minister für Kultur, Berlin
Hans Klein, CSU-MdB Vizepräsident des Deutschen Bundestages, München
Dr. Hubert Kleinert, ehem. MdB »Die Grünen«, Hessische Landesvertretung in Bonn
Hartmut Koschyk, CSU-MdB, Vorsitzender der Fraktionsarbeitsgruppe »Vertriebene und Flüchtlinge«, München
Herbert Krah, Vorsitzender des »Deutschen Rollstuhl-Fachverbandes e. V.«, Bonn
Jürgen Leinemann, »Der Spiegel«, Berliner Büro
Claudia Nolte, CDU-MdB, Mitglied des Vorstandes der Unionsfraktion, Suhl
Dr. Friedbert Pflüger, CDU-MdB, Hannover
Ronald Pofalla, CDU-MdB, Vorsitzender der »Jungen Gruppe« in der CDU/CSU-Bundestagsfraktion, Düsseldorf
Heinz Preis, Vorsitzender des »Bundesverbandes Selbsthilfe Körperbehinderter e. V.«, Bonn
Dr. Peter Radtke, Schauspieler, Mitglied der »Arbeitsgemeinschaft Behinderte in den Medien e. V.«, München
Dr. Hermann Frhr. von Richthofen, Botschafter, London

Harald B. Schäfer, Minister für Umwelt in Baden-Württemberg, ehem. SPD-MdB, Offenburg

Dr. Klaus Thomas Schüle, Bezirksvorsitzender der Jungen Union Südbaden, Freiburg

Hans Peter Schütz, Mitglied der Chefredaktion »Südwest-Presse« Ulm, ehem. Bonner Korrespondent des »Stern«

Dr. Ilja Seifert, PDS/Linke Liste-MdB, Präsident des »Allgemeinen Behindertenverbandes in Deutschland e. V.«, Berlin

Dr. Gerhard Stoltenberg, CDU-MdB, ehem. Bundesminister der Finanzen, der Verteidigung, Rendsburg

Dr. Dorothee Wilms, CDU-MdB, ehem. Bundesminister für Innerdeutsche Beziehungen, Köln

Vera Wollenberger, Bündnis 90 / Die Grünen-MdB, Erfurt

Torsten Wolfgramm, FDP-MdB, Parlamentarischer Staatssekretär im Bundesbildungsministerium, Bonn